정신분석 세미나 X, XII

기호형식과 주체의 정신분석

정신분석 세미나 X, XII

기호형식과 주체의 정신분석

임진수

이 『세미나 X, XII: 기호형식과 주체의 정신분석』은 2007년 2학기 『세미나 X: 문자와 기호형식의 정신분석』과, 2008년 2학기 『세미나 XII: 정신분석에서 주체와 존재』를 한 권으로 묶어 발간한 것이다. 두 권을 한 권으로 묶어내면서, 그것도 중간에 2008년 1학기 『세미나 XI: 위상학적 정신분석』이 이미 발간된 상태에서, 한 학기의 거리가 있는 『세미나 X』과 『세미나 XII』을 한 권으로 묶으면서, 많은 생각이 오고갔다. 우선 내가 서두르고 있다는 인상이다. 마치 라캉의 작은 궤변에서처럼, 결론의 순간을 서둘러야 교도소에서 석방될 수 있는 죄수처럼,[1] 세미나로부터 아니면 (정신분석가의) 삶 자체로부터 빠져나가려고 서두르고 있다. 그러나 그러한 서두름의 시간만이 주체를 탄생시키고, 그렇게 서둘러진 주체의 효과만이 시간에 가치를 부여한다는 라캉의 말이 옳다면, 어쩌면 나는 이 서두름의 시간 속에서 정신분석가란 무엇인지, 하나의 주체로서 진정한 경험을 하고 있는지 모른다.

그렇다고 내가 진정한 정신분석가가 되었다고 느낀다는 뜻은 아니다. 오

1 졸저, 『세미나 XXI: 정신분석치료의 임상구조 2. 도착증과 정신증』, 파워북, 2018, p.151 sqq. 참조.

히려 그 반대다. 석방의 자격을 먼저 취득하려는 경쟁 속에서, 다른 사람들에 비해 지체되어서는 안 된다는 궤변의 서두름 속에서 태어나는 주체란, 항상 그렇듯이, 자신의 판단이 정확한 것이었는지 사후에 확인하기도 전에, 오판으로 얼룩져 있을 가능성이 높은 사전확신을 갖게 마련이다. 실제로 사전확신은 상상적인 것으로 끝나버리고, 정신분석의 진실에 도달하지 못하는 경우가 허다하다. 나 역시 그럴 것이다. 10여 년 전의 녹취록을 책으로 엮기 위하여 사후적으로 다시 꺼내 확인해보니 오류가 부지기수였는데, 지금 내가 서둘러내는 이 책이 나중에 다시 확인할 때, 지금과 다르지 않을 것이라고 어떻게 확신하겠는가? 그러니 나의 모든 사전확신은 서두름의 결과일 뿐, 어리석음으로 가득 차 있을 것이 분명하다.

그렇다고 서두르지 않을 수도 없다. 서두르지 않으면, 출구로 나가보지도 못하고 죽기 때문이다. 물론 서둘러 나가도 석방된다는 보장도 없고, 석방되는데 성공하더라도 또 다른 마침표가 기다리고 있다. 이렇게 치나 저렇게 치나 마찬가지라면, 한 번 용기를 내보자는 마음으로 이 책을 세상에 내보낸다. 따라서 나의 <서두름>은 용기 이상의 아무것도 아니다. 단지 그것이 만용이나 무모함이 아니기를 바랄 뿐이다. 이 책이 나의 사전확신의 허황함의 크기를 가늠해주는 계기가 되었으면 좋겠다.

늘 그래 왔듯이, 그러한 나의 서두름과 사전확신을 문제 삼지 않고, 17년 동안 나를 믿고 따라와 준 <프로이트 라캉 학교>의 동학들에게, 한편으로는 부끄러우면서도 다른 한편으로는 고마운 마음을 금할 수 없다. 그들이 없었다면 나는 애초에 존재하지 않았을 것이다. 그러한 점에서 나의 사전확신을 사후확인해서, 상상적 오인으로 가득한 나의 그릇을 깨주는 것도 그들이었으면 하는 바람이다. 미래에 올 그들에게 미리 가슴 깊은 곳에서 우러나오는 감사의 인사를 전한다. 그리고 주말은 물론이려니와 휴일을 반납하고 연구실만 오고가는 남편을 묵묵히 지켜봐준 아내에게 미안한 생각이 드는 것도, 그러한 사전확신만을 키워온 나의 어리석은 서두름 때문일 것이다. 이 책이 출간될 수 있도록 기회를 제공해준 유제구 파워북 사장도 그러한 나의 서두름을 이해해줄 것이라고 믿는다.

2019년 4월 25일

임진수

차례

I

기호형식에 관하여(1)

정신분석과 언어학의 거리
상징은 사물의 살해
발자국엔 발이 없다

1.

프로이트의 정신분석과 소쉬르의 현대 언어학이 거의 같은 시기에 출범했음에도 불구하고, 그것들이 서로 무관하게 발전해왔다는 것은 놀라운 사실이다. 그 두 사람의 학제적 관계는, 프로이트에 의해 정신분석이 말에 대한 실험으로 정착되었다는 사실을 감안하면, 더욱 더 이해가 가지 않는다. 즉 정신분석은, 브로이어와 프로이트의 환자인 안나 O가 <말 치료(talking cure)>라고 명명한 것에서도 이미 명확히 드러나듯이, 환자로 하여금 자유로운 분위기에서 솔직하게 말하게 한 뒤, 그 담화를 통해 환자의 잊힌 과거의 진실을 복원해주는 것이다. 따라서 정신분석은 한 마디로 담화 분석이다. 이렇게 언어학과 정신분석이 해후할 수 있는 소지는 이미 정신분석의 기원에서부터 있었음에도 불구하고, 쥬네브와 빈의 거리가 정보를 교환할 수 없을 만큼 멀었다는 것은 이상한 일이다. 프로이트의 제자인 디디에 앙지외는 그러한 학문적 상황을 다음과 같이 말하고 있다:

> 정신분석은 페르디낭 드 소쉬르에 의해 언어학이 학문으로 세워졌던 것과 거의 같은 시기에 지그문트 프로이트에 의해 발견되었다. 후자의 발견은 전자의 그것만큼이나 오랫동안 알려지지 않은 채로 남아 있었다. 그것은 적어도 부분적으로는 언어학에 대한 정신분석의, 정신분석에 대한 언어학의 영향이 오랫동안 없었다는 사실을 설명해준다. 아마도 그러한 상황 자체는 언어학적 구조주의가 인문과학의 길을 눈부시게 밝혀주고, 이제는 빛이 바래져가는 것 같은 오늘날에도 변하지 않고 있다. […] 생성문법과 같은 가장 최근의 언어학조차도 정신분석적 이론과 방법, 임상 진단에 아무런 공헌도 하지 못했으며, 정신분석은 지금까지 언어학에 크게 도움이 되지 못했다.[1]

이러한 앙지외의 실망에 서광을 안겨준 최초의 정신분석가가 바로 라캉이다. 다시 말해 그에 이르러 정신분석은 비로소 언어학과 합류하게 된다. 그리하여 그는 정신분석의 기본 개념들을 언어학적으로, 그리고 언어학의 기본 개념을 정신분석적으로 조명함으로써 그것들을 재해석하고 재정의한다. 예컨대 프로이트의 가장 핵심적인 개념인 무의식을, 그는 소쉬르가 창안한 기호형식이라는 개념으로 다음과 같이 재정의하고 있다: "무의식은 기호형식의 사슬이다. […] 이 표현에서 결정적인 용어는 기호형식이다."[2] 아주 단순해 보이는 이 정의는, 그것이 담고 있는 깊은 의미만큼이나, 무의식과 기호형식의 밀월 관계를 보여주고 있다. 이번 학기 세미나는 그러한 라캉의 언어 이론을 살펴보기 위한 첫 번째 작업으로, 기호형식(signifiant)에 관한

---

1 Didier Anzieu, "Pour une psycholinguistique psychanalytique", in *Psychanalyse et langage*, Bordas, 1977, p.7.

2 J. Lacan, *Écrits*, Seuil, p.799.

이론을 정리해보고자 한다.

2.

프랑스어에 <고양이를 고양이라고 부르다(appeler un chat un chat)>라는 관용적 표현이 있다. 이것의 일차적인 의미는 실재하는 고양이를 고양이라는 말로 명명한다는 뜻이다. 그것이 전화하여 이차적으로는, <사실을 사실대로 말하다(까놓고 말하다)>라는 뜻으로 쓰인다. 그러니까 이 말은 <이름은 사물을 표상한다(représenter)>는 전제 위에 세워져 있다. 그것은 표면적 의미에서 내포적 의미로 옮겨가면서 더욱 확연해진다. 그러나 과연 고양이라고 명명된 고양이(즉 말로서의 고양이)가 명명되기 이전의 고양이(즉 실재하는 고양이)와 같은 것일까? 말로 전달되기 이전의 사물이 과연 말로 전달된 사물과 같은 것일까? 우리는 흔히 말과 사물이 일치한다는 신념을 가지고 생각하고, 또 말하고 있다.

그러나 한 마디로 기호(말, 언어)와 현실은 무연하다(immotivé). 소쉬르가 오랜 철학적 전통으로부터 이어받은 기호의 자의성(arbitraire)의 명제는, 우선 말은 어떠한 방식으로도 실재 사물을 가리키지도 의미하지도 않는다는 것이다. 비록 그것이 언어 바깥의 세계를 참조할지라도, 그것은 결코 물적 세계와 직접적인 관계가 없다. 라캉 역시 그러한 언어학적이고 철학적인 전통 위에 서 있다. 라캉은 말한다: "상징은 우선 사물의 살해로서 나타난다."[3] 그러나 이 말을, <말은 사물을 지칭하지 않는다>는 뜻으로 받아들이

---

3 위의 책, p.319.

든지, 아니면 말이 있기 이전에 사물은 <없다>는 식으로 받아들여서는 곤란하다. 고양이라는 말이 있기 이전에도 고양이는 실재했고, 그 말이 생긴 이후에도 고양이는 있다. 고양이라는 말은 분명 실재하는 고양이를 가리키고 있다. 그럼에도 불구하고 고양이라는 말이 고양이의 죽음과 등가를 이룬다는 것은, 고양이가 <고양이>라는 말로 지칭되는 순간, 고양이라는 말은 그 말이 속해 있는 언어 체계 속의 다른 말들과의 관계에 의해 가치를 부여받게 되고 의미가 발생하는데, 그러한 의미가 사물 자체와 관계가 없다는 뜻이다. 다시 말해 고양이(라는 말)의 의미작용은 고양이가 아닌 다른 말(동물)들과의 차이에 의해서 이루어진다. 따라서 고양이(라는 말)은 다른 동물들의 명명을 전제하고 있다. 그러한 명명과의 차이를 통해서만 고양이(라는 말)은 비로소 의미를 띨 수 있다. 그것은 역도 마찬가지이다. 즉 모든 동물들이 의미 효과를 나타내기 위해서는 반드시 다른 동물의 명명을 그 밑에 숨기고 있어야 한다. 그러한 관계는 비단 고양이와 다른 동물들에게만 국한되는 것은 아니다. 그것은 모든 사물로, 심지어는 인간에까지 확대된다. 그리하여 <저 여자는 고양이 같다>는 표현이 가능해지는 것이며, 인간사를 동물에 빗댄 우화가 재미있게 읽혀질 수 있는 것이다. 요컨대 사물로서의 고양이는 네 발 가진 동물로서 지금 여기에 분명히 있는데 반해, 고양이라는 말 — 고양이라는 개념을 포함해서 — 은 그 말이 아닌 다른 모든 말 속에 있으면서, 동시에 아무데도 없다. 그것은 다른 말 속에 부재의 형태로 존재하면서 기능하며, 또한 그 말 속에 부재하면서 그것의 의미를 충만케 하는 만물의 요약이다.

낮과 밤의 경우도 마찬가지이다. 낮과 밤이라는 말이 있기 이전에 낮과 밤은 없다. 정확히 말하면 적어도 낮과 밤의 대립은 없다. 물론 지구의 자전에 따른 빛의 변조가 없다는 말은 아니다. 그것은 분명히 <있고>, 낮과 밤이라는 말도 빛과 어둠을 가리킨다. 그렇지만 낮과 밤이라는 말과 개념이 있기 이전에는, 빛에서 어둠으로, 어둠에서 빛으로의 움직임만 <있을> 뿐, 낮과 밤사이의 단절과 대립은 없다. 그것은 마치 <빨주노초파남보>라는 명명이 있기 전에는, 연속적인 색의 변화인 스펙트럼만 있을 뿐, 색깔들끼리의 차이와 대립이 없는 것과 같다. 그리하여 현상계에 속하는 낮과 밤은, 낮은 낮대로, 밤은 밤대로, 대립항인 밤과 낮이 서로 상관없이 독립적으로, 빛의 강도와 열량이라는 실체(substance)를 갖고 있는데 반해, 언어라는 상징계에 속하는 낮과 밤은 밤과 낮을 그 속에 대립항으로서 설정하지 않고서는 아무것도 의미할 수 없다. 따라서 "낮과 밤은 경험에 의하여 정의될 수 있는 어떤 것이 아니다. 경험은 일련의 변조와 변화, 게다가 온갖 변화를 갖고 있는 빛과 어둠의 박동과 교대밖에는 아무것도 가리킬 수 없다. 언어는 낮과 밤의 대립을 시작한다. 기호형식으로서의 낮이 있을 때부터, 그 낮은 하나의 놀이 — 이러한 놀이를 통하여 그 낮은 아주 다양한 것을 의미하게 된다 — 의 온갖 변천에 내맡겨 진다."[4] 따라서 "낮과 밤의 대립은 모든 의미작용을 무한히 넘어서는 기호형식의 대립이다."[5] 그리하여 낮과 밤이라는 말은 언어라는 거대한 그물의 한 코를 형성하면서, 그 체계로부터 단순한 지칭작용 이상의 새로운 의미작용을 부여받는다. 이렇게 의미는 사물의 실체에 속하는 것이 아니라, 관계에 의해 드러나는 형식(forme)이다: "언어는 형식이지 실체가 아니다."[6]

라캉의 유명한 명제 중의 하나인 "성은 하나의 말이다(le sexe est un dire)"[7]라는 것도 이러한 문맥에서 살펴보아야 한다. 그것은 성은 상징계 내에서만

---

4 J. Lacan, *Séminaire III : Les psychoses*, Seuil, 1981, p.188 (이후 번역은 필자가 한 것이며, 번역본이 있는 경우에는 그것을 참조하여 수정 보완한 것이다).

5 위의 책, p.223.

6 페르디낭 드 소쉬르, 『일반언어학 강의』(최승언 옮김), 민음사, 1990, p.145.

7 라캉의 간행되지 않은 *Séminaire XXV : Le moment de conclure*(1977-78) 중의 한 구절.

성이라는 뜻이다. 그러한 의미에서 성은 이미 차이이며 대립이다. 우리가 보통 여성성 또는 남성성이라고 할 때, 그것은 생물학적 특성이나, 심리적 성향에 의해 정의될 성질의 것이 아니다. 그것은 그것이 아닌 다른 기호들과의 관계에 의해서만 정의될 수 있는 하나의 기호이다. 그러한 사실은 우리가 <여자란 무엇인가>라는 질문을 제기했을 때, 어떻게 대답할 것인가를 한번쯤 생각해보면 쉽게 이해할 수 있을 것이다(이것은 남자도 마찬가지이다).[8] 따라서 "기호형식-남자와 기호형식-여자는 수동적인 태도와 능동적인 태도, 공격적 태도와 양보적 태도와 다른 것이다. 그것은 행위와 다른 것이다. 물론 어디에서도 절대적으로 구체화될 수 없지만, 그럼에도 불구하고 <남자>라는 말과 <여자>라는 말에서 가장 가깝게 구현되는 기호형식이 틀림없이 그 뒤에 숨어 있다."[9] 그러한 의미에서 여자는 여자라는 말로 표상되는 순간 죽는 것이고, 남자 역시 남자라는 말이 그의 무덤이다.

모리스 블랑쇼는 그러한 사실을 다음과 같이 극명하게 표현하고 있다: "나의 말은 아무도 죽이지 않는다. 그렇지만 내가 <그 여자>라고 말할 때 현실적인 죽음이 고해지고, 그 죽음이 이미 나의 말 속에 현전한다; 나의 말은 지금 저기 있는 사람이 자신으로부터 분리되고, 자신의 존재와 현전으로부터 벗어나 갑자기 존재와 현전의 무(無) 속으로 빠진다고 말하고 싶어 한다; 나의 말은 본질적으로 그러한 파괴의 가능성을 의미한다; [···] 나의 말은 아무도 죽이지 않는다. 그러나 그 여자가 실제로 죽을 수 없고, 그녀가 매순간 죽음으로부터 위협받고 본질적으로 죽음에 연결되고 죽음과 결합된 삶이 아니라면, 나는 그러한 이상적인 부정, 나의 말이라는 연기된 암살을

---

8 라캉은 <진실(vérité)>과 <사실(fait)>을 구분하는데, 그 때의 <진실>은 <사실>이 상징적 질서 내에 편입되어 갖게 되는 의미 효과와 관련이 있다. 그러한 관점에서 볼 때, 여성의 문제는 진실의 문제이지 사실의 문제가 아니다.

9 J. Lacan, *Séminaire III : Les psychoses*, Seuil, 1981, pp.223-4.

이행할 수 없을 것이다."[10]

비유컨대 그러한 사물의 죽음과 기호의 탄생은, 모래 위에 발자국만 남기고 거기서 분리되는 대상과 같다. 발자국은 발로부터 분리됨으로써만 발자국이고, 발을 뗄 때까지는 발자국은 없다. "지금 모래 위에 발자국이 있는데, 그것은 로빈슨이 속지 않는 기호이다. 거기서 기호는 그것의 대상으로부터 분리된다. 발자국은 […] 자연적인 기호를 그것이 사라져버리는 경계로 데려간다. 기호와 대상의 분리는 여기서 아주 명백하다. 왜냐하면 발자국은 바로 대상이 남기는 것이기 때문이다."[11] 그러나 그러한 언어와 사물의 분리는 라캉의 독창적인 개념은 아니다. 언어학적으로 말하면, 그것은 소쉬르를 이어받고 있으며, 철학적으로는 헤겔과 그의 해석가인 코제브(Kojève)를 잇는 선상에 있다 : "헤겔은 이에나(Iéna)의 『정신 철학(*Philosophie de l'esprit*)』에서 다음과 같이 쓰고 있다: <사자>라는 말을 해보십시오, 그러면 당신은 무(無)로부터(ex nihilo) 사자를 창조하게 되고, 감각적 사물로서의 사자를 없애버리게 됩니다. 코제브가 여기에 주석을 단다: 개라는 말을 해보십시오, 그러면 당신은 짖고 꼬리치는 실제 개를 죽이는 것입니다."[12] 라캉이 이것을 종합하여 다음과 같이 결론을 내린다: "헤겔이 개념에 대해 말한 것을 기억하십시오— <개념은 사물의 시간이다(*Le concept, c'est le temps de la chose.*)> 확실히 개념은 항시 사물이 없는 곳에 있다는 단순한 이유로 해서, 그것은 있는 그대로의 사물이 아니다. 그것은 마치 지난날에 내가 <코끼리(*éléphant*)>라는 말의 중개로 방에 들어가게 했던 코끼리처럼, 사물을 대체하기 위해 온다. 그것이 여러분들 중의 몇몇에게 인상을 강하게 주었다면, 그것은 우리

---

10 Maurice Blanchot, *De Kafka à Kafka*, Gallimard, Coll. ≪folio/essais≫, 1981, p.37.

11 J. Lacan, *Séminaire III : Les psychoses*, Seuil, p.188.

12 Mikkel Borch-Jakobsen, *Lacan, le maître absolu*, Flammarion, Coll. ≪Champs≫, 1995, p.229.

가 코끼리를 명명하는 순간부터 코끼리는 거기에 없기 때문이다. […] 헤겔은 아주 엄격하게 이렇게 말하고 있다: 개념은 사물이 거기에 없으면서 거기 있도록 만드는 것이다."[13] "결국 <사물의 살해>에 대한 헤겔-코제브적인 명제에서 기호의 <자의성>의 명제까지, 라캉이 재빨리 뛰어넘은 단 한 발자국밖에 없는 것이다."[14]

2007년 8월 29일

---

13 J. Lacan, *Séminaire I : Les écrits techniques de Freud*, Seuil, 1975, p.267:그림도 여기서 예외가 아니다. 한 사물의 그림이 그 사물에 대한 명명 작용과 마찬가지로, 사물의 죽음을 부른다는 것을 그림으로 표현한 것이, 르네 마그리트의 '이것은 파이프가 아니다'이다. 그것은 담배 파이프를 초사실주의적으로 그려놓고, 그 밑에 '이것은 파이프가 아니다'라는 문구를 써넣은 그림으로, 화가는 그 그림을 통해 두 가지 사실을 보여주고 있다. 첫째는 그것은 그림일 뿐이지 실제 파이프가 아니라는 사실이다. 다시 말해 그림 역시 현실에 속하는 것이 아니라 표상에 속하는 것이다. 동시에 그 그림은 <이것은 파이프가 아니다>라는 문구를 통해, 그 파이프 그림을 실제 파이프와 비교하는 착각을 범하지 말라고 경고하고 있다. 그러한 문맥에서 솔거의 그림을 보고 새가 와서 놀았다는 이야기는, 새가 인간과 다르게 표상의 세계에 살지 않는다는 사실을 보여주고 있다는 점에서 시사하는 바가 크다 하겠다. 둘째로는, 그림 상으로는 파이프이면서, 말로는 파이프가 아니라고 함으로써, 파이프는 파이프가 아닌 것에 의해서만 파이프라는 사실을 암시하고 있다. 즉 파이프 그림은 파이프가 아닌 다른 그림들의 요약이다. 이렇게 그림도 관계와 차이로 점철되어 있는 언어 체계 속에 있는 것이다.(미셸 푸코, 『이것은 파이프가 아니다』(김현 옮김), 민음사, 1995 참조)

마그리트, 《이미지의 배반 - 이것은 파이프가 아니다》(1929)

14 M. Borch-Jakobsen, 앞의 책, p.230.

II

기호형식에 관하여(2)

기호의 자의성과 양-단의성
기호형식의 사슬과 의미작용의 미끄러짐
의미작용에의 저항
기호형식의 우위
기호형식은 다른 기호형식을 향해 주체를 표상한다

1.

그러나 소쉬르의 언어학은 기호와 사물과의 관계에는 별 관심이 없다. 그것은 그의 언어학이 다루는 범위를 벗어나 있다. 그의 관심은 기호형식(signifiant)과 기호의미(signifié)의 관계에 국한되어 있다: "언어 기호는 사물이나 이름을 통합하는 것이 아니라, 의미와 청각적 이미지를 결합하는 것이다."[1] 다시 말해 언어기호는 기호의미와 기호형식의 결합이다. 그런데 그 결합, 순수한 의미에서 의미작용(signification)의 관계라고 할 수 있는 그 결합

1 소쉬르, 앞의 책, p.84.

역시 자의적이다: "기호형식은 그 실체에 있어서, 기호의미와 자연적인 아무런 인연이 없다."[2] 그것의 단적인 예로, 소쉬르는 [소]라는 기호의미에 대해 국경을 사이에 두고 서로 다른 기호형식을 쓰고 있다는 사실을 들고 있다: "한 가지 실례를 들자면, [황소]라는 기호의미가 국경선 한 쪽에서는 b-ö-f(<뵈프>)를 기호형식으로 갖는 반면, 다른 한 쪽에서는 o-k-s(<옥스>)를 그 기호형식으로 갖는다."[3] 이것은 [소]라는 기호의미를 말함에 있어서, 반드시 프랑스어에서는 b-ö-f, 영어에서는 o-k-s, 한국어에서는 s-o(<소>)라고 말할 필요가 없다는 것을 뜻한다. 이것이 바로 소쉬르가 말하는 기호의 자의성이다.

그렇다고 해서 그것이 한 언어 체계 내에서 달리 말해지는 것을 상상할 수도 없다. 한국어 내에서, [소]라는 기호의미를 s-o라 하지 말고 p-o(<포>)라고 하자고 해서 되는 일이 아니다. 기호는 현재 있는 그대로 있을 필요도 없지만, 그렇다고 기호가 현재와 다른 모습으로 있는 것도 생각할 수 없다. 따라서 기호는 이론적으로는 자의적이지만, 실제로는 필연적이다. 벤베니스트는 말한다: "기호형식과 기호의미 사이의 끈은 자의적인 것이 아니다; 반대로 그것은 <필연적>이다. [소]라는 개념(즉 '기호의미')은 내 의식 속에서는 어쩔 수 없이 음운의 총체(즉 '기호형식')인 b-ö-f와 동일하다. 그것들 사이에는 아주 밀접한 공생관계가 있어서, [소]라는 개념은 b-ö-f라는 청각적 이미지의 영혼과 같다. 정신은 비어있는 형태나 명명되지 않은 개념을 포함하지 않는다."[4]

소쉬르 자신도 그러한 역설적인 관계를 의식했음인지, 소리와 사고라는

---

2 위의 책, p.87.

3 위의 책, p.86.

4 에밀 벤베니스트(Emile Benveniste), 『일반언어학의 제문제』(김현권 옮김), 한불문화출판, 1988, p.68.

<별개의> 두 무정형의 덩어리를 가정했음에도, 그는 곧바로 그 두 체계 사이에 어떤 신비로운 <일치>가 일어나면서, 하나의 단위로 <동시적으로> 분할된다고 가정하고 있다: "사상의 물질화도 없고, 소리의 정신화도 없다. 사상-소리가 구분을 내포하며, 언어가 형태 없는 두 덩어리 사이에서 구성되면서 한 단위를 만들어낸다는 신비로운 사실만이 있다. [···] 각 언어 용어는 하나의 작은 지체(肢體), 즉 *articulus*로, 이 속에서 개념이 소리 안에 고정되고, 소리는 개념의 기호가 된다. 그리하여 언어는 또한 한 장의 종이에 비교될 수 있다. 사상은 소리의 앞면이고 소리는 그 뒷면이다. 사상에서 소리를 고립시킬 수 없고, 소리에서 사상을 고립시킬 수 없다."[5] 그리하여 나타난 것이 다음의 유명한 도표이다[6]:

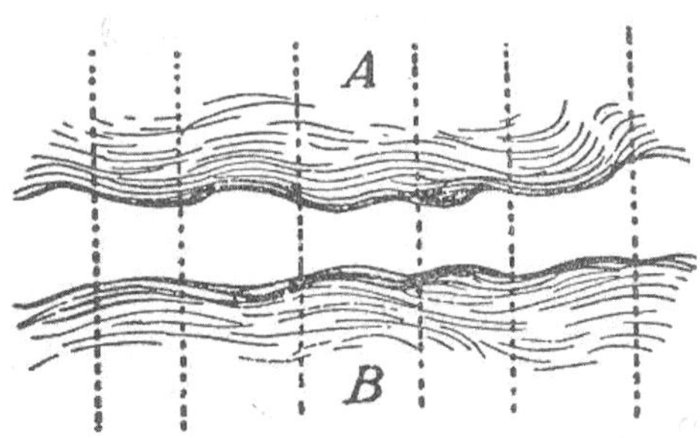

여기서 A와 B는 각각 기호의미와 기호형식의 흐름이고, 점선은 동시적인 분절(articulation)을 의미한다. 따라서 이 그림은 기호의미와 기호형식의 대립에서 그것들의 일치로 가고 있음을 보여준다. 그것은 둘(기호의미와 기호형식)이 합쳐져 하나(기호)가 되는 순간이며, 그 순간은 또한 하나의 기호가 다른

5 소쉬르, 앞의 책, p.135.
6 소쉬르, 앞의 책, p.134.

기호와 절단되는 순간이기도 하다.[7] 그렇게 하여 형성된 것이 바로 언어의 구체적인 본체(entité)이다: "1. 언어의 본체는 기호형식과 기호의미의 연합에 의해서만 존재한다. […] 이 양면적 단일성(unité à deux faces)은 […] 물과 같은 화학적인 화합물을 생각나게 한다. […] 2. 언어본체는 음의 연쇄에서 그를 둘러싸는 모든 것으로부터 구분, 분리해야만 완전히 한정될 수 있다. 바로 그러한 구분된 본체들, 즉 단위(unité)들이 언어 기제 속에서 대립되고 있는 것이다."[8] 이렇게 소쉬르의 자의성은, 서로 무연한 기호형식과 기호의미가 만나 결혼하는 것을 말한다. 그것들이 일단 결혼해서 합방에 들어가면, 금슬 좋은 부부처럼 떨어질 줄 모른다: "모든 것은 낱말의 한계 내에서 청각적 이미지(image accoustique)와 개념(concept) 사이에 일어나는데, 낱말은 폐쇄되어 있고 독립적으로 존재하는 영역으로 간주된다."[9]

그러나 "기호형식과 기호의미의 관계는 전체 이론에서 말해지듯이 양-

7 "이 도표는 하나의 문장을 서로 다른 요소들로 분절(articulation)하는 것이 이미 어떤 자의적인 몫을 내포하고 있음을 보여주고 있다. […] 소쉬르 씨는 그러한 기호형식의 분절을 허락하는 것이 기호형식과 기호의미 사이의 어떤 상관관계라고 생각하고 있다. 분명히 그 둘이 동시에 분절되기 위해서는 하나의 휴지가 필요하다."(J. Lacan, *Séminaire III*, p.135)

8 소쉬르, 앞의 책, pp.125-6: 라캉은 이것을 <양-단의성(bi-univocité)>(J. Lacan, *Séminaire III*, p.135)이라고 부른다. 다시 말해 라캉이 보기에 소쉬르적인 언어 기호는 기호형식과 기호의미 종이 <양면>의 관계에 있으면서 동시에 <단일한 의미>를 갖는다.

9 위의 책, p.137.

단의적인(bi-univocité) 것과는 거리가 멀다. […] 통시적인 방향에서, 시간의 흐름과 함께 미끄러짐(glissement)이 일어난다. 인간의 의미작용의 전개 체계는 매 순간 이동한다. 그리고 기호형식의 내용물을 변화시킨다. 기호형식들은 서로 다른 용법을 갖는다. […] 동일한 기호형식 아래 시대의 흐름에 따라 의미작용의 미끄러짐이 있다. 그러한 사실은 두 체계 사이의 양-단의적인 일치를 세울 수 없다는 것을 증명해보이고 있다."[10] 라캉은 기호형식과 기호의미가, 통시적인 축을 따라 서로 따로 놀고 있음을 <atterré>라는 프랑스어의 형용사에서 발견한다[11]: <atterré>는 원래 전치사 <à(…에)>와 <terre(땅)>가 합쳐져 이루어진 동사 <atterrer(땅바닥에 넘어뜨리다)>의 과거분사이다. 그러니까 <atterré>는 원천적으로 <땅바닥에 놓인(mis à terre)>이라는 의미를 갖고 있다. 그러던 것이 어원적 의미와는 전혀 다른 <공포에 사로잡힌(frappé de terreur)>이라는 뜻으로 바뀐다. 이것은 기호형식과 기호의미의 관계가 얼마나 유동적일 수 있는가를 보여주는 단적인 예이다. 그것들의 관계는 시간 속에서 항상 해체될 준비가 되어 있는 것처럼 보인다. 결과적으로 두 흐름 사이의 공시적인 일치와 분할은, 라캉에 의해 부정되고 만다. 비유적으로 말하면 그것들은 한 배를 타고 있지 않다. <일정한> 기호형식에 <일정한> 기호의미가 실려 있지 않다는 말이다. 그러한 라캉의 주장에 대해 소쉬르의 후예인 구조주의 언어학자들은, 시대에 따라 어떤 때는 <mis à terre>를, 어떤 때는 <frappé de terreur>를 의미한다고 말하면서, 공시적으로 어떤 한 시기의 단면을 잘라냈을 때, 거기에는 분명 <양-단의성>이 있다고 반박할 것이다. 그러면서 그것들은 분리되어

---

10 J. Lacan, *Séminaire III*, p.135.

11 라캉의 미간행 *Séminaire V: Les formations de l'inconscient*(1957-58) 중, 1957년 11월 13일 세미나 참조.

있지만 서로 나뉠 수 없을 정도로, 그야말로 소쉬르가 말하듯이 종이의 양면처럼 붙어 있다고 말할 것이다. 그것을 나누는 것은 순전히 상상에 의해서만 가능하다고 말할 것이다.

그러나 그러한 미끄러짐, "기호형식 밑으로 기호의미의 끊임없는 미끄러짐"[12]이 비단 통시적인 역사적 차원에서만 일어나는 것은 아니다. 그것은 공시적인 한 문장의 통사론적인 축 위에서도 일어난다. 가령, 우리가 어렸을 때 흔히 쓰던 장난기어린 말을 예로 들어보자:

아버지가방에들어간다

이 문장은 <가>라는 음 다음에 끊어 읽느냐, 아니면 <가>라는 음 앞에서 끊어 읽느냐에 따라 의미가 완전히 달라진다.

1) 아버지가 방에 들어간다
2) 아버지 가방에 들어간다

우리는 흔히 1)은 어법에 맞는 문장으로 여기고, 2)는 말도 되지 않는 문장으로 치부하면서 웃음을 금치 못한다. 왜냐하면 몸집이 큰 아버지가 작은 가방에 들어갈 수도 없을 뿐만 아니라, 들어갈 수 있다고 하더라도, 아버지가 체신 머리 없이 가방에 들어갈 리가 없기 때문이다. 프로이트식으로 말한다면, 그렇게 해서 우리는 어머니를 사이에 둔 경쟁 상대인 아버지를 희화화함으로써, 아버지에게 복수하면서 대리 만족을 얻고 있는

12 J. Lacan, *Écrits*, p.502.

지도 모른다. 농담의 배경이야 어떻든 간에 이것은 분절(articulation)이 의미의 생산에 있어서 결정적인 역할을 한다는 좋은 예를 제공하고 있다. <아버지가>가 하나의 통합체로서, <아버지>라는 기호형식은 [아버지]라는 기호의미를 담고 있고, <가>라는 기호형식은 주격 조사라는 기호의미를 담고 있다는 것은 의심할 여지가 없는 듯이 보인다. 그리하여 기호들의 방은 완벽하게 분리되어 있어서, 서로 침투할 수 없는 듯이 보인다. 그러나 그러한 공시적인 분절은 과연 확실한 것일까? 라캉은 여기서 오히려 <담화의 통시성(diachronisme du discours)>[13]을 본다. 사실 우리가 편의상, 듣는 사람이 알아듣기 쉽게, 읽는 사람이 알아보기 쉽게 띄어쓰기를 해서 그렇지, 그것을 휴지 없이 연속해서 말하거나 썼다고 할 때, 분절은 그렇게 확실한 것이 아니다. 기호형식 <가>, 즉 <가>라는 소리의 기호의미는 그 기호형식 속에 내재해 있는 것이 아니라, 그 뒤를 따르는 말에 의해서 <소급적으로, 그리고 잠정적으로> 부여된다. 우리가 어떤 기호형식에 의미를 부여하여 고착시킨다고 생각하는 분절조차도, 실은 뒤에 오는 기호형식에 의하여 역으로 주어질 때까지 유보된다. 예를 들어 <아버지 가방>인지, <아버지가 방>인지는 그 다음 말(<에>)이 나올 때까지 지연된다. 그렇다고 <아버지 가방>이 <에>와 결합되었다고 해서, <아버지가 방에>로 확정되는가? 한마디로 그렇지 않다. <아버지 가방에>일 수도 있다. 왜냐하면 <돈이>

13 J. Lacan, *Séminiare III*, p.66 ; 라캉의 <기호형식의 통시성(diachronisme du signifiant)>은 이미 소쉬르에게 암시되어 있다. 소쉬르는 기호형식의 선형(線形)적 특성(caractère linéaire du signifiant)을 논하면서, "기호형식은 그 청각적인 본질 때문에, 오로지 시간 속에서 전개되며, 또한 시간의 속성에서 비롯되는 특징들을 지니게 된다. 따라서 기호형식은 a) 시간의 길이를 반영하고, b) 이 길이는 단일 차원에서 측정 가능한 바, 이는 선(線)을 말한다. […] 청각적인 기호형식 요소는 하나하나 차례로 나타나며, 하나의 사슬(chaîne)을 형성하는 것이다"(소쉬르, 앞의 책, p.88)고 말하고 있다. 그러나 소쉬르는 기호형식(소리)의 물질적인 시간을 말했을 뿐, 그것이 기호형식의 가치와 의미를 소급적으로 결정한다는 사실은 간과했다.

라는 말이 그 다음에 올 수 있기 때문이다. 그러면 이번에는 <아버지 가방에 돈이>로 확정되는가? 이번에도 그렇지 않다. <아버지 가방에 돈이>로 분절되느냐, 아니면 <아버지가 방에 돈이>로 분절되느냐는 뒤에 오는 다른 기호형식에 의해 결정된다. 이렇게 <가>라는 기호형식의 의미작용은 <가>라는 발음과 <동시에> 이루어지는 것이 아니다. 다시 말해 하나의 기호형식은 다른 기호형식과 <결합> — 라캉은 이것을 <기호형식의 사슬(chaîne signifiante)>[14]이라고 부른다 — 될 때까지, 더 정확히 말해 문장이 끝날 때까지 아무런 기호의미도 갖지 못하고, 그 기호형식들 밑을 <미끄러지면서> 흘러간다. 따라서 하나의 기호형식의 의미는 다른 기호형식 속에서 미래적으로 오고, 기호형식의 결합 다음에 온다. 그것은 기호형식의 결합이 마침표로 끝날 때까지, 다시 말해 문장이 완성될 때까지, 기호의미가 기호형식 위로 떠오르지 못한다는 것을 의미한다.[15] 따라서 어떠한 기호형식도 다른 기호형식으로부터 고립될 수 없다. 만약 그것이 다른 기호형식과 단절된다면, 그것은 한낱 의미 없는 소리에 지나지 않는다. 이렇게 기호형식의 결합 이전에는 기호의 분절도, 기호의미도 없는 것이다.

요컨대 라캉의 언어관에 따르면, 통시적으로는 동일한 기호형식 밑으로 기호의미들의 미끄러짐이 있으며, 그 기호의미는 기호형식의 사슬이 완성될 때까지 그 사슬 위로 공시적으로 부상하지 못한다. 그러한 사실로부터

14 *chaîne signifiante*은 엄밀하게 번역하면 <의미화 사슬>이라고 번역해야 한다. 그럼에도 우리가 <기호형식의 사슬>이라고 번역하는 것은, 라캉이 똑같은 의미로 *chaîne des signifiants*(기호형식의 사슬)이라고 쓰기도 하기 때문이다. 그리고 전자로 번역하면 기호형식이 의미화에 종속되는 느낌이 드는데, 라캉이 말하려고 하는 것은 기호형식의 사슬의 우위이고, 기호의미는 그것의 효과라는 사실이다.

15 하나의 문장이 완성된다고 하더라도 기호의미가 기호형식의 사슬 위로 부상하는 것은 아니다. 그 문장의 의미작용 또한, 그 뒤에 오는 문장에 의하여 소급적으로 이루어진다. 그러한 방식으로 기호형식의 사슬은 끊임없이 이어지고, 기호의미는 그것을 따라 계속 유예되면서 흘러간다. 그만큼 의미작용에 대한 기호형식의 사슬의 저항은 강력한 것이다.

우리는 기호형식과 기호의미 사이에는 엄청난 단절이 있음을 직감할 수 있다. 그것이 바로 라캉이 말하는, 기호형식과 기호의미 사이에 있는 <의미 작용에의 저항선(une barrière résistante à la signification)>[16]이며, "흘러 다니는 기호의미와, (그 위를) 떠다니는 기호형식 사이의 경계를 현실적으로 만드는 횡선"[17]이다:

$$\frac{\mathrm{S}}{s}$$

2.

이렇게 해서 라캉은 소쉬르의 자의성의 명제를 포기한다: "언어라는 그 특수한 것을 자의적이라고 규정한 것은 소쉬르가 저지른 잘못이다."[18] 라캉이 이렇게 소쉬르의 제1명제를 저버리는 것은, 그 이론이 첫째, 기호의미가 기호형식에 앞서 존재하고, 둘째 기호형식은 그러한 기호의미를 표상하는

---

16 J. Lacan, *Écrits*, p.497.

17 J. Lacan, ≪Radiophonie≫, in *Scilicet*, No. 2/3, 1970, p.68: "이 산식은 <기호의미 위의 기호형식>이라고 읽는다. 이 때, <위>라는 말은 그 두 단계를 가르는 횡선과 일치한다."(Lacan, *Écrits*, p.497)

18 J. Lacan, ≪Radiophonie≫, p.63; 라캉은 소쉬르의 자의성을 비판하면서도, 그가 말년에 기호형식의 놀이인 철자바꾸기(anagramme; 아나그람)에 열중했다는 사실을 잊지 않고 추켜세우고 있다: "처음에 기호형식과 기호의미의 관계를 자의적이라고 잘못 규정지었다는 사실을 잊지 말자. 소쉬르는 이렇게, 아마도 자신의 심정과는 반대로, 자신을 표현하고 있다. 그는 다르게 생각하고 있었다. 그는 그의 서랍 속에 있는 것이 보여주듯이, […] 철자바꾸기의 이야기를 생각하고 있었다. 그런데 자의적인 것이라고 인정되는 것은 기호의미의 효과가 그것을 야기하는 것[기호형식]과 아무런 관련이 없는 것처럼 보이기 때문이다."(J. Lacan, *Séminaire XX: Encore*, Seuil, 1975, pp.22-23)

단순한 수단에 지나지 않고, 마지막으로 가장 중요한 사실로, 기호의미와 기호형식이 <양-단의성>으로 맺어져 있다고 주장하기 때문이다. 사실 소쉬르가 든 기호의 자의성의 예("황소라는 기호의미가 국경선 한쪽에서는 b-ö-f를 기호형식으로 갖는 반면에, 다른 한 쪽에서는 o-k-s 를 그 기호형식으로 갖는다")는 그러한 오해를 살 충분한 여지가 있다. 그 예는 분명 [소]라는 개념이 국경을 초월하여 존재하는 할 뿐만 아니라, 기호형식이 각 언어로 분화되기 이전부터 이미 존재해왔다는 인상을 강하게 풍기고 있다. 그래서 거기서는 기호형식이 기존의 기호의미를 표현하는 방편밖에는 안 되는 것이다. 그러나 "만약에 낱말이 미리 주어진 개념을 표시하는 역할을 한다면, 각 언어마다 하나의 의미에 해당하는 정확한 대응어가 있을 것이다. 그런데 사실은 그렇지 않다. […] 그러므로 이 모든 경우에서 우리가 포착한 것은 미리 주어진 개념이 아니라, 체계에서 우러나오는 <가치(valeur)>이다. 가치가 개념에 해당한다고 말함으로써 사람들이 암시하는 바는, 개념이 순전히 이화(異化)적이라는 것, 즉 그 내용에 의해 적극적으로 정의되지 않고, 체계 내의 다른 사항들과의 관계에 의해 소극적으로 정의된다는 것이다. 그것들의 가장 정확한 특징은, 그것들이 다른 것들이 아닌 것이라는 사실이다."[19]

소쉬르의 가치론은 한 마디로 하나의 언어 기호의 가치는, 그것과 다른 모든 기호들과의 관계와 차이에 의해 주어진다는 것이다: "가치의 개념적 부분이 언어에 있는 다른 사항들과의 관계와 차이에 의해서만 구성된다면, 가치의 물질적 부분 역시 마찬가지다."[20] 이 명제야말로 부정하려야 부정할 수 없는 가장 소쉬르적인, 그렇기 때문에 그야말로 소쉬르의 업적으로 남을 만한 것이다. 그것은 현대 언어학, 나아가서 언어학으로부터 방법론을 이어

---

19 소쉬르, 앞의 책, p.139.
20 위의 책, p.140.

받았거나 영향을 받은 모든 인문과학을 풍요롭게 만들어주는 명제이다. 예컨대 b-ö-f(<뵈프>; 소)는 ö-f(<외프>; 달걀), v-ö-f(<뵈프>; 홀아비), b-ö(<뵈>; 소의 복수) 등과의 비교에 의해서 의미 효과를 나타내게 된다. 달리 말하면 하나의 말의 의미작용은 그 말이 속한 언어 전체와, 그리고 거기에 속한 다른 요소들과의 관계에 의해 주어진다. 그것은 마치 100원 짜리 지폐가 다른 지폐(10, 1000, 10000원 짜리 돈)와의 차이, 그리고 물건과의 교환에 의해서 가치를 갖는 것과 같다. 만약 그렇지 않다면 그것은 한낱 종잇조각에 지나지 않을 것이다. 따라서 하나의 말(또는 지폐)은 그것을 둘러싸고 있는 다른 말들(다른 돈과 물건들)과 맺고 있는 계열적이고 통합적인 관계의 요약이다. 사전의 체제가 그러한 사실을 잘 반영하고 있다. 그것은 철자나 의미가 비슷한 단어들을 유사성에 의해 수직적으로 묶어주거나, 나란히 배열되는 단어들을 인접성에 의해 수평적으로 결합시킨다. 그리하여 한 단어의 정확한 용법을 알기 위해서는 전 사전을 답파해야 하고, 한 단어를 찾으면 자석에 못이 딸려오듯이, 다른 모든 단어들이 따라 올라온다.[21] 아무튼 "언어에는 차이만이 존재하며,"[22] 가치는 그 실체가 없는 차이로부터 주어지는 것이다.

그에 따라 어떤 기호형식이 의미작용에 참여하기 위해서는 적어도 두 개의 기호형식 — 라캉은 이것을 S1, S2로 표시한다 — 이 필요하게 되고, 하나의 기호형식의 가치는 항시 그것을 해석하는 다른 기호형식에 의존하

---

21 "다시금 하나의 기호형식이란 무엇인가? […] 그 말 앞에 놓여 있는 <하나의(Un)>라는 말은 일상적인 용도로 부정관사이다. 그것은 이미 기호형식은 집단화될 수 있고, 그것을 모을 수 있고, 전체화되는 어떤 것에 대해 말하듯이, 그것에 대해 말할 수 있다는 것을 가정하고 있다. 내가 보기에, 언어학자는 그러한 컬렉션을 <정관사(le)> 위에 세우기는 힘들 것이다."(J. Lacan, *Séminaire XX*, p.22) 즉 기호형식이라는 용어와 개념은 부정관사가 어울리지 정관사로 결정되는 것이 아니다.

22 소쉬르, 앞의 책, p.136.

게 마련이다: "이러한 해석자(interprétant)의 기능은 다른 기호형식, 또는 그 기호형식들이 포함되어 있는 총체에 의해 수행된다. 그러한 기호들이 문제가 되는 기호에 공동으로 주어진다."[23] 그러므로 가치론에 따르면, 기호형식은 기호의미의 표상체(représentant)가 아니라, 다른 기호형식의 해석자이다. 그것은 그것의 해석자인 다른 기호형식 속으로(이 기호형식은 또 다른 기호형식 속으로… 등등) 편입됨으로써, 비로소 가치 효과를 나타내게 된다. 그러한 의미에서 기호형식들은 서로의 해석자(interprétant)이고, 따라서 약간의 말놀음이 허락된다면, 기호형식은 *inter-prêtant*(서로 빌려주는 것)[24]이며, 다른 기호형식에 대해 이미 <메타적인> 것이다.

이렇게 볼 때 자의성의 명제와 가치의 명제는 소쉬르 내부에서 이미 모순관계에 있다. 왜냐하면 자의성의 명제 따르면, 의미는 기호형식과 함께 하나의 기호로 동시에 분할되면서 그 속에 내재하는 데 반해, 가치의 명제에 따르면, 하나의 기호형식의 가치는 다른 기호형식들과의 차이에 의해 주어지기 때문에, 그것은 다른 기호형식들 속에 있을 뿐만 아니라, 그것들에 의해서 소급적으로 이루어지기 때문이다. 이렇게 소쉬르의 언어 이론을 떠받치고 있는 두 기둥이 양립하지 못하는 이유는 무엇일까? 그것은 우선 소쉬르가 의미와 가치를 구분했으면서도 그것들을 명확히 구분해내지 못했다는데서 기인한다: "한 낱말의 가치에 대해 말할 때, 일반적으로 그리고 무엇보다 먼저, 그 낱말이 갖고 있는 개념을 나타내는 특성을 생각하게

---

23 로만 야콥슨, 『일반 언어학 이론』(권재일 옮김), 민음사, 1989, p.42.

24 *inter-prêtant*은 interprétant(해석자)에서 접두사를 분리시킨 뒤, (inter)prétant을 그것과 동음의 동사인 *prêtant*(빌려주다)으로 대체하고, 접두사(inter-)과 다시 하이픈으로 연결하여 만든 신어이다. 따라서 그것은 접두사(inter-)의 이중적인 의미에 따라, <서로 빌려주는 것>이라는 뜻과 함께, <빌려주는 것 사이>라는 뜻을 발생시킨다. <서로 빌려주는 것 사이>라고나 할까?

된다. 사실 그것은 언어 가치의 단면들 중의 하나이다. 그러나 사정이 만일 그러하다면, 그 가치와 사람들이 의미라고 부르는 것과의 차이는 어디에 있는 것일까? 두 낱말은 동의어일까? 물론 혼동하기는 쉽지만, 우리는 그렇다고 생각하지 않는다. [⋯] 가치는, 개념적 측면에서 보면, 물론 의미의 하나의 요소이므로, 의미가 가치에 종속되어 있으면서도 어떻게 그것과 구별되는가를 알기란 힘들다."[25]

그것은 기호와 기호형식의 혼동으로 이어진다. 소쉬르가 말하는 가치는 항시 <기호>의 가치이지, <기호형식>의 가치가 아니다. 그런데 그가 정의하는 바에 의하면, 기호는 기호의미와 기호형식의 연합인데, 그 기호가 다시 다른 기호들과의 차이에 의하여 개념적 가치를 갖는다.[26] 따라서 소쉬르의 기호는 기호의미를 내포하면서 동시에 다른 기호와의 차이에 의한 개념적 가치라는, 그야말로 이중적인 의미를 갖게 된다: "그러나 여기에는 문제의 역설적인 측면이 있다. 즉 한편으로는 개념이 기호의 내부에서 청각 이미지의 대칭물로 나타나고, 다른 한편으로는 그 기호 자체, 다시 말해 개념과 청각 이미지의 연결 관계도 역시 그에 못지않게 언어의 다른 기호들

25 소쉬르, 앞의 책, p.136.

26 그래서 언뜻 보기에, 소쉬르가 말하는 의미는 한 단어의 외연에 해당하고, 가치는 내포적 의미를 말하는 것 같다: "불어의 *mouton*이 영어의 *sheep*와 의미는 같으나 가치는 같지 않을 수 있다. [⋯] 동일 언어 내부에서도 유사한 개념을 표현해주는 모든 낱말들은 서로를 한정하고 있다. 즉 *redouter*(싫어하다, 두려워하다), *craindre*(무서워하다, 경외하다), *avoir peur*(겁내다, 걱정하다) 등의 동의어는 상호대립에 의해서만 그 고유의 가치를 갖는다."(소쉬르, 앞의 책, p.138) 이렇게 서로 다른 언어 체계 사이에서건, 아니면 동일한 언어 체계 내에서건, 기호들 간의 공통의 내용은 의미이고, 그 나머지 <새롭고 독특한 요소들>(위의 책, 같은 쪽)은 가치이다. 그렇다고 소쉬르가 기호형식의 가치를 언급하지 않은 것은 아니다.(위의 책, pp.140-42 참조) 단지 그는 기호형식과 기호를 명확히 구분했음에도 불구하고, 기호를 기호형식의 상위 개념으로 고집한 결과, 의미와 가치의 문제에서 약간의 혼란을 빚었을 뿐이다. 이에 비해 나중에 밝혀지겠지만, 라캉은 기호형식을 기호에 우선하는 것으로 보고, 기호형식을 기호보다 우위에 두고 있다.

에 대한 대칭물이다. 언어는 하나의 체계로서, 이 체계의 모든 사항이 연대적이고, 한 사항의 가치는 다른 모든 사항의 존재에서 비롯된다면, 이렇게 규정된 가치가 의미, 즉 청각 이미지의 대칭물과 혼동되는 것은 왜일까? [···] 종이를 자르는 경우와 다시 비교해보면, 잘린 여러 조각, 즉 A, B, C, D 등 사이의 관계가, 한 조각의 앞면과 뒷면의 관계, 즉 A/A', B/B' 등과 왜 구별되지 않는지를 납득할 수 없는 것이다."[27] 그러한 관점에서 볼 때, 자의성 이론은 기호 <내>에서의 기호형식과 기호의미의 관계(종잇조각의 앞면과 뒷면의 관계)이고, 개념적 차원에서의 가치 이론은 기호들 <사이>의 관계(종잇조각과 종잇조각의 관계)이다. 그리하여 두 개념들 — 자의성과 가치론, 기호와 기호형식, 기호의미와 개념적 가치 — 은 서로 조화로운 관계에 있는 것처럼 보이지 않는다.

라캉은 그러한 모순을 해결하기 위하여, 소쉬르의 두 명제 중, 가치에 관한 부분만을 받아들여 그것을 끝까지 밀고 나간다. 그 결과, 라캉에게 있어서 의미(즉 기호의미)는 소쉬르가 말하는 <기호의 개념적 가치>와 다른 것이 아니지만, 그것들은 라캉에 의해 <기호형식의 효과(effet du signifiant)>로 정의된다: "기호의미는 기호형식의 효과이다."[28] 그것은 라캉이 기호형식의 가치, 다시 말해 다른 기호형식과의 차이에 다름 아닌 기호형식의 가치만을 인정하고, 기호의 가치, 즉 기호들의 차이는 따로 문제 삼지 않는다는 것을 의미한다. 라캉에 따르면, <기호의미의 효과>[29]는 그러한 다른 기호형식과의 차이와 가치에 다름 아닌 기호형식들의 결합과 대체에 의해

---

27 소쉬르, 앞의 책, p.137.

28 J. Lacan, *Séminaire XX*, p.34; 그렇다고 그 효과가 <의미작용에의 저항선>을 쉽게 넘나드는 것은 아니다: "그 둘 사이에는 뛰어넘어야 할 횡선이 그어진 어떤 것이 있다는 사실을 생략하지 않는 것이 중요하다."(위의 책, p.22)

29 위의 책, p.22.

생산된다. 라캉은 이렇게 기호형식의 가치, 의미, 효과를 명확히 구분해서 사용한다. 그러한 사실로부터 이끌어낼 수 있는 결론은, "기호형식은 의미에 의존하지 않는다. 전자는 후자의 원천이다."[30]라는 것이다. "기호형식은 의미작용의 봉투와 용기를 제공하는 일만 하는 것이 아니다. 그것은 의미작용을 극화하고 구조화하고 존재하게 만든다."[31]

결과적으로 라캉은 기호, 기호의미, 기호형식 중에서 기호형식만을 문제삼는다. 왜냐하면 기호는 사물과 전혀 다른 자율적인 의미 체계를 구성하고 있고, 그 기호를 구성하는 기호의미와 기호형식 중에서 기호의미는 기호형식의 효과로 판명나기 때문이다. 따라서 라캉에게 있어서, 모든 것은 이제 기호형식의 작용으로 압축되고, 기호형식은 기호의미는 물론이려니와, 심지어 기호보다 우위에 서게 된다. 라캉은, 때로 기호를 기호형식과 등가로 놓거나(그는 "기호형식은 다른 기호를 참조하는 기호"[32]라고 말하고 있다. 이것은 기호의 입장에서 보면 기호형식이라는 하위 범주로 강등되는 것이고, 기호형식의 입장에서 보면 기호라는 상위 범주로 진급하는 것이다), 기호라는 말을 경멸적인 어조로 사용하고 있다("기호는 어떤 사람을 위해서 어떤 것을 표상하는 것이다."[33] 이 경우, 라캉은 기호를 기호형식과 기호의미가 고착되어 있는 상징에 버금가는 것으로 파악하고 있다). 우리는 기호의미에 대한 기호형식의 상대적인 우위를 확인하기 위하여, 라캉 특유의 기지가 번뜩이는 <화장실 문>의 예를 들어보자[34]:

---

30 J. Lacan, *Séminaire III*, p.282.
31 위의 책, p.295.
32 위의 책, p.188.
33 J. Lacan, ≪Radiophonie≫, p.65.
34 J. Lacan, *Écrits*, pp.499-500 참조.

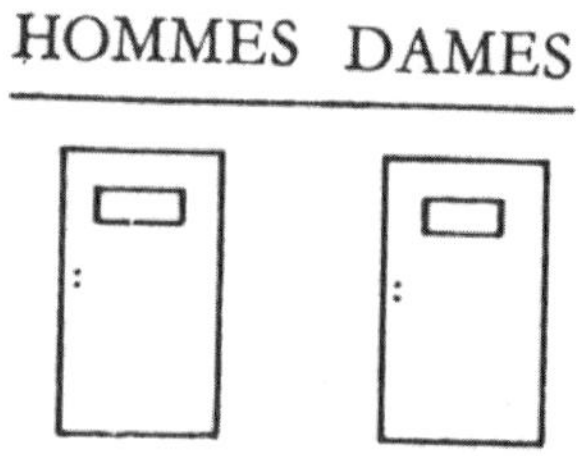

이것은 현실적으로 도저히 분간할 수 없는 두 개의 화장실 문 앞에 <남자(HOMMES)>와 <여자(DAMES)>라는 글씨(기호형식)가 쓰여 있는 그림이다. 만약에 그 글씨들이 없었다면, 그것이 문이라는 사실조차 알려지지 않을지 모른다. 하물며 그 문이 열어 보이고 있는 방의 용도에 대해서는 더 더욱 미궁이었을 것이다. 그러던 것이 거기에 글씨 하나가 써짐으로 말미암아, 엄청난 의미 효과가 나타난다. 그렇다고 그것을 전통적인 수사학이 말하는 다의성(polysémie)과 혼동해서는 안 된다. 어떠한 사전을 찾아보더라고 <HOMMES(남자)>라는 항목에 [문]이라든가, [화장실]이라는 뜻은 없다. 전통적인 수사학에 따르면, 하나의 기호(기호형식이 아니다)에 새로운 의미가 덧붙여지는 것은 기호의미(기호형식이 아니다)의 인접성과 유사성을 따라감으로써 가능하다. 따라서 하나의 기호가 내포할 수 있는 의미들(다의성)은 열거 가능하고 한계가 있게 마련이다. 그러나 라캉에게 있어서 기호형식은 어디에나 있을 수 있으며, 어떠한 의미도 생산할 수 있다. 거기에는 한계가 없다. 가령 <HOMMES(남자)>와 <DAMES(여자)>라는 글씨를 바꾸어놓았다면 어떤 일이 일어났을까? 아마도 내부가 여자용 화장실로 꾸며져 있다고 하더라도, 문 앞에 <HOMMES(남자)>라고 써져 있다면, 누구나 그것을 남자용 화장실로 여겼을 것이다. 그것은 하나의 기호형식이 특정한 기호의미를 표상하는 것이 아니라, 그 <위치>에 따라 전혀 예측 못할 의미까지도

생산할 수 있다는 사실을 보여주고 있다.

요컨대, 소쉬르는 기호의미와 기호형식의 관계가 자의적이지만, 하나의 랑그 체계 내에서 관습적으로 결혼하여 하나의 기호라는 방을 이루고 있는 것으로 보고 있는 반면에(이것은 그가 기호의미를 기호형식보다 우위에 있다고 보는 관점으로 이어진다), 라캉은 기호의미를 기호형식의 효과로 만들고, 기호형식의 사슬이 의미작용에 저항선으로 작용하고 있다고 주장한다.(이것이 바로 기호의미에 대한 기호형식의 우위이다.) 그에 따라 라캉은 소쉬르의 언어학을 완전히 전복시키고 있다. 그야말로 모든 면에서 소쉬르의 도표를 뒤집고 있는 것이다: 우선 기호의미와 기호형식의 위아래를 뒤집고, 그것들이 한 방에 갇혀 있다는 것을 뜻하는 원을 없애고, 마지막으로 그것들 사이의 점선을 실선으로 바꿈으로써 기호의미와 기호형식의 일치와 소통을 기호의미의 저항선으로 만들어 버린다.

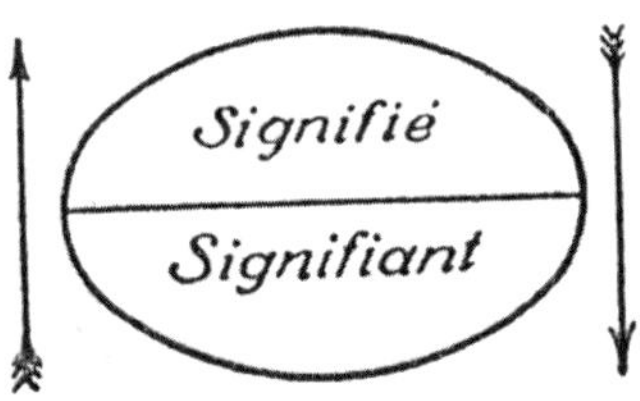

소쉬르의 도표[35]

S (기호형식)
―――――――
s (기호의미)

라캉의 산식[36]

35 소쉬르, 앞의 책, p.84.
36 J. Lacan, *Écrits*, p.497.

3.

이렇게 라캉은 기호의미에 대한 기호형식의 우위, 그리고 기호의미와 기호형식 사이의 의미작용에의 저항선을 확인한 뒤, 기호형식을 주체와 연결시킨다. "우리들의 기호형식의 정의는 이렇다(다른 것은 없다): 하나의 기호형식은 다른 기호형식을 향해 주체를 표상한다. 따라서 그 기호형식은 다른 모든 기호형식들이 그 기호형식을 향해 주체를 표상하는 것이다 : 다시 말해 그 기호형식이 없으면 다른 모든 것들은 아무것도 표상할 수 없다. 왜냐하면 <향해서>가 아니면 아무것도 표상되지 않기 때문이다."[37] 한마디로 기호형식은 다른 기호형식을 향하여 주체를 표상한다. 라캉은『라디오포니』에서, 기호형식이 표상하는 것은 기호의미가 아니라 주체임을 다시 한 번 분명히 밝히고 있다. "기호형식은 하나의 주체(하나의 기호의미가 아니다)를 표상한다. 다른 기호형식을 향해서(그것은 <다른 주체를 향해서>가 아니라는 것을 의미한다)"[38] 이것은 일찍이 구조주의 언어학이 한 번도 생각해보지 못한 것으로, 구조주의 언어학은 기껏해야 인칭대명사나 시제 등에 나타나는 주관성을 문제 삼았을 뿐이다. 이렇게 주체를 기호학 내지는 언어학으로부터 방법적으로 배제하는 것은, 아마도 그것을 학문으로 구성하기 어려웠기 때문일 것이다.

상황이 그러한 만큼, 앞의 정의는 구조주의 언어학자들에게는 놀라움의 대상이었다. 왜냐하면 라캉 자신이 지금까지 강력히 반박해오던 기호형식의 표상설(représentationnalisme)을 불현듯 다시 들고 나올 뿐 아니라, 그것도 전혀 상관이 없어 보이는 두 항목 — 기호형식과 주체 — 을 연결

37 위의 책, p.819.
38 J. Lacan, ≪Radiophonie≫, p.65.

하고 있기 때문이다.(전통적으로 기호형식은 기호의미에게는 의미작용을, 지칭물에게는 지칭작용을 나타냈었다.) 그러한 의미에서 그 정의가 시사하는 바는 매우 크다: 우선 우리가 그로부터 추출해낼 수 있는 사실은, 하나의 기호형식은 다른 모든 기호형식들을 <향해서>, 그리고 다른 모든 기호형식들 — 이것을 라캉은 큰타자(Autre)라고 명명한다(그래서 라캉에게 큰타자는 <기호형식들의 장소>이다) — 에 <의해서> 존재할 수밖에 없다는 것이다. <기호형식의 지향성(intentionnalité du signifiant)>[39]이라고 불러도 좋을, 그러한 기호형식의 특질은, 이미 소쉬르의 가치론에 내포되어 있다. 즉 하나의 기호형식은 다른 기호형식과의 차이에 의하여 가치를 갖기 때문에, 그것은 미래지향적으로 다른 기호형식을 향해 열려 있으며, 또한 그 미래에 올 기호형식들에 의존하고 있다. 그러한 소쉬르적 명제를 라캉 식으로 재구성하면, 아마도 <하나의 기호형식은 다른 기호형식을 향하여 기호의미를 표상한다.>[40] 정도가 될 것이다. 그러나 라캉은 거기서 한 걸음 더 나아가, 바로 그 정의에서 기호의미가 있어야 할 자

39 M. Borch-Jakobsen, 앞의 책, p.217.

40 그 결과 표상(représentation)의 정의 자체가 이자적인 것에서 삼자적인 것으로 바뀐다. 표상을 사전적으로 단순히 정의하면, 어떤 사물을 <직접적으로> 보여주면 <제시(présentation)>이고, 그것을 <간접적으로>으로 나타내면 <표상(représentation)>이다. 즉 그림이나 언어를 통해 부재하는 사물의 존재를 환기시키는 것을 우리는 <표상>이라고 한다. 가령 <이 그림은 산을 표상한다(Le tableau représente une montagne)>라는 문장을 예로 들면, 그것은 분명 <A는 B를 표상한다>는 식으로 A와 B의 이자 관계였다. 그러니까 여기서 A(그림)는 <표상체(représentant)>이고, B(산)은 <피표상체(représenté)>이다. 그러한 용어에 비추어 구조주의 언어학의 기호형식에 대한 생각을 정리하면, 기호형식은 그것에 앞서 존재하는 기호의미 — 이것은 <표상된 것(représenté)>이다 — 를 자의적으로 <표상하는 것(représentant)>이다. 그러나 라캉은 <기호형식의 지향성>을 그것의 정의에 반영하여, <A는 B를 표상하는데, 그것은 C를 향해서다>라고 수정한다. 따라서 라캉에게 있어서, 표상은 A, B, C의 삼자 관계로 바뀐다. 그런데 바로 그러한 이유로 해서, 그 정의는 거기에 동원된 세 항목 중 어느 하나의 실체도 확실히 파악될 수 없다는 점에서, 아무것도 말하고 있지 않는 정의이다. 그것은 서로가 서로를 물고 물리는 사슬식의 정의이다.

리에 주체라는 말을 끼워 넣는다. 주체가 기호의미의 자리를 차지하는 것이다.

그 결과는 무엇일까? 확실한 것은, 주체가 <표상하다>라는 동사의 주어가 아니라 목적어라는 사실이다. 그것은 주체가 이제 기호형식의 능동적인 주인이 아니라는 것을 의미한다. 따라서 기호형식은 인간 존재에 의해 만들어지고 사용되는 도구가 아니다. 오히려 역으로 인간 존재를 표상하고 결정하는 것이 기호형식이다. 기호형식이 인간을 소유하는 것이다. 그러한 의미에서 기호형식이 인간 존재의 집이 아니라, 인간 존재가 기호형식에 의해 구성되는 집인 것이다. 인간 존재는 기호형식을 주인으로 모시고 있는 셈이다. 이렇게 라캉에 따르면, 인간 존재는 기호형식의 원인이 아니라 결과이다.

더욱이 앞의 명제는, 하나의 기호형식이 주체를 표상하는 순간, 다른 기호형식으로 이동하기 때문에, 주체는 그 기호형식들 사이에서 분열적으로 나타난다는 사실을 보여주고 있다.(라캉은 그러한 분열된 주체를 $\not{S}$로 표시한다) 그러한 분열은 기호형식의 이동이 끝날 때까지, 다시 말해 하나의 기호형식이 어떤 기호의미에 닻을 내릴 때까지 계속된다. 그렇지만, "산식의 S(기호형식)와 s(기호의미)는 같은 차원에 있지 않다. 인간은 아무 데도 없는 공통의 축 속에 위치해 있다는 환상에 사로잡혀 있을 뿐이다."[41]

이렇게 기호형식의 움직임에 따라 주체가 좌지우지되는 예는 정신분석의 도처에서 찾아볼 수 있다. 가령 프로이트의 중요한 분석 사례 중의 하나인 <쥐인간>[42]은, 갑자기 야위고 싶은 충동에 사로잡힌다. 처음에 그 충동은 전혀 이해할 수 없는 것으로 남아 있었다. 그러다가 그 쥐인

---

41 J. Lacan, *Écrits*, p.518.

42 S. Freud, *Cinq Psychanalyses*, P.U.F., 1982, p.221 참조.

간이 사용하는 언어, 즉 <dick[딕]>은 독어에서 <뚱뚱하다>는 뜻이고, 또한 Dick[딕]은 그의 연적으로서 그가 죽여 버리고 싶은 사람의 이름이라는 사실이 밝혀진다. 즉 그는 남을 죽이고 싶다는 욕망에 대한 자기 징벌로서, 자기가 뚱뚱하다고 생각하고 살을 빼는 고통을 스스로 부과한 것이다. 그래서 Dick[딕]과 동일시되어 뚱뚱한 살을 뺌으로써 자기를 죽이면서 동시에 Dick[딕]을 죽이는 것이다. 우리가 여기서 간과해서는 안 될 것은, Dick[딕]이라는 고유명사에서 dick[딕]이라는 형용사로의 건너뜀에는, 어떠한 기호의미의 연합도 없다는 것이다.[43] 그것은 순전히 기호형식의 길을 통해 이루어진 것이지, 그것들이 동일한 의미를 운반하고 있어서 그런 것은 아니다. 부연한다면, 무의미(non-sens)의 길인 동음(homophonie)의 길을 통해, <뚱뚱한>이라는 의미가 태어나고, 바로 그 은유적 의미 속에 <살빼기>의 충동이 삽입된 것이다. 이렇게 "기호형식과 기호형식의 관계(S/S') 속에서, 기호의미 위에 있는 기호형식의 관계(S/s)가 태어난다. [⋯] 기호형식과 기호형식의 관계 속에, 즉 여기의 기호형식과 저기에 있는 기호형식을 묶어주는 어떤 것 속에, 순전히 기호형식의 관계인 어떤 것 속에, 의미작용의 탄생이라는 행위가 실행될 수 있는 것이다."[44] 라캉에 따르면, 그러한 기호형식의 효과에 의해 탄생하는 것이 바로 주체이다. 주체는 그렇게 두 기호형식의 동음 사이에서 의미의 자리에 발생한다. 그리하여 리오타르가 말했듯이, "라캉이 기호의미라고 말할 때, 그는 주체를 생각한다. 은유의 모든 이론은 주체의 은

---

43 "이러한 건너뜀은 기호형식이 기호의미로 가는 통로의 조건을 표현해주고 있다. 그 기호의미의 순간은, 주체의 장소와 잠정적으로 뒤섞임으로써 표시될 수 있다."(J. Lacan,. *Écrits*, p.516)

44 라캉의 미간행 *Séminaire V: Les formations de l'inconscient*(1957-58) 중, 1957년 11월 13일 세미나 참조.

유의 이론이다. 주체는 은유의 간접적인 길을 통해서만 파악된다."[45] 그 결과 기호의미가 기호형식의 사슬 속에서 계속 유보되듯이, 주체에 대한 표상 역시 다른 기호형식으로 연기될 뿐만 아니라, 설혹 기호의미의 효과가 나타난다고 할지라도, 두 기호형식 사이에서 잠시 드러났다가 없어지듯이, 주체 또한 잠정적으로 나타났다가 사라진다.

또 다른 단순한 예를 하나 들어보자: 이것은 프로이트의 환자인 꼬마 한스의 이야기이다. 그는 처음에는 말(馬)에 대해 공포증을 가지고 있었는데, 그 이후에 그의 공포의 대상이 <말>에서 <마차>로 바뀐다. 그 결정적인 계기는 <말 때문에>라는 말이었다: "(그는 <때문에(*Wegen*)>라는 말을 강조하면서) '말 때문에(*Wegen* dem Pferd)' [···] 아마도 나는 어리석음에 걸렸어요."[46]라고 말한다. 아마도 흔히는 한스의 연상이 말에서 마차로 이어졌을 것이라고 생각할 것이다. 그러나 한스가 따라간 것은, 그러한 기호의미의 인접성의 길이 아니라, 기호형식(청각 이미지)의 동음(homophonie)의 통로였다. 다시 말해 <*Wägen*(*Wagen*(마차)의 복수형)>과 <*Wegen*(때문에)>[이라는 전치사]은 독일어에서 동음이기 때문이다: "[···] <*Wegen*(때문에)>이라는 말이 말에 대한 공포에서 <*Wägen*(마차)>에 대한 공포로 확장되는 길을 열어놓았다. [···] 어린아이에게 있어서는 소리의 유사성이 훨씬 더 중요하다."[47] 그러한 사실로부터 우리는 한스의 공포가 관련을 맺고 있는 것은, [마차]의 의미가 아니라, *Wegen*[베겐]이라는 소리라는 사실을 확인할 수 있다. 다시 말해 그의 공포는 기호형식, 즉 단어 자체의 청각적 이미지로부터 직접 생산된다. 이것이 바로

---

45 J.-F. Lyotard, *Discours, Figure*, Ed. Klincksieck, 1978, p.257.
46 S. Freud, 앞의 책, p.133 이하 참조.
47 위의 책, p.133 각주(2).

라캉이 말하는, "주체가 한 기호형식의 도정으로부터 받는 불가항력적인 결정 작용"[48]인 것이다.

2007년 9월 5일~9월 12일

48 J. Lacan, *Écrits*, p.12.

III

은유와 환유(1)

공시태/통시태, 계열체/통합체, 부재/현전, 유추/결합
선택(대체)/결합, 유사성/인접성, 은유/환유
수직적/수평적, 의미론/통사론

1.

우리는 앞의 세미나에서 라캉의 기호형식 이론을 살펴보았다. 요컨대 라캉에 따르면, 기호형식은 사물의 살해로서 사물과 아무런 관계가 없이 자율적인 체계를 구축하고 있을 뿐 아니라, 기호의미에 대한 우위를 점유하고 있다. 게다가 라캉은 소쉬르의 자의성 명제를 포기하고, 기호형식의 가치론만 받아들여 그것을 더욱 극단화한다. 한 마디로 그가 보기에, 기호형식은 다른 기호형식과의 차이에 다름 아니고, 기호의미는 그러한 기호형식들의 관계에 의해서 창출되는 효과에 불과하다. 그리하여 라캉은 기호형식을 언어 기호의 물질성에 국한하는 소쉬르적인 정의에서 한 발자국 더 나아가, "의미 효과를 갖는 모든 것"[1]으로 확대 정의한다. 그러한 관점에서 본다면, 전통적인 표상설이 근거하고 있는 두 가지 가설 — 기호형식은 기호의미를

표상하고 따라서 기호의미는 그것을 표상하는 기호형식과는 독립적으로 존재한다는 가설 — 은 완전히 무너진다. 게다가 전통적으로 <표상하다>라는 동사의 주어(주인)라고 알려져 있던 주체가 라캉에 의해 피표상체로, 그것도 기호형식의 이동에 따라 잠정적으로 나타났다가 사라지는 효과에 불과한 것으로 전락하는 대목에 이르게 되면, 기호형식이 라캉의 정신분석에서 차지하는 위치가 얼마나 정점에 있는가를 짐작할 수 있다. 그렇다면 기호형식은 어떠한 관계 방식을 통해 기호의미의 효과를 창조하고, 주체를 표상하는가? 그러한 의문은 우리를 라캉의 은유와 환유의 이론으로 이끌고 간다. 왜냐하면 그 두 수사법은 라캉에게 의미의 창조와 격리[억압]의 두 방식이기 때문이다.

1.

일반언어학의 계열체 / 통합체가 수사학의 은유 / 환유, 그리고 정신분석의 압축 / 이동과 서로 대응한다는 것은 주지의 사실이다. 그러나 우리가 자명하게 생각하고 있는 그 명제가 과연 정확한 것일까? 혹시 소쉬르에서 야콥슨을 거쳐 라캉에 이르는 과정에서 개념의 변화가 있었던 것은 아닐까? 사실 언어학과 수사학은 그런대로 인척 관계에 있으나, 정신분석은 그것들과 전혀 상관이 없는 것처럼 보인다. 그것들 사이는 얼핏 보아도 정상인과 비정상인의 사이만큼 거리가 멀다. 그런데도 라캉이 그러한 등식을 밀어붙

1 J. Lacan, *Séminaire XX: Encore*, Seuil, 1975, p.34: 그러한 점에서 이제 라캉의 기호형식은 소쉬르의 기호형식의 개념을 상당히 벗어난다. 그것들은 서로 다른 개념이라고 할 수 있을 정도이다. 이 점에 대해서는 다시 논의할 기회가 있을 것이다.(이 책의 제6장 <단성> 참조)

이는 까닭은 무엇일까? 그리고 문외한이 보아도 뻔한 무리수일 것으로 짐작되는 그의 이론이, 아직도 영향력을 발휘하는 까닭은 무엇일까? 혹시 거기에는 우리가 모르는 개념의 혁명적인 전환이 있는 것은 아닐까? 다시 말해 그가 비록 소쉬르와 야콥슨으로부터 영감을 받았지만, 그의 개념은 그들과 근본적으로 다른 것은 아닐까? 이 세미나의 목표는 그러한 문제들을 하나씩 풀어가는 것이다. 이를 위해 우리는 두 세 단계의 과정을 밟을 것이다: 첫째, 계열체와 통합체, 은유와 환유의 원초적인 의미를 정확히 짚어볼 것이다. 다시 말해 한편으로는 계열체와 통합체를 소쉬르적인 의미에서 정의하고, 그 다음에 야콥슨은 그것들을 어떻게 재해석하면서 은유와 환유에 연결시키고 있는 지 알아보고, 다른 한편으로는 프로이트적인 의미에서 꿈내용과 꿈사고, 그리고 압축과 이동을 정의하고, 라캉이 그것들을 어떻게 재해석하면서 수사학적인 개념에 연결시키는지를 살펴볼 것이다.

소쉬르에 따르면, 담화의 모든 구성 요소는, 통합체의 축과 계열체의 축의 교차에 의하여 그 의미가 발생한다. 전자는 문장의 표면에 드러나 있는 요소들 사이의 관계, 따라서 직접적으로 관찰할 수 있는 것이고, 후자는 문장 상에는 드러나지는 않지만, 각 문장 요소와 공통성과 차이를 갖고 있음으로 해서, 각각의 의미를 드러내는 데 결정적인 역할을 하는 것들의 관계이다. 따라서 "통합 관계는 현전(in praesentia)한다. 그것은 실제 계열 속에 똑같이 나타나 있는 둘 또는 그 이상의 사항에 바탕을 두고 있다. 반대로 연합 관계는 잠재적인 기억의 계열 속에 부재(in absentia)로 있는 사항들을 연결해준다."[2] 가령 <그 선생님은 프랑스어를 가르친다.>는 문장에서, <그>, <선생님><은>, <프랑스어><를>, <가르친다>라는

2 페르디낭 드 소쉬르, 『일반 언어학 강의』(최승언 옮김), 민음사, 1990, 147쪽.(이후 인용문의 번역은 기존의 번역을 수정한 것이다.)

구성 요소들 사이의 관계가 통합 관계이고, 각 구성 요소와 그 요소를 대신할 수 있는 것들과의 보이지 않는 관계가 계열 관계이다. 즉 <그>에는 <이> <저>를, <선생님>에는 <교수> <교사> <강사> <학생> 등을, <프랑스어>에는 <영어> <독어> <중국어> <노어> 등을, <가르친다>에는 <교육한다> <수업한다> <배운다> 등을, 그리고 조사 <은>과 <를>에는 <이> <가> <는>이나 <를>을 대체해 넣을 수 있는데, 이들이 바로 동일한 계열체를 형성하는 것이다. 따라서 모든 메시지는 낱말을 연결시키는 수평적이고 통시적인 통사론적인 결합과, 이용 가능한 낱말들의 저장소에서 특정한 낱말을 선택하는 수직적인 움직임의 만남에 의해 구성된다. 그것은 마치 평면상의 한 점이 xy 축에 의하여 그 위치가 결정되는 것과 같다. 그 두 질서는 마차를 움직이는 두 바퀴처럼, 그 중 어느 하나가 없으면 다른 하나도 없는 관계에 있다.

그러나 소쉬르 자신은 계열 관계(rapports paradigmatiques)라는 용어를 사용한 적이 없다.(그러나 계열체(paradigmes)라는 말을 사용한 적은 있다.) 그는 그것을 단순히 연합 관계(rapports associatifs)라고 부르고 있다. 더욱이 우리가 여기서 주목해야 할 것은, 흔히 연합 관계가 문장 상에서 서로 대체할 수 있는 말들끼리의 관계라고 알고 있는 것과는 다르게, 그에게 대체라는 개념은 없다는 것이다. 그에게 있어 연합 관계는, 말 그대로 어떤 '낱말'에 의해 연상될 수 있는 모든 것들의 관계일 뿐이었다.[3] "따라서 때로는 형태와 의미의 이중적인 공통성이 있고, 때로는 형태만의 공통성이나 의미만의 공통성이 있다."[4] 그것은 그 관계가 기호의미의 유추(analogie)뿐만 아니라, 단순히

3 통합체의 전형적인 유형은 문장이다. 반면에 연합 관계의 기본은 일단 낱말이라고 할 수 있다.(물론 낱말도 어간과 접미사 등으로 분해되어, 그 각각에 대해 연합관계가 성립한다.) 따라서 결합의 자유가 화자에 달려 있는 전자는 말에 속하고, 언어의 내적인 저장고인 후자는 랑그에 속한다고 할 수 있다.(소쉬르, 위의 책, 147-8쪽 참조)

청각적인 이미지의 공통성에 의해서도 가능하다는 것을 뜻한다. 다시 말해 소쉬르에 따르면, 기호형식의 차원에서도 연합 관계는 성립한다. 이것은 다음에 논할 야콥슨과의 관계에 있어서 중요한 사항으로 대두된다. 왜냐하면 야콥슨은 연합 관계라는 용어를 포기할 뿐 아니라, 계열체의 축을 기호의미와 지칭의 차원에 국한하기 때문이다. 아무튼 소쉬르가 사용한 용어대로, 두 관계를 도표화하면 다음과 같다:

연합 관계	통합 관계
부재(in absentia)	현전(in praesentia)
유추와 공통성	결합

2.

전통적인 수사학은 은유와 환유를 의미론적으로 정의하려 하거나, 지칭의 차원에서 설명하려고 했다. 우선 은유는 형태적인 측면에서 보면, 비교를 유도하는 요소의 개입 없이, 비교되는 항(comparé)과 비교하는 항(comparant)을 등가로 묶는 비유법이다. 그것은 '…처럼'이라든지, '같다'나 '듯하다'와 같은 말이 "생략된 직유(comparaison)"[5]이다. 예를 들어 '인간은 갈대와 같다'라는 표현은 직유인데, '인간은 갈대다'라는 말은 은유이다. 그것은 비교를 나타내는 기호의 매개 없이, 개념들이나 대상들을 직접 연결시키는 전의(trope)라는 점에서 직유와 다르다. 그래서 때로는 비교되는 항이 문장의 표면에 드러나지 않는 경우도 있다. 가령 '인간은 갈대' 대신에 '생각하는

4 소쉬르, 위의 책, 149쪽.

5 H. Morier, *Dictionnaire de poétique et de rhétorique*, P.U.F., 1981, p.670.

갈대'라고 표현했을 경우가 그것이다. 이때 갈대에 대응하는 항을 찾는 것은 순전히 정신 작용에 의해 이루어진다. 물론 비교되는 항과 비교하는 항 사이의 등가는 유사성(similarité)이나 유추를 통해, 공통적인 요소를 확보함으로써 가능해진다. '인간은 생각하는 갈대'라는 은유는, 논리적으로 양립할 수 없는 두 요소 — 인간(동물)과 갈대(식물) — 가 유추에 의해 하나가 되고 있는데, 그러한 양립을 가능하게 하는 것은 소위 '연약함'이라고 할 수 있다. 다른 예를 들어보자: '움직이는 거울, 물이 달아나고 있다.'[6] 이 경우도 '물'과 '거울'이 대상을 반영하는 물체라는 점에서 유사하다. 그러한 점에서 은유가 유사성의 가장 "응축된 표현"[7]이라는 야콥슨의 지적은 정당하다. 그밖에 은유에서는 비교하는 항('갈대')이 자신의 고유한 의미를 잃고 추상화된다. 즉 갈대의 본질적이고 구체적인 특성인 '식물성'이 사상되고, 갈대라는 이미지의 후광에 속하는 추상적인 속성인 '연약함'이 부상한다. 더욱이 '생각하는'이라는 수식어는 갈대를 의인화하면서, '갈대'와 '인간' 사이에 가로놓인 범주적인 단절을 완화시켜주고 있다. 이렇게 "은유적 과정은 의미소의 [내적인] 조직에 관여한다."[8] 즉 은유는 거기에 관계된 "어휘소를 구성하는 의미소들 중에서 문맥과 양립 가능한 것을 선택하고"[9], 나머지 "의미소의 일시적 중지"[10], 또는 "괄호 넣기"[11]를 가져온다. 그렇게 함으로써 은유는 의미의 영역을 넓혀주는 일종의 일반화, 내지는 "원초적 의미의 확대"[12]에 기여한다.

---

6 위의 책, 671쪽.
7 야콥슨, 『일반언어학 이론』(권재일 옮김), 민음사, 1989, 61쪽.
8 M. Le Guern, *Sémantique de la métaphore et de la métonymie*, Larousse, 1973, p.14.
9 위의 책, 16쪽.
10 위의 책, 19-20쪽.
11 위의 책, 15쪽.
12 위의 책, 19쪽.

반면에 환유는 언어 바깥에 있는 경험적 여건에 의존하고 있을 뿐, 은유와 같이 의미소의 변경을 가져오지 않는다. 다시 말해 그것은 언어 외적인 지칭의 변화에 의해 이루어진다. 가령 '모차르트를 연주하다'라는 환유에서, '모차르트'가 작곡가라는 사실은 전혀 사라지지 않고, 단지 그의 이름은 그의 작품을 지시하는 데 사용되고 있을 뿐이다. 이것은 '플로렌스는 꽃이다'라는 은유에서, '꽃'이라는 기호가 실재하는 꽃 이외의 다른 것을 지칭하는 것이 문제가 아니라, '꽃'을 구성하고 있는 여러 의미소들 중에서 '아름다움'이라는 추상적 의미가 전면에 떠오르는 것과는 전혀 다르다. '한 잔 마시다'라는 환유의 경우도 마찬가지이다. 이때도 '잔'이라는 말은 자신의 의미를 그대로 보존하면서, 그 잔 속에 들어 있는 내용물을 가리키고 있다. 그러나 "환유가 언어와 언어 외적인 사실과의 정상적인 관계의 일탈로 특징지어지는"[13] 것만은 아니다. 예컨대 '잔'이라는 말이 잔이라는 사물을 지시하는 것으로부터 벗어나서 인접해 있는 사물로의 지칭 이동을 하고 있는 것은 부인할 수 없는 사실이지만, 그것이 구체적으로 무엇을 지칭하느냐 하는 것은 지칭 관계의 변화만으로는 설명할 수 없다. 그것이 분명해지기 위해서는 앞뒤 문맥의 개입이 필수적으로 요구된다. 다시 말해 '잔' 속의 내용물, 즉 물, 술, 커피 중에서 어떤 것이냐를 결정하는 것은 "순전히 언어학적인 문맥이건, 아니면 대화 당사자들 간의 공통적인 지식의 문맥이건, 문맥에 의해 제공된 정보소들이다."[14] 따라서 환유는 어떤 요소가 문맥에 통합될 때[15], 지칭 관계에 변화가 오는 전의라고 할 수 있다.

---

13 위의 책, 17쪽.

14 위의 책, 26쪽.

15 문장의 각 요소는 다른 요소와 결합하면서, 그보다 상위의 새로운 언어 단위를 만들고 거기에 통합된다. 야콥슨은 이것을 문맥잡기(contexture)라고 부르고 있다.(야콥슨, 앞의 책, 50쪽) 가령 <선생님은>이라는 통합체는 <프랑스어>와 <가르친다>라는 말과 결합되어, 그보다 상위

3.

야콥슨의 실어증 연구도 그러한 전통적인 수사학으로부터 크게 벗어나지 않는다. 테렌스 혹스는 그의 이론을 다음과 같이 압축하고 있다: "결합의(즉 통합의) 과정은 인접(한 낱말이 다른 낱말 다음에 놓이는 것)이라는 형태로 나타나고, 그 양식은 환유적이다. 선택의(즉 연상적인) 과정은 유사(한 낱말이나 개념이 다른 낱말이나 개념과 '닮았다'고 하는 것)라는 형태로 나타나고, 그 양식은 은유적이다. 그 때문에 은유와 환유의 대립은 본질적으로 언어의 공시적인 양식(직접적이고 공존적인 '수직'의 관계)과 통시적인 양식(계기적이고 연속적이고 '직선적으로 진행되는' 관계) 사이의 절대적인 대립의 진수를 나타낸다고 말할 수 있을 것이다."[16] 사실 야콥슨은 소쉬르의 통합관계/연합관계라는 개념이나, 구조주의자들이 사용하는 계열관계나 계열체라는 용어를 사용하지 않는다. 그에게 있어서 중요한 것은, 오로지 결합과 선택(또는 대체)이고[17], 인접성과 유사성이다. 전자는 통사론적이라고 한다면 후자는 의미론적이다 : "한쪽은 분포적인(즉 통사적인) 인접성이고, 다른 한쪽은 의미적인 유사성이다."[18] 그가 보기에, 그러한 특성이 가장 압축적으로 나타

단위인 문장으로 편입되고, 그 문장은 다시 다른 문장들과 어우러져 문단을 형성한다. 따라서 결합(통합)과 문맥잡기는 동일한 작용의 서로 다른 모습이라고 할 수 있다.

16 혹스, 『구조주의와 기호학』(정병훈 옮김), 을유문화사, 1984, 104-5쪽.

17 각 문장 요소는 연합 관계에 있는 요소들의 집합체인 계열체로부터 선택된 것이고, 또한 그렇게 선택된 요소는 그 계열체의 다른 요소들로 대체될 수 있기 때문에, "선택과 대체는 동일한 한 작용의 다른 두 측면"(야콥슨, 앞의 책, 51쪽)이라고 할 수 있다.

18 야콥슨, 앞의 책, 67쪽: 야콥슨은 소쉬르의 용어 중에서, 통합관계 / 연합관계 대신 현전 / 부재를 받아들이고, 거기에 결합 / 선택(또는 대체)이라는 개념을 덧붙인다(같은 책, 51쪽 참조):

부재	현전
선택(또는 대체)	결합
의미의 유사성	통사적(또는 분포적) 인접성
은유(적 절차)	환유(적 절차)

나는 것이 환유와 은유인 것이다 : “담화의 전개는 서로 다른 두 가지 의미 방향에 따라서 이루어진다. 즉 한 화제가 유사성 또는 인접성에 의해 다른 화제로 연결된다. 첫째의 경우에서는 <은유적 절차>로, 둘째 경우에서는 <환유적 절차>로 말하는 것이 아마 더 나을 것이다. 왜냐하면 전자의 경우에는 은유에서, 후자의 경우에는 환유에서 가장 압축적인 표현들이 발견되기 때문이다.”[19]

이론적으로 볼 때, 이것은 분명히 발전이다. 왜냐하면 연합 관계의 축에서 선택과 대체의 특성을 읽어내고, 그것을 은유에 연결시키고, 나아가 예술의 유파에까지 확대 적용한 공이 인정되기 때문이다. 그러나 우리가 간과해서는 안 될 것은, 그 과정에서 개념의 굴절 내지 이동도 일어났다는 것이다. 특히 야콥슨에 이르러, 아무도 모르는 사이에 연합관계의 축에서 기호형식의 차원이 배제되고 있을 뿐 아니라, 계열적인 관계가 대체의 관계로 정의됨에 따라, 통합적인 문맥이 계열체에 우선한다는 전제가 자연스럽게 깔리게 된다. 왜냐하면 대체란 동일한 문장 요소, 즉 분포적인 동일성이 가정될 때만이 가능하기 때문이다. 그리하여 대등한 두 관계는, 야콥슨에 이르러 서서히 통합 관계의 우위로 기울어지게 된다.[20]

그러나 언어학의 통합체 / 연합체가 수사학의 환유 / 은유와 일치할지는 몰라도, 그것들은 엄연히 다른 차원에 있다. 그것들은 마치 평면도 상으로는 같은 극점에 있지만, 측면도 상으론 서로 다른 높이에 있으면서 서로 꼬여

---

19 위의 책, 66쪽.

20 소쉬르에 따르면, 통합 관계와 연합 관계는 인간의 모든 정신 활동에 필요불가결한 두 질서이다.(소쉬르, 앞의 책, 146쪽 참조) 그러한 관점에서 소쉬르는 그 두 관계를 대등한 것으로 보았다고 할 수 있다. 야콥슨 역시 그 둘의 우열에 대해 이야기한 바는 없다. 단지 논리적으로 따져볼 때, 야콥슨의 대체는 통사론적 결합을 반드시 전제할 수밖에 없다는 것이다. 나중에 보게 되겠지만, 이것은 라캉의 이론으로 발전하는 중요한 실마리가 된다.

있는 관계에 있다. 가령 '해는 알코올 속으로 진다'라는 표현은, '해는 서쪽으로(서산으로, 수평선 너머로, 등) 진다'라는 문장과 비교해볼 때 분명히 은유적이다. 그것은 아마도 '서쪽으로(서산으로, 수평선 너머로, 등)'라는 말이 '알코올 속으로'라는 말로 대체됨으로써 얻어지는 효과일 것이다. 그렇기 때문에 은유는 계열체의 축 위에서 특징적으로 나타난다고 할 수 있다. 그러나 그것이 그 문장의 다른 요소와 결합되지 않는다면, 과연 그러한 은유가 가능할 수 있을까? 그것이 가능하지 않다는 것은, 위 표현을 '파리가 알코올 속으로 빠진다'라는 문장과 비교해보면 금방 드러난다. 이렇게 '알코올 속으로'라는 통합체가 다른 어떤 통합체와 결합되어 있느냐에 따라, 그것이 은유적인지 아닌지가 결정된다. 따라서 어떤 표현이 은유적이기 위해서는 통합체적인 결합 행위가 필수적으로 요구된다고 할 수 있다. 야콥슨 자신도 은유란 계열체의 축을 통합체의 축 위에 투사하는 것에 다름 아니라는 사실을 지적하고 있다: "시적 기능은 선택의 축의 등가 원리를 결합의 축으로 투사한다."[21]

이러한 상황은 은유의 반대의 경우인 환유에서도 마찬가지다. 가령 '한 잔 마시다'라는 환유에서 '한 잔'은 '마시다'라는 말과 결합함으로써, 그 속에 들어 있는 내용물을 의미하게 된다. 그렇다고 해서 환유의 과정에서, 통사론적인 결합 행위의 특권화된 역할이 계열체적 선택 행위를 배제하는 것은 아니다. 단지 환유에서는 계열체적 선택 행위가 인접한 요소로 이동하고 있을 뿐이다. 가령 '콜라 한 컵을 마시다'라는 표현은 가능해도, '콜라 한 사발을 마시다'라는 표현은 어딘가 어색하다. 이것을 역으로 말하면, '한 사발을 마시다'라는 환유에서 콜라나 커피 같은 음료수는 배제된다. 우리는

21 야콥슨, 앞의 책, 222쪽.

이러한 사실로부터, 그릇으로써 내용물을 대신하는 환유에서, 내용물이 그릇의 선택에 반영된다는 사실을 알 수 있다. 야콥슨 자신도 환유를 "대체와 선택의 선 위에 일상적인 문맥의 선이 투사된 것으로"[22] 특징짓고 있다. 그리하여 "환유를 결합 능력에 결부시키는 것은 역설적인 데가 있다. 환유는 모든 전의들과 마찬가지로 계열적인 일탈에 의해 정의되기 때문이다. 그것은 텍스트의 해석이 분명하게 달라짐이 없이 본래의 말을 다른 어떤 단어로 대체하는 것이다. 그래서 거기서는 필시 선택 작용이 문제된다. 만약에 누가 선택과 결합 능력 내지, 계열체와 통합체의 축의 상대적인 독립 원칙을 제기한다면, 부조리에 부닥치게 될 것이다. [⋯] 그리하여 두 축은 언어 행위 속에서 끊임없이 나타나는 상호 의존 관계에 있다."[23]

2007년 9월 19일

22 위의 책, 60쪽.

23 Le Guern, 앞의 책, 23쪽: 모든 의미작용이 계열체와 통합체의 상호투사에 의해 이루어지는 관계로, 은유와 환유 역시 상호 의존 관계에 있다. 즉 은유 없는 환유 없고 환유 없는 은유 없다: "유사성이 인접성에 중첩된 시에 있어서는 모든 환유는 약간의 은유성을 띠고, 모든 은유는 약간의 환유성을 띤다."(야콥슨, 앞의 책, 240쪽)

IV

은유와 환유(2)

은유, 동일한 위치에서 기호형식의 대체
새로운 의미의 창조
환유, 인접한 기호형식이 생략된 기호형식 메꾸기
의미작용에의 저항

1.

한편 라캉은 실어증에 대한 야콥슨의 논문에 영감을 받아, 환유를,

1. 결합("환유가 기대는 곳은 이러한 연결의 <말 옆에 말(*mot à mot*)>이다."[1]) 및,

2. 프로이트의 이동(déplacement)의 기제와 동일시하고,("이동은 환유가 보여주는 의미의 전환으로서(독일어 *Verschiebung*[위치이동]이 그 의미를 잘 전달해주고 있다), 프로이트에게 나타난 이래, 검열을 피하는 데 가장 적합한 무의식의 방식으로 제시된 것이다."[2])

1 J. Lacan, *Écrits*, Seuil, 1966, p.506.

은유를,

1. 대체("<말 대신에 말(*un mot pour un autre*)>이 바로 은유의 공식이다."[3]) 및,

2. 프로이트의 압축(condensation)의 기제에 연결시키고 있다

("*Verdichtung*[농축], 즉 압축은 기호형식들의 포개기의 구조이다. 그것은 은유가 자신의 영역을 차지하고 있는 곳이다. 그 자체로 Dichtung[시]이라는 말을 압축하고 있는 그 이름은, 그것이 시의 기제로 알려져 있다는 사실을 지적해보이고 있다. 다시 말해 그것은 시의 순수한 전통적인 기능을 포함하고 있다."[4]):

말 옆에 말	말 대신 말
환유	은유
이동	압축

이러한 라캉의 도식과 야콥슨의 그것을 비교해볼 때 현저히 드러나는 차이는, 첫째, 연합 관계의 축에 선택이라는 개념이 사라지고 대체라는 개념

2 위의 책, 511쪽.

3 위의 책, 507쪽.

4 위의 책, 511쪽: 야콥슨은 "환유와 은유라는 두 가지 방식 사이의 경쟁이, 주체 내적이든 아니면 사회적이든, 모든 상징적 과정에 나타난다."고 말하면서, 그것들을 프로이트의 이동과 압축에 적용하고 있다. 그러나 야콥슨은 라캉과 달리, 압축을 제유에 연결시킨다: "꿈의 구조에 대한 연구에서 결정적인 문제는, 상징과 시간상의 연결이 인접성(프로이트의 환유적 '이동'과 제유적 '압축')에 기초해 있느냐, 아니면 유사성(프로이트의 '동일화'와 '상징')에 기초해 있느냐를 아는 것이다."(야콥슨, 앞의 책, 70쪽) 또한 견해의 차이는 있지만 제유가 환유의 일종이라는 점에서, 특히 『일반수사학』(자크 뒤부와 외, 용경식역, 한길사, 183쪽 참조)의 저자들(그룹 μ)은 은유를 '두 가지 제유의 산물'로 보면서, 은유/환유로 세워져 있는 전통적인 이분법을 은유/제유/환유라는 삼분법으로 바꾸고, 프로이트의 압축을 야콥슨의 환유로 환원시킨다. 따라서 "그러한 접근은 라캉이 한 것과 일치하지 않는다는 점에 주목해야 할 것이다. 라캉은 은유와 압축, 이동과 환유를 각각 동일시한다. 우리는 그러한 사실을 야콥슨에게 지적해주었다. 그러니까 그는 그러한 의견의 차이가 생기는 것은 은유와 제유의 경우를 동시에 포함하고 있는 것처럼 보이는 압축이라는 개념의 부정확성 때문이라고 생각하고 있었다."(R. Jakobson, *Essais de linguistique générale I*, Ed. de Minuit, 1963, p.66, 뤼베의 역주1)

이 완전히 자리를 잡았다는 것과, 둘째, 야콥슨에게서 가장 핵심적인 개념이었던 인접성과 유사성이라는 용어가 보이지 않는다는 것이다. 사실 인접성이라는 개념은 통사론적인 축의 우위를 강조하기 위하여 그의 세미나에서 가끔 사용되지만, 유사성이라는 개념은 별로 눈에 띄지 않는다. 뿐만 아니라, 그는 그 개념의 부적합성까지 거론하고 있다. 그것은 유사성이라는 개념에서 강조되고 있는 기호의미의 차원에 대한 그의 생각을 반영하고 있다. 즉 이미 앞에서 살펴보았듯이, 라캉은 기호의미에 대한 기호형식의 우위를 주장하고 있기 때문이다. 그에 따라 라캉에게 있어서 기호의미는 기호형식에 의한 효과로 전락한다. 앞의 도식에서, 결합이나 대체라는 추상적인 말 대신, '말 옆에 말'과 '말 대신 말'이라는 구체적인 표현이 선택된 배경에는, 기호형식들의 관계의 양상을 선명히 드러내려는 라캉의 의도가 숨어 있다고 할 수 있다. 이렇게 그에게 있어 항시 문제가 되는 것은 기호형식과 그 관계이다.

그러한 초점의 전환 — 기호의미에서 기호형식으로의 — 은 프로이트의 압축과 이동, 그리고 꿈내용과 꿈사고에 대한 라캉의 재해석에도 그대로 반영되고 있다. 우선 프로이트가 말하는 꿈내용과 꿈사고를 보자: 꿈내용은 꿈에 직접적으로 현현된 내용이고, 꿈사고는 꿈에는 직접 나타나지 않지만 꿈의 형성에 관여하는 것으로 생각되는 잠재적인 내용이다. 사실 꿈은 그러한 표면적인 꿈내용과 잠재적인 꿈사고가 맺는 복잡한 관계에 다름 아니다. 왜냐하면 꿈사고가 없다면 꿈내용은 그야말로 아무 의미 없는 상형문자의 나열에 지나지 않기 때문이다. 그렇기 때문에 그것들은 떼려야 뗄 수 없는 그릇과 내용물의 관계로 맺어져 있다. 언어학적으로 말한다면, 꿈내용은 꿈의 기호형식이고 꿈사고는 꿈의 기호의미로서 꿈은 그 두 부분이 결합된 꿈의 기호라고 할 수 있다. 우리가 보통 해몽 — 즉 꿈의 해석 — 이라고 할 때, 그것은 바로 꿈내용의 이면에 숨어 있는 꿈사고를 찾아가는 것을 말하고, 반대로 꿈의 작업은 꿈사고에서 꿈내용에 이르는 복잡한 기제를 말한다. 그러한 기제 — 압축, 이동, 형상화, 이차적 가공 — 중에서 가장 중요한 것이 물론 압축과 이동이다.

압축은 꿈사고의 많은 의미 있는 자료들이 꿈내용에서는 하나의 새로운 기호형식으로 결집되어 나타나는 현상을 말한다. 그것은 "골턴(Galton)이 가족사진을 만들 때처럼, 두 개의 상을 포개어 공통된 특징은 한결 강하게 나타나게 하고, 일치하지 않는 특징은 상쇄하여 흐리멍덩한 상이 되게"[5] 하는 꿈의 작업이다. 그리하여 압축은 대표성을 고려하면서, 그 나머지는 생략하는 방법을 채택한다. 그렇게 해서 나타난 혼합물은 거기에 참여한 요소들과는 전혀 다른 형태를 띠게 될 뿐만 아니라, 그 요소들의 중층적 안 교차로 말미암아 다성적이고 다의적이게 마련이다. 프로이트는 이러한 압축 작용의 대표적 산물로 합성어와 집합인물을 들고 있다. 그 중 합성어를 하나 들어보자:

> 그는 나를 familionnaire하게 취급했다.
> (Il m'a traité d'une manière familionnaire)[6]

인용된 문장은 하이네의 한 주인공이 한 말로, 프로이트와 라캉이 압축의 대표적인 산물로 제시하고 있는 것이다. 여기서 문제가 되고 있는 것은 합성어인 *familionnaire*다. 그것은 famil(ière)+(mill)ionnaire로 구성되어 있다. 더 엄격히 말하면 그것은 [mili]와 [e:r]라는 공통된 음을 매개로 합성되어 있다. 그렇기 때문에 그것은 언뜻 보면, 음성적 관점에서 서로 계열체를

5 프로이트,『꿈의 해석』(김대규 역), 동서문화사, 1978, 309쪽.
6 S. Freud, *Le mot d'esprit et sa relation à l'inconscient*, Gallimard, 1940, pp.56-64 참조.

형성하고 있을 뿐 아니라, 의미론적 관점에서도 새로운 의미를 만들어내고 있다. 그러한 점을 고려해볼 때, 정신분석의 압축은 계열체, 유사, 은유로 이어지는 언어학적인 축에 해당된다고 할 수 있다. 프로이트 자신도 압축이 유사성을 기반으로 하고 있다는 사실을 완곡하게 암시하고 있다: "꿈 형성의 기제는 논리적인 관계 중에서 오직 한 가지만을 특별히 배려하고 있다. 그것은 '…와 같이'라는 표현법으로 통하는 '유사, 일치, 접촉'의 관계다. 꿈은 무수한 방법을 구사하여 그러한 관계를 나타낸다. 그러한 여러 가지 '…와 같이'라는 표현법이나, 꿈의 재료에 속한 그것의 대용물들은 꿈의 구성에 있어서 최초의 계기가 된다. 꿈의 작업의 상당한 부분은 그것을 가지고 새로운 것들을 만들어내는 데 있다. 왜냐하면 꿈이 구사하고 있는 것들은 검열의 저항 때문에 꿈속으로 들어갈 수 없기 때문이다. 여기서 바로 압축의 경향이 유사 관계를 표현하는 데 도움을 주는 것이다."[7]

그러나 우리가 *familonnaire*를 좀 더 자세히 들여다보면, 프로이트의 압축이 소쉬르적인 계열체와 상당한 차이가 있음을 알 수 있다. 우선 소쉬르적인 계열체는 부재하는 연상의 관계인데 반해, 프로이트의 압축은 거기에 참여하는 요소들이 어떤 방식으로든 드러나 있는 현전 관계이다. 비유적으로 말한다면, 압축에 의한 형성물은 공통점을 지닌 두 가지 이상의 요소가 세자르(César)의 고철 조각처럼 압착되어 하나가 된 것이다. 위의 경우에서도, *familionnaire*는 혼성어(mot-valise)[8]처럼, 자신의 본래의 형태와 의미를 그대로 간직한 채 결합되어 있다. 압축의 이러한 특징은, '집합인물'에서 더욱 미묘하고 복잡하게 나타난다. 집합인물이란 "단 한 사람의 이미지에 둘 혹

---

7 프로이트, 『꿈의 해석』, 332쪽.

8 혼성어(mot-valise)는 여러 단어의 의미 없는 요소들이 합쳐져 만들어지는 조어를 가리킨다. 특히 한 단어의 첫 부분과 다른 단어의 뒷부분을 합쳐서 만든 말을 가리킨다: [예] motor+hôtel>motel.

은 여러 인물들의 특성이 결합되어"[9] 창조된 인물이다. 따라서 그것은 언어의 차원이 아닌 이미지의 차원에서 이루어진 압축의 결과물이다. 가령 유명한 이르마의 꿈은 12명의 인물이 혼합되어 실재의 이르마와는 다른 새로운 이르마를 만들어내고 있다. 그것은 마치 샤갈의 그림이나 『산해경』에 나오는 괴상망측하지만, 신체의 각 부분을 이 동물 저 동물에서 따왔기 때문에 아주 낯설지는 않은 동물들과 비슷하다. 이렇게 정신분석의 압축은 언어학의 계열체와는 달리, 거기에 참여하는 요소들끼리 현전 관계에 있다. 게다가 전통적 의미에서의 은유는 기호의미의 유사성을 기초로 하고 있는 데 반해, 압축은 *familonnaire*의 예가 보여주듯이 기호형식의 유사성에 기초를 두고 있다. 그러한 현상은 '노레크달(norekdal)'[10]의 꿈에도 여실히 나타나고 있다. 노레크달은 원래 최상을 의미하는 형용사 — colossal(대규모의), pyramidal(거대한) — 에, 입센의 주인공인 노라(Nora)와 에크달(Ekdal)이 덧붙여져서 만들어진 말이다. 따라서 그것은 Nor(a)+Ekd(al)+(coloss)al의 합성어이다. 이렇게 압축에서는 개념의 유사성을 이용하는 은유와는 달리, 기호의 물질적 부분(소리와 문자)의 유사성이 이용되고 있다.

따라서 우리는 꿈사고와 꿈내용의 관계를 그릇과 내용물의 관계, 또는 기호형식과 기호의미의 관계로 볼 수 없다. 그것들은 둘 다 기호형식이고, 따라서 그것들의 관계는 기호형식의 관계로 보아야 한다. 그러한 사실은 프로이트의 이동 작업에서도 여실히 증명된다.

프로이트의 이동은, "꿈내용에서 본질적으로 보이던 요소가 꿈사고에서는 단지 아주 미미한 역할만을 수행하고, 역으로 꿈사고에서는 분명히 본질적이던 것이 꿈내용에는 전혀 나타나지 않는 것이다. 꿈은 말하자면 꿈사고

---

9 프로이트,『꿈의 해석』, 308-9쪽.
10 위의 책, 311-12쪽 참조.

와 다른 중심점을 가지고 있다. 즉 그것의 내용은 꿈사고와 다른 요소들 주위에 정돈되어 있다."[11] 그 결과 꿈내용의 구성 요소와 꿈사고의 잠재 요소는, 이동으로 말미암아 인접성은 고사하고 전혀 관계가 없는 경우도 허다하다. 게다가 통합체가 언어 통사론적인 차원에 있다면, 꿈의 이동은 대상의 차원에 있다. 가령 '노레크달'의 꿈에서는, 초점이 입센의 작품인데 꿈사고에서는 동료 의사의 논문이 문제가 되고 있고, 식물학의 전공논문의 꿈[12]에서는, 중심이 '식물학'인데, 정작 꿈사고에서는 프로이트 자신의 책벌레에 대한 비난이 문제였다. 이렇게 꿈의 이동에서 중요한 것은, 대상에서 대상으로 이동하는 가운데 변화하는 정동(affect)의 강도이지, 대상들 사이의 인접성이 아니다. 그것은 "심리적으로 악센트가 있는 중요한 요소에서 그다지 중요하지 않은 요소로 옮겨 가는,"[13] 꿈의 작업일 뿐이다. 그러한 문맥에서 꿈의 이동과 비슷한 수사법을 찾는다면, 그것은 강조해야 할 부분을 숨기기 위하여 다른 부분을 지나치게 강조하는 전략적인 과장법에 가까울 것이다.

따라서 소쉬르의 통합관계 / 연합관계나 야콥슨의 인접성 / 유사성은, 얼핏 보아도, 프로이트의 이동 / 압축과 상당한 거리가 있다. 그런데 라캉은 왜 그것들을 서로 연결시키는 것일까? 한 마디로, 라캉 이전의 프로이트 연구자들(여기에는 데리다도 포함된다)은 꿈의 작업, 다시 말해 꿈사고와 꿈내용의 관계를 원인과 결과의 관계로 보았을 뿐만 아니라, 꿈사고를 기호의미로, 꿈내용을 기호형식으로 보려는 경향이 있었다. 그러니까 꿈내용이라는 것은 꿈사고의 껍데기에 불과한 것으로 보고, 그 껍데기를 벗김으로써 진실

---

11 위의 책, 319-20쪽.
12 위의 책, 320쪽 참조.
13 프로이트,『정신분석학 입문』(서석연 옮김), 범우사, 1994, 180쪽.

한 알맹이에 도달할 수 있다고 믿었다. 그러한 관점에 따르면 꿈내용은 꿈사고에 대한 가리기(voilement)이고(꿈의 작업의 길), 꿈내용에서 꿈사고로 가는 길은 벗기기(dévoilement)(꿈의 해석의 길)이다.

그러나 라캉은 그들과 생각을 달리한다. 그는 꿈사고를 꿈내용과 마찬가지로 기호형식으로 간주한다. 그러한 근거는 <프로이트로 돌아가자(retour à Freud)>라는 그의 구호에 걸맞게, 프로이트의 글에서부터 이미 나타나 있다. 프로이트는 다음과 같이 말하고 있다: "꿈사고와 꿈내용은 동일한 사실에 대한 두 개의 서로 다른 언어로 된 두 개의 발표로서 우리에게 나타난다. 더 정확히 말하면, 꿈내용은 꿈사고를 다른 표현 양식으로 번역(Übertragung)한 것이다. 우리는 번역과 원본을 비교해본 후에나 그 표현 양식의 기호와 법칙을 알 수 있을 것이다."[14] 즉 프로이트에 따르면, 꿈사고와 꿈내용은 서로 다른 표현으로 기호형식의 영역에 속하는 것일 뿐이지, 진본과 위본의 관계도 아니고, 형식과 내용의 관계도 아니다. 그 둘 사이의 관계는 상관텍스트(intertexte)적이라고 할 수 있다: "이 때부터 우리는 꿈내용이라는 텍스트와 꿈사고라는 텍스트 사이의 차이를 이해하게 된다."[15] 여기서 우리는 <사이>라는 말을 강조해야 한다. 즉 꿈의 작업은 기호형식들(또는 텍스트들)이 빚어내는 특수한 관계 양상에 다름 아니라는 사실을 기억해야 한다. 그것은 마치 두 기호형식 <사이>에서 분열되는 주체와 비슷하다. 사실 이 모든 것은 기호형식의 사슬의 움직임에 의해 생기는 효과일 뿐이다.

---

14 프로이트, 『꿈의 해석』, 241쪽.
15 위의 책, 266쪽.

2.

이제 라캉이 은유의 예로 자주 인용하는 빅토르 위고의 「잠든 보오즈(Booz endormi)」라는 시의 한 구절을 통해, 그의 은유에 대한 생각을 정리해 보자:

> 그의 볏단은 인색하지도 원한에 차지도 않았다.
> (Sa gerbe n'était point avare, ni haineuse.)

이것은 분명 은유다. 그러나 보오즈라는 성서 속의 인물과 볏단은 내용적으로 아무런 관련이 없을 뿐 아니라, 이미지의 차원에서도 유사성이 없다. 그렇다고 그것들 사이에 기호형식의 유사성이 있는 것도 아니다. 그것들은 음성적으로나 문자적으로나 공유하는 것이 전혀 없다. 따라서 계열적 유사성이 은유의 전제 조건이라는 전통적인 생각은, 적어도 이 경우에 해당되지 않는다. 사실 "라캉은 언어학에서 선택과 대체라는 개념, 단어들의 공시적인 연결이라는 개념을 빌려오긴 하지만, 유사성에는 별 관심이 없다."[16] 그는 "유추는 은유가 아니다"[17]라고까지 말하고 있다. 볏단과 보오즈가 기호형식의 사슬(la chaîne des signifiants) 속에서 공유하는 것이 있다면, 문장 상의 동일한 위치뿐이다: "볏단이 글자 그대로 보오즈라는 주어와 동일해지는 것은 위치의 유사성에 의한 것이다."[18] 따라서 "은유로 표현되고 있는 이

---

16 아니카 르메르, 『자크 라캉』(이미선 옮김), 문예출판사, 1994, 289쪽.

17 Lacan, *Écrits*, Seuil, 1966, p.262.

18 J. Lacan, *Séminaire III; Les psychoses*, Seuil, 1981, p.248 : 이 점에서 라캉의 은유는 야콥슨의 그것과 전혀 다르다. 야콥슨의 은유는 기호의미의 유사성에 근거하고 있는데 반해, 라캉의 그것은 위치의 동일성에 기초하고 있다. 게다가 나중에 보겠지만, 라캉의 은유는 기호형식이 기호의미를 창조하는 방식이다.

상징적 문장은, 오로지 위치에 의해서만 드러나는 유사성에 의존하고 있다. 사실 볏단이 '인색하다'와 '원한에 차다'라는 말의 주어가 됨으로 해서, 볏단이 인색하지 않고 관대한 보오즈와 동일시 될 수 있는 것이다."[19] 그러나 라캉의 말대로, 보오즈와 볏단이 문장의 주어라는 점에서 일치한다면, 그것은 엄격히 말해 '위치의 유사성'이 아니라, '위치의 동일성'이다. 왜냐하면 위치의 유사성이라는 말은 위치의 인접성이라는 말에 더 가깝기 때문이다. 아무튼 그것들은 한 문장 내에서 주어라는 점에서 동일하다.

이렇게 라캉이 어떤 기호형식을 다른 기호형식으로 대체하는 행위를 은유로 규정할 때 전제되는 것은, 문제가 되는 두 기호형식이 기호형식의 사슬 상에서 동일한 위치를 차지하고 있어야 한다는 것이다. 그러나 사실이 그러하다면, 지금까지 우리에게 알려져 있는 것과는 전혀 다른 두 가지 의문이 제기된다: 첫째, 위치의 공시적 동일성이라는 말은, 이미 위치<들>의 통시적인 결합을 전제하고 있지 않은가? 그렇다면 환유적인 연결이 은유보다 선행되어야 하지 않을까?; 둘째, 문맥상의 위치만 동일하다면, 기호의미에 상관없이 기호형식의 대체만으로 과연 의미 효과를 발휘할 수 있을까? 우선 첫 번째 질문의 대답으로서, "은유는 무엇보다도 위치적인 분접(articulation)에 의해 지탱되기"[20] 때문에, 은유에 관한 것이라고 하더라도, "다른 측면, 즉 연결과 인접성의 측면을 잊어서는 안 된다."[21] 은유에서조차 말의 순서, 즉 위치적인 끈이 중요하다는 사실을 이해하기 위해서는, "프랑스어에서 <피에르가 폴을 때린다(*Pierre bat Paul*)>와 <폴이 피에르를 때린다(*Paul bat Pierre*)>가 등가가 아니라는 사실을 상기하는

---

19 위의 책, 같은 쪽.
20 위의 책, 257쪽.
21 위의 책, 250쪽.

것으로 충분하다."[22]

또한 문장 상의 위치가 의미작용에 직결된다는 사실은, 중간이 끊긴 중단된 문장에서 여실히 드러난다: "기호형식은 본질 상, 자신 앞에 자기의 차원을 펼치면서 항상 의미를 내다보고 있다. 마치 문장의 차원에서, 의미 상 중요한 말 앞에서 끊어졌을 때처럼 말이다: '결코 나는 …… 하지 않는다', '한결같이 그것은 …… 이다', '아마도 여전히 …… 이다'. 이러한 문장은 그래도 의미를 만든다. 기다리게 하는 만큼 더욱 초조한 의미를 만들고 있다."[23] 이것은 인접성의 우위를 보여주는 가장 적절한 예가 아닐 수 없다. 왜냐하면 공백으로 남아 있는 부분은 분명히 비어 있으면서도, 주위의 말들에 의해 이미 의미로 충만해 있기 때문이다. 이것을 앞에서 인용한 은유에 적용해보면, '그의 ……은 인색하지도 원한에 차지도 않았다'가 되는데, 여기서 남은 일이란 그 충만함을 터뜨리기 위하여, 그 빈칸에 연필 끝 같은 기호형식으로 약간의 힘을 가하는 것이다. 이것이 바로 라캉이 말하는 기호형식의 대체이다. 따라서 그 자리에는 동일한 언어 체계 내에서, 대립과 차이로 기능하는 기호형식이라면 어떠한 것이라도 가능하다.

우리가 앞에서 화장실 문의 예를 통해 강조하고자 했던 것도 그것이다. 사실 (화장실)문 앞에 어떠한 기호형식(또는 글자)를 써놓는다고 해도, 의미 효과가 발생한다. '사장'이라고 써넣으면 사장실이 되고, '전기'라고 써넣으면 변전실이 된다. 그것은 '문'이라고 써넣을 자리에 다른 기호형식들을 대체해 넣음으로써 생긴 효과다. 거기에는 어떠한 이미지의 유사성도 없다. 이렇게 "은유의 창조적인 섬광은 두 이미지, 다시 말해 동시에 구현된 두 기호형식의 제시로부터 솟아나는 것이 아니다. 그것은 기호형식의 사슬 속

---

22 위의 책, 256쪽.
23 J. Lacan, *Écrits*, p.502

에서 하나의 기호형식이 다른 기호형식의 자리를 차지하면서 대체하는, 두 기호형식 사이에서 솟아난다."[24] 새로운 기호의미가 창조되는 것이다. 그것은 마치 유정을 박으니까(기호형식의 수직적인 교체), 석유가 솟구치는 것과 같다.

이 때 엄폐된 기호형식(위고의 시에서는 '보오즈'이고, 문의 예에서는 '화장실')은 표면에 드러나 있는 기호형식('볏단'과 '남자')에 의해 격리[억압]되어 무의식 속에 보존되면서, 나머지 기호형식과 환유적 관련을 통해 입회하게 된다. 즉 '보오즈'의 은유에서, "그의 볏단이 보오즈를 참조하는 것은, 기호형식의 사슬에서 그것이 보오즈를 대체하기 때문이다. […] 그렇지만 일단 '그의' 볏단이 그의 자리를 차지하고 나면, 보오즈는 거기로 되돌아올 수 없다."[25] 다른 예를 들어보자. 가령 "해는 …진다"는 문장은 끊어진 부분에도 불구하고, 그 밑으로 의미가 흐르고 있다. 이제 거기에 '알코올 속으로'라는 구절을 넣으면, 훌륭한 시적인 문장이 된다: '해는 알코올 속으로 진다.'(정현종의 시 전문) 그러나 이것을 은유로 만들고 있는 것은, '알코올 속으로'라는 구절에 의해 대체된 뒤, 그 밑에 숨어 작용하는 '서산으로'나 '수평선 너머로'라는 말들이다.

라캉은 그러한 "'은유 또는 기호형식의 대체의 공식'을 다음과 같이 표시한다:

$$\frac{S}{\$'} \cdot \frac{\$'}{x} \rightarrow S\left(\frac{1}{s}\right)$$

24 J. Lacan, *Écrits*, p.507.
25 위의 책, 같은 쪽.

여기서 대문자 S들은 기호형식들이고, x는 미지의 의미작용이고, s는 은유에 의해 도출된 기호의미이다. 이렇게 은유는 기호형식의 사슬 속에서 S'를 S로 대체하는 데 있다. 여기서 삭제선으로 나타난 S'의 생략은 은유의 성공의 조건이다."[26] 즉 삭제되어 보이지 않는 기호형식 S'는 은유 밖으로 드러나지 않고 무의식(Inconscient) 속에 보존된다. 반면에 새로운 기호의미 s는, 비록 텍스트의 표면에 드러나지는 않는다고 하더라도, 그것의 돌출은 무의식의 장벽(—)을 넘어 <즉각적으로> 이루어진다. 그리하여 라캉은 그러한 새로운 의미의 출현을 강조하기 위하여, 은유의 구조를 다음과 같이 고쳐 쓰기도 한다:

$$f\left(\frac{S'}{S}\right) S \cong S\,(+)\,s$$

"이러한 은유의 구조는 기호형식에 대한 기호형식의 대체 속에서 시나 창조의 성격을 띠고 있는 의미작용의 효과, 다른 말로 하면 문제의 의미작용이 도래한다는 것을 보여주고 있다. 여기서 괄호 속에 있는 + 기호는, 횡선(—)의 건너뜀과 의미작용의 출현에 있어서, 그 건너뜀이 구성하는 가치를 나타낸다."[27] 그러한 맥락에서 우리는 은유에 대한 그의 공식에 몇 가지 상징적 의미를 덧붙일 필요가 있다: 첫째, 기호형식 S'와 기호형식 S가 횡선 위아래에 있는 것은, 그것들이 기호형식의 사슬 상에서 동일한 위치를 점한다는 사실을 뜻한다; 둘째, 이 때 횡선 위의 기호형식 S'는 기호형식 S를 대체하는데, 기호형식 S'는 기호형식 S와 음소적으로 대립할 수 있는 있는

26 위의 책, 557쪽.
27 위의 책, 515쪽.

것이라면 어떠한 것이라도 가능하다. 그리하여 "은유는 정확히 의미가 무의미 속에서 생산되는 지점에 위치한다."[28]; 셋째, 기호형식 S'와 S를 가르고 있는 횡선이 상징하듯이, 기호형식 S는 기호형식 S'에 의해 격리[억압]되어 무의식 속에 잠재하면서 기호형식의 사슬에 입회한다. 이러한 참여가 새로운 의미를 창조할 수 있는 조건이다.

라캉의 이러한 은유의 정의 — 통사적으로 동일한 위치에서 기호형식의 대체에 의한 새로운 기호의미의 창조 — 에서 바라보면, 은유를 계열체 내지 압축과 동일시하는 데서 오는 거리감이 해소될 수 있다. 즉 언어학적인 계열체는 문장의 각 구성 요소와 그 요소를 대체할 수 있는 것들과의 보이지 않는 관계이기 때문에 더 말할 나위 없이 은유와 일치고, 정신분석적 압축 역시, 동일한 위치에서의 기호형식의 대체와 새로운 기호의미의 창조라는 관점에서 보면 은유와 동일하다. 가령 'familionnaire'라는 압축의 형성물에서도, 'familière'와 'millionnaire'는 기호형식의 사슬 상 동일한 자리에 오고 있을 뿐만 아니라, 그 형성물 자체도 그 자리를 떠나지 않고 있다. 게다가 라캉에 따르면, 'familionnaire'는 흔히 생각하듯이, 단순한 혼성어 — famili(ère)+ (milli)onnaire — 가 아니다. 그것은 familère가 millionnaire를 대체하고 격리[억압]하는 과정에서 생긴 타협물이다. 이 담화는 우선 '나'로부터 출발한다. 왜냐하면 그 문장의 주어가 '그'로 되어 있다고 하더라도 그 발화문(énoncé) 뒤에는 발화행위(énonciation)의 주체인 '나'가 숨어 있기 때문이다. 따

28 위의 책, 508쪽: 이러한 은유의 이론은 "초현실주의적이라고 규정지을"(Lacan, *Séminaire III*, p.257) 수 있다. 그러나 라캉은 이미지의 연결에 일정한 조건과 한계를 두는 초현실주의와는 달리(Lacan, *Écrits*, pp.506-7 참조), '보오즈'와 '볏단' 같은 있음직하지 않은 음소의 대립도 의미를 만드는 것으로 보았다. 따라서 "라캉이 생각하는 기호형식은 언어학적인 코드의 그것이 아니다. 언어학적 코드는 '미리 만들어진 재현의 색인함'이다. 그러나 라캉의 기호형식은 꿈과 증상의 예측할 수 없고 코드화할 수 없는 기호형식이다. 거기서 모든 것은 어떤 것이라도 참조할 수 있다."(M. Borch-Jakobsen, Lacan, *le maître absolu*, Flammarion, 1995, p.220)

라서 이 담화의 주체인 '나'는 '친근하게(familière)'라고 표현하려고 했다. 그런데 그 때 '나'의 무의식에 잠재적인 상태로 남아 있던 메시지 — '백만장자(millionnaire)'라는 기호형식 밑에 숨은 의도 — 가 그 기호형식의 고리를 간섭하면서, 'familière'라는 기호형식에 [on](-onn-)이라는 음절을 덧붙인다. 뒤집어서 말하면, [on](-onn-)이라는 음절은 'millionnaire'라는 기호형식이 'familière'라는 기호형식의 격리[억압]에 저항하면서 'familière'라는 기호형식 속으로 고개를 내민 흔적이다. 그리하여 'familionnaire'라는 압축물 — 프로이트의 표현에 따르면 '합성언어' — 이 만들어지는데, 그것이 만들어지는 순간 그 창조적 의미는 즉시 이해된다.[29] 왜냐하면 기호형식 'millionnaire'가 [mili](-milli-)와 [e:r](-aire)라는 청각적 이미지의 유사성을 통해, 기호형식의 사슬에 통합적으로 참여하기 때문이다.

3.

라캉은 환유를 정의함에 있어서도 기호형식의 우위의 관점에서 접근한다. 그가 환유의 대표적인 예로 제시하고 있는 다음의 구절을 보자: 수평선에 '30개의 돛'[30]이 나타났다. 전통적인 수사학자라면, 이것이 환유인 이유를 부분('돛')이 전체('배')를 대신하고 있기 때문이라고 설명할 것이다. 그러

29 J. Lacan, *Séminaire V: Les formations de l'inconscient*(미간행), 1957년 11월 13일과 11월 20일 세미나 참조.

30 J. Lacan, *Écrits*, p.505 참조: 엄격히 말하면, 이것은 환유가 아니라 제유이다. 따라서 그것은 라캉의 착각이 아닌가 생각될 수도 있다. 그러나 다른 측면에서 보면, 우리는 이것을 통해, 라캉이 제유를 환유에 포함시켰다는 것을 알 수 있다. 환유와 제유의 관계에 대해서는, 졸고, 「꿈의 작업에 있어서 은유와 환유」, 『동서문화』 제21집, 계명대학교 동서문화연구소, 1989, 참조.

나 그들의 설명대로라면, 30개의 돛이 30개의 배가 아닐 수 있다. 왜냐하면 30개의 돛이 30척의 배이려면, 하나의 돛이 하나의 배를 상징해야 하는데, 그것은 지칭의 차원에서 보면 전혀 근거가 없기 때문이다. 엄격히 말해 하나의 돛만을 가진 범선은 없다. 그러니 30개의 돛이 실제로 30개의 배인지, 아니면 그보다 많은지 적은지 모를 일이다. 그럼에도 보통은 아무런 의심 없이 30개의 돛을 30척의 배로 읽는다. 그것은 아마 위 문장이 문법적으로, 그리고 통사론적으로 아무런 하자가 없기 때문일 것이다. 달리 말하면, 환유에서는 기호형식의 위치적인 끈이 유지된다. 그러나 앞서 보았듯이, 30개의 돛을 30척의 배에 연결시키는 것은 분명 착각이다. 그러한 상황은 '한 잔 마시다'라는 환유에서 더욱 여실히 드러난다. 유리나 자기 그릇을 어떻게 마실 수 있단 말인가? 그러니 '한 사발 마신다.'는 말은 또 얼마나 난센스인가? 환유에 대한 해석에서 라캉이 독창성을 발휘했다면, 그것은 그가 그러한 무의미에 초점을 맞췄다는 것이다: 즉 환유에서 기호형식의 통사적 연결은 보존되지만 말하려는 의도는 좌절된다.

그렇다면 왜 그런 결과가 환유에서 생기는 것일까? 라캉에 따르면, "기호형식과 기호형식이 연결되는 과정에서 [한 기호형식이] 축약(élision)되기"[31] 때문이다. 정확히 말해, 기호형식의 결합(통합체)에서 한 기호형식이 축약되고, 인접한 다른 기호형식이 그 축약된 기호형식의 자리를 메우는 데서 오는 결과다. 가령 '30개의 돛'이라는 환유는, '배'라는 기호형식과 '돛'이라는 기호형식이 결합된 '30개의 돛단배'(bateau à voile)라는 통합체에서, '배'라는 기호형식이 축약된 것이다. '모차르트를 연주하다'라는 환유도 마찬가지이다. 그 문장은 원래 '모차르트의 곡을 연주하다'에서 '곡'이라는 기호형

31 J. Lacan, *Écrits*, p.515: 이 때 "그 기호형식은 축약을 통해 대상관계 속에 존재결핍을 배치시킨다."(같은 책, 같은 쪽)

식이 축약된 것이다. 그리고 그 기호형식이 사라지는 순간, 모차르트라는 기호형식이 곡이라는 기호의미의 표출을 막기 때문에, 그 문장은 무의미로 남게 된다. 다시 말해 곡이라는 기호형식에 대한 기호의미는 모차르트라는 기호형식의 저항에 부딪쳐, 그 기호형식 밑을 계속 미끄러져가게 된다. 라캉은 그것을 다음의 산식으로 표시한다.

$$f(S \cdots S')S \cong S\ (-)\ s$$

여기서 함수 (S···S')S는, 기호형식의 사슬에서 S와 S'가 서로 인접·결합되어 있다는 사실과 함께, 기호형식 S가 축약되고 S'가 그 자리를 대신한다는 것을 나타내고 있다. 그것은 마치 기호형식의 둑 — 그 안에는 기호의미가 미끄러지며 흐르고 있다 — 에 난 기호형식 S의 구멍을 기호형식 S'가 메우고 있는 형상과 같다. 그러한 맥락에서, "괄호 속에 놓인 (−) 부호는 의미작용의 저항을 나타낸다."[32]

그렇다면 그러한 환유의 정의는 정신분석의 이동과 어떻게 연결되는 것일까? 앞서도 이야기했지만, 환유는 이동과 엄청나게 다르다. 다음의 예가 그것을 증명해 보여준다: 어떤 사람이 겨울 외투를 입고 있는 꿈을 꾸었는데, 실제 꿈 사고에서 문제가 되는 것은 콘돔이었다.[33] 그러니까 중심점이 콘돔에서 겨울 외투로 이동한 것이다. 이 이동에서 보면, 콘돔과 외투는 통합체적 인접성은 고사하고, 오히려 계열체에 가깝다. 왜냐하면 콘돔은

32 위의 책, 같은 쪽: 우리는 이것을 다음과 같이 도식화할 수도 있다;

$$\frac{S \cdots\cdots S'}{s} \cong S\ (-)\ s$$

33 프로이트, 『꿈의 해석』, 197-8쪽 참조.

위에(par-dessus) 덮어씌우는 것이라는 점에서 외투(le pardessus)와 유사할 뿐만 아니라, 그것들은 문장 상에서 똑같은 직접목적어의 자리를 차지하고 있기 때문이다: '외투를 입다(il met le pardessus)'와 '콘돔을 끼다(il met le condom)' 그러한 의미에서 그것은 은유가 아닌가 생각될 수도 있다. 그럼에도 라캉이 이동을 환유와 동일시하는 것은, 이동에서도 환유에서처럼, 문제가 되는 기호형식이 검열에 의해 삭제되고, 원래 말하고 싶은 무의식적 의도 — 기호의미에 해당하는 — 가 좌절되기 때문이다. 위의 예에서도 콘돔이 꿈내용에서 사라짐과 동시에, 그 기호형식 뒤에 숨어 있던 걱정 — 콘돔이 찢어지면 어떻게 하나 하는 끔찍한 생각 — 까지 함께 묻어 사라지고 있다.[34] 이렇게 이동에서는 의미작용이 항상 실패로 돌아가고 만다. 따라서 앞의 예를 라캉의 환유로 해석한다면, 그 문장은 원래 '콘돔이라는 외투를 입다(il met le pardessus de condom)'에서 '콘돔'이 생략되면서 그 옆의 기호형식인 '외투'가 '콘돔'이라는 기호형식을 대신하는 것으로 보아야 한다. 그러한 각도에서 볼 때, 라캉 식 은유와 환유에서 전자가 의미작용의 창조와, 후자가 의미작용의 저항과 연결되는 것은, 대체되는 기호형식이 전자에서는 기호형식의 사슬을 뚫고 자신의 흔적을 드러내는데 반해, 후자에서는 기호형식의 사슬이 끊기면서 그 중의 한 기호형식이 생략되기 때문이다. 사실 "그의 볏단….(Sa gerbe…)"에서도 '보오즈(Booz)'의 흔적은 'sa(그의)'라는 기호형식으

34 그리하여 어찌 보면, 프로이트의 이동에 참여하고 있는 요소들은, 소쉬르의 용어로 말하면, <부재>의 관계에 있다. 정서적으로 강조되어야 할 것이 꿈내용에 나타나지 않거나, 나타난다고 하더라도 별 관심을 끌지 못하기 때문이다. 반대로 압축은 거기에 관계된 요소가 어떤 방식으로든 꿈내용에 얼굴을 내밀고 있기 때문에, 소쉬르적인 용어를 빌면, <현전> 한다. 그렇기 때문에 소쉬르의 현전과 부재의 개념은 이동과 압축의 특성을 설명하기에 부적합하다. 그래서 라캉이 그 용어들을 빌려오지 않았는지 모른다. 아무튼 환유와 이동, 은유와 압축의 연결에 있어서, 라캉이 핵심적으로 생각한 것은, 환유가 기호형식의 결합에 의한 의미의 억제인데 반해, 은유는 기호형식의 대체에 의한 의미의 생산이라는 것이다.

로, 기호형식의 사슬 상에 나타나 있다.

결론적으로 라캉에게 있어서, 환유는 기호형식들의 결합으로 이루어진 기호형식의 사슬에서, 하나의 기호형식이 축약되고 인접한 기호형식이 그 자리를 메움으로써 의미작용에 저항하는 방식이고, 은유는 기호형식의 사슬 중의 동일한 위치에서, 한 기호형식이 다른 기호형식을 대체함으로써 기호의미를 창조하는 방식이다.(그러나 후자에서 격리 대체되는 기호형식은 기호형식의 사슬 상에 표시를 남기는데 반해, 전자에서는 이동되는 기호형식이 그 옆의 기호형식에 의해 완전히 생략된다.) 이렇게 라캉은 환유와 은유라는 양극적인 전의를 통하여, 기호의미에 대한 기호형식의 우위를 다시 한 번 확인한다. 그와 동시에 라캉이 주목하는 것은, 은유든 환유든 모든 전의는 "기호형식의 조직화"[35], 다시 말해 기호형식의 통사론적인 배열을 전제한다는 사실이다: "기호의미의 전이(transfert)가 일어나기 위해서는 우선 기호형식의 배열이 가능해야 한다. 기호형식의 형식적인 연결이 기호의미의 전이에 비해 지배적인 것이다."[36] 따라서 "애초에 환유가 있었으며, 은유를 가능케 하는 것은 환유라고 말할 수 있다."[37] 라캉은 심지어 다음과 같이 말한다: "압축, 이동, 형상화라는 기제는 모두 환유적인 연결의 차원에 속한다. 바로 그러한 토대 위에서 은유가 개입할 수 있다."[38] 이러한 현상은 어린아이들의 언어에서도 나타난다: "언어가 태어나기 위해서는, 항상 그 전체 속에서 파악되어야 한다. 반대로 언어가 전체 속에서 파악되기 위해서는, 기호형식이라는 실마리로부터 파악되어야 한다. 어린아이에게 있어 언어의 구체적인 특성은 보기와는 다르게 인접성과 관계가 있다."[39] 그러한 문맥에서 보면, 지금

---

35 J. Lacan, *Séminaire III; Les psychoses*, Seuil, 1981, p.255.
36 위의 책, 261쪽.
37 위의 책, 259쪽.
38 위의 책, 259쪽.

까지 언어학자나 수사학자들은 두 가지 오인의 희생자들이었다: 첫째는 은유와 환유를 기호의미의 차원에서 정의함으로써, 기호의미를 기호형식의 위에 둔 것이고, 둘째는 "환유를 빈약한 은유"[40]로 보았다는 것이다. 그러나 그러한 착각 자체가 이미 환유적이다. 왜냐하면 전일적인 은유/환유에서 은유라는 항목만을 떼어내어 강조하기 때문이다. 그렇다고 환유가 은유보다 우월하다는 것은 아니다. 그것들은 서로 대립하고 있는 양극 체제로서, 그 중 어느 하나가 없으면 다른 하나도 기능하지 않는 관계에 있다. 그것들을 언어라는 집에 비유한다면, 환유가 그 집의 토대라면, 은유는 그 위에 세워진 기둥이라고 할 수 있다.

2007년 10월 3일~10월 10일

39 위의 책, 260쪽.
40 위의 책, 259쪽.

V

언어와 말

언어, 랑그, 말
청각적 기호형식은 청각적 이미지가 아니다
차이로서만 기능하는 음소
이분법적인 대립(1/0) 또는 논리적인 형식
하나(Un)로 세지는 것은 이미 기호형식이다

1.

이제 '무의식은 언어처럼 구조화되어 있다'라는 라캉의 명제를 모르는 사람은 없을 것이다. 그만큼 그것은 인문과학을 공부하는 사람이라면 — 아니 인문 과학을 공부하지 않았더라도 그것에 관심을 갖고 있는 사람이라면 — , 누구나 알 정도로 상식이 되어 버린 지 오래다. 하나의 가설이 하나의 지식으로 굳어진 것이다. 그러한 사실은 한편으로 그 명제가 정신분석과 언어학의 관계에 있어서 하나의 분수령이 되었다는 것을 의미하고, 다른 한편으로는 그 명제가 이제 가설의 수준을 넘어서서 정설로 받아들여지고 있다는 것을 의미한다. 사실 그 명제가 처음 발표되었을 당시에는 정신분석가는 정신분석가대로, 언어학자는 언어학자대로 잘 이해할 수 없다는 반응이었다. 정확히 말하면, 그것은 단순한 의아심 이상으로 엄청난 파문을 일으켰다. 왜냐하면 정신분석의 편에서 보면, 무의식은 '사물표상(représentations de choses)'으로 이루어진 심역(instance)이고 '낱말표상(représentations de mots)'은 전의식과 관련되어 있다고 알려져 있는데, 라캉은 반대로 언어처럼 구조화된 무의식을 들고 나왔기 때문이다. 그것은 전통적인 무의식의 개념을 뒤집는 것이었고, 나아가 무의식이 정신분석과 함께 탄생한 개념이고 보면, 정신분석의 존립 근거 자체를 흔드는 것이나 다름없었다.

다른 한편, 언어학의 편에서 보면, 라캉의 언어의 개념은 이미 언어학의 범위를 크게 벗어나는 것이었다. 실제로 그는 일반 언어학에서 말하는 고유한 의미의 언어라는 개념에 국한시키지 않고 제멋대로 남용하고 있다. 그는 때로는 언어를 랑그(langue)라는 의미로 사용하기도 하고[1], 때로는 그것으로 물리학의 공식이나 수학적 언어를 의미하기도 하고, 때로는 컴퓨터나 기계의 언어를 지칭하기도 한다. 그만큼 그의 언어에는 서로 다른 용법이 중첩되어 있다. 그는 그 용어를 자의적으로 사용하고 있는 것이다. 앞의 명제에서도, '언어처럼 구조화되어 있다'라는 말 덕분에, 그나마 그의 언어가 소쉬르 — 정확히 그의 구조언어학 — 로부터 흘러나왔다는 것을 어렴풋이 짐작할 수 있을 뿐이다. 그러나 그러한 사실도 그렇게 명확한 것은 아니다. 왜냐하면 그것에 대한 해석이 연구가에 따라 분분하기 때문이다. 가령 자크-알랭 밀레르(Jacques-Alain Miller)는 「라파롤의 독백(*Le monologue de l'apparole*)」이라는 글에서 다음과 같은 의견을 제시하고 있다:

1 우리는 *langage*와 *parole*을 각각 '언어'와 '말'로 번역하고, *langue*는 발음을 그대로 전사하여 '랑그'라고 할 것이다.

> 라캉의 언어에 대한 참조는 본질적으로 소쉬르의 책에서 빌려오지만, 말에 대한 참조는 옷을 입힌다. 즉 그는 말을 근본적으로 상호주체적인, 그리하여 항시 대화의 구조로 점철되어 있다는 헤겔의 말처럼 정비하고 정리한다. 또한 그는 그러한 헤겔에 오스틴(John Langshaw Austin)적인 말의 행위를 포개어 사용하기까지 한다.[2]

그러나 뮬러(Muller)와 리처드슨(Richardson)의 생각은 밀레르와 아주 다르다. 그는 「정신분석에 있어서 말과 언어의 기능과 영역」이라는 라캉의 에크리에 주석을 붙이면서 다음과 같이 쓰고 있다:

> 여기서 말은 소쉬르가 언어와 말을 구분하면서, 그것에 주었던 의미를 갖고 있다. 즉 그것은 개인의 의식적인 표현 행위이다.[3]

언뜻 보기에, 두 인용문은 언어에 관한 한, 밀레르와 뮬러(와 리처드슨)의 생각이 동일하다는 인상을 주고 있다. 그러나 다음을 보면, 뮬러와 리처드슨은 라캉의 언어의 기원을 레비-스트로스로 잡고 있다는 것이 거의 확실하다:

> 라캉은 레비-스트로스의 「언어와 사회적인 법의 분석」을 참조한다. 그 당시 라캉에 대한 레비-스트로스의 영향은 결정적이다. 그는 라캉이 프로이트의 무의식과 언어의 법의 상관관계를 세우는 것을 도와준다.[4]

물론 레비-스트로스의 언어가 소쉬르를 원천으로 하고 있다는 점에서,

---

2 J.-A. Miller, ≪Le monologue de l'apparole≫, *Revue de psychanalyse*, No. 34, octobre 1996, p.8.
3 Muller & Richardson, *Lacan and Language*, International Univ. Press, 1985, p.70.
4 *Ibid.*, p.68.

라캉의 언어를 소쉬르의 언어라고 치부해버릴 수 있을 것이다. 그러나 엄밀하게 따져보면, 그것들은 상당한 차이를 내포하고 있다.(이것을 밝히는 것이 앞으로 우리가 해야 할 작업이다.) 더욱이 언어에 관해서는 이견이 없다고 하더라도, 라캉의 말에 대한 관점에 있어서는 밀레르와 뮬러(와 리차드슨)가 서로 의견을 달리하고 있다. 다시 말해, 뮬러와 리차드슨에 따르면, 라캉의 언어는 소쉬르의 그것과 다를 수 있어도 말의 개념은 같다는 것이고, 밀레르는 역으로 말은 다를 수 있어도 언어는 동일한 개념이라는 것이다. 그러니 독자가 혼란에 빠지는 것은 어찌 보면 당연한 일이다. 우리가 이 세미나를 마련한 것은, 그렇게 수수께끼처럼 얽혀 있는 언어와 말과 무의식의 관계를 하나씩 풀어가는 것이다. 그것은 곧 그 개념들을 라캉의 정신분석 이론 내에 위치시키고, 나아가 라캉의 언어학적인 정신분석의 초석을 다지는 일이 될 것이다.

2.

앞의 명제는 정확히 '무의식은 하나의 언어가 구조화되어 있는 것처럼 구조화되어 있다'로 풀어 쓸 수 있다. 따라서 그것은 다음과 같은 삼단논법으로 바꾸어 쓸 수 있다[5]:

1) 언어는 구조다.
2) 무의식은 하나의 언어이다.

5 Miller, *op. cit.*, p.8 참조.

3) 따라서 무의식은 하나의 언어처럼 구조화되어 있다.

이 명제에서 중심이 되는 말은, 말할 것도 없이 무의식과 언어이다. 그것들은 내용적으로나 형태적으로 앞의 명제를 떠받치는 두 축이다. 실제로 그것들은 공간적으로 문장의 양끝에서 문장의 기둥 역할을 하고 있다. 그러나 그 중에서도 언어의 개념은 무의식이라는 난해한 수수께끼를 푸는 열쇠가 되고 있다. 왜냐하면 앞의 명제에서 언어는 무의식을 정의하는 술어이기 때문이다. 그런 관계로 라캉의 무의식을 정확히 알기 위해서는 라캉이 말하는 언어의 개념을 먼저 파악해야 한다. 그런데 우리는 지금까지 라캉의 언어를 정확히 정의하지 않고, 그것을 다른 언어학자 — 특히 구조언어학자 — 나 정신분석가들이 사용하는 일반적인 의미로 생각해온 것이 사실이다. 그러나 사정은 한 마디로 그렇지 않다. 우리가 보통 정의하듯이, 언어가 '의사소통을 가능케 하는 기호 체계나 능력'이라면 라캉의 언어도 거기서 크게 벗어나지 않는 것은 사실이다.[6] 그렇지만, 나중에 밝혀지겠지만, 라캉의 언어는 같은 기호 체계라 하더라도 일반 언어학에서 말하는 기호와는 크게 다르다. 라캉에게 그것은 기호학에서 말하는 기호라기보다 이진법 자체이다. 게다가 라캉의 언어는 전통적인 언어학에서 말하는, 관습이나 수단으로서의 언어나 능력으로서의 언어가 아니라, 구조로서의 언어로 이해해야 한다. 그에게 언어는 구조 자체이다: "무의식은 소쉬르의 언어처럼 구조화되어 있다."[7] 그러나 과연 라캉의 언어가 소쉬르의 그것을 그대로 이어받고 있다는 것이 사실일까? 다시 말해 소쉬르가 말하는 언어 — 또는 기호체

6 라캉에게 있어서, 언어는 "인간의 모든 교환을 지배하는 가장 기초적인 형태의 법"(Muller & Richardson, *op. cit.*, p.76)이다.

7 Miller, *op. cit.*, p.8 참조.

계나 구조 — 의 개념과 라캉이 말하는 언어의 개념이 동일한 것일까? 그렇다면 소쉬르는 언어를 구조로서 파악했다는 이야기인데, 실제로 소쉬르는 언어를 어떻게 생각하고 있었을까? 우리가 당연시하는 그러한 의문 속에는 어쩌면 우리가 모르고 지나치는 사실이 숨어 있는지 모른다. 사실 소쉬르의 『일반 언어학 강의』에서 언어에 대한 기술은 그렇게 많은 부분을 차지하고 있지 않다. 그것에 대한 소쉬르의 관심은 상대적으로 적었다. 그것은 기껏해야 랑그(la langue)의 상위 개념이기 때문에, 랑그를 논의하는 과정 중에 어쩔 수 없이 거론되거나, 랑그에 비해 잡다하고 막연한 개념으로 폄하되고 있다. 심지어 우리의 생각과는 다르게, 그는 언어에서 구조를 보는 것이 아니라 본능을 보고 있다:

> 전체적으로 고려해보면, 언어는 다양하고 잡다하다. 여러 영역에 걸쳐 있고, 동시에 물리적 · 생리적 · 정신적인가 하면, 개인적인 분야와 사회적인 분야에 속한다. 그것은 인간적 현상의 어떤 범주 안에도 들지 않는다. 왜냐하면 어떻게 그 단위를 밝혀내야 할지 막연하기 때문이다. 랑그는 반대로 그 자체가 하나의 전체이며, 분류 원칙이다. 우리가 언어 현상 중에 랑그에 첫 번째 지위를 부여하는 순간, 우리는 다른 어떤 식으로도 분류되지 않는 총체 속에 자연적인 질서를 도입하는 것이다. 이런 분류 원리에 대해, 언어활동의 수행이란 자연적으로 우리가 지니고 있는 능력에 의존하는 반면에, 랑그는 후천적이고 약정적인 것이어서, 자연적 본능보다 우위에 서기는커녕 그것에 종속되어야 한다고 반박할 수 있을 것이다.[8]

이렇게 소쉬르에게 있어서 언어는 자연적인 능력이어서 학문적 대상이 되기에 부적합하다. 반면에 랑그는 약정적이고 수학적이고 논리적이기 때

8 페르디낭 드 소쉬르, 『일반언어학 강의』(최승언 옮김), 민음사, 20-1 쪽.

문에 학문의 대상이 될 수 있다: "우선 무엇보다 랑그의 영역에 위치해야 하고, 랑그가 언어의 다른 모든 현상에 대한 규범이라고 생각해야 한다. 사실 그 많은 이중성 속에, 랑그만이 자율적 정의가 가능하게 보이고, 또한 랑그만이 사고가 만족할 만한 지주를 제공한다."[9] 한 마디로 소쉬르의 언어학은 그 이전의 언어학과는 다르게 랑그의 언어학이다. 소쉬르의 그러한 발상에는 이유가 있다. 그에 따르면, 언어는 랑그와 말의 결합으로 이루어져 있는데, 랑그는 한 언어 공동체 내에서 개별적인 언어사용을 꿰뚫고 있는 공통의 문법 체계인데 반해, 말은 랑그가 개인적인 발화의 차원에서 구현되는 개별적인 표현이기 때문이다.[10] 그렇기 때문에 전자는 무의식적이고 추상적인데 반해, 후자는 의식적이고 구체적이고, 말은 현재 '살아 움직이는(vivant)' 유동적인 현실태인데 반해, "랑그는 존속 가능한(viable)"[11] 규칙적인 잠재태이다. 따라서 그 둘을 묶고 있는 언어에는, 소쉬르가 보기에, 잡다하고 불확실한 부분 — 즉 말 — 이 포함되어 있고, 따라서 현상 밑에서 현상을 움직이는 법칙을 탐구하는 그로서는, 말의 언어학과 언어의 언어학[12]을 언어학에서 제외시킬 수밖에 없었던 것이다. 그가 말과 랑그의 합으로서의 언어보다, 언어에서 말을 뺀 랑그를 강조하는 까닭이 거기에 있다: "언어라는 전체 현상에서 두 가지 요소, 즉 랑그와 말을 우선 구분해낼 수 있다. 랑그는 우리에게 있어서, 언어에서 말을 뺀 것이다."[13] 게다가 언어는 자연적인 본능인 언어 사용 능력뿐만 아니라 물리적이고 생리적이고 정신적이

9 위의 책, 20쪽.
10 위의 책, 24-5쪽 참조.
11 위의 책, 95쪽.
12 소쉬르의 언어학을 랑그의 언어학이라고 한다면, 그에 대비되는 언어학은 '말의 언어학' 내지 '언어의 언어학'이라고 말할 수 있을 것이다.
13 소쉬르, 앞의 책, 95쪽.

고 사회적인 여러 요인이 결부되어 있기 때문에 다양하고 잡다하다고 하지 않는가?

그런 관계로 소쉬르는 3개 일조가 되는 개념 — 언어, 랑그, 말 — 중에서 랑그를 가장 중요시할 뿐만 아니라, 그 3개 일조는 궁극적으로 랑그와 말의 대립으로 환원된다고 말할 수 있다. 그러나 그와는 정반대로 라캉 편에서 랑그는 이차적이다. 그는 『에크리』 전편을 통해 랑그라는 용어보다 언어라는 용어를 주로 사용한다. 설혹 랑그를 입에 올리는 경우조차도, 기껏해야 의사소통에 동원되는 모든 동물의 언어, 즉 자연어(langues naturelles) 이상의 의미를 그것에 부여하지 않는다. 그의 한 에크리의 제목(「정신분석에 있어서 언어와 말의 기능과 영역」[14])이 암시하고 있듯이, 라캉에게 있어서는 언어와 말의 대립만이 있을 뿐이다: "말과 언어 사이에는 대립이 있다."[15] 이렇게 라캉과 소쉬르는 언어의 개념의 틀을 짜는 방식 자체가 다르다.[16] 게다가 라캉은 소쉬르와는 다르게, 언어야말로 구조의 대명사라고 생각했다. 그런데 어떻게 라캉의 언어가 소쉬르의 계통에 있다고 할 수 있겠는가? 그러한 의문을 풀기 위해서는, 레비-스트로스가 놓고 있는, 소쉬르와 라캉 사이의 다리를 참조해야 한다.

---

14 J. Lacan, *Écrits*, Seuil, 1966, pp.237-322.

15 J. Lacan, *Séminaire II, Le moi dans la théorie de Freud et dans la technique de la psychanalyse*, Seuil, 1978, p.280.

16 그러한 맥락에서 보면, 라캉의 언어를 소쉬르에게 빚진 것으로 보는 밀레르의 견해보다, 라캉이 소쉬르에게 빚진 것은 말의 차원이라는 뮬러와 리차드슨의 관점이 더 타당하다.

3.

레비-스트로스는 「언어와 사회법의 분석」[17]에서, 사회과학에 수학적인 방법을 확대 적용할 수 없다는 위너(Norbert Wiener)의 견해를 반박하면서, 위너의 시각 너머에서 수학적인 탐구를 기다리고 있는 영역의 예로 '언어'를 들고 있다. 그에 따르면, 위너의 주장과는 다르게, 언어는 사회 현상이면서도 과학적인 탐구를 할 수 있는 두 가지 기본적인 특성을 갖추고 있다: 첫째, 언어는 무의식적인 사고의 수준에 있기 때문에, 언어의 원리는 관찰자(언어학자)의 경험으로부터 분리 독립되어 있고, 둘째, 언어는 인간의 역사만큼 오래된 것이기 때문에, 수학적 탐구에 필요한 자료를 충분히 제공하고 있다. 그리하여 "언어에 관한 한, 관찰되는 현상에 대한 관찰자의 영향을 두려워 할 필요가 없다. 왜냐하면 우리는 그 현상을 의식할 수 있을 뿐, 그것을 변형시킬 수는 없기 때문이다."[18]

사실 언어의 음운론적 구조를 파고 들어가면, 대립을 통해 기능하는 최소 변별 단위에 도달하며 그것들을 도표화할 수 있을 뿐만 아니라, 자음과 모음의 결합 법칙을 통해 우리는 n 개의 음절로 된 단어들을 구성하는 음소의 조합이나, 그 조합의 수까지도 쉽게 계산해낼 수 있다. 그러니 언어기계 — 컴퓨터 — 가 문장을 교정하는 것도 그렇게 놀라운 일은 아니다. 그것은 언어가 수학적인 법칙에 의하여 움직인다는 것을 의미한다. "그것은 음소학(phonemics)의 문제에 대한 연구의 결과이다. 그 연구는 표면적이고 의식적이고 역사적인 언어 현상 너머에 있는 본질적이고 객관적인 실체에 도달했다.

---

17 이하 Claude Lévi-Strauss, ≪Language and the analysis of social laws≫, *American Anthropologist*, vol. 53, april-june 1951, No. 2, pp.155-163 참조.

18 *Ibid.*, p.156.

그 실체는 무의식적인 사고 과정인 관계 체계로 구성되어 있다."[19]

레비-스트로스는 사회 현상도 언어와 같이 무의식적이고 보편적인 법칙으로 환원할 수 있다고 생각하고 있다. 그는 그것의 예로, 크로버(Alfred Lewis Kroeber)가 제공한 여성의 복장 양식에 대한 연구를 들고 있다. 그것에 따르면, 여성의 복장은 여러 구성 요소로 분해되고, 그것들의 관계를 함수로 나타낼 수 있다. 그에 따라 레비-스트로스의 편에서는, 친족 체계와 언어 구조 사이에 실질적인 동일성이 있다는 것을 밝힌다. 한 마디로 레비-스트로스가 말하는 사회 현상은, 소쉬르가 말하는 언어가 랑그로 구조화되어 있는 것과 마찬가지로 언어로 구조화되어 있다. 따라서 레비-스트로스에게 있어서 사회 현상 대 언어의 관계는, 소쉬르에게 있어서 언어 대 랑그의 관계와 같다고 할 수 있다. 결과적으로 레비-스트로스는 소쉬르에게서 언어라는 개념 자체를 빌려온 것이 아니라, 그것이 구조화되어 있다는 착상을 빌려온 것이다. 게다가 레비-스트로스의 구조 인류학에 직접적인 영향을 준 것은, 그가 명명한 대로, 요소들 간의 대립을 강조하는 음소학(phonématique)이다. 그러한 의미에서 그의 언어는 소쉬르의 기호학적인 언어학보다 트루베츠코이의 음운론(phonologie)의 계통에 서 있다.[20] 라캉의 언어도 그와 같은 맥락에서 생각해야 한다. 다시 말해 라캉이 말하는 언어는 바로 레비-스트로스가 "구조 언어학의 조명 아래 음소학을 참조하면서 연구했던 언어의 영역이다."[21] 따라서 라캉을 이야기하는 우리로서는, 라캉의 무의식이 레비-스트로스의 언어처럼 구조화되어 있다고 말해야 한다:

---

19 *Ibid.*, p.157.

20 그러나 트루베츠코이의 음운론도 그 근원을 따져 올라가면 소쉬르의 음운론으로부터 흘러나온 것이다. 따라서 레비-스트로스의 언어가 소쉬르의 언어냐고 묻는다면, 구체적인 면에서는 다르지만 근원적인 면에서는 동일하다고 대답해야 한다.

21 Lévi-Strauss, *op. cit.*, p.156.

> 레비-스트로스의 어떤 책이 결혼과 가족 관계를 통제하는 사회법과 언어의 구조가 연루되어 있음을 암시하면서, 프로이트가 무의식을 위치시킨 영역을 정복하는 것은 놀랍지 아니한가?[22]

그러나 라캉은 레비-스트로스보다 훨씬 더 언어를 논리적이고 수학적인 방향으로 밀고 나간다. 그리하여 그는 분자를 원자와 전자로 나누고 그것을 다시 미립자로 나누어가듯이, 음소를 분해하여 더 이상 분해할 수 없는 '순수 논리'에 도달한다.[23] 그 곳은 (+)와 (−), 양과 음, 현전과 부재의 대립만이 있는 0과 1의 이진법의 세계이다. 따라서 그것은 가장 근원적인 언어로서, 기계 언어라고 말할 수 있다. 라캉이 구조언어학이라는 말보다 유난히 음소학이라는 말을 좋아한 까닭은, 음소학이야말로 언어학 중에서, 최초의 그리고 최소의 대립만을 강조하는 학문이었기 때문이다. 그래서 그러한 대립은 태초에 있었던 원초적인 대립에 다름 아니다. 그러한 맥락에서 성서의 요한복음(1장 1절)에 나오는 '*in principio erat verbum*'도, 그는 '태초에 말(씀)이 있었다(Au commencement était la Parole(le Verbe))'라고 번역하지 않고, '태초에 언어가 있었다(Au commencement était le Langage)'라고 번역해야 한다고 주장한다. 원래 성서의 그 구절은 괴테가 '태초에 행동이 있었다(Au commencement était l'action)'라고 개작하면서 유명해진 것인데, 라캉은 소위 「로마 보고서」(1953년)에서, 그러한 괴테의 다시 쓰기는 그 말의 진의를 간과한 것이라며, 다시 원래대로 복원할 것을 주장한다: "태초에 있었던 것은 바로 말이다. 우리는 그것의 창조 속에 살고 있다."[24] 왜냐하면 다른 무엇보

22 J. Lacan, *Écrits*, p.285.

23 트루베츠코이의 음운론이나 레비-스트로스의 구조 인류학도 음소와는 무관한 변별적 특징에 도달하지만, 그것은 라캉의 '순수 논리'에 비하면 상대적으로 음소의 물질적 속성 가까이에 있다. 물리학적인 비유를 든다면, 전자는 분자를 원자와 전자까지 분해한다면, 후자는 가설적인 입자인 쿼크와 반쿼크까지 분해해 들어간다고 할 수 있다.

다도 상징계가 인간과 세계의 근원이라는 라캉의 관점에 비추어볼 때, 원문이 훨씬 더 그것과 일치하는 것으로 보였기 때문이다. 그러나 여기서 중요한 것은, 'Verbum'에 대한 프랑스어 번역이다. 「로마 보고서」 당시만 하더라도, 라캉은 종전의 성서 번역대로, 그것을 '말'('Verbe'나 'Parole')로 번역한다. 그러나 그로부터 불과 2년 뒤인 1955년 6월 15일의 세미나에서, 그는 그것을 '언어'(Langage)로 수정함으로써 파문을 일으킨다. 그것은 그 해 세미나에서 몇 번씩이나 반복된다:

> 'Verbum', 그것은 언어(langage)이고 낱말(mot)이다. 희랍어 텍스트의 'Logos' 역시 언어이지 말(parole)이 아니다.[25]
>
> '*in principio erat verbum*', 그것은 분명히 언어이지 말이 아니다.[26]
>
> 태초에 언어가 있었다.[27]

그것은 대단한 반향을 일으켰다. 그것은 곧 신의 존재와 의지에 도전하는 결과를 초래했기 때문이다. 다시 말해 만약 'Verbum'을 'Parole(말)'로 번역하면, 'parole(말)'은 말하는 주체(sujet parlant)를 가정하고 있기 때문에 자연스럽게 신을 인정하는 것인데 반해, 그것을 'Langage(언어)'로 번역하면, 말하는 주체 이전의 구조가 전제되기 때문에, 신의 존재는 자연스럽게 부인된다. 그렇게 되면 언어를 창조한 신(의 의지)이 존재하기 이전에 언어 내지 구조가 먼저 존재했다는 말이 되고, 따라서 언어와 구조가 신을 만든 셈이 되는 것이다: "'Verbum'은 아마 모든 말 이전에 있었다. 심지어 그것은 천지창조

---

24 J. Lacan, *Écrits*, p.271: 「로마 보고서」는 「정신분석에 있어서 말과 언어의 기능과 영역」을 가리킨다.

25 Lacan, *Séminaire II*, p.327.

26 *Ibid.*, p.336.

27 *Ibid.*, p.356.

의 신의 의지(fiat) 이전에 있었다."[28] 그렇기 때문에 "신은 언어가 있은 다음에 그 말을 이용해서 '빛이 있어라'라고 말했다."[29] "결국 신의 의지는 그것에 선행하는 무위(無爲; non-fait)의 기초 위에 이루어져 있다. […] 따라서 부재(absences)와 현전(présences)의 연속, 아니 차라리 부재의 토대 위에 있는 현전, 현전이 존재할 수 있다는 사실에 의해 구성되는 부재가 관건이다. 실재에 부재란 없다. 현전이 없는 바로 그 곳에 현전이 있을 수 있다고 가정할 때만 부재가 있다. […] 그것은 0과 1의 원초적인 대립이다."[30] 이를테면 그러한 "언어가 존재하자마자 구체적인 세계가 존재하는 것이다."[31]

그렇다고 0과 1의 정태적인 대립만으로 언어가 구성되는 것은 아니다. 그것은 운동을 한다. 다시 말해 그것은 서로 결합되면서 일련의 연쇄(사슬)를 만들어낸다. 공시적인 대립이 교대되면서 통시적인 조합을 만들어내는 것이다. 마치 프로이트에게 있어서 '1차 과정'이 압축과 이동 작업을 통해 무의식적인 표상을 만들어내듯이, 그것은 언어학적으로 말하면 대체와 결합, 수사학적으로 말하면 은유와 환유를 반복한다. 그리하여 그것은 일정한 방향을 가진 "프로그램화된"[32] 기호가 된다. 라캉이 무의식을 지식(savoir)으로 보는 이유가 바로 여기에 있다. 라캉에게 있어서, 지식은 기호형식[33]의 결합과 연결이 엮어내는 상징적 관계에 다름 아니기 때문이다. 그 중에서 무의식은 주체가 의식하지 못하는 프로그램, 또는 기호형식의 시퀀스이다. 그렇기 때문에 그것은 코드도 없고, 해독될 수도 없다. 그것은 마치 프로이

28 *Id.*
29 *Ibid.*, p.327.
30 *Ibid.*, p.359.
31 *Ibid.*, p.331.
32 *Ibid.*, p.323.
33 여기서 라캉이 말하는 기호형식은 0과 1의 최소 단위이다.

트에게 있어서 무의식이 자유로운 에너지의 흐름이듯이, 기호형식들이 자유롭게 관계를 맺는 영역이다. 그러한 의미에서, 라캉의 무의식은 프로이트의 무의식을 기호형식과 논리로 풀어나간 것이라고 할 수 있다. 한 마디로, 라캉의 언어는 의미의 전달체가 아니라, 순수한 형식이며(그래서 우리는 *signifiant*을 '기호형식'이라고 번역하는 것이다), 그 기호형식의 움직임이다: "그것은 의미작용이 아니라 움직이는 기호이다."[34]

4.

사실 라캉이 정신분석에서 사용하는 기호형식의 개념은 소쉬르가 언어학에서 말하는 기호형식의 개념과 다르다. 비록 전자가 후자로부터 개념과 용어를 정신분석에 적용했다고 하더라도, 라캉은 무의식의 탐구에서 더 작은 미립자로서의 기호형식을 발견한다. 그에 비해 소쉬르가 최초로 발견하고 명명한 기호형식은 그야말로 청각적 이미지의 특성을 그대로 보존하고 있는 분자로서의 기호형식이다. 소쉬르는 그러한 기호형식을 다음과 같이 정의한다:

> "언어 기호가 결합시키는 것은 한 사물과 하나의 명칭이 아니라, 하나의 개념과 하나의 청각적 이미지이다. 그 청각적 이미지는 물질적 소리, 순전히 물리적인 것이 아니라, 그 소리의 심리적 자국[흔적], 즉 그것에 대한 우리 감각의 증언이 우리에게 제공하는 표상이다. 따라서 청각적 이미지는 감각적이며, 그것을 <물질적>이라고 부를 수 있다면, 그것은 바로 그와 같은 의미에서

34 *Ibid.*, p.324: 여기서는 라캉이 기호와 기호형식을 구분 없이 사용하고 있다.

> 이고, 일반적으로 좀 더 추상적인 개념 — 연합의 다른 항목 — 에 대립하는 것으로서 이다. 청각적 이미지의 심리적 특성은 우리 자신의 언어를 관찰해보면 잘 드러난다. 입술이나 혀를 전혀 움직이지 않고도, 우리는 우리 자신에게 말하거나 시구 한 구절을 마음속으로 암송할 수도 있다. 우리에게 랑그의 낱말은 청각적 이미지이기 때문에, [그것이] 그 낱말을 구성하는 <음소>라고 말하는 것은 피해야 한다. 그 용어는 음성 행위라는 관념을 내포하고 있기 때문에, 단지 발화된 낱말에 적합하거나, 담화에서 내적인 이미지의 실현에 적합할 뿐이다. [그것을] 한 낱말의 '소리'와 '음절'이라고 말하면, 청각적 이미지가 문제될 때, 그러한 오해를 피할 수 있을 것이다. [...] 우리는 개념과 청각적 이미지의 결합을 <기호(signe)>라고 부른다. [...] 우리는 그 전체를 가리키는데 <기호>라는 낱말을 그대로 사용하고, 개념과 청각적 이미지를 각각 <기호의미(signifié)>와 <기호형식(*signifiant*)>으로 대체할 것을 제안한다."[35]

한 마디로 소쉬르의 *signifiant*(시니피앙; 기호형식)은 언어기호의 <청각적 이미지>의 차원을 가리킨다. 그렇다고 그것이 순전히 물리적인 물질적인 소리인 것은 아니다. 다시 말해 그것은 낱말을 구성하고 있는 <음소>가 아니다. 정확히 기호형식은 그 음소가 심리 속에 떠오르게 하는 청각적인 특성이다. 우리는 그러한 사실을 그 음소나 음절을 실제로 발음하지 않고 머리에 떠오르게 할 수 있다는 사실에서 확인할 수 있다. 따라서 그것은 개념의 추상성에 대립한다는 의미에서 물질적이면서, 동시에 어떤 기호의 소리의 차원을 구성하는 특성이다. 소쉬르의 표현대로 그것은 마치 발자국과 마찬가지로 <소리의 심리적 자국>이다.

라캉에게도 *signifiant*(시니피앙; 기호형식)은 일차적으로 — 아니 정확히 말하면 기본적으로 — 청각적이다. 그것은 앞에서 제시한, 자신의 연적인 Dick[딕]과 동일시함으로써 <dick[딕](뚱뚱하다)>고 생각해서 땡볕에서 살

---

35 소쉬르, 『일반언어학 강의』(최승언 역), 민음사, 1990, pp.84-5.

을 빼려고 했던 쥐인간의 사례와, '말 때문에(*Wegen* dem Pferd)' 어리석은 병에 걸렸다고 생각하는 순간 <*Wägen*(마차)> 공포증에 걸리는 꼬마 한스의 사례에서 잘 드러난다. 라캉이 격리[억압]된 "대표화-표상은 항상 이분법적인 기호형식"[36]이라고 주장할 때, 그 기호형식은 기본적으로 청각적 이미지이다. 그러나 그 청각적 이미지는 다른 청각적 이미지와의 차이로서의 이미지이지, 발자국처럼 소리가 찍힌 소리의 자국이 아니다. 그야말로 라캉에게 *signifiant*(시니피앙; 기호형식)은 음소가 아니다. 고유한 의미에서의 음소가 아니라는 말이다. 만약 라캉이 음소라는 용어를 사용한다면(실제로 그는 <음소학(phonématique)>이라는 표현을 사용한다.), 그것은 차이로서만 기능하는 음소이다. 그러나 *signifiant*(시니피앙; 기호형식)을 음소와 동일시하는 생각을 피해야 한다고 주장하는 소쉬르는 정작, 언어의 언어학이 아닌, 랑그의 언어학을 표방하고 나서면서 랑그를 음소에 국한시킨다.

우리는 그러한 라캉의 기호형식의 개념을 가장 독특하고, 가장 대표적인 남근의 기호형식에서 찾아볼 수 있다. 라캉은 『에크리』(1966)에 출판된 「남근의 의미작용」(1958)이라는 논문에서, 남근을 다음과 같이 정의한다: "남근은 하나의 기호형식이다. 아마 분석의 상호주체적인 경제에서 그것의 기능은, 비교(秘敎)에서 그것이 갖고 있던 기능의 베일을 들어 올릴 것이다. 왜냐하면 그것은 기호의미의 효과 전체를 가리키도록 운명 지어진 기호형식이기 때문이다. 그 기호형식은 그것의 현전으로써 기호의미들을 결정하는 것이다."[37] 또는 "남근은 로고스[언어]의 부분이 욕망의 도래와 결혼한다는 표시의 특권화된 기호형식이다."[38]라고 정의한다. 이렇든 저렇든 <남근은

---

36 Lacan, *Séminaire XI: Les quatre concepts fondamentaux de la psychanalyse*, Seuil, 1973, p.199.
37 라캉, 「남근의 의미작용」, in 『에크리』, Seuil, 1966, p.690.
38 *Ibid.*, p.692.

하나의 기호형식이다.>라는 명제로 요약된다. 그렇다면 이 명제를 소쉬르적으로 해석한다면, [남근]의 기호형식은 [남근]이라는 기호의 청각적 이미지의 차원을 가리킨다. 그러나 <남근은 하나의 기호형식>이라는 라캉의 명제가 말하는 기호형식은 적어도 그런 뜻이 아니다. 그렇다고 그것이 청각적인 차원을 완전히 배제하는 것은 아니다. 얼마 전에 어떤 학생이 "좆됐다."라는 욕을 "ㅈ 됐다."라고 '좆'을 'ㅈ'으로 음소화하는 것을 듣고 놀란 적이 있다. 여기서 깨달은 것은, 성인 남성의 성기를 비속하게 이르는 낱말('좆')이 그것을 구성하는 음소인 'ㅈ'으로 음소화하면서 욕설의 의미를 숨기려 한다는 사실이었지만, 그것만큼이나 '좆'(남근)이 청각적인 음성으로 발화되지 않는 한, 욕이 될 수 없다는 사실이었다. 왜냐하면 '좆'을 그림으로 그린 낙서는 외설이지 욕설이 아니기 때문이다. 이렇게 남근('좆')의 기호형식은 청각적 특성을 그 기본으로 하고 있다. 심지어 어떤 틱 환자의 경우, '씹'이나 '좆'이라는 욕을 '씨씨'와 'ㅊㅊ'라는 음소로 축약하기도 했다.[39]

그러나 라캉의 기호형식은 거기에 그치지 않는다. 그것은 청각적 특성에서 차이와 대립이라는 특성으로 나아간다. 더 정확히 말하면, 라캉의 기호형식은 청각적 이미지로서의 기호형식이라기보다, 애초에 차이와 대립으로서의 청각적 기호형식이었던 것이다. 여기서 우리가 '청각적 기호형식'이라는 표현을 쓴 것은, 라캉이 보기에 기호형식은 청각적일 뿐이지, 이미지는 아니었기 때문이다. 그는 청각적 기호형식만이 차이로서 기능한다고 생각한 것이다. 우리는 그러한 사실을 시각적 기호형식인 문자와 비교하면 금방 알 수 있다. 후자는 일종의 그림으로 자기 동일성으로 기능하는데 비해, 전자는 자기 비-동일성, 즉 자기 자신과의 차이로 기능한다.[40] 아무튼 남근은 차이

39 여기서 우리가 눈여겨보아야 할 것은, 욕을 압축하는 음소 — 'ㅈ', 'ㅆ', 'ㅊ' 등 — 가 모두 이빨 사이로 공기가 새어나오는 치음이라는 사실이다.

로서 기능하는 청각적 기호형식이다. 우리는 그러한 사실을 남근이 남근일 수 있는 것은, 다시 말해 남근이 남근의 기호형식일 수 있는 것은, 그것이 현전(+)과 부재(−)의 대립으로 나타나기 때문이라는 사실로 알 수 있다.

우리가 거듭 애용하는 라캉의 도서관 색인의 비유가 그것을 증명한다: 즉 어떤 책이 어떤 도서관에 있는지 없는지 알려지기 위해서는 그 책의 색인이 그 도서관에 있어야 한다. 왜냐하면 그 책이 꽂혀 있어야 할 장소를 지정하는 색인이 없다면, 그 책의 유무가 알려지지 않기 때문이다. 한 마디로 어떤 도서관에 어떤 책이 없다는 것은, 항상 그 책의 색인이 지정해주는 <제 자리에 없는(manque à sa place)> 것이다. 반대로 책의 유(有; +)/무(無; −)가 알려진다는 것은 그 책의 색인이 있다는 것을 의미한다. 마찬가지로 남근의 유(有; +)/무(無; −), 즉 남근(현전)/거세(부재)의 관념이 의식에 떠오른다는 것은 이미 남근의 기호형식이 전제되고 있는 것이다. 이러한 논리는 모든 것에 적용된다. 가령 라캉은 <좌절>의 개념을 설명하면서, 실재적 젖가슴의 상상적 좌절은 <상징적 어머니>에 의해서 대행된다고 말하고 있는데, 이때의 어머니(실재하는 어머니)가 어떻게 상징적일 수 있는가 하면, 그녀의 왕래가 아기에게는 +/−의 교대 작용으로 비치기 때문이다. 그리고 실제 젖가슴이 어머니의 가슴에 엄연히 달려 있는데도 좌절이 상상적인 것은, 아기는 상상적으로 절단되어 자기 몸에서 떨어져나간다고 느끼기 때문이다. 이렇게 라캉은 상징계와 상상계를 아기가 어떻게 받아들이느냐에 따라 규정한다. 아무튼 라캉에게는 어머니의 왕래 자체가 이미 상징적 기호형식을 전제하고 있는 것이다. 따라서 라캉에게 기호형식은 이분법적인 대립(1/0)이든지, 아니면 그러한 대립이 전제하고 있는 어떤 논리적인 형식이

40 문자의 자기 동일성과 기호형식의 자기 비-동일성에 대해서는 이 책 제13장 <기호형식들의 육체> 1절 참조.

다.(그래서 우리는 *signifiant*(시니피앙)을 기호형식이라고 번역하는 것이다.)

그러한 관점에서 '하나(*Un*)'로 세지는 것은 이미 기호형식의 본질을 띠고 있다. 왜냐하면 프레게(Frege) 덕분에 우리가 알고 있듯이, 수(數) 이론에서 <하나(*un*)>와 일련의 수를 나타나게 하려면, 결핍 — 그 결핍의 수가 <영(零; *zéro*)>이다 — 의 개념이 필수적이기 때문이다. 마찬가지로 주체가 <하나(*un*)>, 즉 단성과 동일시될 수 있는 것은, 오직 그 기원을 반드시 결핍과 박탈 속에 둔다는 조건에서뿐이다. 그렇기 때문에 박탈은 하나의 기호형식의 근본적인 결핍(−1)과 동일시해도 좋다. 따라서 '하나(*Un*)'는 이미 '부분적인 하나(*Y a de l'Un*).'[41]이기 때문에, '하나(1)' 속에 이미 그것과 대립하는 <영(0; *zéro*)>을 포함하고 있는 것이다. 그래서 '하나(1)'로 세지는 것은 이미 기호형식인 것이다.

2007년 10월 17일~10월 24일

41 라캉, 『세미나 XX: 앙코르(*Encore*)』, Seuil, 1975, pp.12: 부분관사(de l')와 '하나(Un)'를 결합한 이 표현은, '온전한 하나'는 없고, 오직 '부분적인 하나'만 있을 뿐이라는 것을 보여주고 있다. 이에 대해서는 이 책 제15장 <대상 a> 참조.

VI

단성(trait unaire)

단성(trait unaire), 최초의 기호형식
아버지의 이름, 어머니의 욕망, 남근:
구조적인 자리의 기능으로서의 기호형식
문자 그대로 받아들이기
문자는 철자가 아니다

1.

이렇게 하나로 세지는 것은 이미 기호형식이라는 사실은, 라캉의 <단성(trait unaire)>이라는 개념에 잘 나타나 있다. 라캉이 <단성>의 아이디어를 처음 발견한 것은, 생-제르멩-앙-레(Saint-Germainen-en-Laye)의 박물관에서 선사시대의 동물 늑골을 관찰했을 때이다. 그 늑골은 일련의 선(線)(traits)으로 덮여 있었다. 그는 그것들이 한 사냥꾼에 의해 그어진 것이고, 각 선은 그가 사냥한 한 짐승을 나타낸다고 가정한다. 그는 말한다: "최초의 기호형식, 그것은 그렇게 새겨진 그 눈금이다. 그것에 의해, 예컨대 주체가 짐승 하나를 잡았다는 사실이 표시되고, 그렇게 하면, 그가 다른 10마리를 잡았을 때 그의 기억이 혼동되지 않을 것이다. 그는 어떤 것이 어떤 것인지 기억하지 않아도 될 것이다. 그가 그것들을 세는 것은 바로 그러한 단성으로부터다."[1]

이를테면 각 짐승의 특색이 어떠하든지, 그것이 하나의 단위로 셈해진다는 것은, 그 단성이 감각적인 외관 너머에 있는 어떤 장부를 도입한다는 것을 의미한다. 그 장부가 바로 라캉이 말하는 상징계이다. 왜냐하면 그 <단선들(traits unaires)>[2]의 동일성은 그 빗금의 불규칙성이 어떻든 간에, 그것들이 <하나들(uns)>로 읽힌다는 사실에서 기인한다. 다시 말해 <단선>이 기호형식의 <단성>이 되는 까닭은, 그 단선들의 길이가 약간씩 다르고 삐뚤빼뚤하다고 하더라도, 각각 <하나>로 읽혀지고, 그것들은 서로 동일한 <하나들>로 읽혀지기 때문이다. 그 하나하나가 하나의 반복으로 읽히는 것이다. 그러나 그것들은 차이를 반복한다. 차이에 관해서 말하자면, 그 <하나들>은 우선 동일한 자리를 차지하지 않기 때문에 다른 것이다. 그리고 기호형식이 반복될 때 생기는 그러한 기호형식의 자기 자신과의 차이는, 라캉에 의해 기호형식의 기본 속성 중의 하나로 간주된다. 그러한 차이는 기호형식의 반복(프로이트의 반복의 개념)이 영원 회귀가 아니게끔 만드는 결과를 가져온다. 따라서 그 단선의 차이와 동일성의 반복이 그것을 상징적 장부에 등록시키는 것이고, 그 결과 단성은 이미 기호형식인 것이다. 그것은 감각적 외관인 이미지 — 다시 말해 상상계 — 에 전혀 입각하지 않는 순수한 기호형식이다.

---

1 Lacan, *Séminaire XI: Les quatre concepts fondamentaux de la psychanalyse*, Seuil, 1973, p.231.

2 프랑스어 *trait*에는 <특성>이라는 뜻 이외에 <선, 줄, 금>이라는 뜻이 있다. 그리하여 라캉의 trait unaire는 <단성>이면서 동시에 <단선>이다. 다시 말해 그것은 늑골에 그어진 빗금이다. 그렇기 때문에 그것은 그 동물의 외적 이미지와 전혀 관계없는, 그 자체로 기호형식의 성격을 띠고 있는 하나의 표시이다.

그러한 단성은 하나의 주체를 <하나>로 창설하는 기호형식이기 때문에, 즉 하나의 주체를 하나로 세게 허락하는 기호형식이기 때문에, 주체의 동일시의 버팀목이다. 한 마디로 그것은 <주체는 하나의 기호형식(S1)이 다른 기호형식(S2)을 향해 표상하는 것>이라는 주체의 정의에서, 주체를 하나로 표상하는 최초의 기호형식 S1이다. 사실 어린아이는 대상만을 세는 것이 아니다. 어린아이는 아주 일찍 자기 자신을 센다: "주체는 언어를 가지고 연산을 할 때, 자기 자신을 센다. 그것이 바로 그의 원초적인 자리이다."(『세미나 IX: 동일시』, 1961-1962)[3] 그는 근본적인 구성의 방식에서 무의식적인 셈 행위에 포함된다. 그래서 어린아이가 형제의 수에 자신을 포함시켜, 예컨대 <나는 형제가 셋이야: 폴과 에르네스트와 나.>라고 말하는 것은, 하나의 주체 — 생각하고 거기에 자리를 잡는 주체 — 가 완전히 형성되기 이전에는, 그거가 세면서 세지고, 세는 것은 세지는 것 속에 이미 있기 때문이다. 이차시기에 비로소 그는 자신을 세는 사람으로 인식하고, 그 때부터 자신을 세지 않을 수 있다. 이렇게 주체의 표상은 <하나>로 세지는 것에서 <하나>로 세는 주체로 발전한다. 그러한 연산과 특히 자신을 세지 않는 그의 능력은, 주체가 자신을 하나로 동일시하게 하는 것이다. 그리하여 단성과 동일시된 주체는 <하나>이고, 그 <하나>로 세진 모든 사람들(<하나들>)은 똑같은 주체이다. 주체는 그들과 함께 동일한 전체를 이룬다.

셈과 동일시 사이의 관계의 예로서, 우리는 릴케의 「선한 신의 이야기(*Histoires du bon Dieu*)」의 한 문단을 인용할 수 있다. 어떤 여자가 화자에게 보낸 편지를 이렇게 끝낸다: "나와, 그리고 다섯 아이들, 다시 말해 내가 함께 세지기 때문에…" 화자가 그녀에게 답장을 한다: "또한 내가 하나인

---

3 R. Chemama et al., <trait unaire>, in *Dictionnaire de la psychanalyse,* Larousse, 2009, p.584에서 재인용.

것은, 오직 내가 함께 세지기 때문이다."(『세미나 IX: 동일시』, 1961-1962)[4] 따라서 주체는 원(圓)이나 구(球)가 통일을 상징한다는 의미에서 하나가 아니라, 눈금이라는 <저속한 몽둥이(vulgaire bâton)>(남근의 이미지를 연상시킨다. 왜냐하면 단성은 남근의 기호형식으로 통하기 때문이다.)와 같은 하나이다. 통일은 정신분석적인 관점에서 하나의 환상이고, 동일시는 통일과 아무런 관계가 없는 것이다. 주목해야 할 점은 단성의 개념 작업이, 구의 표면과는 다른 위상학적인 특성을 가진 표면 — 원환면, 크로스-캡 등 — 에 관한 라캉의 작업과 동시적이라는 사실이다.

그러한 단성과의 동일시는 중대한 동일시이다. 이미 보았듯이, 프로이트는 주체가 상실된 대상의 단성과 동일시한다는 사실을 보여주고 있다. 라캉은 덧붙인다: 대상이 하나의 특성으로 환원되는 것은, 기호형식의 개입에 의한 것이다. 따라서 단성은 대상으로부터 존속하는 것일 뿐 아니라, 그것을 <지운(effacé)>[5] 것이기도 하다.(그러한 점에서 그것은 남근의 기호형식의 구현이고, 게다가 그것의 이미지이기도 하다.) 단성과의 동일시는 따라서, 거세 그리고 환상의 자리매김의 상관항으로 주체의 중추를 구성한다. 단성과 동일시된 주체는 <하나(*un*)>이고, 그러한 점에서 거세를 거친 모든 사람들 — 동일한 전체 속에 함께 포함된 — 과 동일하다. 그러나 그는 어떤 특성이라도 단 하나의 특성에 의해 자신의 특이성을 강조함으로써, 자신을 타자들과 구분하는 능력도 획득한다.(그는 그 능력을 사용하는 것을 정식으로 포기하지 않는다.) 그것이 바로 프로이트가 기술한 <작은 차이의 자기애(narcissisme de la

4 R. Chemama et al., <trait unaire>, in *Dictionnaire de la psychanalyse*, Larousse, 2009, p.584에서 재인용.

5 단성이 대상을 <지우면서> 기호형식으로 발전하고, 위상학적인 표면에 기호형식의 사슬을 그려가는 과정에 대해서는, 졸저, 『위상학적 정신분석』(파워북, 2010) 제6장 <지우는 방식> 참조, p.97 sqq.

petite différence)>이다. 사실 라캉이 <단성>이라는 개념을 자신의 정신분석에 끌어들이게 된 것은, 프로이트의 동일시의 개념에 영향 받은 바 크다. 프로이트는 「집단 심리학과 자아분석」(1921)에서 세 가지 동일시를 제시하면서, 대상과의 동일시에 대해 다음과 같이 말하고 있다:

> "히스테리 증상이 형성되는 상태 — 격리[억압]가 존재하고 무의식의 기제가 우세한 상태 — 에서는 대상선택이 동일시로 퇴행하여, 자아가 대상과 똑같은 특징을 갖게 되는 일이 흔히 일어난다. 이런 동일시에서 자아는 사랑하지 않는 사람을 모방하는 경우도 있고, 사랑하는 사람을 모방하는 경우도 있다. 그것은 상당히 주목할 만한 일이다. 두 경우에 동일시는 부분적이고, 극도로 제한된 것이어서 대상 인물의 <한 가지 특징>만을 빌려온다."[6]

한 마디로 대상이 상실될 때, 그것에 집중되었던 투여는 동일시로 대체되는데, "부분적이고 극도로 제한적인 <단 하나의 특성(독. *einziger zug*; 프. *un trait unique*)>" 통해서 그렇게 된다는 것이다. 역으로 말하면 <단 하나의 특성>과의 동일시는 대상을 상실시키고(라캉의 표현을 빌리면, <지우고>), 그것을 <나>(라캉의 표현을 빌리면, <주체>)로 만든다는 것이다. 라캉은 소쉬르의 언어학에 의거하여, 그 <단일한 특성>과의 동일시라는 프로이트의 개념으로부터, 언어학적인 <단성(單性; trait unaire)>이라는 개념을 구상한다. 이미 다 눈치를 챘듯이, 라캉은 프로이트의 <단 하나의 특성(*un trait unique*)>이라는 표현을, 소쉬르의 <이분법적인 변별적 특성(traits distinctifs binaires)>이라는 용어 속으로 굴절시켜, <단성(單性; trait unaire)>이라는 신어를 만든다. 다시 말해 <unique>라는 형용사를, 수(數)를 나타내는 접미사

---

6 프로이트, 『집단 심리학과 자아 분석』, 열린책들, 전집 XII, p.117.

<-aire>와 결합시켜 <unaire>라는 신어를 창조한 것이다. 그에 따라 그것은 하나의 단위이자(왜냐하면 그 접미사가 하나의 셈을 상기시키기 때문에), 하나의 표시이자 흔적이고(왜냐하면 그것은 빗금으로 그어지기 때문에), 차이로 기능하는 하나의 기호형식이다.(왜냐하면 언어학적인 <변별적 특성(traits distinctifs)>을 상기시키기 때문에) 다 알다시피, 소쉬르에 따르면, 랑그는 변별적인 요소, 즉 차이에 의해서만 가치를 지니는 단위로 구성된다. 그래서 라캉은 기호형식적인 요소들의 연속 — 그것들은 변별적이면서 연속된다 — 이 최종적으로 귀결되는 그 하나에 대해 말한다. 단성은 차이를 위한 이동에서 최종적으로 도달하는 최초의 기호형식인 것이다.

더욱이 상징적 지표인 그러한 단성은 상상적 동일시를 떠받치고 있다. 확실히 육체의 이미지는 어린아이에게 거울 경험에서 주어지지만, 그가 그것을 자기 것으로 만들고 내면화하기 위해서는 단성이 작용해야 한다. 그것은 그가 큰타자의 장 속에 붙잡히는 것을 필수적으로 요구한다. 라캉은 그러한 붙잡힘에 대해 이미지화된 표상을 제공한다. 즉 그는 거울 속에서 자신을 보는 어린아이가 몸을 돌려 어른을 향해, 자신의 이미지를 인증해줄 신호를 구하는 순간을 상기시킨다. 라캉에 따르면, 어른에 의해 제공되는 그 신호는 단성으로 작용한다. 그리고 자아이상은 그것으로부터 구성된다.

2.

이렇게 주체를 <하나>의 주체로 성립케 하는 단성, 그리고 남근의 이미지로서뿐 아니라 남근의 기호형식으로 작용하는 단성, 그리고 하나의 빗금(또는 눈금, 또는 그것의 흔적)으로 나타나는 단성, 그 단성이 최초의 기호형식이라면, 그러한 라캉의 기호형식을 어떻게 소쉬르의 순전히 언어학적인 기호형식에 비교할 수 있겠는가? 비록 전자가 후자로부터 나왔다고 하더라도, 이미 전자에서는 후자의 흔적을 읽어내기 힘들다. 라캉의 기호형식은 오히려 소쉬르의 기호형식을 훨씬 넘어서서, 어떤 구조가 전제될 때, 그 관계 속에 한 자리를 차지하고 있는 그것의 위치와 그 자리의 기능까지 포함하는 듯하다. 마치 통사론적인 문법(주어+동사+목적어…의 순서)에서 주어의 기능이 술어 앞자리에 위치한다는 사실 외에, 다른 것에서 주어지는 것이 아니듯이 말이다. 사실 구조란 레비스트로스가 말했듯이, 빈자리들의 고정된 관계에 지나지 않는다. 다시 말하면, 어떤 위치들의 순서, 또는 그 위치들의 관계가 곧 구조인 것이다. 그러나 그 순서와 관계는 그 자리에 위치하는 요소들에게 강력한 기능을 부여하고 강요한다.

라캉의 유명한 개념인 아버지의 은유도 마찬가지이다. 다 알다시피 아버지의 은유는 어머니의 욕망의 기호형식을 아버지의 이름이라는 기호형식으로 대체할 때 남근의 의미작용이 발생하는 무의식의 수사법이다.

"<은유 또는 기호형식의 대체의 공식>은 다음과 같다:

$$\frac{S}{\$'} \cdot \frac{\$'}{x} \rightarrow S\left(\frac{I}{s}\right)$$

여기서 대문자 S들은 기호형식들이고, x는 미지의 의미작용이고, s는 은유에 의해 도출된 기호의미이다. 이렇게 은유는 기호형식의 사슬 속에서 S'를 S로 대체하는 데 있다. 여기서 삭제선(/)으로 그어진 S'의 생략(élision)은 은유의 성공의 조건이다.

이것은 아버지의-이름의 은유 — 즉 어머니의 부재 작용에 의해 최초로 상징화된 자리에 그 이름을 대체하는 은유—에 적용된다."[7]

$$\frac{\text{아버지의 이름}}{\text{어머니의 욕망}} \cdot \frac{\text{어머니의 욕망}}{x} \rightarrow \text{아버지의-이름}\left(\frac{A}{\text{남근}}\right)$$

그러나 여기서 아버지의 이름이라는 기호형식이 무엇인지, 어머니의 욕망의 기호형식이 무엇인지를 자문해보면, 그것들은 분명히 청각적 이미지로서의 기호형식을 훨씬 넘어선다. 가령 청각적 이미지로서의 아버지의 이름이라고 한다면, <김, 이, 박…>과 같은 음소로서의 기호형식에 국한되는데, 적어도 그것은 우리가 일반적으로 말하는 성(姓)이 아니다. 그러한 사실은 어머니의 욕망의 기호형식에 이르면 더욱 확연해진다. <어머니의 욕망>은 더 더욱 청각적 이미지로서의 기호형식이 전혀 아니다. 따라서 그것들은 <주어+술어+목적어…>와 같은 어떤 문법적 자리이다.(여기서는 아버지의 은유를 구성하는 은유적 자리라고 말해야겠지만 말이다.) 단지 그 자리가 아버지와 동일시되고, 아버지의 기능을 나타내는 자리이기 때문에 아버지의-이름이라고 명명된 것일 뿐이다. 어머니의 욕망의 기호형식도 마찬가지이다. 그것은 욕망을 나타내는, 더 정확히 말하면 욕망을 불러오는 욕망의 낙인으로서의 기호형식이다. 그런데 그 욕망이 어머니의 욕망으로 대표되기 때문에 어머니의 욕망이라고 한 것이다. 게다가 잊지 말아야 할 것은, 아버지의 은유에 참여하는 그 두 기호형식을 별도로 생각할 수 없다는 것이다. 그것들은 서로가 서로를 전제한다. 아버지의 이름은 어머니의 욕망과의

7 J. Lacan, *Écrits*, Seuil, 1966, p.557: [역주] 여기서 삭제되어 보이지 않는 기호형식 S'는 은유 밖으로 드러나지 않고 무의식(Inconscient) 속에 보존된다. 반면에 새로운 기호의미 s 는, 비록 텍스트의 표면에 드러나지는 않는다고 하더라도, 그것의 돌출은 무의식의 장벽(—)을 넘어 <즉각적으로> 이루어진다.

관계에 의해서(더 정확히 말하면 어머니의 욕망을 대체함으로써), 어머니의 욕망은 아버지의 이름에 의해 대체됨으로서 아버지의 이름일 수 있고, 어머니의 욕망일 수 있는 것이다.

거기에 남근이 가담한다. 남근 역시 아버지의 은유에 의해서만 그 의미작용이 창조된다. 그에 따라 남근의 기호형식이 원격리[원억압]되어 무의식 — 또는 기호형식의 장소인 큰타자 — 에 보존된다. 남근의 기호형식도 아버지의 이름과 어머니의 욕망의 기호형식과의 관계 하에서 남근의 기호형식인 것이다. 그리고 그와 함께 남근의 의미작용이 발생한다. 그러한 관점에서 볼 때, 라캉의 기호형식은 어떤 자리들의 관계 — 즉 구조 — 가 전제될 때, 하나의 자리가 나타내는 형식 또는 기능이라고 말할 수 있다. 그래서 라캉은 그러한 기호형식들의 형식적이고 논리적인 관계를 수학소로 표시하는 것이다.

앞에서도 말했지만, 그러한 기호형식의 특징은 남근의 기호형식에 대한 라캉의 정의에서 여실히 드러난다: "남근은 로고스[언어]의 부분이 욕망의 도래와 결혼한다는 표시의 특권화된 기호형식이다."[8] 그와 함께 라캉은 남근의 기호형식을 논리학의 계사로 규정한다: "그 기호형식은 <실제(réel)> 성교에서 잡을 수 있는 것 중 가장 돌출하는 것으로 선택되고, 또한 그 용어의 문자적인(인쇄상의) 의미에서 가장 <상징적인(symbolique)> 것으로 선택된다. 왜냐하면 그것은 계사(繫辭)(논리학의)와 등가이기 때문이다. 또한 우리는 그것의 부어오름에 의해서, 생식 속을 지나가는 생명의 흐름의 <이미지(image)>라고도 말할 수 있다."[9] "그것은 프로이트의 학설에서 환상(상상적 효과라는 의미에서)도 아니고, 부분대상(좋고 나쁜 내적 대상)도 아니고, 실

8 *Ibid.*, p.692.
9 *Id.*

제 기관(자지나 클리토리스)도 아니다."[10] 다 알다시피, 계사는 논리학적으로 어떤 명제의 주사와 빈사를 연결하여 긍정 또는 부정의 뜻을 나타내는 말이다: 예컨대 '나는 사람이다.'라는 명제에서 <이다>라는 말이 계사이다. 그렇다고 계사로서의 남근이 언어학에서처럼 우리말의 <이다>(영어의 be 동사, 프랑스어의 être 등)와 같은 구체적인 형태를 가지고 있는 단어인 것은 아니다. 그것은 단지 계사의 기능을 가지고 있는 빈자리로서의 기호형식, 그렇지만 아무것도 없는 것은 아닌 기호형식일 뿐이다. 그러한 각도에서 우리가 여기서 유의해야 할 것은, 남근이 빈사(賓辭) — 즉 주사(主辭)에 결합되어 그것의 속성을 규정하는 개념 — 가 아니라는 점이다. 그것은 그 둘을 결합하고 땜질하고 등가로 이어주는 기호형식이다. 그래서 라캉의 제자인 밀레르(J.-A. Miller)는 그것을 <용접(soudage)>이라고 부른다.

그러한 사실은 라캉이 주체를 표상하는 기호형식을 연동사(embrayeur; *shifter*)에 비유할 때 잘 드러난다: "언어 구조가 일단 무의식 속에서 인식되면, 우리는 그것에 어떤 종류의 주체를 생각할 수 있을까? 여기서 우리는 방법의 배려에 의해 기호형식으로서의 <Je(나)>에 대한 엄격하게 언어학적인 정의로부터 시작해볼 수 있다. 그러한 정의에서 기호형식으로서의 <Je(나)>는 연동사에 지나지 않는다. 즉 발화문의 주어에서 실제로 말하는 주체를 가리키는 지시사(indicatif)이다. 말하자면 그것은 발화행위의 주체를 가리킨다. 그렇지만 그것은 그것을 의미하지 않는다. 사실 <나(Je)>와 다른 것이 있다는 사실 외에, 발화행위의 주체의 모든 기호형식은 발화문에 있을 수 없다. 뿐만 아니라 그것은 우리가 1인칭 단수라고 부르는 것으로는 불충분한 것이다."[11] 연동사는 다 알다시피, <나>, <너>, <여기>, <저기>,

---

10 *Ibid.*, p.690.
11 라캉, 「주체의 전복과 욕망의 변증법(Subversion du sujet et dialectique du désir)」, in 『에크리』,

<오늘>, <어제> 등과 같이 상황이 결부될 때 비로소 의미를 갖는 부류의 단어를 말한다. 다시 말해 그것들은 발신자나 수신자 또는 발화행위의 시간과 장소를 참조할 때 비로소 가치를 갖는 기호이다. 그리하여 그것들은 발화문을 발화행위(의 주체와 상황)와 연결해주는 이음매에 위치한다. 말하자면 그것은 마치 관절(articulation)이 분절의 장소이면서 접합의 장소이듯이, 연결을 전제로 해서 구분되는 개념이다.[12] 그런데 문제는 남근이 그러한 연동사로서 <Je(나)>를 표상하는 기호형식이라는 데 있다. 그것은 남근이 주체를 표상하는 으뜸-기호형식(S1)이기 때문에, 기호형식의 장소인 큰타자와 주체를 맺어주는 접점에 있는 기호형식이라는 것을 의미한다.

그래서 그것은 논리학의 연산기호와 같은 구실을 하는 기호형식이라고 할 수 있다. 실제로 라캉은 남근을 연산기호에 비유하기도 한다. 그에게 남근은 욕망과 성적 향락에 필수적인 유일한 연산기호(opérateur), 즉 남녀에 불균형과 비대칭을 가져오는, 수학에서 '+', '−', '×', '÷'와 같은 연산기호이다. 왜냐하면 리비도는 본질적으로 여자아이에게조차 남근적이기 때문이다. 그뿐만이 아니다. 남근은 비교(秘教)에서의 베일처럼, 또는 파라시오스(Parrhasios)의 <커튼>처럼. 뒤에는 아무것도 없지만 무엇이 있는 것처럼 의미 효과를 일으키는 기호형식이다. 라캉은 말한다: "오직 임상적 사실의 토대 위에서만 논의가 생산적일 수 있다. 임상적 사실들은 성의 해부학적인 차이와 관계없이 이루어지는 남근과의 관계를 보여준다. [...] 남근은 하나의 기호형식이다. 아마 분석의 상호주체적인 경제에서 그것이 갖고 있는 기능은, 비교(秘教)에서 그것이 갖고 있던 기능의 베일을 들어 올릴 것이다. 왜냐하면 그것은 기호의미의 효과 전체를 가리키도록 운명 지어진 기호형

Seuil, 1966, p.800.

12 그래서 우리는 *articulation*을 <분접>으로 번역하는 것이다.

식이기 때문이다. 그 기호형식은 그것의 현전으로써 기호의미들을 결정하는 것이다."[13] 그래서 라캉은 남근을 프로이트의 원격리[원억압]의 대상으로 만듦으로써, 정신분석 이론의 중심에 두는 것이다. 그렇게 해서 우리는 라캉의 다음의 주장을 듣게 된다. "남근은 베일에 가려짐으로써만 그 역할을 수행할 수 있다."[14] 그러한 사실은 기술적이고 임상적인 중요성을 갖고 있다. 왜냐하면 남근의 폭로는 정신분석의 해석과 대립하긴 하지만, 아연실색케 하는 어떤 마지막 기호를 향한 입문을 가리키고 있기 때문이다. 그렇지만 모든 의미작용이 마지막에 남근을 가리키고 있는 것이 사실일지라도, 그것은 꿈과 담화의 마술 열쇠와 같은 것이 아니라, 기호형식과 기호의미를 분리시킴과 아울러 욕망하는 주체($)를 분열시키는 횡선과 같은 것이다. 이 모든 것은 결국 무의식은 언어처럼 구조화되어 있다는 데서 기인한다.

이렇게 라캉이 남근의 기호형식을, 계사, 연동사, 연산기호, 게다가 베일에 비유했다는 것은, 기호형식을 단순히 청각적 이미지와 동일시할 수 없음을 말해준다. 그것들은 서로 다른 요소들의 접점에서 그것들을 연결하는 기능을 갖고 있는 장소일 뿐이다. 어쨌든 라캉에게 있어서, 청각적 이미지는 기호형식의 정의가 되지 못한다. 물론 기호형식은 의미작용과 대립되는 한, 흔히 음소의 시퀀스와 동일시된다. 그러나 가끔 기호형식은 음소의 시퀀스와 완전히 다를 수 있다. 라캉은 라신(J. B. Racine)의 「아탈리(*Athalie*)」 제1장에 나오는 <신의 두려움>을 기호형식으로 제시한다. 왜냐하면 신의 두려움이라고 불리는 것은 어떤 두려움의 반대이기 때문이다. 이렇게 그것이 하나의 정동이나 의미라 할지라도 다른 것에 대립하는 것으로 기능할 때, 그것은 이미 상징적 대립이다. 따라서 신의 두려움이라는 표현을 단순히

---

13 라캉, 「남근의 의미작용(La signification du phallus)」, in 『에크리』, p.690.
14 라캉, 「남근의 의미작용」, in 『에크리』, p.693.

의미작용의 차원으로 이해해서는 안 된다. 그렇지만 그것이 기호형식으로 지칭되는 것은, 무엇보다도 그것이 다른 말들 이상으로 의미작용에 관한 어떤 <효과(*effet*)>와, 극중 인물 중의 하나인 아브너(Abner) — 그것은 그를 명령하고 유인한다 — 에 대한 어떤 <효과>를 갖고 있기 때문이다. 만약 어떤 것이 의미효과를 발휘한다면, 그것은 이미 기호형식의 가치를 갖고 있는 것이다. 왜냐하면 의미 효과를 발휘하려면 +/-의 대립을 기반으로 하고 있어야 하는데, 그러한 대립은 상징계의 특징이기 때문이다. 남근의 유무, 즉 남근/거세라는 의미작용은 반드시 남근의 기호형식을 전제하고 있기 때문에 발생하는 것이다. 물론 전자의 의미작용은 상상적이고, 후자는 상징적이지만 말이다. 아무튼 라캉에게 기호의미의 효과를 나타내는 모든 것은 이미 기호형식이다.

2007년 10월 31일~11월 7일

VII

큰타자

큰타자의 정신분석
큰타자〈의(de)〉 의미작용
큰타자의 주체화와 신경증
큰타자의 배가

1.

하나의 기호형식(S1)이 다른 기호형식(S2)과의 차이에 의해서 가치가 결정된다면, 그리고 그 기호형식이 다른 기호형식을 향하여 주체를 표상한다면, 그 기호형식의 가치결정을 위해서는 <기호형식(의 보고)의 장소(lieu (du trésor) du signifiant)>[1]가 전제되어야 하고, 그 기호형식의 가치는 바로 그 장소에 의해 결정된다. 그에 따라 주체 역시 그 장소로부터 나온다. 라캉은 그 장소를 *Autre*(큰타자)라고 부르고 대문자 A로 표시한다. 따라서 큰타자는 무엇보다도 언어의 장소이고, "말이 구성되는 장소로 간주되어야 한다."[2]

1 라캉, 『에크리』, Seuil, 1966, p.806.

그것은 말을 하는 주체인 <나>와 <너>, 즉 1인칭과 2인칭의 상호주체적인 차원에 있지 않다. 그것은 우리가 일명 소문자 타자(autre; a)라고 부르는 인칭적 타자와 구분되는 비인칭적인 근본적 타자이다. 다시 말해 그것은 실재하는 소문자 타자, 자아의 반영과 투사인 닮은자로서의 타자가 아니라, 동일시에 의해 동화될 수 없는, 애초에 인간존재인 <나>와 전혀 관계가 없는 진정한 의미의 타자이다. 따라서 그것은 상징적 장부에 기록된 것이다. 큰타자는 그렇게 상징계에 속하고, 상징적 질서로서의 큰타자이다.

라캉은 그 개념을 프로이트의 무의식과 연결시키면서, 그것이 프로이트의 <다른 무대>라는 개념 위에 세워져 있다고 말하고 있다. 프로이트는 『꿈의 해석』에서 "꿈의 무대는 깨어 있을 때의 표상 활동과는 다른 무대(ein anderer Schauplatz; other scene; autre acène)"라고 말하고 있는데, 라캉은 그 <다른 무대>라는 개념에서 자신의 큰타자라는 개념을 가져왔다고 『에크리』에서 쓰고 있다: "말의 전개 장소로서 대문자 A로 쓰는 큰타자의 개념을 세워야 한다.(그것은 프로이트가 『꿈의 해석』에서 말하는 '다른 무대'이다.)"[3]

<무의식은 큰타자의 담화>[4]라는 라캉의 명제도 그러한 문맥에서 보아야 한다. 즉 그에 따르면, 말은 자아나 주체 속에서 기원하는 것이 아니라 큰타자에서 기원한다. 다시 말해 말은 우리의 의식의 통제를 벗어나는 다른

---

2 라캉, 『세미나 III: 정신증(*Les psychoses*)』, Seuil, 1981, p.310.

3 라캉, 『에크리』, Seuil, 1966, p.628 : 라캉은 「프로이트의 큰사물」(1956)에서 큰타자가 "말하는 '나'가 구성되는"(in 『에크리』, *ibid.*, p.431) 장소라고 말하고 있고, 「무의식의 위치」,(1964)에서는 "큰타자, 즉 말이 기호형식의 교환을 만나는 것이 확인되는 장소"(in 『에크리』, 1964, *ibid.*, p.849)라고 말하고 있다. 그렇게 라캉은 말이 구성되는 장소로서의 큰타자의 위치를 끝까지 유지한다. 그리하여 고유한 의미의 말의 장소로서의 큰타자는, 라캉으로 하여금, "주체는 큰타자로부터 자기 자신의 메시지를 거꾸로 된 형태로 받는다."고 말할 수 있도록 허락한다. 그 결과 의사소통의 모든 도식은 뒤집어진다. 메시지는 그것을 받는 사람의 차원에서만 송신될 수 있는 것이다.

4 라캉, 『에크리』, Seuil, 1966, p.16.

장소 — 즉 의식 바깥 — 로부터 오기 때문에, 무의식은 큰타자의 담화인 것이다. 그러나 이 명제에는 우리가 간과해서는 안 될 중요한 라캉의 발견을 숨기고 있다. 프로이트에게 무의식이 (원)격리[억압]된 대표화-표상으로 구성되어 있다면, 라캉이 보기에 그 대표화-표상은 무엇보다도 언어학적으로 기호형식이고, 따라서 <무의식은 언어처럼 구조화되어 있는 것이다.> 그에 따라 무의식 역시 기호형식(언어)의 논리를 벗어날 수 없고, 기호형식(언어)의 논리로 재해석되어야 한다. 그러한 사실은 프로이트의 정신분석 — 정확히 말하면 욕동 중심의 정신분석 — 을 언어학적인 정신분석으로 이동시키는 결과를 가져왔고, 제2의 정신분석의 혁명을 가능하게 했다.

기호형식의 논리는 여러 차례 설명했지만, 우선 하나의 기호형식이 가치를 가지려면, 다른 기호형식과의 차이에 의해 그 가치가 결정되기 때문에, 적어도 두 개 이상의 기호형식이 가정되어야 한다.(이 두 기호형식의 장소가 바로 큰타자(Autre: A)이다.) 전자를 우리는 S1, 후자를 S2라고 하면, S1의 가치는 S2에 의존해야 하기 때문에, 가치결정을 위해 S2를 지향한다. 우리는 그것을 (S1→S2)의 벡터로 표시할 수 있다. 그러나 S2는 S1의 가치를 결정해주지 못한다. 왜냐하면 S2 역시 기호형식이기 때문에, S2의 입장에서는 S1을 필요로 하고, S1을 지향해야 하기 때문이다. 그것은 모순이다.(이러한 모순을 아리스토텔레스는 <매개념 부주연의 오류>라고 부른다.) 그것은 마치 <친우>라는 뜻을 몰라 한국어 사전을 찾았더니 <벗>과 동의어이니까 <벗>을 찾아가라고 해서, 이번에는 <벗>을 찾았더니 다시 <친우>를 찾아가라고 손가락으로 표시되어 있는 것과 같다. 그리하여 결국 두 기호형식은 모두 가치결정에 실패하고 만다.(사실 모든 사전은 자세히 들여다보면, 그러한 <매개념 부주연의 오류> 위에 세워져 있다. 그리하여 모든 사전은 궁극적으로 개념 정의에 실패한다.)

달리 말하면, 기호형식의 장소(큰타자)에는, S1의 가치를 보증해줄 마지막 기호형식이 없다. 기호형식의 장소에 속한 모든 기호형식들은 다른 기호형식에 의존함으로써만 가치결정이 되는데, 큰타자에는 스스로(홀로) 가치를 갖는 마지막 기호형식 하나가 없는 것이다.(라캉은 그것을 (−1)로 표시한다.) 결과적으로 큰타자는 완전하지 않을뿐더러, 거기엔 <결핍(manque; lack)>이 있다. 이런 표현이 허락된다면, 큰타자에 의해 구성된 기호형식들의 보고로부터 행방불명된 기호형식이 항상 하나가 있는 것이다. 신비스럽고 완전한 큰타자 — 라캉이 대수학에서 대문자 A로 쓰는 — 는 존재하지 않는다. 그래서 라캉은 1957년 A에 빗금을 친 Ⱥ를 만들어냄으로써, 큰타자는 궁극적으로 불완전한 큰타자임을 하나의 수학소로써 보여준다. 그러므로 거세되고 불완전한 큰타자에 대한 다른 이름은 <빗금 친 큰타자>이다.

그렇다면 우리는 이렇게 생각해볼 수 있을 것이다: 또 다른 큰타자, 큰타자의 결핍을 보완할 수 있는 또 다른 큰타자를 가정하면 되지 않겠는가? 그러나 그것 또한 기호형식의 장소인 한, 결핍의 장소로 끝나게 마련이다. 그리하여 두 큰타자는 결국 두 기호형식의 순환 오류처럼, 서로 주고받는 순환오류를 반복하게 된다. 그래서 라캉은 <큰타자의 큰타자는 없다>고 말하는 것이고, 언어에 대한 <메타언어는 없다>고 공식화하는 것이다.[5]

그럼에도 불구하고, 다시 말해 S1의 가치 결정을 위한 움직임이 큰타자의 결핍(−1)으로 말미암아 실패로 돌아감에도 불구하고, S1과 그것에 의해 표상되는 주체의 요구, 큰타자에 대한 가치 인정의 요구는 계속된다. 마치 언젠가는 가치 결정에 성공할 수 있을 것처럼 믿으면서… 스스로 가치를 갖는 마지막 기호형식을 만날 수 있으리라 믿으면서 말이다. 그것은 기호형식의 운명이고, 또한 그것에 의해 표상되는 주체의 운명이다. 단지 그 두

5 라캉, 『에크리』, Seuil, 1966, p.813.

운명에 차이가 있다면(이것은 질적인 차이가 아니라 양상의 차이이다). 기호형식의 운명은 단순한 기호형식의 벡터로 나타나는데 비해, 주체의 운명은 말하는 주체의 운명이기 때문에, 큰타자에 대한 실제 호소처럼 나타난다는 것이다. 전자는 그야말로 기호형식들의 물리학적인, 그렇지만 가상적인 움직임일 뿐이다. 그것은 위상학적인 표면 위에 감기는 사슬처럼 그릴 수 있다. 그에 비해 후자는 실제 존재가 말하는 주체가 되어 실제로 누군가에게 말을 거는 양상을 띤다. 그 누군가가 바로 큰타자이다. 그것은 기호형식의 장소로서의 큰타자가 또 다른 주체로 주체화된다는 것을 의미한다. 말하자면 다른 기호형식(S2)을 향해 주체를 표상하면서 가치 결정을 위한 움직임을 시작한 기호형식(S1)은, 주체를 표상하면서 동시에 두 기호형식 사이에서 주체를 분열시키기 때문에, 기호형식들에 의해 분열된 주체($\$$)는 기호형식들의 장소인 큰타자(A)를 향해 자신의 가치를 인정해달라고 말로 요구하는 것이다. 그러나 큰타자는 기호형식의 <장소>일 뿐, 주체의 그러한 요구에 대답할 수 없다. 그것은 그야말로 장소이기 때문에 말이 없다. 더욱이 그 장소는 결핍의 장소로, 그것이 말하는 주체에 의해 주체의 말의 수신자로 상대화된다고 하더라도, 주체의 존재를 인정해줄 수 없다. 큰타자에는 가치를 결정할 수 있는 마지막 기호형식이 없기 때문이다. 한 마디로 큰타자는 결핍의 장소이다.(라캉은 그러한 큰타자의 결핍을 Ⱥ라는 수학소로 표기하고, 큰타자에 결핍된 하나의 기호형식을 S(Ⱥ)로 표기한다. 그리고 그것을 <큰타자의 결핍의 기호형식>이라고 읽는다.)

기호형식의 사슬 :	S1 → ($\$$) → S2
큰타자에 대한 분열된 주체의 요구	$\$$ → (A→) Ⱥ

결국 주체가 큰타자에게 말을 걸 때, 즉 큰타자에게 인정을 요구할 때,

주체는 이미 큰타자를 완전체, 다시 말해 결핍이 없는 또 다른 주체, 빗금쳐지지 않은 큰타자(A)라고 생각하고 있는 것이다. 그러나 거듭 말하지만, 큰타자는 결핍의 장소이기 때문에 말이 없다. 사실 말과 언어, 주체와 큰타자는 행위와 장소, 인칭과 비인칭으로 서로 대립적인 차원에 있다. 그래서 큰타자는 아무런 대답이 없다. 그것은 아무런 대답도 할 수 없는 장소이다. 그리하여 주체의 말(에 의한 요구)은 마치 어떤 (큰타자의) 벽 — 라캉은 이것을 <언어의 벽>이라고 부른다 — 에 부딪쳐 메아리로 다시 되돌아오는 것처럼 주체에게 들린다: "주체는 큰타자로부터 자기 자신의 메시지를 거꾸로 된 형태로 되돌려 받는 것이다."[6]

라캉은 <도식 L>에 대해 설명하면서, 그러한 말의 축 — 나와 너, 자아와 타자의 상상적 관계의 축 — 은, 결코 언어의 벽 — 큰타자와 주체의 상징적 관계의 축 — 을 넘지 못한다고 말하고 있다.

> 따라서 거울의 차원, 즉 에고(ego)들과 동질의 타자들의 대칭적 세계가 있다. 그것과 구분해야 하는 또 다른 차원이 있다. 우리가 언어의 벽이라고 부르는 차원이다.
>
> 상상계는 언어의 벽으로 규정된 질서로부터 자신의 거짓 현실, 그렇지만 검증된 현실을 갖게 된다. 우리가 이해하는 대로의 자아, 타자, 닮은자, 그 모든 상상적인 것은 대상들이다. 물론 그것들은 달들(月; lunes)과 같은 것은 아니다 — 우리는 매 순간 그 사실을 잊어버릴 위험이 있다. 그러나 그것들이 정확히 대상인 것은, 그것들이 언어의 벽이라는 조직화된 체계 속에서 그렇게 명명되기 때문이다.[7]

6 라캉, 『에크리』, Seuil, 1966, p.9.

7 라캉, 『세미나 II: 프로이트의 이론과 정신분석 기법에서의 자아(*Le moi dans la théorie de Freud et dans la technique de la psychanalyse*)』, Seuil, 1978, p.285.

한 마디로, 말은 언어로부터 나오지만, 언어는 결핍의 장소일 뿐, 그 말에 대꾸할 수 없을 뿐더러, 그 말의 의미를 보장해주지도 못한다. 언어는 말에 벽으로 작용하는 것이다. 그리하여 말은 그 말이 나온 주체에게로 메아리가 되어 되돌아간다. 라캉이 <주체는 언어에 외-재한다>고 말할 때, 우리는 그 명제를 그와 같은 문맥에서 생각해야 한다. 말하는 행위의 주체가 말과 함께 나타나기 때문에, 결국 발화행위자도 허허벌판과 같은 언어의 장소에서 말과 함께 갑자기 돌출한다. 그것은 말하는 주체가 <실존하는(exister)> 것처럼 보이게 할 뿐 아니라, 그것도 아무것도 없는 큰타자(<무(無; rien)>)에서 그것 밖으로 <외-재하는(ex-sister)> 유(有)인 것처럼 나타난다. 그러나 그러한 사실만큼 중요한 것은, 그에 따라 큰타자의 장소로부터 나온 말하는 주체가 이번에는 그 <장소>를 견고한 또 다른 주체인 양, 큰타자를 구체화하고 현실화하면서 실제 존재로 상상한다는 것이다. 게다가 그 결핍의 장소를 완전한 주체인 것처럼, 그것에 상상적인 견고성을 부여한다. 그 결핍이야말로 큰타자를 불완전하게 만들고, 그것에 구멍을 내고, 그것을 견고하지 못하게 만들고, 그것이 전체가 되는 것을 불가능하게 만드는 것인데도 말이다. 그리하여 그 장소는 신이나 어떤 주체의 실제 모습으로 간주되기에 이른다.

그러나 잊지 말아야 할 것은, 큰타자는 실존하지 않는다는 명제를 공표해도 무관할 정도로, 큰타자는 장소라는 사실이다. 그렇다고 큰타자가 실존하지 않는다고 해서 큰타자에 대해 진술될 수 있는 모든 것이 부질없다는 뜻은 아니다. 큰타자는 주체가 관계하는 어떤 심역, 보통이 아닌 어떤 인물, 또는 주체가 자신의 생의 의미를 확인하기 위하여 복종하는 어떤 스승 속에서 구현하려고 하는 어떤 심역이다. 그래서 큰타자가 존재하지 않는다고 말하는 것은, 큰타자에 대한 주체의 예속성 — 그가 가끔 갈망하기도 하는 — 을 덜어주는 것뿐이다.

2.

큰타자의 범주가 소개된 이상, 큰타자는 분명히 정신분석이 알아야 할 것의 대부분을 자리매김하는 데 필수적인 것처럼 보인다. 예컨대 무의식이 주체가 마음대로 하지 못하는 구체적인 담화의 부분을 구성하고 있다면, 그것은 주체 속에 숨겨진 존재가 아니라, 통개인적인(transindividuel) 것 — 좀 더 정확히 말하면, 큰타자의 담화(discours de l'Autre) — 으로 이해되어야 한다. 여기서 속격의 *de*[의]는 이중적인 의미를 갖고 있다. 우선 주체가 말하는 것에서 문제가 되는 것은 큰타자라는 뜻을 숨기고 있다. 주체가 그 사실을 모르고 있다고 하더라도 말이다. 아무튼 주체가 알든 모르든, 주체의 모든 말은 큰타자에 대한 것이다. 뿐만 아니라, 그가 말하고 욕망하는 것은 큰타자로부터이다. 다시 말해 주체의 말과 욕망은 큰타자로부터 기원한다: <주체의 욕망은 큰타자의 욕망이다.>[8]

그런데 <주체의 욕망은 큰타자의 욕망>이라는 명제에서, <*de*(의)>라는 속격도 어떻게 해석하느냐에 따라 여러 가지 의미로 읽힐 수 있다. 우선 그것은 주격으로 읽힐 수 있는데, 그러면 그것은 '주체가 욕망하는 것은 큰타자로서이다'라는 뜻이다.[9] 다시 말해 주체는 큰타자로서, 큰타자의 관점에서 욕망한다. 주체의 욕망의 대상은 본질적으로 타자에 의해 욕망된 대상이다. 어떤 대상을 욕망하게 되는 것은 그 대상 자체의 내재적인 성질 때문이 아니라, 그것이 타자에 의해 욕망되기 때문이다. 대상을 향한 욕망은 동일한 대상을 향한 다른 사람의 욕망에 의해 매개되었을 때만 가능한 것이

---

8 Lacan, *Séminaire XI: Les quatre concepts fondamentaux de la psychanalyse*, Seuil, 1973, p.213.

9 라캉은 말한다: "인간의 욕망은 큰타자의 욕망이다. 여기서 <*de*(의)>는 주관적인 문법학자들이 말하는 결정 작용을 제공한다. 즉 인간이 욕망하는 것은 큰타자로서이다."(라캉, 『에크리』, Seuil, 1966, p.814)

다. 주체는 타자의 눈을 통해서 욕망한다고 생각하면 쉽게 이해할 수 있을 것이다. 욕망의 이런 모습은 히스테리증자에게서 분명하게 나타난다. 히스테리증자는 타자의 욕망을 떠받치는 사람이고, 타자의 욕망을 자신의 욕망으로 전환시킨 사람이다. 예컨대 도라는 K씨와 동일시하여 그의 욕망을 자신의 것으로 만들고, 그것을 통해 K씨 부인을 욕망한다. 히스테리 환자의 분석에서 중요한 것은 환자의 욕망의 대상을 찾는 것이 아니라, 그녀가 어느 위치로부터 욕망하는가(그녀가 동일시하는 타자)를 찾아내는 일이다.

둘째, 그것은 목적격으로 읽힐 수 있다. 그럴 때 주체의 욕망은 큰타자를 향한 욕망이 된다. 욕망은 근본적으로 원초적 큰타자인 어머니를 향한 근친상간적 욕망이다.[10] 마지막으로 셋째, 그것은 큰타자의 욕망을 욕망한다는 식으로 읽힐 수 있다. 그러면 <주체의 욕망은 큰타자의 욕망의 욕망이다.> 즉 주체는 큰타자의 욕망의 대상이 되기를 욕망하는 것이다. 우리가 보통 욕망은 인정의 욕망이라고 말할 때, 그것은 큰타자에 의해 인정받으려는 욕망이다. 이것은 오이디푸스 콤플렉스의 첫 번째 시기에 주체가 어머니를 위한 남근이고자 욕망할 때 분명히 나타난다.

그러나 이 모든 것은 욕망이 처음부터 큰타자의 영역, 즉 무의식에서 출현한다는 기본 명제로 귀결된다. 욕망이 언어의 영역에 있는 것은 인간이 말하는 존재인 결과이다. 다시 말해 인간이 언어 속에 떨어져 말하는 존재로 태어나는 순간, 기호형식의 낙인이 찍히지 않을 수 없고, 그 결과 말속에 기록된 결핍이 말하는 주체에게 기록될 수밖에 없는 것이다. 그래서 인간이 언어 속에 태어나는 순간이 곧 욕망이 인간화하는 순간인 것이다. 우리는 그러한 사실을, 요구와 욕망의 관계를 원환면으로 그린 라캉의 위상학에서

10 "프로이트는 근친상간을 가장 근본적인 욕망과 동일시한다."(Lacan, *Séminaire VII: L'éthique de la psychanalyse*, Seuil, 1986, p.82)

명확히 확인할 수 있다. 다 알다시피 주체를 표상하는 기호형식의 사슬 ― 이것은 말하는 주체의 요구(D)를 나타낸다 ― 은, 기호형식의 논리에 따라 자기 자신으로 돌아오는 원환면 상에서의 움직임으로 나타나고, 그것은 다시 그 속에 욕망(d)의 움직임을 탄생시킨다.

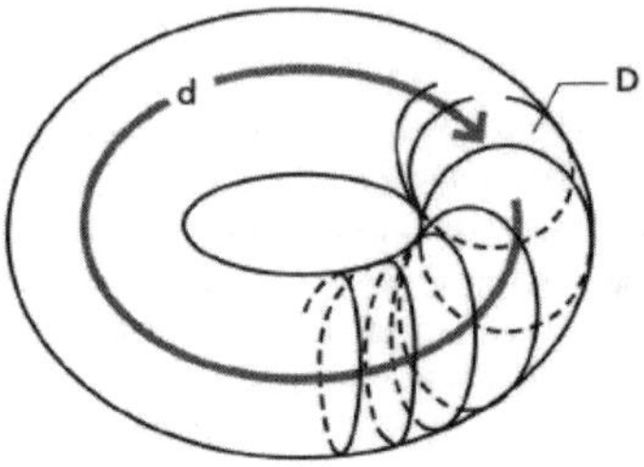

이렇게 라캉은 주체의 요구와 욕망의 관계를 원환면이라는 위상학적인 도형을 통하여 분명히 보여주고 있다. 주체의 요구의 회전은 반복되면서 원환면 위에 일종의 <실패(bobine)>를 만드는 도형을 그리는데, 그에 따라 그 튜브 속의 빈 공간에 보이지 않는 또 다른 회전이 생긴다. 그 빈 공간의 회전이 라캉이 말하는 주체의 욕망이다. 그리하여 무의식적 욕망은 모든 요구의 환유로 나타나지만[11], 그때부터 욕망은 요구로 환원될 수 없다. 그것은 요구 너머에서 요구에 의해 창조된 결핍으로 나타나는 것이다. 말하자면 욕망은 기호형식의 사슬의 움직임이 필연적으로 내포하게 되는 결핍과 그 결핍의 또 다른 움직임이다. 그래서 라캉은 세 번째 원 ― 즉 그 두 구멍을 동시에 껴안는 원 ― 으로, 요구와 그 밑에 있는 욕망의 연결을 형상화하자

11 욕망은 또 다른 의미에서 환유적이다. 왜냐하면 기호형식의 사슬 밑으로 욕망은 계속 미끄러지면서 이동할 뿐 아니라, 그것의 대상을 계속 놓치기 때문이다. 그것을 라캉은 "<다른 것의 욕망>을 향해 영원히 당겨진 환유의 레일"(라캉, 『에크리』, Seuil, 1966, p.518)이라고 표현하고 있다.

고 제안한다.(d+D)

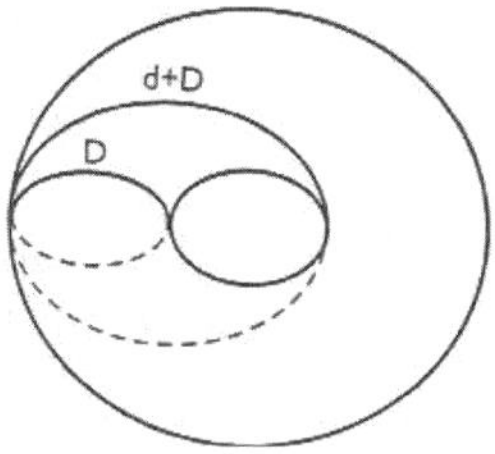

그런데 우리가 여기서 눈여겨보아야 할 사실은, 주체의 요구의 사슬이 실패처럼 원환면에 감길 때, 반대 방향으로 감기는 또 다른 원환면이 나타난다는 사실이다. 사실 주체의 요구와 욕망을 낙인찍는 기호형식의 사슬이 기호형식의 장소인 큰타자로부터 나온다면, 다시 말해 S1→S2…Sn으로 이어지는 기호형식의 실뽑기가 큰타자라는 실타래에서 나오는 것이라면, 큰타자라는 실타래는 의당 그 반대 방향으로 돌아갈 것이고, 주체의 원환면과 톱니바퀴처럼 맞물리는 또 다른 원환면을 그릴 것이다. 그것이 바로 라캉이 말하는 큰타자의 원환면이다. 그리하여 그 두 원환면은 아마 도넛 두 개가 서로 <껴안은 도형>을 그릴 것이다.

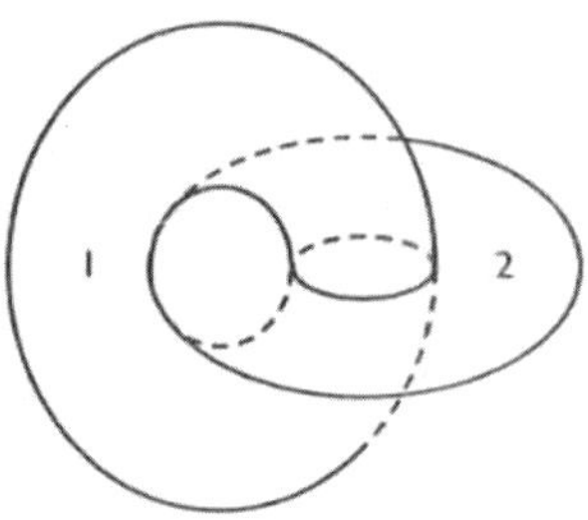

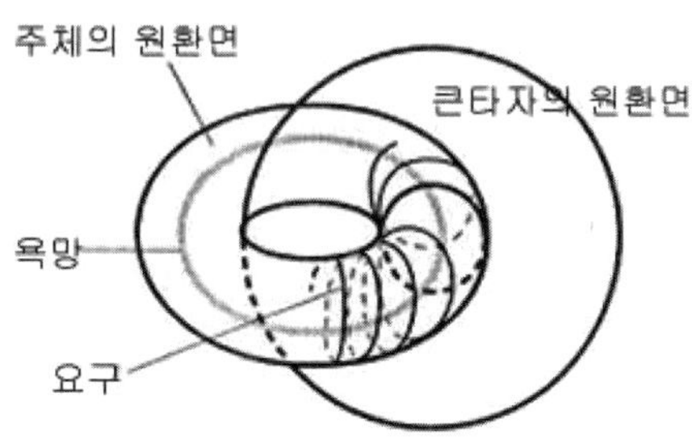

그 결과는 우리에게 놀라운 사실을 전해준다: 주체의 요구와 욕망은 큰타자의 욕망과 요구와 거꾸로 일치하기 때문이다. 즉 주체의 요구는 큰타자의 욕망과 일치하고, 주체의 욕망은 큰타자의 요구와 일치한다. 그런데 그러한 결과가 대체 무엇을 의미하기에 그렇게 중요한 것일까? 한 마디로 라캉이 그러한 원환면의 껴안기에 특별한 가치를 부여하는 것은, 그것이 신경증에서 요구와 욕망의 관계를 나타내기 때문이다. 사실 신경증자는 자신의 욕망을 큰타자의 요구에 맞추려고 한다. 그때부터, 라캉은 그러한 공식을 가지고 그의 임상 작업을 좀 더 멀리 밀고나간다. 우리가 확실히 말할 수 있는 것은, 신경증자는 자신의 욕망의 대상이 되는 것을 요구 속으로 지나가게 하려고 애쓴다는 것이다. 그러나 그것은 분명히 신경증자로서는 진퇴유곡이다.(어쩌면 반대로 진퇴유곡이기 때문에 신경증자가 된다.) 왜냐하면 요구는 기껏해야 큰타자로부터 욕구충족을 얻을 수 있지만, 욕망의 대상은 그것의 본질 상 요구될 수 없기 때문이다. 그리고 신경증자는 그의 욕망의 구조에 의해, 큰타자의 요구를 충족시키려고 한다. 그래서 라캉은 큰타자의 요구 외에, 초자아라고 부르는 것에 다른 의미는 없다고 말하는 것이다.

부연하면, 신경증자에게 있어서 그의 욕망이 큰타자의 요구와 일치한다는 것은, 신경증자가 욕망하면 할수록 그는 큰타자의 요구를 들어주어야만 될 것 같은 불안에 휩싸인다는 뜻이다. 그러한 욕망의 불확실성에 빠지는 것 자체가 불안을 야기하는 것이다. 그래서 신경증자는 큰타자에게 질문을 제기한다: “너는 나에게 그것을 요구하는데, 너는 대체 나에게 무엇을 원하니?” 이것이 바로 라캉의 유명한 ‘Che vuoi?’(대체 나에게 무엇을 원하니?)이다. 그래서 그 불안의 질문은 큰타자의 차원에 가장 직접적으로 접근하게 하는 질문 중의 하나를 구성한다. 아무튼 신경증자는 그렇게 해서 마치 큰타자가 세금을 요구하는 견고한 주체인 양, 그에게 질문을 계속한다. 그런데 그 세금이 신경증자에게는 거세인 것처럼 보이고, 신경증자는 큰타자가 자신의 거세를 요구하는 것으로 상상하는 것이다. 그리하여 그는 자신이 믿고 싶어 하는 큰타자의 향락을 보증하기 위하여 헌신한다. 그러면서 그는 큰타자를 향락하게 하는 것을 향락하라고 그에게 명령하는 초자아의 모습으로, 큰타자를 계속 <견고하게> 만든다.

그러나 분석가는 자신을 견고한 주체로서의 큰타자로 자리매김 하는, 그러한 신경증자의 욕망과 요구에 응답해서는 안 된다. 왜냐하면 큰타자는 결핍의 장소일 뿐이기 때문이다. 그렇기 때문에 큰타자는 어떠한 보증도 할 수 없고, 해서도 안 되는 자리이다. 거기에는 실패만이 있을 뿐이다. 그래서 큰타자로 자리매김 된 분석가는 분석자에게 구원의 확신을 심어주는 완전한 주체의 역할을 해서는 안 된다. 오히려 분석자의 요구를 실패로 돌아가게 하고, 구원의 불가능성으로 그의 질문을 되돌려주어야 한다. 다시 말해 큰타자의 큰타자는 없다는 사실, 즉 빗금 친 큰타자의 기능이 곧 기호 형식의 보고(寶庫)라는 사실, 그러한 장소로부터 주체의 욕망이 나왔다는 사실(즉 <주체의 욕망은 큰타자의 욕망>이라는 사실)을 인정할 때까지 그의 무지에 철두철미하게 무응답으로 대응해야 한다.

그리하여 큰타자는 실존하지 않는다는 진실, 큰타자는 하나의 장소에 불과하다는 진실에 도달해야 한다. 그렇다면 큰타자에 대해 진술될 수 있는 모든 것(여기서 진술된 것을 포함해서)이 부질없는 것 아닌가? 그러나 그렇지 않다. 왜냐하면 우선 문제는 큰타자가 장소라는 사실을 이해하는 것이기 때문이다. 앞에서도 말했지만, 그것은 주체가 관계하는 어떤 심역, 보통이 아닌 어떤 인물, 또는 주체가 자신의 생의 의미를 확인하기 위하여 복종하는 어떤 스승 속에서 구현하려고 하는 어떤 심역이다. 그래서 큰타자가 실존하지 않는다고 말하는 것은, 주체의 예속성 — 그가 가끔 갈망하기도 하는 — 을 덜어주는 것이다. 그 장소에서 비로소 주체의 욕망은 큰타자의 욕망인 것이다. 결국 정신분석에서 모든 것은 인간존재가 인간으로 낙인찍히기를 욕망하는 바로 그 결핍의 장소, 즉 큰타자(의 결핍)로부터 시작되고, 거기로부터 나온다. 그러나 그 모든 것은 분석의 끝에 거기로 다시 돌아간다. 우리가 큰타자의 정신분석을 서둘러야 하는 이유가 바로 거기에 있다.

3.

요컨대 <무의식은 큰타자의(*de l'Autre*) 담화>라든지, <주체의 욕망은 큰타자의(*de l'Autre*) 욕망>이라든지, 우리가 명명한 <큰타자의(*de l'Autre*) 정신분석>이라는 명제의 제2격 <의(*de*)>는, 여러 가지 의미 — 즉 기원을 나타내는 <(큰타자)로부터>, 주격을 나타내는 <(큰타자)가>, 목적격을 나타내는 <(큰타자)를>, 간접목적어를 나타내는 <(큰타자)에게>, 그리고 <(큰타자)에 대해> 등 — 로 읽혀야 한다. 그것이 그렇게 여러 가지 의미로 해석된다는 것은, 적어도 라캉의 정신분석에서 큰타자는 모든 이론과 개념의 출발점이라는 것을 의미한다. 사실 그러한 사실은 <도식 L>에 이미 잘 나타나 있다.(모든 화살표가 큰타자(A)에서 시작되는 것에 주목하라!)

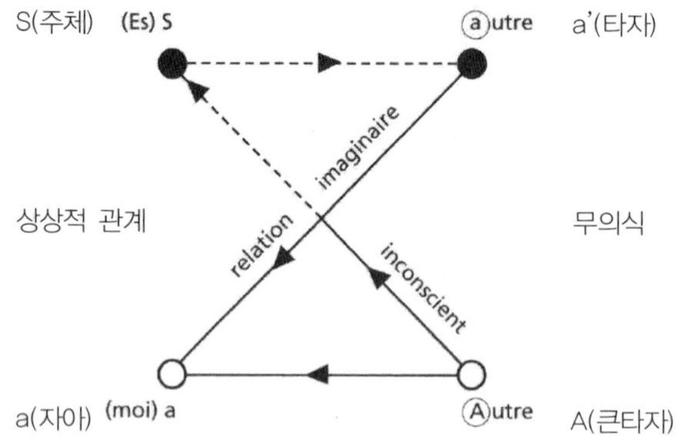

또한 A라는 표기가 알파벳의 첫 문자, 그것도 대문자라는 단순한 사실도 의미심장하다. 그러한 사실을 라캉이 특별히 염두에 두었다는 것은, 그것을 다른 언어의 문자로 번역해서 표기해보면 잘 드러난다. 예컨대 영어로 *Autre*(큰타자)와 *autre*(타자)는 *Other*와 *other*로 번역되지만, 그것을 <도식 L>로 재현할 때는 일반적으로 A, a, a'를 그대로 유지한다. 그렇게 해야 대수학적 표기의 특성이 유지되고, *Autre*(큰타자), *autre*(타자)와 대상 a 사이의 관계가 생생하게 전달된다.

그러나 앞에서도 말했듯이, "큰타자는 무엇보다도 하나의 장소이고, 말이 구성되는 장소로 간주되어야 한다."[12] 그것은 상징적 질서로서의 큰타자이고, 상징계에 기록된다. 그렇기 때문에 그것은 언어의 장소로서 말이 없다. 그런데 바로 그 장소에서 말하는 주체가 발생하는 것이다. 마치 프로이트의 말대로 "그거가 있었던 곳에서 내가 주체로서 생기듯이" 말이다. 그것은 큰타자가 기호형식의 장소인데 반해, 말은 그것을 사슬로 이어가는 행위, 다시 말해 그것을 입으로 발설하는 행위이기 때문이다. 말하자면 말과 함께 말하는 주체가 그 말의 행위자로 등장하는 것이다. 그래서 라캉은 주체가 말이 구성되는 장소인 <언어에 외-재한다(ex-sister)>고 말한다. 주체는 큰타자라는 토양에서 새싹처럼 큰타자 밖으로 나오는 것이다.(그렇다고 주체가 큰타자로부터 완전히 분리되는 것은 아니다. 큰타자와 주체는 분접(articulation)되어 있다.)

이제 큰타자로부터 나온 주체는, 그의 말의 진실의 보증 장소인 큰타자에게 자신의 존재와 자신의 말의 진실을 보증해달라고 요구할 수밖에 없다. 왜냐하면 주체는 하나의 기호형식이 다른 기호형식을 향해 표상하는 것이

---

12 Lacan, *Séminaire III: Les psychoses*, Seuil, 1981, p.310.

기 때문에(주체의 정의는 이것 이외에 다른 것은 없다!), 주체를 표상하는 그 기호형식은 가치 결정을 위해 기호형식의 장소인 큰타자를 향할 수밖에 없기 때문이다. 이때부터 큰타자는 말하는 주체에 의해 그의 상대로 주체화되기 시작한다. 큰타자가 각 주체에게 또 다른 주체로 특수화하는 것이다. 그리하여 어떤 주체가 다른 주체에 대해 큰타자를 구현하고 있다는 의미에서, 우리는 주체로서의 큰타자에 대해 말하는 것이 가능해진다.

> A는 우리에게 말의 장소로 정의된다. 그 장소는 항상 말이 있자마자 상기되는 장소이다. 그 제삼의 장소는 기호형식의 연결이 있자마자 항상 (소문자)타자 a와의 관계에서 실존한다. 그 A는 절대적 타자가 아니다. 그것은 정신적 요설증(verbigération morale)에서 우리가 불러내는 것으로서의 타자, 즉 정신적으로 우리의 동료이자 주체로서 존경받는 타자이다. 아니다. 내가 여러분에게 여기서 가르쳐준 대로, 그 큰타자는 장소로서 불가피한 것임과 동시에 필수적인 것이지만, 동시에 그것은 끊임없이 그 자신을 보증하는 것이 무엇인지에 대한 질문에 종속된다. 그것은 영원히 사라지는 큰타자이다. 그러한 사실로 해서 그 큰타자는 우리 자신을 영원히 사라지는 자리에 위치시킨다.[13]

앞의 인용문에서 볼 수 있듯이, 큰타자는 말이 구성되는 장소이지만 절대적 타자가 아니다. 말이 있자마자 상기되는 장소로, 항상 말하는 주체의 상대인 소문자 타자와의 관계 속에서 실존한다. 말하자면 소문자 타자처럼 주체화하고 소문자 타자로 구현된다. 이때의 A는 절대적 타자가 된다. 여기서 라캉은 그 큰타자에 대해 의미심장한 두 가지 점을 지적한다: 하나는 그 큰타자가 우리의 동료이자 주체로서 타자이지만, <정신적으로 존경받

---

13 라캉, 『세미나 VIII: 전이(*Le transfert*)』, Seuil, 1991, p.202: [역주] 정신적 요설증(verbigération morale)은 의미 없는 말을 유수같이 하는 언어장애를 말한다.

는> 타자라는 점이다. 다른 하나는 그러한 주체화된 큰타자를 다시 부인하면서, 큰타자를 질문에 종속된 장소로서 영원히 사라지는 큰타자로 규정하고 있다. 그 결과 말하는 주체인 우리도 그 장소에서 영원히 사라진다.

알 듯 말 듯, 굉장히 어려워 보이는 큰타자에 대한 그러한 정의는, 꼼꼼히 생각해보면 그렇게 이해하지 못할 것도 아니다. 우선 <정신적으로 존경받는 타자>로 주체화된다는 것은, 장소로서의 큰타자가 말하는 주체의 타자로 주체화될 때, 그것은 주체의 존재와 말의 진실을 보증해줄 수 있는 타자로 완전하리라고 가정되는 주체가 된다는 뜻이다. 말하자면 이상(理想)으로 기대되는 타자인 것이다.(그러한 의미에서 주체로서의 큰타자는 빗금 쳐지지 않은 큰타자(A)이다. 그러나 그것은 이미 상상적인 큰타자이다.) 이렇게 큰타자는 주체의 존재에 대한 질문이 제기되고 대답을 얻을 수 있으리라고 생각되는 타자이다. 그러나 큰타자는 결핍의 장소로서 대답할 수도 없고 대답하지도 못한다. 큰타자는 질문의 장소일 뿐 대답의 장소가 아니다.(왜냐하면 기호형식의 장소인 큰타자는 자신을 보증해줄 마지막 기호형식을 갖고 있지 않기 때문이다.) 그리하여 그 큰타자는 아무 말 없이 사라진다. 그리고 그 장소에서 나타났던 주체도 사라진다. 큰타자가 본연의 결핍의 장소로 되돌아가는 것이다.

4.

사실 <도식 L>에서 문제가 되는 것은 무의식에 속하는 것으로서의 말의 순환을 설명하는 것이었다. 누가 말하는가? 그리고 누구에게 말하는가? 그것은 정신분석가를 위한 질문이다. 왜냐하면 누군가에게 말을 걸지 않는 말은 없기 때문이다. 그러한 말걸기 때문에 주체가 어디로부터 말을 하는지 알아낼 수 있는 것이다. 그는 타자에게, 즉 a’에 있는 그의 닮은자에게 말을 걸지만, 동시에 그의 말은 그가 자신의 말에 끌어넣는 것에 대한 진실의 보증자로 내세우는 큰타자(대문자 A)를 겨냥하고 있다. 게다가 코드의 장소인 그 큰타자로부터, 그는 자신의 메시지를 되돌려 받는다. 주체가 자신의 닮은자를 넘어 그 미지의 큰타자에게 말을 걸 때마다, 그는 자신의 말을 큰타자의 장소로부터 거꾸로 된 메시지의 형태로 되받는 것이다. 그가 어떤 창설적인 말 — <너는 나의 선생이다>라든가 <너는 나의 아내이다> — 을 진술하면, 그 자신은 그것에 더해 그 말에 의해 결정된다. 즉 그 말은 그를 제자나 남편의 위치에 세운다. 이렇게 본질적인 말은 주체가 큰타자의 장소에서 기원하고, 주체를 어떤 상징적 결정 작용 속에서 구성하면서, 주체의 모든 표상에 대해 중심에서 벗어나게 한다. 그러한 의미에서 대문자 큰타자는 말이 구성되는 주체, 말을 맞아들이고 그것을 지각하고 그것에 대답할 수 있는 주체를 가정하고 있는 것이다. 그러한 문맥에서 분석에서 말은 큰타자의 장소에서 기원하는 한, 무의식적인 메시지를 구성한다. 그것이 필연적으로 억제되고 잘게 썰어지고 변형되고 뒤집히는 것은, <도식 L>에서 점선이 나타내는 구조적인 행위에 의한 것이다. S에 도달하기 위해, 그것은 aa'의 필터를 통과해야 한다. 자아와 그 대상과의 상상적인 관계에 의해 구성되는 그 필터는, 자기 자신을 지탱하는 동일시의 체계 전체를 끌어들인다. 분석 작업은 환자가 그 무의식적인 말을 재통합하고 그것을 <나(Je)>로 수용하는 것을 목표로 한다. 프로이트의 Es(그거)와 동음인 S(Sujet; 주체)는 그러한 큰타자의 메시지의 중개로 <나(Je)>가 될 수 있는 것이다.

이렇게 <큰타자>라는 개념은 주체가 세계 속에, 특히 언어의 세계 속에 진입할 때부터 마주치는 기호형식들의 열린 장소로 생각된다. 그 공간은 라캉이 『세미나 XX』에서 말하고 있는 담화 현실(la réalité discursive)로, 그것을 구성하고 있는 용어들 전체가 항상 다른 용어들을 가리키고 있다.(거듭 얘기하지만, 하나의 기호형식은 다른 기호형식과의 차이에 의해 그 가치가 결정된다.) 그리고 그것들은 상상계의 차원과 동시에, 그것과 인접해 있는 상징적 차원에 참가한다. 자아의 상상적 심역은 상징적 큰타자 속의 결핍과 관련 하에 만들어진다. 주체는 프로이트의 제2지형학의 그거(Es)와 결합된 S에 위치하고 큰타자 쪽에 있는 무의식과 대립한다. 그러나 그것은 총체적인 주체가 아니다. 왜냐하면 그것은 자아의 장부인 <a>로 된 통일성을 자신으로 알고 있기 때문이다. <a'>에는 닮은 자, 즉 거울상의 타자가 있다. 그리고 그 도식에서 라캉은 상상계 — aa' 사이의 말 — 를 언어와 대립시킨다: "우리가 언어의 벽이라고 부르는 또 다른 차원을 구분해야 한다. 그것이 벽인 이유는, 큰타자가 명명되는 순간부터 그것은 하나의 대상이 되기 때문이다."[14] 그렇기 때문에 솔직히 말해서, 그 도식에서 <기호형식의 보고의 장소>로서의 큰타자의 개념을 찾기란 힘들다. 언어의 벽에 의해 주체와 분리되는 <진정한 주체들(vrais sujets)>이 문제가 되고 있을 뿐이다.(<도식 L>에서 A는 빗금쳐지지 않은 큰타자라는 사실을 상기하라!) 그러한 <진정한 주체들>은 말에 의해 결코 도달하지 못한다. 반대로 말은 <aa'>축 — 즉 상상적 관계의 축 — 에서 서로 부딪친다.

그에 따라 분석 치료의 발전은 어떤 큰타자들 — 즉 주체의 진정한 응답자이지만 주체가 알지 못하는 진정한 주체들 — 에게 진정으로 말을 거는지를 주체로 하여금 발견하게 하는 데 있다.(이 진정한 주체들이 앞에서 말한, 주체화된 큰타자들이다.) 『세미나 III; 정신증』(1955-6)에서 라캉은 다시 그 도식을 가지고 언어 환각을 문제 삼는다. 신경증에서는 참말(parole pleine) — 주체와 큰타자 사이의 참말 — 의 파열과, 두 자아(a와 a')에 의한 참말의

---

14 라캉, 『세미나 II; 프로이트 이론과 정신분석 기법에서의 자아의 문제』, 285쪽.

우회가 있다.(이것이 라캉이 말하는 <빈말(paroles vides)>이다.) 신경증에서 그러한 현상은 상상적 차원에서 일어난다. 반대로 정신증에서는 주체가 완전히 자신이 말을 하고 있는 자아와 동일시된다. 그것은 마치 제3자 — 그의 대역(doublure) — 가 말하는 것 같고 그의 활동을 비평하는 것 같이 진행된다. 말하자면 자아의 파라노이아적인 양상 — 주체가 자아로 소외되고, 자아는 타자로 소외되는 자아 구성의 최초의 양상 — 이 그대로 드러난다. 정신증의 그러한 양상은 라캉으로 하여금 <도식 L>에서 <도식 R>[15](<정신증의 가능한 모든 치료에 선행하는 문제에 대해> in 『에크리』)로 넘어가게 만든다. 그 텍스트에는 주체의 위치에 관한 새로운 개념이 있다. 거기서는 신경증이건 정신증이건 고유한 개념의 주체의 존재가 일반적으로 확인된다: 신경증이건 정신증이건, 주체 S의 조건은 큰타자 속에서 전개되는 것이다. 말하자면 신경증이건 정신증이건 큰타자의 장에 의존해서, 다시 말해 큰타자의 장(場) 위에서 발생하는 것이다. 그러한 발견은 라캉으로 하여금 대문자 큰타자를 진정한 주체로 보는 입장을 포기하게 만든다. 왜냐하면 큰타자의 장(場)은 구조의 장소이지 인칭적 주체가 아니기 때문이다. 그에 따라 <도표 L>은 S, 즉 주체에 관한 것을 제외하고는 수정되고, 라캉은 큰타자를 상징계에 속하는 것으로 공리화하기에 이른다. 큰타자는 정신질환이 탄생하는 여건으로, 구조적 조건이지 주체에 절대적 타자화하는 소문자 타자가 아닌 것이

15 <도식 R>

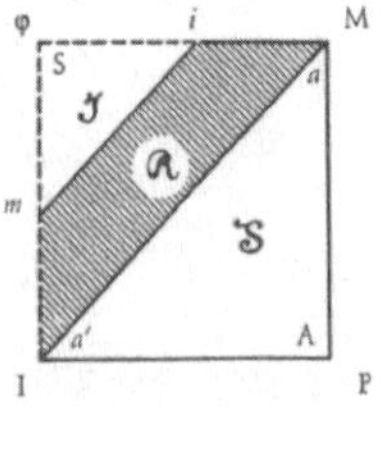

다. 그러한 각도에서 정신증자는 <aa'>의 상상적 관계를 넘어, 그러한 큰타자에 직접 도달하는 자이다.[16]

그러한 이론적 진보에 무게를 더 하는 것은, 「정신증의 가능한 모든 치료에 선행하는 문제에 대하여」(in *Écrits*, 1955-1956)라는 논문에서 제시된 <아버지의 은유>에 관한 것이다. 큰타자의 개념에 관한 한, <아버지의 은유>가 진일보를 가져온 것은, 무엇보다도 주체는 물론이려니와 모든 의미작용을 기호형식의 대체에 의한 효과로 보게 되었다는 것이다. 그것은 큰타자를 <진정한 주체>로 보는, 따라서 그와의 담화를 <참말>로 보았던 전기의 개념을 벗어나, 큰타자를 완전히 기호형식(의 장소)로 보게 되었다는 것을 의미하고, 아버지의 은유를 큰타자들의 대체로 보았다는 것을 의미한다. 다 알다시피, <아버지의 은유>의 공식이 말하는 것은, 한 마디로 아버지-큰타자에 의한 어머니-큰타자의 대체이다: 즉 어머니가 아버지를 욕망하는 것은, 그가 그녀에게 없는 것 — 즉 남근 — 을 소유하고 있기 때문이다. 그러한 심리의 움직임은 어머니의 욕망을 하나의 기호형식으로 만들고, 남근을 그 기호형식의 기호의미로 만든다. 그리고 아버지의-이름의 기호형식은 어머니의 욕망을 기호의미로 갖고 있는 으뜸-기호형식(S1)이 된다. 그리하여 "아버지의 이름은 기호형식의 장소로서의 큰타자 속에서, 법의 장소로서의 큰타자의 기호형식이 된다."[17] 이제 언어는 최초의 창설적인 기록 자체

---

16 이것의 대표적인 사례로 라캉은 슈레버를 들고 있다. 그에 따르면, "<우리는 타자가 실존하지 않는 어떤 사람을 분석할 수 없다.> […] 슈레버의 예를 들어보자. 그에게는 전 인류가 되는 대로 한 순간에 그림자 상태로 넘어간다. 그에게는 타자가 있다. 특별히 강조된 타자, 즉 절대적 큰타자, 완전히 근본적인 큰타자, 장소도 도식도 아닌 큰타자가 있다. 그것은 자기 방식으로 살아 있는 존재라는 사실을 슈레버가 우리에게 확신시켜주는 큰타자이다. 그는 그 큰타자가 살아 있는 다른 사람처럼 위협 받을 때 이기적 행동을 할 수 있다고 강조한다. 신(神)이 자기가 일차적으로 책임져야 할 무질서에 의해 독립성이 위협받는 입장에 있을 때, 경련적인 방어 관계를 표출하는 것이다.(라캉, 『세미나 III: 정신증(*Les psychoses*)』, Seuil, 1981, p.309-10)

인 것이다. 그것은 주체가 그 대행자(agent)가 아니라 효과가 되는 어떤 생산인 것이다.

확실히 오이디푸스 이론은 적어도 큰타자가 무엇인지를 소개하는 데 기여하고 있다. 가령 아버지는 상상계에서 빌려온, 양순한 아버지나 매질하는 아버지의 형태로 나타날 수 있다. 그는 경쟁 상대인 타자와 혼동될 수 있다. 그러나 그는 어머니의 담화 속에 있는 그의 위치로 해서, 상징적인 기호형식으로서의 큰타자가 된다. 그로부터 여러 결과가 발생한다: 은유는 새로운 의미의 창조이기 때문에, 아버지의-이름은 그때부터 다른 의미작용을 갖게 된다. 우선 그 이름은 주체를 일련의 세대 속에 위치한 중간 고리로 기록하기 때문에 번역될 수 없는 기호형식으로서, 격리[억압]와 상징적 거세를 떠받치고 전달한다. 실제로 원초적으로 격리[억압]된 남근을 상징하기 위해 무의식적인 큰타자의 장소에 오는 아버지의-이름은, 큰타자 속의 결핍(Ⱥ)의 표시 — 이것은 주체의 표시, 즉 그의 단성이기도 하다 — 를 배가한다. (라캉은 이것을 <큰타자의 배가>라고 부른다.) 그리고 언어와 결부된 환유의 효과에 의해, 그것은 욕망의 원인인 어떤 대상(대상 a)을 창설한다. 그렇게 해서 아버지의-이름과 대상 — 욕망의 원인인 대상 — 사이에 상관관계가 세워진다. 그 상관관계는 주체에게 그의 욕망을 성의 질서에 따라 기록해야 하는 의무로 나타난다. 즉 아버지의-이름하에 욕망의 심역과 <법(la Loi)>을 동시에 집합시킴에 따라, 욕망을 명령하지만 수행해야 할 의무(즉 거세와 금지)의 방식으로 욕망을 명령하는 식으로 나타난다. 따라서 아버지의 이름은 근본적으로 단순한 명명작용과 다른 것이다. 그것은 주체가 자신의 욕망

17 라캉, <정신증의 가능한 모든 치료에 선행하는 문제에 대해> in 『에크리』, Seuil, 1966, p.583: 또한 같은 논문에서 라캉은 다음과 같이 말한다. "아버지의 이름은 큰타자의 장소에 기호형식의 법을 구성하는 것으로서 셋으로 된 상징계[역주: 오이디푸스의 삼원(三元)]의 기호형식 자체를 배가시킨다."(*Ibid.*, p.578)

을 아버지의 법(상징적 거세)과 언어의 법(원격리[원억압]의 영향 하에 있는)에 의해 동의된 것으로서 받아들인다는 것을 의미한다. 만약 그러한 작용이 우연하게라도 결여되면, 임상적으로 기능의 억제가 나타나거나, 정동적, 지적, 직업적 또는 사회적인 결과 속에서 욕망을 실천에 옮기는 것이 불가능한 것으로 나타난다. 결국 어머니의 담화에 의한 큰타자의 환기는 세대를 넘어서서 어머니와 아이 사이의 양자 관계를 지속시키는 것을 금지시킨다. 그것은 언어의 장소로서의 큰타자에, 법의 기호형식으로서의 큰타자가 포함되고 배가된 필연적인 결과이다. 그 연결점에 아버지의 이름이 있다. 그와 함께 주목해야 할 사실은, 어머니 자체가 근친상간의 금지로 해서 접근할 수 없음에 따라, 근본적으로 잃어버린 대상으로 근본적인 타자성을 구성한다는 사실이다. 그것이 바로 프로이트에 뒤이어, 라캉이 <큰사물(la Chose)> 이라고 부르는 것이다. 따라서 큰사물은 근본적이고 실재적인 큰타자라고 할 수 있다.

이렇게 큰타자의 상징적 장치는 오이디푸스의 자리매김에 의해서만, 비로소 그것의 결정적인 구조를 얻게 된다. 다시 말해 최초의 요구 속에 나타나는 원초적으로 격리[억압]된 기호형식은, 오이디푸스에서 그것의 두 번째 의미작용을 받게 된다. 즉 남근의 기호형식을 떠받친다고 생각되는 최초의 큰타자(원초적 어머니)는 아버지에 의해 금지된다. 그때부터 아버지의-이름은 근친상간의 금지를 통해 권위를 만들어낸다. 왜냐하면 격리[억압]된 남근의 기호형식을 자리매김하는 명령은 그에게 달려 있기 때문이다. 그러한 사실로 해서, 아버지의-이름은 큰타자의 장소에 상징적 기능을 배가하러 온다. 그 결과, 기호형식의 사슬 속에 도입된 격리[억압]된 것의 구멍은 욕망의 구조를 법에 통합된 것으로 만들고, 결핍에 하나의 장소를 지정해줌으로써 결핍을 정상화 기능을 갖는 것으로 만든다. 욕망의 조직의 근원에 결핍의 정상화 기능을 설치하는 것이다. 그러한 작용은 주체가 기호형식으로서의 남근에 접근할 수 있는 것은, 상징적이고 무의식적인 큰타자의 장소에서뿐이라는 사실을 설명해준다. 그 대신 주체는 큰타자로부터 결핍의 결과를 충족시켜야 할 의무(거세의 의무)를, 큰타자에게 진 상징적 빚의 형태로 받게 된다.

요컨대 큰타자가 일차적으로는 기호형식의 보고의 장소일지라도, 이차적으로는 결핍이 욕망을 끌어들이는 주체화(subjectivation)가 확립된다. 대문자 큰타자는 사실상 상징계의 참조 자체이다. 사실 말이 전개되기 위해서는 세 시기가 필요하다: 첫 번째 시기는 바람직한 장소 — 즉 결핍이 없는 장소 — 로서의 큰타자와의 관계로 주어진다. 두 번째 시기는 큰타자 역시 욕망한다는 것, 따라서 큰타자 쪽도 결핍되어 있다는 사실을 발견하는 시기이다. 세 번째 시기는 주체와 큰타자를, 각자가 욕망한다는 의미에서 동등하게 놓는 시기이다. 그 차원에서 A와 Ⱥ 사이의 구분이 작용한다. 주체가 기호형식과의 연결에 의해 욕망할 때, 그는 거세되는 것이다. 그럼에도 그는 욕망한다. 그러한 관점에서 라캉은 인간의 욕망은 큰타자의 욕망이라고 말하는 것이다. 사실 주체는 어떤 하나의 큰타자(un Autre) — 이렇게 큰타자를 구현하고 있는 큰타자 역시 거세에 의해 빗금 쳐진 주체이다 — 의 욕망을 욕망한다. 그러나 어떠한 경우에도 주체는 그러한 큰타자가 될 가능성이 없다. 왜냐하면 큰타자 속에서 전개되는 것은 담화로 진술되기 때문이다. 욕망의 움직임 자체는 주체에서 큰타자로, 그리고 큰타자에서 주체로의 연결에서 비롯된다.

2007년 11월 14일~28일

VIII

안다고-가정된-주체

장소로서의 큰타자와 주체화된 큰타자
꼬마 한스와 쥐인간
주체 없는 주체화
큰타자, 기호형식의 장소
주체가 표상되는 장소

1.

이렇게 장소로서의 큰타자가 주체로서의 큰타자로 주체화되면서 절대적인 큰타자로 여겨지는 대표적인 예로 라캉이 제시하고 있는 것이 <안다고-가정된-주체(Sujet-supposé-savoir)>이다. 그것은 큰타자가 주체의 지식을 전이시키는 장소라고 말할 때 이미 예고되어 있었다. 사실 큰타자는 라캉에 의해 지식의 장소로 정의된다. 그가 프로이트의 무의식적인 표상들의 망상 조직과 체계를 언어의 요소들의 망, 다시 말해 기호형식들의 망에 의해 떠받쳐지는 것으로 파악한다는 것은 다 알려진 사실이다. 그 기호형식의 망(le réseau signifiant)은 언어의 물질적인 외재성 속에서 주체에 선행한다.

왜냐하면 언어는 주체의 탄생 이전에 이미 존재하고 주체보다 우위에 있기 때문이다. 그것은 주체가 상징의 영역에서 표상될 수 있게 하는 유일한 것이다: 그래서 라캉은 그것을 대문자 <큰>타자의(de l'Autre) 장소라고 부르는 것이다. 그리고 그는 지식의 기능을 주체와 큰타자의 연결점에, 다시 말해 프로이트가 무의식의 기능을 위치시켰던 바로 그 곳에 위치시킨다. 왜냐하면 그러한 큰타자의 장소는 언어처럼 구조화되어 있기 때문에 그에 대한 지식이 없지 않기 때문이다. 라캉은 주체에게 알려지지 않는, 그럼에도 주체를 결정하는 그 언어의 망의 역설적인 지위를 설명하기 위해 어떤 최소한의 논리, 그렇지만 조작적인 논리의 장치를 제안한다.

다 알다시피, 큰타자 속에서 주체를 표상하기 위해서는 하나의 기호형식으로 충분하다: 그것은 그의 이름일 수도 있고, 주체에게 동일시의 가치를 갖는 다른 어떤 말일 수도 있다. 그 창설적인 동일시의 기호형식을, 라캉은 <S1>이라고 쓴다. 그러나 주체가 언어에 고유한 그러한 표상의 특징을 갖게 된 이상, 그는 그 표상을 특징짓는 논리에 종속된다: 주체는 기호형식으로서, 정확히 말하면, 반드시 다른 기호형식에 대한 기호형식으로서 표상되는 것이다. S1을 뒤따라오는 그러한 다른 기호형식을 라캉은 <S2>라고 쓴다. 라캉이 지식을 위치시키는 곳이 바로 그 S2 쪽이다. 이론적으로 S2는 어떤 기호형식이라도 가리킬 수 있다: 그것은 이미 큰타자의 장소에서 이용 가능한 기호형식들을 가리킨다. 그렇지만 S2는 결코 불확정적인 것이 아니다. 예컨대 이용 가능한 기호형식들의 저장소로서 랑그는, 이미 그 자체로 통사론, 어휘론, 음성학 등에 의해 결정되어 있다. 그리하여 자유롭게 연상하는 데 초대된 사람이면 누구나 느끼듯이, 말도 결정되어 있지 않은 것이 아니다. 지식 — 그것이 어떤 성질의 것이든지 — 을 구성한다는 말이 의미하는 것이 바로 그것이다: 즉 일련의 상징들이 완전히 우연하기는 불가능하다. 그것은 반드시 최소의 연결에서 나온다. 말하는 주체에게 S2는 어떤

S1 — 이것이 어디서 오든지 간에 — 의 발의(發意)에 부응하는 것을 가리킨다. 그렇게 부응하는 것은 그것이 일상담화(discours courant)의 연결이든, 아니면 좀 더 효과적인 발화행위에 의해 전달되든, 항상 어떤 연결에 의존하고 있다. 분석에 의해 초대될 때 요구되는 것이 무의식의 형성물들에 의해 암호화되는 주체의 욕망인 한, S2는 육체의 실재를 각자 다른 방식으로 가리켜 온 기호형식들의 망을 가리킨다. 그리하여 S2는 기호형식의 망으로 되어 있는 큰타자의 장소와 그에 대한 지식과 동의어가 된다.

$$\frac{S1}{\$} \rightarrow \underline{S2\ (=A)} : \text{지식}$$

이렇게 지식의 장소로서의 큰타자가 주체화된 안다고-가정된-주체는 보통 큰타자의 자리에 위치하는 분석가나 아버지에게 전이된다.[1] 꼬마 한스의 예가 그것을 보여준다. 다 알다시피, 그의 치료의 원동력은 프로이트가 한스에게 다음과 같은 말을 하는 순간에 온다: “나는 꼬마 한스가 세상에 오기 훨씬 전에, 이미 그가 태어나리라는 것을 알고 있었다. 그리고 그가 어머니를 아주 사랑해서, 그 결과 아버지를 두려워하지 않을 수 없게 될 것이라는 것을 알고 있었다. 나는 그 사실을 아버지에게 알려주었다.” 그러한 개입은 프로이트가 유머러스하게 <자신의 익살맞은 허풍>이라고 부르는 것과 일치한다. 그것은 종교적인 예언은 아니다. 그렇지만 꼬마 한스는 아버지에게 갑작스럽게 묻는다: “교수님은 하느님과 이야기하나봐? 그는

1 엄격히 말해서, 라캉에게 전이는 큰타자의 주체화 자체이다. 왜냐하면 큰타자는 기호형식의 장소일 뿐인데 그것이 의인화되는 것이기 때문이다. 게다가 그러한 주체화는 큰타자를 하나의 절대적 큰타자(un Autre absolu)로 이상화한다는 점에서 이미 상상적이다. 따라서 라캉에게 전이는 상징적 큰타자의 상상적 현실화라고 말할 수 있다.

모든 것을 미리 알고 있어."[2] 물론 프로이트가 가리키고 있는 것은 한스의 공포의 정확한 장소이다: 다시 말해 여기서 말(馬)이 프로이트의 말대로 오이디푸스의 삼각형에서 아버지의 대체물이라면, 한스의 공포는 큰타자의 지식의 장소에서 일어나는 것이다. 그러나 그렇다고 해도 말을 둘러싼 한스의 갈등의 역사화가 기호형식화하는 전수(transmission signifiante) 속에 설정되어야 한다. 즉 말(馬; 독. Pferd[페르트])이 프로이트(Freud)와 유사모음운(類似母音韻(assonance)[3]을 이룸으로써 그의 무의식적 지식이 언어의 장소에 설정될 수 있어야 한다. 그렇게 될 때 말은 더 이상 지평선에 나타나는 공간의 단편이 아닌 것이다. 다시 말해 말은 상징화되지 않은 날 것 상태가 아니다. 그것은 Pferd[페르트])라는 기호형식으로, 유사모음운을 통해 큰타자 — 프로이트(Freud) — 에 접속함으로써, 큰타자의 지식을 전수하는 접점이 되는 것이다. 물론 그 지식의 끝에는 큰타자의 결핍과 그 기호형식 — S(Ⱥ) — 이 있다. 그것이 바로 꼬마 한스가 가계(家系)와 명명과 전수를, 언어 상징의 망으로 묶는 매듭 속에 진입하는 방식이다.

안다고-가정된-주체가 어린 시절부터 강박적으로 나타난 예는 또 있다: 쥐인간의 사례이다. 그러한 그의 강박관념은 그의 심리가 구조화될 때(6살) 이미 나타난다.

> "나는 6살 때 이미 발기 때문에 고생했어요. 어느 날 어머니에게 불평하러 갔었다고 알고 있고, 그렇게 해서 양심의 가책을 극복할 수 있었다고 알고 있어

---

2 프로이트, 『다섯 살배기 꼬마 한스의 공포증 분석』, 열린책들, p.57.

3 *assonance*는 시에서 동일한 모음이 반복되는 현상을 말하는데, 지금까지 <반해음>이나 <유운>으로 번역되어 왔다. 그러나 그 두 한자어는 일반 식자층이 이해하기 너무 어렵다는 점에서, 우리는 그 의미를 풀어서 <유사모음운>이라고 번역하기로 했다. (예) *belle*(미녀) & *rêve*(꿈).

요. 그것[발기]과 나의 정신적 표상과 호기심과의 관계를 느꼈기 때문이에요. 나는 당시 얼마 동안 <내 부모가 나의 생각을 알고 있다>는 병적인 관념도 갖고 있었어요. <나는 그러한 병적인 관념에 대한 설명으로, 내가 내 자신이 말하는 것을 듣지 못했지만, 내 생각을 말했기 때문에 그들이 알고 있는 것이라고 상상했어요.> 저는 그것이 바로 내 병의 시작이라고 봐요. 아주 내 마음에 드는 사람들(하녀들)이 있으면 그녀들의 <벌거벗은 모습>을 강렬하게 보고 싶었어요. 그러나 그러한 욕망[소원]을 느끼면, 동시에 <섬뜩한(unheimlich) 감정, 즉 내가 그렇게 생각하면 마치 무슨 일이 일어날 것 같고, 그 일이 일어나지 않도록 무슨 수라도 써야 할 것 같은 섬뜩한 감정>을 가졌어요."

('예컨대?'라는 나의 질문에 대한 대답으로, 그는 <아버지가 죽을지도 모른다>는 두려움을 예로 들었다.)

"아주 어린 나이부터 오랫동안 나의 아버지의 죽음과 관계된 생각이 나를 사로잡고 있었고 나를 아주 우울하게 만들었어요."

그 때 나는 실제 강박관념의 대상인 그의 아버지가 수 년 전에 죽었다는 사실을 알고 놀랐다. 첫 분석에서 나의 환자가 기술한, 예닐곱 살로 거슬러 올라가는 그 현상들은, 그가 생각하듯이 병의 시작이 아니라 병 자체였다. 그것은 본질적인 요소가 갖춰진 완벽한 강박증이었다; 동시에 그것은 차후에 나타날 그의 신경증의 핵심이자 모델이었다; 이를테면 그것은 기본조직(organisme élémentaire), 그것만 연구해도 오늘날의 그 병의 복잡한 구조(organisation)를 이해할 수 있는 기본조직이었다.[4]

이 인용문에서 본 바와 같이 꼬마 쥐인간은 "관음증이라는 성욕동의 지배를 받고 있었다. 그래서 그는 그가 관심을 가지고 있는 여성들의 벌거벗은 모습을 보고 싶어 하는 강렬한 욕망을 느끼곤 한다. 이런 욕망이 그 후 강박관념으로 발전하는데, 그 당시 그러한 욕망이 아직 강박증적인 성격을 띠지 않은 것은 그의 어린 자아가 그 욕망을 구태여 거부하지도, 이상하다고

4 프로이트, 「쥐인간」 in 『늑대인간』, 열린책들, pp.17-8: 강조 프로이트.

느끼지도 않았기 때문이다. 그럼에도 그 욕망이 나타날 때마다 불편한 감정이 함께 나타나는 것은 어디선가 그 욕망에 반대하는 힘이 작용하고 있기 때문이다. 그 방탕한 아이의 마음에 갈등이 진행되고 있었던 것은 확실하다. 강박적인 욕망 옆에 그것과 아주 밀접하게 결부된 강박적인 두려움이 동시에 나타난 것이다. 그 욕망이 나타날 때마다 무언가 무서운 일이 벌어지리라는 두려움이 생기는 것을 그는 막을 수가 없었다. [···] 그리하여 그 아이의 강박적 두려움을 원래 의미대로 원상 복귀시키면 다음과 같다: <내가 발가벗은 여자를 보고 싶은 욕망을 가지면, 나의 아버지는 죽어야 할 것이다.> 그 고통스러운 정동은 분명히 <섬뜩함>의 특성을 띠고 있고, 그 순간에 그것은 이미 그 재난을 피하기 위해서는 무언가를 해야 한다는 충동, 즉 나중에 빛을 보게 될 방어수단과 비슷한 충동을 태어나게 하고 있다. 따라서 이 강박증자의 경우를 정리하면 다음과 같다: 우리는 거기서 성애적인 욕동과 그에 대한 반발, 욕망(아직 강박적이지 않은)과 그것에 반대되는 두려움(이미 강박적인 특성을 갖고 있는), 그리고 고통스러운 정동과 방어 행위의 경향을 발견할 수 있다. 그것은 신경증의 완벽한 목록이다."[5]

그런데 문제가 하나 더 있다: "이상한 내용을 가지고 있는 일종의 <망상적인 형성물(Wahnbildung; formation délirante; delusion)>이다: 즉 그 자신은 자신의 말을 듣지 못했지만 자신이 말했기 때문에 부모가 자신의 생각을 알고 있는 것이라는 망상이 그것이다. 만약 우리가 그 아이의 그러한 설명이, 우리가 무의식이라고 부르는 주목할 만한 심리적 현상에 대한 어렴풋한 예감이라고 가정한다면 별로 틀린 말이 아닐 것이다. 그것은 그러한 애매한 표출을 학문적으로 설명하는데 없어서는 안 되는 것이다. <나는 내 말을

5 위의 책, pp.18-9. 강조 프로이트

듣지 못하지만 내 생각을 말한다.(Ich spreche meine Gedanken aus, ohne sie zu hören; Je dis mes pensées sans m'entendre; I speak my thoughts out loud, without hearing them)>는 말은, 사람들이 아무 것도 알지 못하는 생각을 갖고 있다는 우리 자신의 가설이 외부 세계로 투사된 것처럼 울리는 것이다; 거기엔 격리[억압]된 것에 대한 심리 내적인 지각 같은 것이 있다."[6]

사실 쥐인간의 강박증은 여자들의 벗은 몸을 보고 싶은 관음증적인 욕망과, 그 욕망과 동시에 나타나는 '그러한 욕망을 가지면 아버지가 죽어야 한다.'는 생각(강박관념)과 섬뜩한 정동, 그리고 그 섬뜩함을 피하기 위해서는 무슨 짓이라도 해야 한다는 방어 행위로 요약된다. 그러나 프로이트가 강조했듯이, 그러한 사실과 함께, 어쩌면 그보다 더 중요한 사실 — 그리하여 가장 강조해야 할 사실 — 은, 부모가 그러한 자신의 생각을 <알고> 있다는 그의 망상이다. 자기가 말하는 것을 자기가 듣지 못했는데도(자기가 듣지 못했으니 부모님이 자기의 말을 들었을 리 만무한데도) 말이다. 그래서 자기의 말을 자기가 듣지 못했는데 부모가 알고 있는 것은 자기가 말했기 때문이라고 스스로 해명하는 망상 — 그래서 이것은 어쩌면 일종의 해석망상이다 — 을 낳는다. 그렇게 부모의 앎은 주체의 망상 속에서, 그리고 그의 망상에 의해 성립된다. 사실 앞의 인용문에서 <안다>라는 동사가 얼마나 많이 반복되는지에 주목하면 아마 놀랄 것이다: 부모가 알고 있고, 부모가 알고 있다는 것을 내가 알고 있고…등등. <나는 … 알고 있다>라는 문구가 계속 반복되고 있다. 그러한 앎 — 특히 부모의 앎 — 은 내가 내 말을 듣지 못하지만 내 생각을 말했기 때문이다. 즉 그것은 <나의 말>을 전제하고 있다. 그러나 정확히 그것은 <나의 말>이 아니다. 왜냐하면 내 귀로 듣지 못하는 <나의 말>이기 때문이다. 그래서 그것은 필시 내 속에서 내 자신이

6 위의 책, pp.19-20: 강조 프로이트

모르는 어떤 주체가 나에게 말한 것일 가능성이 높다. 프로이트는 그것을 무의식이라고 부르는 주목할 만한 심리적 현상이라고 말하면서, 자신 속에 있으면서 자신이 아무 것도 알지 못하는 생각, 즉 그가 무의식이라고 명명하는 생각이 외부 세계로 투사된 것이라고 정의한다. 그에 따라 주체가 자신의 말을 듣지는 못했지만, 자신이 말했기 때문에 부모가 알고 있는 것이라고 생각하는 것은, 프로이트에 의해 그가 무의식의 존재를 직감하고 있다는 것으로 해석된다.

우리는 여기서 두세 가지 명제를 도출할 수 있다: 첫째, 무의식은 우리 속에 있지만 우리가 모르는 어떤 것, 즉 우리의 의식의 손(또는 조명)이 미치지 못하는 어떤 것(또는 곳)이다. 그래서 프로이트는 『꿈의 해석』에서 "꿈의 무대는 깨어 있을 때의 표상 활동의 무대와 다른 무대(ein anderer Schauplatz; other scene; autre acène)다"라고 말하는 것이다.(이 표현은 나중에 라캉의 <큰타자>라는 용어의 기원이 된다.)[7] 둘째, 무의식은 의식적 자아에게 '말을 한다.'는 것이다. 말하자면 의식 속으로 말을 흘려보낸다. 그리하여 자아의 입장에서는 귀로 듣지 않았는데도 또 다른 <나>가 말한 것처럼 생각하는 것이다. 여기서 우리는 <무의식은 큰타자의 담화>라는 라캉의 공식을 만나게 된다. 결국 무의식이라는 다른 무대에서 흘러나오는 말이 라캉에 이르러 큰타자의 담화가 된 셈이다. 셋째, 그 무의식의 장소 — 라캉의 표현을 빌리면, 큰타자의 장소 — 는 <나>의 생각을 <알고> 있는 또 다른 주체의 장소이다.(정확히 말하면 이때의 주체는 <주체 없는 주체화>이다. 왜냐하면 장소에 지나지 않는 큰타자가 주체화되기 때문이다.) 그래서 라캉은 그러한 주체를 <안다고-

7 프로이트, 『꿈의 해석』(김인순 역, 열린책들), p.623: 라캉은 『에크리』에서 다음과 같이 말하고 있다. "말의 전개 장소로서 대문자 A로 쓰는 큰타자의 개념을 세워야 한다.(그것은 프로이트가 『꿈의 해석』에서 말하는 '다른 무대'이다.)"(라캉, 『에크리』, Seuil, p.628)

가정된-주체>라고 명명하고, 큰타자를 지식의 장소로 규정한다.

그런데 우리가 여기서 눈여겨보아야 할 또 다른 사실은, 그 주체가 <죽은 아버지>와 관련이 있다는 것이다. 사실 6살 때 쥐인간이 아버지의 죽음과 관계된 생각에 사로잡힐 때 실제 아버지는 아직 죽지 않았지만, 강박증이 발발하여 프로이트를 찾아와서 섬뜩함을 호소할 때는 이미 아버지가 죽었다는 사실은 <죽은 아버지>와 관련하여 매우 의미심장한 사실을 전해준다. 다시 말해 그것은 <죽은 아버지>가 실재하는 아버지의 생사와 관계없이, 후자에 상상적으로 투사되는 오이디푸스의 법으로서의 아버지와 관계가 있다는 뜻이다. 그 아버지는 『토템과 터부』에서 아들 동맹에 의해 살해되지만, 그들에 의해 법으로 변신하는 아버지이기도 하다. 이것은 라캉이 말하는, 아버지의 이름에 의한 큰타자의 배가와 관련하여 우리에게 시사하는 바가 크다.

아무튼 신경증적인 전이는 정의상 하나의 장소일 뿐인 큰타자에게 존재를 부여한다. 때로는 길게 누운 자세와 보이지 않는 정신분석가의 자리로 이루어진 치료 장치는, 그러한 큰타자의 존재를 더욱 눈에 띄게 만들어 분석가를 전이에 초대한다. 그러나 그 때 분석자의 부름(호소)과 질문이 건네지는 대상은 큰타자이지, 정신분석가 개인이 아니다. 그리고 때로는 하나의 기호형식인 아버지의-이름을 상상화함으로써, 그리고 아버지의-이름으로 이상적 아버지(le Père idéal)를 만듦으로써 욕망에 대해 눈을 감아주는 사람으로 만들기도 한다. 그러한 이상적 아버지는 상징적 계약의 엄격한 적용도 강요하지 않는다. 신경증적인 전이는 이상적 아버지 — 불평을 받아주고, 그 불평을 측은히 여기고, 구제책을 제시한다고 가정된 아버지, 그리고 주체가 어떤 길로 욕망을 투입해야 하는지 <안다고 가정된> 아버지 — 에 대한 그러한 무의식적인 믿음에 불과하다. 그러나 그러한 전이는 치료의 모터가 되기도 한다. 왜냐하면 <안다고-가정된-주체>가 분석자에게, 그러한 지식의 요소들을 얻도록 해주기 때문이다. 그러나 그것은 치료의 종결에 장애가 되기도 한다. 왜냐하면 종결은 그러한 이상적인 아버지의 해직을 의미하기 때문이다.

그래서 라캉은 『세미나 IX: 동일시』(1961)에서 안다고-가정된-주체를 고발하면서, 같은 보조로 주체로서의 큰타자의 개념을 포기한다: "큰타자는 주체가 아니다. 그것은 아리스토텔레스가 말했듯이, 우리가 주체의 지식을 전이시키려고 애쓰는 장소이다."[8] 안다고-가정된-주체는 라캉이 예전에 주체로서의 큰타자라고 불렀던 것의 위치에 있었다. 그렇지만 라캉은 이제 주체가 아닌 큰타자를 기호형식들의 장소로 정의함과 동시에 주체를 표상하는 것으로 정의한다: "기호형식은 다른 기호형식을 향해 주체를 표상하는 것이다." 그러한 정의는 라캉의 정신분석에서 영원한 하나의 공리로 남는다. 그러나 그 명제는 큰타자가 주체를 표상하는 기호형식의 장소로서만 주체와 관계한다는 사실을 분명히 하고 있다: "기호의 이면에 있는 기호형식은 어떤 사람을 향해 어떤 것을 표상하는 것이 아니다. 그것은 정확히 다른 기호형식을 향해 주체를 표상하는 것이다."[9] 큰타자는 이제 인간 주체가 아니라 기호형식의 장소인 것이다.

전이도 『세미나 IX: 동일시』(1961)의 첫 세미나들에서는 안다고-가정된-주체와 연관되지 않는다. 그것이 안다고-가정된-주체와 연결되는 것은, 『세미나 XI: 정신분석의 네 가지 기본 개념』이라는 세미나이다. 거기서 라캉은 다시금 데카르트에 기대면서 반전을 꾀한다. 그는 데카르트의 신을 안다고-가정된-주체로 가리킨 다음, 다음과 같이 말한다: "분석에서 안다고-가정된-주체는 분석가이다."[10] 안다고-가정된-주체가 반드시 신과 같

---

8 라캉, 『세미나 IX: 동일시(*L'identification*)』(미간행), 1961년 11월 15일 세미나.
9 라캉, 『세미나 IX: 동일시(*L'identification*)』(미간행), 1961년 12월 6일 세미나.

아야 하는 것은 아니다. "어딘가 안다고-가정된-주체가 있자마자, 전이가 있다. 설혹 분석자가 분석에 들어갈 때, 그러한 위치를 분석가에게 부여하지 않더라도 말이다."[11] 이렇게 전이와 안다고-가정된-주체의 관계는, 라캉이 큰타자가 주체의 지식을 전이시키는 장소라고 말할 때 이미 예고되어 있었다. 그러한 사실은 전이를 안다고-가정된-주체와 연결시키기 위한 중간 고리가, 신(神) 또는 큰타자 — 영원한 진실의 보증자 — 에 대한 데카르트의 전이라는 사실을 가정하게 한다.

그러나 라캉은 이제 그러한 중간 고리조차 인정하지 않는다. 큰타자는 주체가 말을 건네는 진정한 주체가 아니라 <하나의 장소>, 상징계의 장소일 뿐이다. 그러한 주장은 라캉의 전진에 결정적인 발걸음이 된다. 주체와 큰타자의 관계가 장소라는 용어로 다루어져야 한다면, 그것은 필연적으로 위상학을 불러오기 때문이다. 실제로 『세미나 IX: 동일시』(1961)은 라캉이 그의 담화의 용어(욕망, 요구…등)를, 위상학적 대상의 실천(그 출발점에 원환면과 크로스-캡이 있다)과 연결시키는 최초의 세미나이다. 그에 따라 큰타자, 욕망, 요구 등의 용어들은, 실체를 전혀 참조하지 않는 논리적이고 조작적인 용어가 된다. 그것들은 하나의 수학소로 기능하거나 위상학적 면(surface)을 태어나게 하는 절단과 동일시된다.

2007년 12월 5일

---

10 라캉, 『세미나 XI: 정신분석의 네 가지 기본 개념(*Les quatre concepts fondamentaux de la psychanalyse*)』, Seuil, 1973, p.204.

11 위의 책, p.210.

IX

랄랑그(lalangue)와 디스크-우르쿠랑(disque-ourcourant)

무의식은 하나의 언어처럼 구조화된다
(정관사)언어(le langage)와 (부정관사)언어(un langage)
별은 왜 말하지 않는가?: 화성인의 우화
언어, 메시지, 말, 의미작용
랄랑그(lalangue)와 디스크-우르쿠랑(disque-ourcourant)
moi(무아; 자아)는 무아(無我)이다

1.

우리가 확실하게 알고 있고, 정확하게 번역하고 있다고 생각하는 라캉의 명제 — <무의식은 언어처럼 구조화되어 있다(L'inconscient est structuré comme un langage)> — 가 그렇게 확실한 것도 정확한 것도 아니다. 우선 그 번역문에는 원문에 있는 부정관사 'un'(하나의)이 생략되어 있다. 즉 원래의 명제를 정확히 번역한다면, "무의식은 하나의 언어처럼 구조화되어 있다"로 번역되어야 한다. 혹자는 부정관사 하나가 뭐 그리 중요하겠느냐고 반문할지 모르지만, 라캉은 반대로 그 부정관사의 중요성 내지 부정관사와 정관사의 차이, 그리고 부정관사 단수와 복수의 관계에 상당한 의미를 부여하며 사용했다. 심지어 그는 전치사 "comme"의 의미를 다음과 같이 강조하고 있다:

> 무의식이 언어"처럼"(*comme*) 구조화되어 있다고 할지라도, 나는 "[언어에] 의하여(*par*)"라고 말하지 않았다. […] 나는 대학 청중 — 이 장(場)에서는 착오를 할 수밖에 없는 청중 — 곁에서, 내가 무의식을 "언어에 의하여"(par *le* langage) 분명히 설명할 때, […] 무의식으로 "언어의 조건"(la condition du langage)을 만드는 것과 같은 기상천외함을 통과시키기 위함이었다: 내가 어떤 논문을 검토한 텍스트에서 베끼게 한 것이지만, "언어"(*le* langage)는 무의식의 조건이다. […] "언어"(*le* langage)는 언어들(langages)이라는 효과를 내는 구조를 지칭할 수밖에 없다. 그것들 몇몇이 특히 하나의 사용을 연다. 그 하나(un)가 내가 말한 *comme*(..처럼)에 아주 정확한 범위 — 즉 *comme un* langage(하나[의 언어]처럼)의 범위 — 를 정해준다. *comme un* langage(하나[의 언어]처럼)의 일반적 의미가 무의식으로부터 갈라지는 것이다. 언어들(langages)은 가장 확실한 방식으로 "비-전체"(pastous)의 영향 하에 떨어진다. 왜냐하면 구조는 거기서 다른 의미를 갖지 못하기 때문이고, 그러한 점에서 구조는 오늘날 나의 위상학적인 오락에 속하기 때문이다.[1]

그야말로 <얼떨떨한 말(*L'étourdit*)>[2]처럼 들리는 앞의 인용문이 말하고자 하는 것을 간단히 요약하면, 첫째, *comme*는 *par*가 아니라는 것이고, 둘째, *le* langage(언어)와 *un* langage(하나의 언어) — 따라서 "langages"(언어들) — 은 구분해야 하는데, *le* langage(정관사 언어)는 전체로서의 구조, 즉 langages(언

1 Lacan, *L'étourdit*. in *Scilicet 4*. Seuil, 1973, pp.45-6.

2 *L'étourdit*는 라캉이 만든 신어로, "étourdir"(얼떨떨하게 하다) 동사와 "dire"(말하다)라는 동사의 과거분사("dit")를 결합시킨 말이다. 따라서 우리는 그것을 <얼떨떨한 말>이라고 번역하려고 한다.

어들)의 효과를 나타내는 구조를 가리키고, *un* langage(하나의 언어)는 여러 langages(언어들)이 그것의 사용을 옮에 따라, 비-전체(*pastous*)의 영향 하에 떨어진다는 것이다.[3] 따라서 *le* langage(정관사 언어)가 구조로서의 언어라면, *un* langage(부정관사 언어)는 그 구조로서의 언어에 사용이 덧붙여진 언어이다. 그러나 *le* langage(정관사 언어)에 사용이 덧붙여진 것을 언어 — *un* langage(하나의 언어) — 라고 말하는 것은 모순처럼 보인다. 왜냐하면 그것이 아무리 부정관사 언어(*un* langage)라고 하더라도 <언어>이기 때문이다. 보통 언어의 사용은 언어라고 하지 않고 말이라고 하지 않는가? 아무튼 라캉은 이렇게 언어를 세분하고 있다: *le* langage(정관사 언어)와 *un* langage(부정관사 언어)가 그것이다. 우리가 보통 언어(언어학적인 언어)라고 할 때, 그것은 후자를 말한다. 따라서 라캉은 언어라는 개념을 좀 더 세분하고 새로운 개념으로 정의했다고 할 수 있다.

무의식은 그러한 *un* langage(부정관사 언어)와 함께 갈라져 나온다. 우리는 그러한 사실을 라캉이 *comme un* langage에서 *comme un*(하나처럼)을 강조하면서, 그 부정관사(un)가 *comme*의 의미와 범위, 즉 그것과 무의식의 관계를 정해주고 있다고 말한다는 사실로 알 수 있다. 그래서 무의식은 <하나의 언어에 의해> 구조화되는 것이 아니라, <하나의 언어처럼> 구조화되어 있다고 말하는 것이다. 그러한 문맥에서 *comme un*을 <하나처럼>으로 해석하지 않고 <하나로>로 해석하는 것이 낫지 않을까? 다시 말해 *comme*를 자격(…로서)을 나타내는 전치사로 말이다. 또한 그러한 문맥에서 <구조화

---

3 *le* langage(정관사 언어)가 전체인 까닭은 구조에는 예외가 없기 때문이다. 반면에 langages(언어들)은 *un* langage(부정관사 언어)이기 때문에, *le* langage(정관사 언어)가 전부가 아닌 비-전체(pastous)를 끌어들인다. 왜냐하면 프레게가 증명해 보여주었듯이. <하나(un)>는 이미 비-전체(pastous)이기 때문이다. <하나>는 이미 그 속에 그것과 대립하는 <영(零 : 0 : zero)>을 포함하고 있는 것이다. 따라서 <부분적인 하나만 있을(Y a de l'Un) 뿐이다.

되어 있다>를 <구조화된다>로 번역하면 어떨까?[4] 전자는 완료된 상태를 나타내고 후자는 진행형을 나타내기 때문이다. 따라서 우리는 앞의 명제를 적어도 부정관사를 살려, <무의식은 하나의 언어처럼 구조화되어 있다>고 번역하든지, 아니면 <무의식은 하나의 언어로 구조화된다.>로 번역해야 한다.

사실 우리가 이렇게 꼼꼼하게 따져서 번역하지 않으면 안 되는 이유가 따로 있다. 그렇게 하지 않으면 라캉의 계속되는 기상천외한 말을 따라잡을 수 없기 때문이다. 이미 보았듯이, 앞의 인용문은 "언어(*le* langage)는

---

4 comme라는 전치사의 용법에는 크게 두 가지가 있다: 우선 그것은 비교(comparaison) 또는 방식(manière)을 나타낸다. 우리말로 <처럼>이라고 번역하는 경우가 그것이다. 지금까지 위 명제의 우리 말 번역은 대부분 이 용법이라는 가정 하에 이루어졌다: 그리하여 그러한 가정에 따르면, 그것은 <무의식은 언어가 구조화되어 있는 방식으로 구조화되어 있다>로 풀어서 설명할 수 있다. 그러나 그러한 해석은 비교하는 항과 비교되는 항의 분리를 전제하고 있다. 그것들은 서로 별개의 존재로서 단지 구조화되는 방식이 같을 뿐이다. 따라서 comme를 <…처럼>으로 번역하는 것은, 무의식과 언어가 분리되어 있지 않다는 원칙에 어긋난다. 더욱이 무의식이 언어<처럼 구조화>되어 있다면, 아마 <*un*> langage라고 하지 않고 <*le*> langage라고 했을 것이다: "언어(Le langage)는 구조만을 지칭할 수 있다. 언어들(langages)이라는 그 구조의 효과가 있다. 그것들 다수는 그 중에서도 하나(*l'un*)의 사용을 열어놓는다. 그 하나는 나의 <comme>에 아주 정확한 범위, 즉 <*comme un* langage(하나[의 언어]처럼>이라는 표현의 이해범위를 제공한다."(L'étourdit, p.45) 그렇다면 이제 남은 것은 comme를 자격·자질(attribution, qualité)로 해석하는 것이다. 우리말로는 그것을 <…로서>로 번역하는 것이 그 경우에 해당한다: <무의식은 하나의 언어로 구조화되어 있다.> 이러한 해석은 전자와는 달리, <par>가 아닌데서 오는 내포적 가정을 충족시킨다는 이점이 있다. 다시 말해 그렇게 번역함으로써, 무의식과 언어는 <동시적>으로 하나로 융합된다. 그러나 다른 한편으로 그러한 해석은, 무의식이 여러 <언어들 (langages)> 중의 하나가 아닌가 하는 의심을 사게 한다는 문제점이 있다. 사실 라캉은 어디선가 그러한 의심을 충분히 굳힐 만한 말을 하고 있다: "무의식은 하나의 언어로 구조화될 수 있을 뿐이다.(l'inconscient […] ne peut que se structurer comme un langage)."(세미나 XX, 127, 1973) 그러나 이때의 <comme un>은 부분을 뜻하는 것이 아니다. 그것은 그것들이 <하나>임을 뜻하는 것이다. 무의식은 언어를 떠나 생각할 수 없으며, 언어는 무의식을 떠나 생각할 수 없다는 것을 라캉은 다음과 같이 표현하고 있다: "Un langage est ce comme quoi l'inconscient est structuré.(언어는 무의식이 그것처럼 구조화된 것이다."(라캉, 『세미나 XX : 앙코르(Encore)』, Seuil, 1975, pp.126)

무의식의 조건"이라는 명제와 "무의식은 언어의 조건"(la condition du langage)이라는 명제를 대립시키고 있다. 그 둘의 대구(對句)는 절묘하기까지 하다. 주어와 소유격 보어의 위치가 서로 바뀌었을 뿐인데, 우리에게 전해지는 뉘앙스는 사뭇 다르다. 물론 라캉이 강조하고 싶었던 것은 후자이다. 그것은 이미 "무의식이 하나의 언어처럼(*comme un*…)" 구조화되어 있을지라도, "[하나의 언어에] 의하여(par *un*…)라고 말하지 않았다"라고 말할 때부터 예고되어 있다. 만약에 무의식이 "하나의 언어에 의하여"(par) 구조화되어 있다면, 그것은 무의식을 <하나의 언어>에 종속시키는 것이고 언어는 무의식에 우선하는 것이다.[5] 그렇게 되면 <하나의 언어는 무의식의 조건>이 되어버린다. 그래서 라캉은 *le* langage(정관사 언어)와 *un* langage(부정관사 언어)를 구분하면서, 무의식이 (부정관사)언어의 조건이지 언어가 무의식의 조건인 것은 아니라고 말하는 것이다. 그리고 (정관사)언어는 (부정관사)언어들에 의해 나타나는 구조이다. 그리하여 라캉에게 무의식은 이제 부정관사 언어와 함께, 그리고 부정관사 언어처럼, 한 걸음 더 나아가 하나의 언어로 구조화되는 것이다.

> 소쉬르가 사투르누스 시에서 해독한 철자바꾸기(anagramme; 아나그람)를 꺼내지 못하는 것은, 그것들이 대학 문학을 넘어뜨리기 때문이다. 상스러움이 그를 짐승으로 만들지는 못한다. 왜냐하면 그는 분석가가 아니기 때문이다. 역으로 분석가가 대학이 열중하며 입고 있는 방식에 젖는 것은, 여러분에게 그 인간[분석가]을 망치게 하지 않고(여기에는 희망 같은 것이 있다), 무의식은 언어의 조건이라고 말하는 것과 같은 허튼 소리 속으로 그를 곧장 내던지는 것이다. 거기서 문제가 되는 것은 내가 이해 당사자들에게 말한 것(게다가 자꾸

5 사실 "무의식이 언어에 <의하여> 구조화되어 있다"면, 무의식은 첫째, 언어와 분리되어 있고, 둘째, 언어에 종속적이고, 셋째, 언어 이후에 생긴 것이다.

> 되풀이한 것), 즉 언어는 무의식의 조건이라는 말을 희생시키더라도 스스로 저자가 되는 것이다.[6]

여기서 라캉은 한 걸음 더 나아간다. 즉 무의식이 언어의 조건이라고 말하는 것은 허튼소리이지만, 언어는 무의식의 조건이라는 명제를 희생시켜서라도 따라야 할 희망이 있는 말이라는 것이다. 그 말은 대체 무슨 소리인가? 그러면서 스스로 <저자(auteur)>가 되어야 한다고 말한다. 무의식이 언어의 저자, 즉 언어의 창조자가 되어야 한다는 말이다. 라캉은 그것의 예로 소쉬르가 생전에 연구했지만 발표하지 않은 철자바꾸기를 제시한다. 소쉬르 자신도 말년에 철자바꾸기의 연구를 통해 무의식이 언어의 조건이라는 사실을 스스로 실천한 것이다. 그것은 언어가 창조되면서 구조화되는 층위를 가리키고 있다. 어찌 보면 구조와 창조는 서로 어울릴 수 없는 두 개념인데, 그 층위에서는 언어가 구조적으로 창조된다. 구조이면서 창조라는 말이다. 따라서 우리가 앞에서 살펴보았던 *le* langage(정관사 언어)는 구조로서의 언어인 반면에, *un* langage(부정관사 언어)는 전자의 구조에 맞추면서도 창조적으로 사용되는 언어이다. 그와 같은 문맥에서 라캉은 이제 (부정관사)언어를 무의식의 관점에서 재정의한다.

> 하나의 언어는 무의식이 그것처럼 구조화된 것이다. […] 무의식은 […] 하

6 Lacan. *Radipohonie*(1970), in *Autres Écrits*, Seuil, 2001, p.406: [역주] 1. <사투르누스 시>는 라틴 시의 유형으로 우울을 노래한 시를 말한다; 2. 철자바꾸기(anagramme; 아나그람)는 낱말의 철자를 바꿈으로써 만들어지는 새로운 말이나 그러한 말놀이를 일컫는다. 예를 들어 "signe"(기호)라는 프랑스어 단어를 구성하는 철자들의 위치를 바꿔 "singe"(원숭이)라고 할 수 있다. 우리말에서 "소금"과 "금소"의 농담이 여기에 속한다. 지금까지 수사학회에서는 이것을 <어구전철(語句轉綴)>로 번역해 왔는데, 우리는 그것을 풀어서 <철자바꾸기>로 번역하기로 했다.

나의 언어처럼 구조화될 수밖에 없다.(Un langage est ce comme quoi l'inconscient est structuré. [···] L'inconscient [···] ne peut que se structurer comme un langage.)[7]

여기서 라캉은 그러한 (부정관사)언어를 가리키기 위하여 <랄랑그(lalangue)>[8]라는 신어를 만들어, (정관사)언어는 그러한 랄랑그를 설명하기 위해 학문적 담화가 만들어낸 것에 불과하다고 말하기에 이른다. 그것은 폭탄과 같은 선언이었다. 왜냐하면 이제 모든 것이 거꾸로 랄랑그에서 언어로 나오기 때문이다. 언어는 랄랑그 뒤에 오는 것이다:

> 언어는 내가 랄랑그라고 부르는 것을 설명하기 위하여, 학문적 담화가 만들어낸 것에 지나지 않는다.
>
> 랄랑그는 의사소통과 완전히 다른 것에 종사한다. 그것은 무의식이 랄랑그로 이루어져 있는 한, 그 무의식의 경험이 우리에게 보여주었던 사실이다. 알다시피, 내가 그 랄랑그를 단 한 단어로 쓰는 것은, 각자에게 속한 우리의 일 — 소위 모성적 랄랑그, 별 이유 없이 그렇게 말해진 랄랑그 — 이 무엇인지를 가리키기 위한 것이다. 의사소통이 랄랑그의 향락(la jouissance de lalangue)에서 실제로 행해지는 것에 근접하는 것은, 그것[랄랑그]이 대답, 달리 말하면 대화를 내포하고 있기 때문이다. 그렇지만 랄랑그가 우선적으로 대화에 종사하는

7 라캉, 『세미나 XX : 앙코르(*Encore*)』, Seuil, 1975, pp.126-7.

8 lalangue라는 말은 la langue(혀; 랑그)의 정관사와 명사를 한 단어로 결합시켜 만든 신어이다. 라캉이 그러한 신어를 만들면서, 스스로 lalangue의 예를 보여준 배경은 이렇다: 그 말은 혀를 입천장에 댔다가 뗄 때 나는 소리인 lala···를 반복함으로써, 랑그(langue)가 뭔지 모르면서 랑그를 배우는 어린아이들의 <혀놀림>을 연상시킨다. 실제로 어린아이들은 그러한 단순한 혀놀림을 반복하면서 랑그를 배워간다. 다시 말해 원초적인 lalangue(랄랑그)에서 정관사와 명사가 분리된 질서정연한 la langue(라 랑그) — 그것도 la langue maternelle(모국어) —로 간다. 게다가 그것은 어린아이들이 최초로 배우는 감탄사인 "Là Là!"(자, 자!) 또는 "Oh là là!"(아이, 참!)와도 중첩된다. 그러한 점에서 랄랑그가 어린아이의 옹알이나 혀짤배기소리에 해당한다고 말하면 지나친 억측일까?

것일까? 내가 예전에 진술했듯이, 그것보다 덜 확실한 것은 아무 것도 없다. […]

내가 언어는 무의식이 그것처럼 구조화된 것이라고 말했던 것은, 우선 그 언어가 실존하지 않기 때문이다. 언어는 랄랑그의 기능에 관해 사람들이 알려고 하는 것이다.

확실히 그래서 학문적 담화 자체가 그것[언어]에 착수한다. 그것이 그것을 완전히 실현하기 어렵다는 점을 제외하면 말이다. 왜냐하면 그것[학문적 담화]은 무의식을 오인하기 때문이다. 무의식은 어떤 지식의 증언 — 이것이 대부분 말하는 존재(l'être parlant)를 벗어나는 한에서 — 이다. 그 존재는 랄랑그의 효과가 어디까지 가는지를 스스로 깨달을 기회를 제공한다. 그것은 그 존재가 수수께끼 같은 온갖 정동(affects)을 보여준다는 점에서 그렇다. 그 정동들은 랄랑그의 현전에서 기인하는 것이다. 랄랑그는 말하는 존재(l'être parlant)가 발화된 지식으로 지탱하는 것보다 훨씬 더 멀리 가는 것들을 지식으로 진술한다.

아마 언어는 랄랑그로 이루어져 있다. 그것은 랄랑그에 대한 지식의 노작(勞作)이다. 그러나 무의식은 하나의 지식(un savoir), 즉 랄랑그를 가지고 하는 노하우(un savoir-faire; 할 줄 알기)다. 랄랑그를 가지고 할 줄 아는 것은, 우리가 언어의 명목으로 보고할 수 있는 것을 훨씬 넘어선다.

랄랑그는 우선 그것이 정동이라는 효과로 포함하고 있는 모든 것에 의해 우리를 감동시킨다. 무의식이 하나의 언어처럼 구조화되어 있다고 말할 수 있는 것은, 이미 지식으로 거기 있는 랄랑그의 효과가, 말하는 존재가 발화할 수 있는 모든 것을 훨씬 더 넘어간다는 점 때문이다.

그러한 점에서, 무의식 — 내가 그것에 대한 해독으로 떠받치는 무의식 — 은, 하나의 언어처럼 구조화될 수 있을 뿐이다. 하나의 언어는 항상 그것을 지탱하는 것, 즉 랄랑그에 비추어볼 때 가설적인 것이다. 랄랑그는 방금 전에 나로 하여금 S2에 대해 질문하게 했던 것이다. 즉 언어에서 문제가 되는 것은 <d'eux(그들; 둘)>인가라고 질문하게 한 것이다.

달리 말하면, 언어가 단지 의사소통만이 아니라는 사실이 주어지는 것은 분석적 담화에 의해서이다. 그것을 오인하기 때문에, 분석적 담화는 학문의 최하층에서, 존재가 어떻게 무엇이든지 알 수 있는지를 질문하게 하는 찡그림을

솟아오르게 한 것이다.[9]

이 긴 인용문은 랄랑그와 언어(정관사 언어)의 관계를 설명하고 있다. 우선 언어는 의사소통을 전제하는데 반해(이것은 이 인용문의 끝에 "언어에서 문제되는 것은 <d'eux(그들; 둘)>이라는 말놀음으로 다시 반복된다. 여기서 그 둘(deux)은 말하는 존재와 그의 상대이다), 랄랑그가 대화에 종사한다는 것은 가장 확실하지 않은 것이다. 둘째, 언어는 학문적 담화가 랄랑그에 대해 연구한 지식인데 반해, 랄랑그는 무의식적인 경험이다. 그에 따라 <언어는 무의식이 그것처럼 구조화된 것>이고, 랄랑그에 대해 사람들이 알려고 하는 것이다. 따라서 랄랑그는 언어에 우선하고 언어를 점차 드러나게 하는 최초의 언어 행위이다. 그것은 대화(의 상대자)를 가정하지 않고 스스로 말하는 언어의 저자이다. 그러나 언어는 그에 대한 완전한 지식에 도달하지 못한다. 왜냐하면 무의식은 학문적 담화가 오인할 수밖에 없는 것이기 때문이다. 그것은 말하는 존재를 벗어나는 한에서 지식이 될 수 있다. 게다가 셋째, 말하는 존재는 랄랑그에 대해 수수께끼 같은 온갖 정동을 느낀다. 그리고 랄랑그의 행위에서 <랄랑그의 향락>이라고 할 수 있는 것을 경험한다. 아무튼 하나의 언어(부정관사 언어)는 랄랑그에 비추어볼 때, 사후에 비로소 가설적으로 발생하는 것이다. 이렇게 라캉은 랄랑그를 부정관사 언어와도 약간 거리를 두는 것으로 설정한다. 말하자면 부정관사 언어는 정관사 언어의 사용이지만, 그래서 랄랑그와 가깝지만, 그것 역시 <하나의 언어>인 것이다. 여기에 바로 라캉이 왜 la langue(랑그)라는 단어의 정관사와 명사를 결합시켜 한 단어 — lalangue(랄랑그) — 로 만들었는지 비밀이 숨어 있다.

---

9 라캉, 『세미나 XX : 앙코르(*Encore*)』, Seuil, 1975, pp.126-7.

2.

랑그(la langue)란 무엇인가? 그것에 답하기 위해 우리는 잠시 소쉬르에게 <언어란 무엇인가?>라는 질문을 함으로써 우회할 필요가 있다. 어쩌면 그 질문은 너무 자명한 것이어서 질문의 가치가 없다고 생각할지 모른다. 그러나 그것이 바로 우리 사고의 맹점이자 함정일 수 있다. 실은 소쉬르의 언어의 개념이 우리가 보통 생각하는 언어의 개념과 일치하지 않을 수 있기 때문이다. 다시 말해 우리는 보통 언어를 '체계적인 기호를 통하여 의사소통을 하는 인간에게 특수한 능력' 정도로 생각하는데, 그것이 바로 소쉬르의 생각과 일치한다는 것이다. 그리하여 그것을 곧바로 체계나 구조를 의미하는 랑그(la langue)와 연결시킨다. 그러면서 무의식은 언어처럼 구조화되어 있으니까, '무의식에도 추상적인 문법이 있겠구나!'라는 정도로 고개를 끄떡일지 모른다. 그러나 그렇게 소쉬르적인 개념에 젖은 채로 라캉의 언어학 속으로 들어가면, 미로에 갇혀 빠져나오지 못하고 영원히 제자리를 맴돌게 된다. 그것이 바로 우리가 지금부터 라캉의 언어의 개념을 되짚어보는 까닭이다. 우선 언어(langage; 랑가쥬)라는 말은 프랑스어의 역사와 함께 있었지만, 그것이 언어학의 중요한 개념으로 자리를 잡은 것은 소쉬르에 의해서다. 그래서 우리는 라캉의 언어를 소쉬르적인 의미로 쉽게 받아들이는 경향이 있는 것이다. 여기서 잠시 라캉의 언어로 들어가기 전에, 소쉬르의 그것과 비교하기 위하여, 언어, 랑그, 말(la parole)에 대한 소쉬르의 구분에 눈을 돌려보자:

> "랑그(la langue)는 언어의 다른 모든 현상의 규범으로 간주해야 한다. […] 랑그란 무엇인가? 우리에게 있어서 그것은 언어(le langage)와 혼동되지 않는다. 그것은 사실 언어의 특정하고 본질적인 한 부분에 지나지 않는다. 그것은 언어

능력의 사회적인 산물인 동시에, 개개인이 그 능력을 발휘할 수 있도록 사회집단이 채택한 필요불가결한 관습의 총체이다."[10]

"(언어) 수행은 결코 집단에 의해 행해지지 않는다. 그것은 항상 개인적이고, 개인은 언제나 수행주이다. 우리는 그것을 말(la parole)이라 부를 것이다. […] 랑그는 말의 실행을 통해 동일한 공동체에 속하는 주체들 속에 저장된 보물이며, 각각의 머릿속에 잠재적으로 존재하는 문법 체계이다."[11]

한 마디로 한 언어 공동체 내에서 개별적인 언어 사용 — 즉 말 — 을 꿰뚫고 있는 공통의 문법 체계가 랑그이다. 그러한 문맥에서 말은 '살아 있는데(vivante)' 반하여 "랑그는 존속 가능할(viable) 뿐이다."[12] 그리고 일반적인 의미에서, 다양하고 잡다한 언어활동을 한데 묶어 총칭하는 낱말이 언어이다. 따라서 "언어라는 전체 현상에서 두 가지 요인, 즉 랑그와 말을 우선 구분해낼 수 있다. 랑그는 우리에게 있어서, 언어에서 말을 뺀 것이다."[13]

랑그 = 언어 − 말

따라서 소쉬르의 언어는 랑그와 말을 합한 것이라고 할 수 있다. 그런 관계로 소쉬르적인 삼개일조(triade) — 언어, 랑그, 말 — 의 개념은 궁극적으로는 랑그와 말의 대립으로 환원된다고 말할 수 있다.(사실 어원적으로 말하면, 언어(langage)라는 단어는 랑그라는 말로부터 10세기에 파생되었다.) 그와는 반대로 라캉은 언어와 말을 대립시키고 랑그를 제외시킨다: "말과 언어

10 페르디낭 드 소쉬르, 『일반언어학 강의』(최승언 옮김), 민음사, 1990, pp.20-1.
11 위의 책, pp.24-5.
12 위의 책, p.95.
13 위의 책, p.95.

사이에는 대립이 있다."[14](실제로 라캉은 랑그라는 개념을 거의 사용하지 않는다. 그의 글과 세미나에서 랑그라는 말은 거의 찾아보기 힘들다.) 이러한 사실은 라캉의 언어가 소쉬르의 그것과 상당히 차이가 있을 뿐만 아니라, 개념 틀 자체가 다르다는 것을 함축하고 있다. 아무튼 라캉의 언어 이론은 소쉬르의 언어학에서 빌려왔다고 하더라도, 적어도 소쉬르의 언어 이론을 재해석함으로써 정신분석에 맞게 변형시켰거나, 아니면 정신분석의 연구 결과를 언어학에 적용시킴으로써 그것에 새로운 의미를 불어넣고 있음에 틀림없다.

그렇다면 라캉에게 있어서 언어란 무엇일까? 우리가 막상 그렇게 질문은 해놓았지만, 여기에 대해 답하는 것은 '라캉만큼이나' 어렵다. 우리가 '라캉만큼이나 어렵다'라고 말한 것은, 라캉이 1955년 6월 15일의 한 세미나에 참석한 사람들에게 언어와 말의 관계와 차이에 대해 묻고 있지만, 그 질문을 라캉 자신에게 되돌려준다고 해서 명쾌하게 대답하지 못했을 것이기 때문이다. 사실 라캉이 언어와 말을 사전식으로 명확하게 정의한 적은 없다. 그는 몇 개의 교훈담(apologue)을 통해 간접적으로 변죽만 울릴 뿐이다. 라캉이 그렇게 할 수밖에 없었던 것은, 아마도 그가 생각하는 언어가 어떠한 말로도 정확히 설명이 되지 않는 것이었기 때문일 것이다. 따라서 우리 역시 라캉의 언어를 정확히 정의하기보다는, 라캉 방식대로 라캉 식 우화(또는 선문답)를 따라가며 언어의 개념에 접근할 수밖에 없다.

그 첫 번째 인용이 성서의 요한복음 1장 1절에 나오는 다음의 구절이다.

> η αρχή ήταν ο Λόγος(i archí ítan o Lógos)
> in principio erat verbum

14 라캉, 『세미나 II : 프로이트의 이론과 정신분석 기법에서 자아의 문제(*Le moi dans la théorie de Freud et dans la technique de la psychanalyse*)』, Seuil, 1978, p.280.

이 구절에 대한 라캉의 해석에 대해서는 이미 이 책의 5장(<언어와 말>) 3절에서 자세히 다루었기 때문에, 그러한 라캉의 성서 해석으로부터 도출해 낼 수 있는 그의 언어 개념을 요약하는 것으로 만족하자: 우선 그에 따르면, 언어는 말 이전부터 존재하면서, "말에 근본적인 조건을 제공한다."[15] 그러나 그것은 "말하는 주체(또는 말)가 있다는 조건 하에서만"[16]) 그렇다. 다시 말해 "말이 없다면 언어도 없지만,"[17] 언어는 "말을 나타나게 하는"[18] 보편적인 것이다; 둘째, 언어는 0과 1의 원초적인 대립이다. 따라서 거기에서는 현전과, 그것을 가능케 하는 부재의 연속, 또는 조합이 문제다. 우리는 앞에서 0과 1의 대립은 이미 기호형식이라는 사실을 지적한 바 있다. 따라서 라캉에 언어는 기호형식의 이진법적인 논리 자체라고 말할 수 있다.

* * *

그런 다음 라캉은 <별은 왜 말을 하지 않는가?>라는 뚱딴지같은(아니면 선문답 같은) 화두를 던져놓고, 그것을 언어의 개념과 연결시킨다. 라캉은 그에 대해 스스로 대답한다: "결정적으로 확신하는 것은 그것들의 입에 빗장을 건 직후부터, 다시 말해 뉴턴의 이론이 통일장 이론을 제공해준 이후부터, 별들은 말을 하지 않는다. […] 통일장 속으로 들어오는 모든 것은 더 이상 말을 하지 않는다. 왜냐하면 그것은 완전히 언어로 환원된 현실(réalité)이기 때문이다."[19] 한 마디로 "세 문자로 된 지극히 간단한 언어"[20]로 된

15 위의 책, p.360.
16 위의 책, p.331.
17 위의 책, p.331.
18 위의 책, p.330.
19 위의 책, p.280.

뉴턴의 중력의 법칙이 별을 침묵하게 만들었다. 다 알다시피, 중력은 물체의 질량에 비례하고 지구 중심으로부터 물체까지의 거리(지구 반지름)의 제곱에 반비례한다. 따라서 물체에 작용하는 중력(F)은 물체의 질량(m)에 중력장의 세기(g)를 곱한 값과 같다. 그래서 그것은 다음과 같이 세 문자의 공식으로 표시된다:

$$F = mg$$

그렇다면, 라캉이 이러한 공식을 언어라고 말했다면, 별이 말이 없는 것은 현실이 그러한 수학적 공식으로 환원되었기 때문이다. 다시 말해 수학적 공식이 곧 언어이고, 별은 그 언어를 몸소 보이는 현실이다. 따라서 우리는 여기서 라캉이 생각한 언어가 얼마나 소쉬르적인 언어의 개념에서 멀리 떨어져 있는가를 확인할 수 있다. 그가 말하는 언어는 그가 창안해낸 수학소(mathème)의 산식 자체인 것이다. 그래서 그는 모든 심리 현상을 수학소와 산식이라는 언어로 표시한다. 모든 심리가 언어 자체를 실현해 보이는 현실이기 때문이다. 우리가 지금까지 살펴본, 기호형식의 우위를 나타내는 산식을 비롯하여 은유와 환유의 산식, 아버지의 은유의 산식. 그리고 환상과 욕동의 산식 등, 그가 정신분석에서 발견해낸 온갖 무의식의 법칙의 산식이 여기에 속한다.

별이 말이 없는 것은 그러한 중력의 법칙(달리 말하면 중력의 언어)을, 별이 그야말로 말없이 행위로 보여주기 때문이다. 그러니 언어에 말하는 주체가 없는 것은 너무도 당연하다. 게다가 앞에서 보았듯이, 라캉은 언어가 말에 대한 벽으로 작용한다고 강조한다: 그것이 바로 라캉이 말하는 <언어의

---

20 위의 책, p.280.

벽(le mur du langage)>이다. 그것은 말이 언어로부터 나오기 때문에 언어를 그 말의 의미와 진실을 보증해달라고 요구하지만, 언어는 장소이기 때문에 말이 없고, 대신 그 말을 거꾸로 된 형태로 되돌려 보내는 벽으로 작용한다는 것을 의미한다. 이렇게 언어로부터 나오는 말은 말하는 주체의 행위를 전제하는 반면에, 정작 언어는 장소일 뿐, 말하는 주체가 없다.

* * *

라캉은 이번에는 같은 세미나(『세미나 II : 프로이트의 이론과 정신분석 기법에서 자아의 문제』)에서 느닷없이 화성인의 얘기를 끌고 들어온다: 두 세 사람의 학자가 화성에 갔다. 거기서 화성인을 만났는데, 그의 메시지를 한 사람은 '전자 물리학을 한다.'는 말로 알아듣고, 또 한 사람은 '고체의 본질을 구성하는 것에 전념하고 있다'고 알아듣고, 마지막 한 사람은 '시에 있어서 운율과 각운의 기능에 대해 몰두하고 있다'고 알아들었다. "이 짤막한 이야기는 언어를 예증하는 것일까 아니면 말을 예증하는 것일까?"[21] 라캉은 이 우화로부터 언어와 메시지와 말, 그리고 의미의 관계를 엄청나게 길게 진술한다. 우선 이 우화에는 새로운 개념의 용어가 등장한다: 메시지라는 말이다. 라캉은 메시지를 다음과 같이 규정한다: "인공두뇌학(cybernétique)의 열쇠 말[키워드]은 <메시지>라는 말이다. 언어는 그것을 위해 이루어져 있지만, 그것은 코드가 아니다. 의미소는 항상 다중의미소이고, 기호형식은 항상 여러 의미작용 — 가끔 극단적으로 따로 떨어진 — 에 속해 있다."[22] 그러면서 라캉은 "메시지에 대한 첫 번째 범주인 언어의 기능은 단순하지 않다."고

21 위의 책, p.324.
22 위의 책, p.322.

말하면서 <메시지란 무엇인가?>를 청중에게 질문하고 있다. 그러나 우리는 이러한 질문에 휘말려들면서 그것에 대해 정확한 답을 내놓으려고 노력하는 어리석음을 저질러서는 안 된다. 라캉이 비유로 던졌으면 우리도 비유로 받아야 한다. 우선 이 비유는 한쪽에는 화성인이 내보내는 메시지가 있고, 다른 쪽에서는 그것을 세 사람의 학자(마치 동방박사 세 사람 같다!)가 서로 다른 <말>로 알아듣는다. 마치 그 구도는 인공두뇌학의 기계가 내보내는 메시지를 박사들이 서로 다른 의미로 해독하는 것과 같다. 또한 그것은 말이 없는 별이 내보내는 메시지를 지구 위의 인간이 듣고 해독하려고 하는 것과 같다. 그리하여 저편에는 언어와 그로부터 나오는 메시지가, 이편에는 그 메시지를 말로 해독하는 말하는 주체가 있다.

화성인	→ 메시지	→ 말로 해독하는 학자들
언어(말이 없는 별)	→ 메시지	→ 별의 말을 들으려는 말하는 주체들
인공두뇌(기계)	→ 메시지	→ 의미를 해독하려는 박사들

이제 우리는 이 우화 이후에 라캉이 펼치는 소크라테스 식 산파법을, 이 구도에 맞춰서 배분하는 일만 남았다. 우선 라캉은 "언어를 우리에게 아주 생소한 기호들의 세계로 정의한다."[23] 반면에 "메시지는 보편적인 기계 속에 넣어진 하나의 프로그램으로,"[24] "의미작용(signification)이 아니라 움직이는 기호"[25]라고 규정한다. 그리하여 "메시지가 메시지이기 위해서는 그것이 일련의 기호들이어야 할 뿐 아니라, 일련의 방향 지어진 기호들이어야 하는 것이다."[26] 여기서 우리는 언어와 메시지의 관계를 약간 엿볼 수

23 위의 책, p.239.
24 위의 책, p.323.
25 위의 책, p.324.

있다: 즉 언어는 메시지를 위해 이루어진 기호들의 법칙의 세계이고, 메시지는 그 기호들이 실제로 움직이면서 말들어내는 프로그램이다. 말하자면 언어는 보편적인 기호들의 법칙이라면, 메시지는 그 법칙에 따라 구체적인 별들이 만들어내는 별자리의 움직임과 같은 것이다. 그러나 주의해야 할 것은, 여기서 라캉이 말하는 기호는 기호형식과 기호의미의 결합으로 이루어진 소쉬르적인 기호가 아니라, 오히려 라캉이 창안해낸 수학소 또는 대수학적 표기에 가깝다는 사실이다.

라캉은 다음과 같이 말한다: "우리가 언어라고 부르는 모든 것은 그러한 기층의 요소[0과 1]를 중심으로 정돈된다. 언어가 햇빛을 보기 위해서는, 철자법과 같은 자그마한 것, 즉 통사론이 개입되어야 한다. […] 통사론은 의미론 이전에 존재한다."[27] 이 말을 좀 더 부연 설명하면, 언어는 무시간적인 공식이지만, 메시지는 거기에 시간이 개입된 통사론적인 배열이다. 따라서 이렇게 이야기할 수도 있지 않을까? 약간 무리가 없지 않지만, 라캉에게 언어와 메시지의 관계는 소쉬르에게 있어서 언어와 랑그의 관계와 같다고 할 수 있지 않을까? 그래야만 메시지가 의미로 이어질 수 있는 말과 결부될 수 있고, 소쉬르에게 랑그는 통사론을 포함하고 있기 때문이다. 사실 그 다음 단계로 라캉에게 "의미의 문제는 말과 함께 온다."[28] "하나의 언어의 의미(sens)를 해독하고 싶다 하더라도, 그렇게 할 수 없다. 하나의 말만 해독할 수 있다. 말은 여러 의미를 가질 수 있다. 그것이 말의 역할 자체이다."[29] 라캉은 그 세 용어와 개념을 종합해서 다음과 같이 말하고 있다:

---

26 위의 책, pp.351-2.
27 위의 책, p.351.
28 위의 책, p.330.
29 위의 책, p.330.

> "기호들의 세계는 돌아가지만[작용하지만] 그것은 어떤 종류의 의미작용도 갖고 있지 않다. 그 세계에 의미를 제공하는 것은 우리가 그 기계를 멈추는 순간이다. 그것이 우리가 그 기계에 행하는 시간적 단절이다. […] 주체에게 어떤 의미를 가질 수 있는 것의 삽입을 허락하는 것은 시간적 요소, 즉 운각(scansion)의 개입이다."[30]

이것을 우리 식으로 풀어서 이야기하면 이렇다: 기호들의 세계인 언어는 메시지로 돌아가지만(움직이지만), 메시지는 어떤 의미작용도 갖지 못한다. 그것이 의미를 가질 수 있으려면, 주체에 의해 말로 발설되어야 하는데, 그 순간은 프로그램화된 기계가 멈추는 순간이다. 사실 말은 시간의 축 위에서 기호형식의 사슬로 발화되지만, 그것에 의미를 부여하는 것은, 운각이나 구두점 찍기에 의해 그 연쇄가 멈추는 순간이다. 그 멈춤의 순간에 소급적으로 의미가 부여되는 것이다. 그리고 그 의미는 말과 함께 탄생하는 말하는 주체에 대한 것이다. 다시 말해 그것은 말하는 주체에게만 나타날 수 있는 의미이다. 그러나 그 의미는 각 주체가 메시지에 대한 해독으로 메시지에게 보낸 말을 되돌려 받은 것에 불과하다. 그래서 그것은 다중의미이며 오인일 수 있는 것이다. 결국 라캉의 이론에 있어서 언어와 말은 대립한다. "언어는 우리와 완전히 독립적으로 존재하지만,"[31] 말하는 주체인 우리는 그 장소로부터 말을 하면서 그 장소에 외-재(ex-sister)할뿐이다. 그리고 주체의 말은 그 말이 나온 장소를 향해 가지만, 그 장소인 큰타자는 말없이 그 말을 거꾸로 된 형태로 주체에게 되돌려줄 뿐이다.

그런 각도에서 보면, 라캉의 명제들(<무의식은 하나의 언어처럼 구조화된다.>, <무의식은 큰타자의 담화이다.> <큰타자는 기호형식의 장소이다.> 등)도

---

30 위의 책, p.328.
31 위의 책, p.328.

앞에서 살펴본, 언어를 둘러싼 선문답 같은 질의응답과 맥락을 같이 한다. 우선 라캉은 (정관사)언어와 (부정관사)언어를 구분했고, 전자는 구조이고 후자는 전자의 사용이 포함된 언어이다. 그리고 큰타자는 기호형식의 장소로서 언어의 장소이다. 그러한 맥락에서 보면, 정확히 일대일 대응되는 것은 아니지만, 큰타자와 (정관사)언어는 같은 축에 있고, (부정관사)언어와 (큰타자의) 담화 그리고 메시지는 무의식과 동일한 차원에 있다.

	무의식
큰타자	담화
(정관사)언어	(부정관사)언어
	메시지

그러한 점에서 라캉의 언어 — (정관사)언어이든 (부정관사)언어이든 — 는 소쉬르의 언어와 상당히 다르다. 정확히 라캉의 (정관사)언어는 의사소통을 전제하는 소쉬르의 일반적 의미의 언어와는 다르게, 오히려 수학이나 물리학의 법칙을 수식화한 산식에 가깝고(그래서 라캉이 수학소를 창안해낸 것인지 모른다), (부정관사)언어는 구조라는 개념에서 벗어나지는 않지만, 통사론을 포함하는 일종의 프로그램(즉 메시지)이라는 점에서 소쉬르의 랑그에 더 가깝다. 그러나 라캉은 랑그를 중심으로 자신의 이론을 구축하지 않는다. 그는 언어를 중심으로 자신의 이론을 전개하면서 새로운 언어의 개념을 창조한다.

그러한 가운데 만든 개념이 랄랑그(lalangue)이다. 랄랑그라는 용어가 보여주듯이, 랄랑그는 정관사(la)와 랑그(langue)라는 단어를 합쳐서 만든 신어이기 때문에, 이미 랑그를 포함하고 있다. 그것은 랄랑그가 개별적인 랑그, 다시 말해 모국의 랑그를 포함한다는 것을 의미한다. 실제로 그 표현은 인간존재가 모국어 속에 말하는 존재로 태어나는 순간을 재연해 보여주고 있다. 즉 그 말은 모국의 랑그(langue maternelle; 모국어)를 어머니의 젖을 빨듯이 랑그(langue; 혀)로 빨면서, 동일한 음(<랄라(lala..)>)을 반복하면서 말을 말는 아기의 모습이 역력히 드러나 있다. 그래서 라캉은 그것을 랄랑그의 향락이라고 명명하기도 한다. 그렇지만 그것은 단순한 반복이 아니라, 라캉의 말대로 차이(즉 자기 자신과의 차이)를 생산하기 위한 반복이다. 여기서 라캉의 생각은 전복된다. 즉 초기에는 언어가 보편적 구조로 랑그에 우선하고 우위에 있다고 생각했는데, 랄랑그의 개념과 함께 그는 앞에서 이미 보았듯이, "언어는 내가 랄랑그라고 부르는 것을 설명하기 위하여, 학문적 담화가 만들어낸 것에 지나지 않는다. [⋯] 언어는 랄랑그로 이루어져 있다. 그것은 랄랑그에 대한 지식의 노작(勞作)이다."라고 선언한다. 랄랑그 이전에 이미 언어가 전제되어 있는 것이 아니라, 언어는 랄랑그에 대한 지식일 뿐이다. 게다가 랄랑그에서는 언어와 개별적인 모국어인 랑그가 구분되지 않을 뿐 아니라, 구조와 행위가 하나로 통합되어 있다. 그렇다고 랄랑그가 말-행위인 것은 아니다. 그것은 말-행위 이전 단계이다. 왜냐하면 말은 의사소통과 그 대상인 수신자를 전제하고 있는데 반해, 랄랑그는 어린아이의 혼잣말인 옹알이나 혀짤배기소리에 더 가깝기 때문이다. 그리하여 이제 언어와 랑그는 랄랑그로 통합되고, 또한 랄랑그로부터 분화되어 나온다.

3.

이러한 상황은 말에 대해서도 그대로 통용된다. 즉 라캉이 말하는 말의 개념은 소쉬르가 정의한 말의 개념과 다르다. 그러나 보통 알려지기는, 라캉은 말을, "소쉬르가 언어와 말을 구분할 때, 말에 주었던 의미로 쓰고 있다.

즉 그것은 개인의 의식적인 표현 행위이다."[32] 그러나 엄밀하게 말해, 라캉적인 의미의 말과 소쉬르의 그것은 사뭇 다르다. 우선 앞에서도 말했듯이, 소쉬르의 언어학은 랑그의 언어학이지 말의 언어학이 아니기 때문에, 소쉬르는 말에 눈길을 주지 않았다. 반면에, 라캉은 정신분석의 출발에 '말에 의한 치료(cure par la parole)'[33]가 있었다는 것을 다시금 환기시키려는 듯, 정신분석의 온갖 특권을 말에 부여하고 있다. 그것은 두 가지 방향에서 진행된다. 먼저 라캉은 소쉬르가 간과했던 말하는 주체(sujet parlant)의 문제를 끌어들인다. 그것은 일찍이 프로이트에게서도 찾아볼 수 없는 것이었다. 왜냐하면 프로이트의 정신분석은 라캉과는 다르게, 유년시절(보통 두 살서부터 여섯 살까지)에 대한 어른들의 건망증을 없애는 것을 목적으로 하고 있기 때문에[34], 그것에 관심을 기울일 겨를이 없었던 것이다. 그러나 말하는 순간, 말하는 주체는 필연적으로 따라오게 마련이기 때문에, 라캉은 그들과 다르게 주체의 출현을 정신분석의 전면에 배치시킨다. 둘째, 소쉬르의 말은 본질적으로 개인적인 언어 행위에 국한되어 있었다. 그에 반해, 라캉은 그것에 상호주체성의 옷을 입혀 거기에 대화상대자의 대답을 포함시킨다. 그도 그럴 것이, 정신분석이라고 부르는 새로운 방법이 펼쳐지는 공간은 분석가와 분석자 '사이'였기 때문이다. 게다가 라캉이 주목하는 말과 말하는 주체는, 무의식의 담화와 그 주체이다. 그런 점을 생각해보면, 라캉이 말하는 말은 언어학에서 다루는 <일상담화(discours courant; 디스쿠르 쿠랑)>가 아니라, 그

---

32 Muller & Richardson, *op. cit.*, p.70.

33 프로이트가 안나 O의 이 표현으로써 정신분석을 한 마디로 특징지었다는 사실을 보더라도, 그가 얼마나 말의 중요성을 깊이 인식하고 있었는지 알 수 있다. 그러나 그는 그것을 정의하지도, 그것을 정의하기 위해 언어학을 참조하지도 않았다.

34 물론 프로이트의 정신분석의 목적을 여러 가지로 기술할 수 있다. 여기서 정의한 것은 그 중의 하나일 뿐이다.

의 신어대로 <디스크-우르쿠랑(disque-ourcourant)>으로서의 <일상담화(discours courant; 디스쿠르 쿠랑)>이다.

<디스크-우르쿠랑(disque-ourcourant)>은 라캉의 신어로, 무의식이 들리지 않는 일상담화를 가리킨다. 다시 말해 그것은 무의식의 담화가 흘러들어간 일상담화이지만, 무의식이 그 담화를 듣거나 말하는 주체에게 들리지 않도록 만든 일상담화이다. 라캉은 1972년부터 <디스크-우르쿠랑>이라는 용어로, 그것 자신의 원인 — 다시 말해 그 담화의 원천인 불가능(또는 실재계) — 을 모르는 모든 담화를 가리킨다. 그러한 불가능은 성적 관계의 불가능이다. 그것에 반대되는 담화가 <분석적 담화>로, 그것은 <디스크-우르쿠랑>으로 들리지 않는 무의식을 들리도록 만드는 담화이다. 따라서 <디스크-우르쿠랑>은 무의식의 방식에 따라 단 하나의 기호형식이 원형 회전(tournage en rond)과 후렴구(ritournelle)이 반복하도록 구성된다. 그러한 각도에서 원반을 뜻하는 '디스크'는 원형 회전을 강조하고 있고, '디스-쿠르쿠르-랑'[35]는 후렴구처럼 동음이 반복되는 것을 강조하고 있다. 그리하여 <디스크-우르쿠랑>는 한편으로는 가족과 그것을 구성하는 세대 속에서 순환하고, 다른 한편으로는 학교와 대중매체와 통행인들 속에서 동심원적으로 퍼져간다. 또한 우리는 그 신어에서 자기애적인 구구 소리, 그것들을 내뱉는 사람 스스로가 무지한 구구 소리를 들을 수 있다.

라캉의 초창기 논문과 세미나들에서, 일상담화라는 개념은 상상적 차원에서 상징적 차원을 끌어내고 상습적인 자아분석에서 정신분석을 끌어내야 한다는 걱정과 관련하여, 라캉이 그 당시 자아의 언어라든지, 전의식의 언어

---

35 *disque-ourcourant*[디스크-우르쿠랑]을 연결해서 읽으면, *discours courant*[디스쿠르쿠랑](일상담화)과 똑같이 발음되면서, 비둘기의 울음소리['쿠쿠루쿠쿠(coucou)': 우리말로는 '구구']와 같은 후렴구[디스-쿠르쿠르-랑]가 반복된다.

라든지, 또는 망상(반드시 정신증적인 망상이 아니더라도)이라고 명명한 것과 비교해볼 수 있다. 그 당시 라캉에게 일상담화는 상상계의 담화였다. 그래서 본질적으로 거기서 문제가 되는 것은, 그 담화 — 그 중심에 고유한 육체(corps propre)[36]의 이미지가 있는 여러 기호들, 이미지들 또는 지배적인 형태들에서 나온 그 담화 — 의 상상적 차원을 밝히는 것이었다. 프로이트의 용어를 빌리면, 전의식적인 그 담화는 주체가 자신이 사는 세계로부터 받는 인상과 정보의 총량을 풍부하게 표현하지만, 다음과 같은 특징을 갖고 있음으로 해서 상상계에 머무는 담화이다:

첫째, 그것은 무의식과 반대로 언어의 구조를 갖고 있지 않다: 그것은 기호로 구성되지, 기호형식으로 구성되지 않는다. 왜냐하면 그것은 대상들을 가리키기 때문이다; 따라서 라캉이 강조하기를 바라는 것은, 자아나 전의식의 수준으로의 퇴행은 그 어떤 것도 우리를 무의식적인 현상에 접근시키지 못한다는 사실이다.

둘째, 그것은 강력한 정동적인 의미작용을 갖고 있다. 그러한 의미작용은 처음부터 어린 시절의 허구의 원천에 맞닿아 있을 뿐 아니라, 요구 — 물론 사랑의 요구이다 — 의 담화와 같은 복잡한 가공으로 확장된다.

셋째, 그것은 내적인 되새김질의 내밀함을, 주체 바깥에서 순환하는 실제 담화의 등질성에 연결한다. 그러한 바깥은 실제 상황의 세계를 포함한다. 왜냐하면 그 상황 자체가 그것을 구성하는 담화를 통해서만 접근할 수 있기 때문이다.

넷째, 주체는 거기서 자신의 <자아>를 가지고, 자신의 말로부터 언어의 장소인 큰타자를 배제할 수 있는 파라노이아증자처럼 말을 한다. 주체로

36 이 책 제12장 <육체란 무엇인가?> 참조.

하여금 인정받을 수 있게 하고 어떤 진실을 이용할 수 있게 하는 큰타자를 말이다; 그러면서 주체는 보통 자신이 그 담화의 주인이라고 생각한다.

다섯째, 그것은 상징적 질서와 대립한다. 왜냐하면 상징적 질서는 가장 단순한 상태에서 어떤 사이버네틱스의 메시지 형태, 다시 말해 0과 1로 표시된 일련의 기호들로 존재하기 때문이다. 그 기호들은 운각(韻脚)이 거기에 도입될 때부터, 어떤 요소가 다른 요소를 가리키는 상징의 망을 구성한다. 그래서 라캉은 상징적 질서의 이질성을 강조하는데, 그 질서에서는 인간이 주인이 아니라, 인간이 거기에 통합되고 거기서 자신을 인정받게 해야 하는 것이다. 이렇게 언어와 문화의 질서가 동일한 수학적인 조합에 복종하는 것이다.

라캉은 그 이후의 저작에서도 담화라는 개념을 완성하고, 상징적 질서가 실재계라는 범주와 맺고 있는 관계를 깊이 파고든다. 일상담화(discours courant)라는 개념은 <디스크-우르쿠랑(disque-ourcourant)>이라는 쓰기로 바뀔 정도로 명확해진다.

프로이트에게 무의식은 표상의 장소였다. 다시 말해 에너지가 투여된 기억흔적의 장소였다: 그것이 바로 라캉이 쾌락원칙에 의해 지배되는 <기호형식의 사슬의 망>이라고 명명하는 것이다. 그 망의 요소들은 환자의 회상 중에 담화가 회귀하고 교차하는 것에서 알아볼 수 있다. 그렇지만 그 망 — 라캉이 <오토마톤(automaton)>이라고 부르는 — 은, 프로이트가 정신적 외상과 반복이라는 개념을 통해 찾아낸 실재계와 구분되어야 한다. 실재계는 그 망의 원인이 되는 입벌림인데, 그 망은 그 입벌림에 의해 지배되고 그것을 숨기고 있을 뿐이다. 실제로 말해진 담화에서, 그것들의 전의식적인 통사법이 그것에 개입하는 무의식적인 비축물의 회귀와 연결되어 있음에도 불구하고, 주체의 문장들은 그 실재계라는 핵으로부터 대피하는 것이 지배적이다. 그래서 우리는 거기서 자아의 저항을 확인하게 되는 것이 아니라 담화 자체의 저항을 확인하게 된다. 그래서 주체의 문장은 그가 분석 경험을 하지 않는 한, 입벌림 주위를 디스크(원반)처럼 원을 그리며 무한정 도는 것이다.

그리하여 그러한 숨겨진 원인이 되는 실재계는 말하는 존재 각각에게, 성적관계의 쓰기의 불가능으로 나타난다. 왜냐하면 <남자>와 <여자>라는 기호형식은 남자와 여자라는 개념을 가리키는 것이 아니라, 유일한 남근의 상징에 의해 각각에게 할당된 위치의 차이를 가리키기 때문이다. 따라서 그러한 불가능을 오인하는 모든 담화, 다시 말해 불가능의 진실을 말하는 분석적 담화를 제외한 모든 담화는 <디스크-우르쿠랑>에 속한다.

결론적으로 모든 일상담화는 <디스크-우르쿠랑>이다. 그것은 우리가 앞에서 제시한 언어와 대립하는 말로서, 무의식적인 메시지가 개입하지만 그 사실을 모르는 전의식적인 담화이다. 비유적으로 말한다면, 전자가 화성인의 메시지라면, 후자는 그것을 학자들이 나름대로 해독한 각 주체의 말이다. 그러한 <디스크-우르쿠랑>은 학교와 대중매체를 통해서 퍼지고 통행인들 사이의 수다로서 퍼져나간다. 그리고 그것은 가족과 그것을 구성하는 세대 속에서 순환한다. 그러면서 그것은 주체가 사는 현실과 세계에 대한 무진장한 정보를 누적시킨다. 그렇기 때문에 그것은 개체발생적으로나 계통발생적으로나 강력한 정동적 의미작용을 갖게 된다. 그러나 그것은 어린 시절부터 형성된 허구의 원천에 맞닿아 있을 뿐 아니라 복잡한 가공을 거치면서, 진실과 동떨어진 상상적인 오인의 담화로 더욱 더 견고해진다. 게다가 자아는 스스로를 그러한 담화의 주인이라고 생각한다. 불교 용어를 빌린다면, 점점 더 아집(我執)이 공고해지는 것이다.

라캉이 보기에 그것은 실재계와의 관계에서 실재계의 불가능한 쓰기를 담화로 연결시키려고 하는 데 원인이 있다. 그것은 실재계의 입벌림의 주위를 원반처럼 빙빙 돌면서 실재계를 말하려고 하지만, 실재계의 불가능으로 말미암아 같은 말을 계속 반복하게 되는 담화이다. 그럼으로써 그것은 실재계의 불가능성을 몸소 보여주고 있는 것이다. 그러나 그 담화의 당사자인 자아는 그 사실을 모른다. 여기서 라캉은 프로이트의 저항을 달리 해석한다. 즉 프로이트에게 저항은 자아가 자기 방어의 일종으로 무의식적인 것을 말로 표현하기 싫어하는 것을 말하는데, 라캉에게 저항은 더 근원적인 것으로 불가능한 실재에 대한 담화 자체의 저항이다. 그래서 라캉에게 분석의 끝은 이 모든 것이 기호형식의 장소인 큰타자의 장소가 결핍의 장소인데서 기인한다는 사실을 인정하는 것으로 귀결된다. 그리하여 라캉의 분석치료는 큰타자가 결핍의 장소라는 사실의 인정까지 가야 한다. 그렇다면 그것은 불교 용어로 제법무아(諸法無我)에 이르는 것을 말하는 것인가? 라캉 식으로 표현하면, 상징적 장소에는 자아가 없다. 그러나 자아는 아무 것도 없는 그러한 장소에서 나온다.(<도식 L>에서 자아가 큰타자로부터 원시적 주체인 그거를 거쳐 타자와 동일시함으로써 구성된다는 것을 생각해보라! 게다가 그 거울 이미지가 바로 <너>라는 큰타자의 인정의 신호가 없으면 그나마 자아가 구성되지 않는다는 것을!) 정신분석은 결핍의 장소인 큰타자에서 나온 그런 자아가 없다는 데까지, 그리고 그 장소도 없다는 데까지 간다. 자아 — 프랑스어로 le moi[무아] — 는 결국 <[제법]무아(無我)>에 이르는 것이다.

2007년 12월 12일~12월 19일

X

자아-존재(m'être)와 말-존재(parlêtre)

말-존재의 탈존재(désêtre)
상상적 양자관계와 상징적 삼자관계
남근, 환원할 수 없는 원점 〈F〉
〈나〉의 조직의 파라노이아적인 구성
환상 가로지르기
〈도식 R〉과 크로스-캡

1.

상징적 차원의 언어의 사용은 인간을 근본적으로 언어에 의해 지배되고 전복되는 동물로 만들어 버린다. 그것은 인간의 사회적인 관계의 형태와, 좀 더 본질적으로는 성별화된 선택의 형태를 결정한다. 우선적으로 우리가 상징적 질서라고 말하는 것은, 정신분석이 아주 일찍 증상을 결정하는 기호 형식의 놀이 작용에서 그것의 우위를 인정했다는 뜻이다. 그리하여 주체가 자신의 존재에 대한 질문을 스스로 제기한다면, 증상의 중심에 있는 질문은 항상 "그의 성(性)과 존재의 우연성에 관한(즉 한편으로는 그가 남자이거나 여자라는 것이고, 다른 한편으로는 그가 존재하지 않을 수도 있다는 것에 관한), <여기 있는 나는 누구인가?>라는 질문"[1]이다. 그러한 질문은 항상 큰타자의 장소에서 제기되고, 무의식 속의 기호형식들로 발설되고, 큰타자 — 다시 말해 그 장소를 점유하고 있다고 주체에 의해 가정되고, 주체가 대답과 인정을 요구하는 사람 — 에게 건네진다. 따라서 주체가 존재의 탐색과 사랑에 착수할 수 있는 것은 그가 말하는 존재이기 때문이다. 그래서 라캉은 <말-존재(parlêtre)>[2]라는 신어를 만들어 인간존재를 가리킨다. 그리하여 존재의 철학적 문제는 이동된다: 그에 따르면, 존재는 랑그의 효과인 것이다.

라캉이 <존재(l'être)>라는 전통적인 개념, 그것도 형이상학에 기반을 둔 개념을 비판한다는 것은 잘 알려진 사실이다. 그에게 인간은 말하는 순간부터 이미 더 이상 존재도 본질도 아니다. 그야말로 인간 존재는 말하는 순간부터 이미 <말-존재(parlêtre)>인 것이다. 그러나 언어 자체는 일반적인 의미의 존재와 다르게, 실증적인 실체로 표시되지 않는다. 그것은 무-존재(Non-Être)의 순수한 침묵 속에 있는 어떤 결여이다. 언어와 얽힌 향락은 처음부터 결핍에 의해 표시되지, 존재의 충만으로 표시되는 것이 아니다. 또한 그 결핍은 히스테리증자의 요구처럼 불충족이 아니다. 그것은 향락의 천이 언어의 조직과 다른 것이 아니라는 사실을 나타낸다. 그리고 향락이 존재를 <애태우게(languir)> 만드는 것은, 향락이 존재에게 기대했던 실체를 제공하지 않고, 단지 존재를 <랑그(langue)> — 즉 말해진 것(dit) — 의 효과로 만들어버리기 때문이다. 존재라는 개념은 애초부터 부적당한 것이다. 아마 향락이 존재(l'Être)와의 관계이거나 그것과의 관계가 가능하다면,

1 라캉, 「정신증의 가능한 모든 치료에 선행하는 문제에 대하여」(1959), in 『에크리』, Seuil, 1966, p.549.

2 <말하다(parler)>와 <존재(l'être)>라는 단어를 결합해 라캉이 만든 신어.

큰타자는 견고해질 것이 분명하다. 그러면 큰타자는 신과 혼동될 것이고, 닮은자와의 관계는 그[큰타자]에 의해 확실히 보증될 것이다. 그렇지만 <말-존재>에게 모든 발화문은 그것의 발화행위 외에 다른 보증을 갖고 있지 않다. 큰타자의 큰타자는 없는 것이고, 그래서 향락은 근본적으로 큰타자 속의 결핍의 기호형식 — S(Ⱥ) — 과 관계를 갖고 있는 것이다. 라캉은 『*Scilicet*』 n° 1에 발표된 「1967년 10월 9일의 제안」에서, 주체를 본질화하기는커녕, 환상의 분석에 의해 인간존재를 주체적으로 파면시켜버린다. 그에 따르면, 정신분석 치료에서 정신분석가는 안다고-가정된-주체로 실체화해서는 안 된다. 그는 탈존재(désêtre)의 표시를 띠어야 한다.[3] 그러한 각도에서 분석자를 정상화하려는 모든 시도는 그러한 탈존재에 비추어볼 때 비판받아 마땅하다. 왜냐하면 탈존재는 실체를 가정하는 정상이라는 기준과 목표에 반대되기 때문이다. 그러나 그러한 탈존재의 표시가 증거가 있는 것도 아니고, 그렇다고 종교적인 것에 속하는 것도 아니다. 탈존재로의 선회에서는, 주체가 실재계를 향한 각자의 창이 구성되는 환상에 대해 갖고 있는 확신이 전복될 뿐이다. 말하자면 그러한 선회에서 눈에 띄는 것은, 욕망화(la prise du désir)가 탈존재화(la prise d'un désêtre)에 다른 것이 아니라는 사실이다. 그리하여 그 탈존재에서는 안다고-가정된-주체의 비본질(l'inessentiel)이 드러난다. 여기서 주체-탈존재-욕망-결핍의 축과 존재-환상-실체의 축이 서로 대립되는 것으로 나타난다. 그리하여 그것은 마치 우리가 자주 인용하는 서산대사(西山大師)의 『선가귀감(禪家龜鑑)』에 나오는 말 — <지환즉리 리환즉각(知幻卽離 離幻卽覺: 환상이 환상임을 알면 환상을 떠나는 것이요, 환상을 떠나

3 라캉은 「1967년 10월 9일의 제안」에서 다음과 같이 말하고 있다: "각자가 실재를 향한 그의 창이 구성되는 환상에서 [욕망의] 주체가 붙잡고 있는 확신이 전복되는 전환에서, 깨닫게 되는 것은, 욕망의 움켜쥠은 탈존재의 움켜쥠에 지나지 않는다는 것이다."(in *Autres écrits*, Seuil, 2001, p.254.

는 것이 곧 깨달음이다.)> — 처럼 진행된다. 즉 환상이 환상임을 알고 환상을 떠나 깨닫는 자는 정신분석적으로 탈존재화된 욕망의 주체가 되는 것이다. 깨달음이 어떻게 욕망과 연결될 수 있겠는가라고 질문할지 모르지만, 아무튼 정신분석적으로 욕망은 결핍이고, 그에 따라 욕망화는 탈존재화와 일치한다. 역으로 말하면 탈존재화가 곧 욕망화인 것이다. 그것은 또 다시 「반야심경」에 나오는 첫 명제로 우리를 안내한다: 색불이공 공불이색(色不異空 空不異色; 색과 공은 다르지 않고 공과 색은 다르지 않다) 색즉시공 공즉시색(色卽是空 空卽是色; 색이 곧 공이고 공이 곧 색이다.) 여기서도 완전히 일치한다고 말할 수는 없지만, 색(色)과 공(空)은 정신분석적으로 욕망과 결핍(또는 탈존재화)으로 해석할 수 있다. 단지 두 사상이 다른 점이 있다면, 정신분석은 색(色)과 공(空) — 욕망과 결핍(또는 탈존재화) — 을, 존재가 언어의 사용에 의해 전복된 결과로 본다는 것이다.

아무튼 정신분석 — 특히 라캉의 정신분석 — 에서는 존재(또는 존재에 대한 환상)가 언어 상징화에 의하여 말-존재 또는 탈존재화된 말하는 주체로 소외됨으로써, 인간존재가 비로소 동물을 벗어나 인간화된다고 말한다. 그래서 라캉은 "인간이 언어 속에 탄생하는 순간이 바로 욕망이 인간화하는 순간이다."라고 말하는 것이다.

2.

라캉이 존재에 대한 믿음(또는 확신)을 허구적인 것으로 본다는 사실은 <m'être(매트르; 자아-존재)>라는 그의 신어에 잘 나타나 있다. 그것은 라캉이 <moi(자아)>와 <l'être(존재)>라는 단어를 결합하여 만든 낱말로, <주인(maître; 매트르)>이라는 말과 <자제(自制)(maîtrise; 매트리즈)>라는 말을 상기시키고 있다. 말하자면 그 조어는 자아(<나>)는 존재하고, <나>는 나의 주인이며, <나>는 나를 제어 조정할 수 있다는 함의를 가지고 있는 것이다. 그래서 그것은 또 다시 불교철학의 <아집(我執)>이라는 용어를 연상시킨다. 다 알다시피, 아집은 자아에 대한 집착으로 인집(人執)이라고도 하고 생집(生執)이라고도 한다. 한 마디로 그것은 실체로서의 <나(我)>와, 나의 것 — <아소>(我所)라고 한다 — 에 대한 집착이다. 그러한 각도에서 보면, 라캉의 조어인 <m'être(매트르)>는 <자아-존재>로 번역하지 않고, <아집(我執)>이라고 번역하는 것도 무방할 것이다. 또는 실체로서의 <나>가 존재한다는 믿음을 불교철학에서는 유아론(有我論) 또는 실아론(實我論)라고 말하니까, 우리도 거기에 맞춰 <유아(有我)> 또는 <실아>라고 번역하는 것도 좋을 것이다.

아무튼 라캉은 자아를 존재에 대한 환상으로 연결시킨다. 라캉은 1936년 마리엔바트(Marienbad)에서 열린 제14회 국제정신분석학회에서 자아에 대한 전통적인 개념과 전혀 다른 명제를 들고 나온다. 거기서 발표한 이론에 따르면, 자아는 닮은자의 이미지 — 거울에 의해 나에게 되돌려진 나의 이미지 — 에 따라 구성된다. 거울에 비친 자신의 육체와 닮은 이미지를 자아로 동일시하는 것이다. 그러한 최초의 자아 형태는 <나>의 존재결핍을 보충하기 때문에 <좋은> 이미지, 이상적인 이미지이다. 왜냐하면 몸도 제대로 가누지 못하는, 그리하여 자신의 몸을 조각난 것으로 느끼는 운동감각에 비해, 거울에 비친 시각적인 몸의 이미지는 통일성을 보여주기 때문이다. 그렇기 때문에 그것에 대한 리비도의 투여는 미래의 통일성에 대한 동일시의 모체가 된다. 따라서 자아는 애초부터 통일성이라는 이상화된 오인에 불과한 것이고, 오인은 처음부터 <나(자아)>의 내면의 중심에 자리를 잡고 있는 것이다.

그런데 문제는 그러한 <나>가 타자에게 그 오인을 강요하면서, 타자를 발견하게 된다는 것이다; 즉 <나>는 그 타자라는 침입자에게서 선망이 섞인 질투의 긴장 같은 것을 발견한다. 그 침입자는 자신의 욕망으로 나의 대상을 구성함과 동시에, 그가 나 자신에게서 나를 훔쳐가는 것과 똑같은 움직임으로 나에게서 나의 대상을 훔쳐간다. 우리는 그것의 예를, 라캉이 그의 저술 내내 인용 주해하고 있는 성 아우구스티누스의 한 문장에서 찾아볼 수 있다: "나는 내가 잘 알고 있는 아주 어린 꼬마가 질투에 사로잡히는 것을 내 눈으로 보았다: 그는 아직 말을 하지 못했지만, 이미 아주 창백해져서 <독기어린 시선(*amaro aspectu*)>으로, 젖을 먹고 있는 남동생을 응시했다."[4]

이 예는 성 아우구스티누스가 『고백록(*Confessions*)』에 기술하고 있는 목격담으로, 라캉은 그것을 그의 전 세미나에 걸쳐 자신의 이론—특히 그의 욕망 이론—의 거울로 삼고 있다. 아우구스티누스가 목격하고 묘사한 그 아이는 말도 못하고, 아주 창백한 얼굴과 독기어린 시선으로 그의 젖먹이 동생을 응시한다. 실제로 그는 아직 말을 하지 못하는 <infans>[5]이기도 했지만, 자기가 목격한 장면이 너무나 어이가 없어서 아연실색한 것처럼 말을 못한다. 어머니의 젖가슴에 매달려 있는 동생이 갑자기 그 아이에게는 그 자신의 육체적인 이미지—거울 속에 비친 이상적이고 완전한 이미지—로 보이면서, 질투를 느끼게 하는 것이다. 그리하여 한편으로 그는 자신의 젖먹이 동생이 엄마의 젖을 빨고 있는 것을 보면서, 자신이 상상하는 완전함을 그 어린 동생에게서 발견하고는 강렬한 <선망(invidia)>[6]을 느끼

---

4 라캉, 「정신분석에서 공격성」, in 『에크리』, p.114.

5 *infans*는 <*enfant*(어린아이)>의 라틴어 어원으로, 페렌치가 정신분석에 도입한 용어이다. 그것은 아직 어려서 언어를 습득하지 못해 말을 하지 못하는 어린아이를 가리킨다.(infans는 부정을 뜻하는 접두사 in-과 fari(말하다)로 구성되어 있다.)

6 *invidia*는 *envie*(시기심, 선망)의 라틴어 어원으로 강한 <선망>이라는 뜻이다. 그것은

고, 다른 한편으로는 그에게 제시된 그 이미지 속에서 자신의 욕망의 대상 — 젖가슴 — 이 박탈된 것을 지각한다. 어머니와의 이상적인 통일 속에서 그것을 향락하는 사람은 그가 아니라 타자(어린 동생)이기 때문이다. 그렇게 해서 그 이미지는 그의 욕망을 창설한다. 그러나 그는 그것에 대해 아무 말도 하지 못한다. 대신 그는 그 이미지를 증오한다. 그에게 상실된 대상이 폭로되면서 어머니와의 분리 고통이 되살아나기 때문이다. 이렇게 질투는 상상적인 차원을 갖고 있다. 그러한 차원은 항상 자아와 소문자 타자 사이의 거울 관계에서 일어난다. 물론 그것을 구성하는 가장 기본적인 요소는 완전한 타자의 이상적인 이미지에 대한 선망(envie)이지만, 동시에 욕망을 창설하는 이미지 앞에서의 좌절이라는 전가적인(轉嫁; transitiviste)[7] 경험 — 즉 잘려나간 대상 a(젖가슴)와 빗금 쳐진 주체(결핍의 주체)의 불안을 허락하는 경험 자체 — 이기도 하다. 주체는 그렇게 타자의 이미지 앞에서 사라지고, 그 이미지와의 연속적인 동일시에 의해 자아가 구성된다.

그러나 그 상상적인 축 — 자아와 닮은자 사이의 거울의 축 — 이 그렇게 질투가 투사되는, 그리하여 공격성의 낙인이 찍히는(살기어린 형의 시선을 상기해보라!) 층위인 것만은 아니다. 그 차원은 양가성의 특징이 자리 잡는 곳이기도 하다. 다시 말해 그 축은 증오와 반대로 사랑에 빠지게 만들기도 한다. 우리는 그 증거를 그와 비슷한 장면에서, 미친 듯이 사랑에 빠지는 베르테르에게서 발견할 수 있다. 다 알다시피, 괴테의 이야기 속에 나오는

<*invideo*>(불신과 원한을 가지고 어떤 사람을 꼬나보다)라는 라틴어 동사에서 파생한 것으로, 예에서 볼 수 있듯이, <나쁜 눈>과의 관계가 탐욕스럽고 악의에 찬 어떤 응시의 역할을 확인시켜주고 있다. 그러나 그러한 <*invidia*(선망)>는 라캉에게 질투와 혼동되지 않는다.

7 <전가(轉嫁)(transitivisme)>는 예컨대 남의 왼쪽 뺨을 때리고 자기의 오른쪽 뺨을 비비면서 아프다고 우는 현상이나, 한 아이가 코피를 흘리면 다른 아이도 코피를 흘리는 현상을 말한다. 그것은 타자와 자아의 혼동, 즉 상상적 동일시에서 오는 현상이다.

베르테르(Werther)의 열정은 롯테(Lotte)를 처음 보는 순간부터 시작된다. 그때 롯테는 흑빵을 들고 각각의 아이들에게 나이와 식욕에 비례해서 빵조각을 나누어주고 있었다. 베르테르가 응시한 그 장면은 어머니가 자식에게 선물(빵)을 나눠 주는, 완전성을 구현하고 있는 이미지였다. 그리하여 베르테르는 그 장면에서 상실된 대상이 상상적으로 복원되어 충족감에 사로잡히는 자기 자신의 이미지를 발견한다. 그렇지만 그에 비례해서 거기엔 입벌림도 없고(왜냐하면 완전하기 때문에) 그 이미지의 피안도 없다.(왜냐하면 완전한 이미지에 갇혀 있기 때문에) 따라서 욕망의 구조화의 길도 닫혀 있다. 말하자면 상상적 충일성이 상징적 공백을 없애는 것이다. 이렇게 괴테의 베르테르는 성 아우구스티누스의 어린아이가 목격한 것과 동일한 장면에서, 살기어린 질투에 빠지는 후자와는 달리, 죽음에 이를 정도의 사랑에 빠진다. 물론 후자는 자아의 이미지에 지나지 않는, 그렇기 때문에 <타아(他我; alter ego)>라고도 불리는 소문자 타자에 대한 것이고, 전자는 그 타아(他我)들(어린아이들)에게 빵을 주는 어머니(롯테) — 우리가 보통 최초의 큰타자라고 생각하는 — 에 대한 것 아니냐는 반문이 있을 수 있다. 물론 그것들은 분명히 정상적인 오이디푸스적인 근원에 뿌리를 두고 있다. 그렇지만 그 모든 것은 환영의 궁전인 자아와 타자(소문자) 간의 상상적 축에서 일어난다는 점에서 공통적이다.

다른 한편 그러한 상상적인 차원의 질투에는 상징적 차원이 깔려 있게 마련이다. 결론부터 말한다면, 그 차원은 우리가 보통 제삼자라고 부르는 남근을 통해 개입한다. 그것은 또 무슨 말인가? 제삼자가 남근이라니? 방금 전에 베르테르가 사랑에 빠지는, 아이들에게 빵(선물)을 나눠주는 롯테(어머니)가 제삼자 아닌가? 성 아우구스투스의 에피소드로 말하면, 갓 난 동생이 젖을 물고 있는 어머니, 한 살 반 된 형이 갈망하는 젖가슴의 소지자인 어머니 아닌가? 그 두 장면은 완벽한 오이디푸스적인 삼각 구도를 보여주고 있다고 말하지 않았는가? 그렇다. 그것은 분명히 삼각 구도다. 그러나 그것은 상상적 삼각 구도다. 거기서 제3자의 위치를 점하고 있는 것은 어머니이지만, 그 어머니는 상상적 어머니로, 상상적인 제삼자일 뿐이다. 정확히 말해 상상적인 자아-타자의 축의 양자관계가 삼자관계로 확대된 것에 불과하다. 우리는 그러한 사실을 앞의 두 장면을 오이디푸스 신화에 대입해보면 금방 알 수 있다:

〈장면 I〉	〈장면 II〉	〈장면 III〉
성 아우구스티누스의 어린아이	괴테의 베르테르	소포클레스의 오이디푸스
(아버지)	(아버지)	라이어스
↓	↓	↓
어머니 — 젖가슴 — 형(〈나〉)	롯테 — 빵(선물) — 베르테르(〈나〉)	이오카스테 — 남근 — 오이디푸스
↑	↑	↑
갓난동생	아이들	?(라이어스)

이 세 장면의 비교를 통해서 우리가 알 수 있는 사실은, 우선 <장면 I>의 갓난동생과 <장면 II>의 아이들은 욕망의 주체인 어린 형과 베르테르의 입장에서는 주체의 욕망의 대상을 훔쳐가는 침입자로서 질투의 대상이 되는 타자이고, 동시에 이상적인 이미지로서의 타자, 그렇기 때문에 동일시의 대상이 되는 타자라는 사실이다.(그래서 그들은 한편으로는 질투 증오의 대상이면서, 다른 한편으로는 양가적인 선망의 대상이다.) 그러나 그러한 자아와 타자의 관계는 사실 어머니와 <나>의 관계에 덧붙여진 것에 불과하다. 그것이 침입자이든 우방이든 말이다. 다시 말해 그것은 어머니와 <나>의 관계가 욕망의 관계라는 사실을 깨닫게 하는 초대받지 않은 손님이다.(그러나 욕망이 깨어나 구성되기 위해서는 그 손님은 반드시 필요하다.) 오이디푸스의 <장면 III>으로 말한다면, 그것은 이중 배역을 맡은 <?(라이오스)>가 구성

하는 하단의 삼각구도에 해당한다. 반대로 <장면 III>에서 금지자(또는 금지의 법)로 나타나는 라이어스는 <장면 I>과 <장면 II>에서는 괄호 속에 숨어 있는 (아버지)에 해당한다. 결과적으로 <장면 I>과 <장면 II>에 실제로 나타난 하단의 삼각구도는, 오이디푸스적인 <장면 III>의 상단을 아래로 접어서 나타나게 된 것이라고 할 수 있다. 사실 <장면 III>에서 하단의 삼각구도는 상단의 실제를 가능케 한, 그 밑에 잠재되어 있다고 가정되는 현실이다. 그래서 우리는 <장면 I>과 <장면 II>가 오이디푸스적인 뿌리를 갖고 있다고 말한 것이다. 그러나 그러한 오이디푸적인 삼각관계는 순전히 상상적인 이미지와 <감정(sentiment)>[8] 속에서 일어난다. 그래서 라캉은 그러한 오이디푸스 콤플렉스, 즉 오이디푸스적인 갈등과 감정을 <성적 경쟁의 인형극>(하단의 상상적 삼각구도)이라고 부르고, 그것을 오이디푸스의 의미작용, 즉 정상화 작용으로서의 오이디푸스 문법(상단의 상징적 삼각구도)[9]과 구분한다.

따라서 전자는 아무리 그것이 삼각구도라고 하더라도 상상적인 인칭의 관계에 지나지 않기 때문에 상호주체적인 관계(즉 <너>와 <나>의 관계)로 환원된다. 달리 말하면 두 개의 양자 관계로 환원된다. 예컨대 성 아우구스티누스의 삼각구도는 어머니와 갓난동생, 어머니와 형으로 나뉜다. 그러나

---

8 상상적 장부는 감정(sentiments)의 장부로, 라캉은 그것을 <senti-ment(거짓-느낌)>으로 쓴다. *senti-ment*은 *sentiment*(감정)을 *senti(r)*(느끼다)와 *ment*(ir)(거짓말하다)>로 분해한 뒤, 연결선으로 다시 결합해서 만든 라캉의 신어이다. 따라서 그 신어는 <감정과 느낌>은 상상계의 <거짓 오인>을 내포하고 있다는 뜻을 숨기고 있다.

9 상단의 상징적 삼각구도를 정확히 그리면 다음과 같다:

아버지
↓
어머니 — 남근 — 주체

따라서 어머니와 주체가 남근을 매개로 한 삼각관계라는 점을 감안하면, 오이디푸스 구도는 정확히 사각구도라고 할 수 있다.

그러한 각각의 양자관계는 반드시 그 가운데 대상을 끼워 넣게 마련이다. 그들은 서로 직접적으로 관계하는 것이 아니라 대상을 매개로 관계하기 때문이다. 말하자면 각 주체는 대상과 관계함으로써 타자와 간접적으로 관계하는 것이다. 부연 설명하면, 어머니는 어머니의 차원에서 대상과 관계하고, 아이들은 아이의 차원에서 대상과 관계함으로써, 어머니와 아이는 대상을 사이에 두고 간접적으로 만난다. 따라서 모아(母兒)의 양자관계는 실제로는 대상을 매개로 한 삼자관계이다. 그런데 그 대상이 정신분석적인 해석에 따르면, 남근과 남근적 가치를 갖고 있는 남근적 대상 a이다. 여기서 우리는 대상 a와 남근의 관계를 논해야겠지만, 일단 그러한 해석을 그대로 받아들인다면, 어머니와 아이의 관계는 사실 양자관계가 아니라 남근을 매개로 한 어머니-남근-아이의 삼자관계이다. 게다가 그 남근이 라캉의 말대로 기호형식이라면, 남근은 상상계를 넘어서 상징계(비인칭적인 언어의 장소)로 통하는 관문으로서의 기호형식이다. 그래서 라캉은 위상학적 정신분석에서 남근을 상징계의 원점(F)으로 표시하는 것이다.(라캉은 크로스-캡을 이용하여 더 이상 환원할 수 없는 원점 α — <F>라고 부르는 — 에 남근(Φ)을 배치하고 있다.)[10]

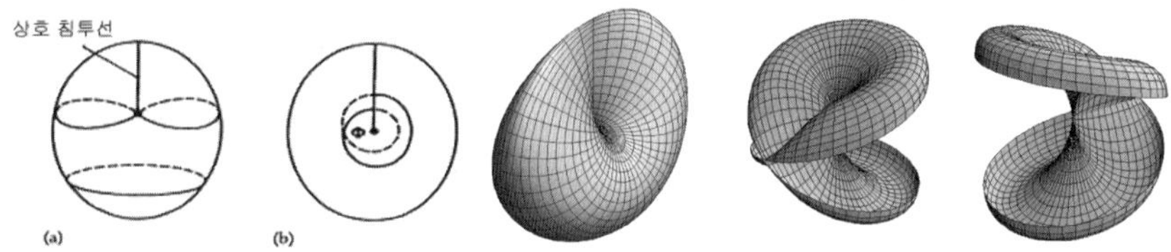

크로스-캡 절단되어 열린 크로스-캡의 모습

10 졸저, 『위상학적 정신분석』(파워북, 2010), 제7장 <원환면과 크로스-캡> 참조

우리가 남근을 상징적 차원의 제삼자라고 한 이유가 거기에 있다: 우선 모아(母兒)의 양자관계에 대해 상징계가 진정한 의미에서 제삼자를 구성하는데, 그 상징계의 원점이 바로 남근의 기호형식이기 때문이다. 게다가 오이디푸스의 장면에서도 하단의 상상적 삼각구도를 가능케 하는 것도 상단의 상징적 삼각구도일 뿐 아니라, 후자의 정점에는 아버지(의 이름)이라는 기호형식이 자리 잡고 있다. 아버지의-이름이라는 그 기호형식은 라캉에 따르면, 아버지의 은유를 통해, 다시 말해 어머니의 욕망을 대체함으로써 남근의 의미작용을 창출하는 기호형식이다. 이래저래 상상계는 상징계에 의해 지탱되고 있고, 상징계가 전제되어 있다. 프로이트의 표현을 빌리면, 전자는 후자로부터 파생되어 나오는 파생물인 것이다. 사실 정신분석의 관점에서 항상 잊지 말아야 할 것은, 남근-거세의 환상과 오인이 일어나려면, 즉 자지가 있는지 없는지 알려지려면, 도서관 색인의 비유가 말해주듯이, 남근의 기호형식이 전제되어야 한다는 사실이다. 그러한 상상계와 상징계의 접점에 남근이 있다. 남근은 여러 가지 면에서 접점에서 두 영역을 이어주는 계사(copule)의 기능을 가진 기호형식이다. 그것은 욕망(d)과 요구(D)의 접점에서 욕망을 창설하는 기호형식이기도 하다. 그렇기 때문에 그것은 욕망의 기호형식이면서 동시에 욕망으로 하여금 그것의 원인인 대상 a를 끊임없이 돌면서 놓치게 만드는 최초의 기호형식이기도 하다. 라캉은 그러한 요구와 욕망과 남근과 대상 a의 관계를 다음과 같은 원환면으로 그리고 있다:

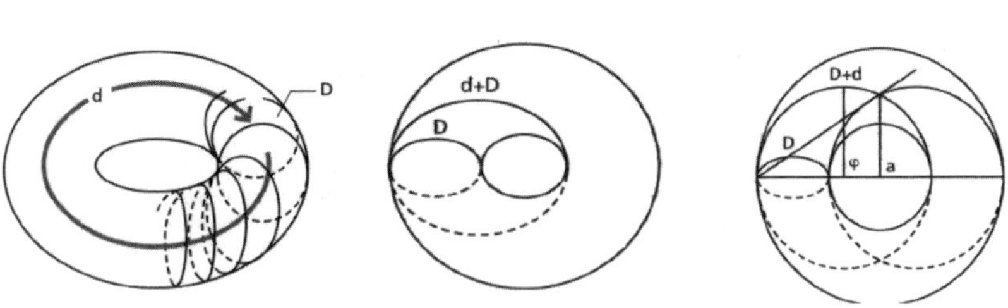

그렇지만 욕망이 아무리 상징적 차원에 기록된 결핍이라고 하더라도, 그것은 반드시 상상적 장부에 의해 중개되어야 한다. 그래서 성 아우구스투스가 기술한 장면을, 두 형제의 경쟁으로 보지 않고 욕망을 창설하는 장면 또는 이미지라고 말한 것이다. 사실 그 아이들은 <infans>로, 경쟁 관계라고 말하기에는 아직 너무 이르다. 물론 형제자매는 서로 경쟁자로 질투 증오의 대상이 된다. 그러나 그 아이들의 질투 증오는 일반적인 의미의 그러한 질투라기보다, 오히려 앞에서도 말했지만, 자신의 욕망의 대상 — 여기서는 젖가슴 — 이 박탈되는 고통, 그리하여 어머니와의 분리가 상기되는 고통과 결부된 대상 상실의 폭로에서 오는 증오로 보아야 한다. 말하자면 그것은 자기의 살이 떨어져 나가는 고통 뒤에 따르는, 그 고통의 원흉(상대)에 대한 증오에 더 가깝다. 이렇게 그 장면 밑에는 욕망의 대상과 그 대상의 상실이 숨어 있고, 그 장면의 목격을 통해서 대상 상실의 기억이 무의식적으로 환기되는 것이다. 그래서 라캉은 주체의 욕망을 타자(소문자 타자)의 욕망이라고 말한 것이다. 인간은 상상적 장부에 의해 중개된 것으로서만 욕망의 상징적 차원에 어떤 직관을 가질 수 있다. 그러나 주체의 욕망은 궁극적으로 큰타자의 욕망이다. 왜냐하면 그러한 상상적인 타자의 욕망은 반드시 상징계를 통해 이루어지기 때문이다. 모든 상상계는 상징계의 작용인 것이다. 그러한 관점에서, <장면 I>과 <장면 II>의 중심에 있는 젖가슴과 빵도 실제로는 <상징적 대상 a>[11]의 상상적인 환영에 불과하다고 말할 수 있다. 왜냐하면 그 대상 a도 욕망의 기호형식인 남근의 기호형식의 도입과 함께. 기호형식의 사슬 밖으로 떨어져 나간 존재의 <나머지>이

11 우리가 대상 a를 상징적이라고 말한 것은, 그것이 남근의 기호형식의 도입과 함께 탄생한 욕망의 원인인 대상이기 때문이다. 그래서 그것은 상징계에도 한 발을 걸치고 있고, 보로메오의 매듭에서 쐐기점에 나타나는 것이다.

기 때문이다. 그러한 사실은 앞의 원환면 도표가 잘 보여주고 있다.[12]

한 마디로 현상적으로 드러난 상상적 현실은 그 밑에 상징계를 숨기고 있고, 그 상징계에 의해 움직이고 있다. 그렇지만 그 상징계의 존재는 상상계를 통해 알려진다. 말하자면 상상계는 상징계의 작용이고, 그 상징계는 상상계를 통하지 않고서는 그 존재가 알려지지 않는다. 그렇게 상징계와 상상계는 서로 맞물려 있다. 그러나 <맞물려 있다>라는 표현은 그 둘의 관계 양상을 드러내기에 부적절하다. 왜냐하면 <맞물리다>라는 동사는 두 톱니바퀴가 서로를 물고 있는 형상을 가리키는데, 상징계와 상상계는 오히려 발화행위와 발화문의 관계처럼 보이지 않는 구조와 틀이 겉으로 드러난 현상을 움직이는 방식으로 되어 있기 때문이다. 그래서 라캉은 그것들의 관계를 위상학적으로 그리려고 하는 것이다. 아무튼 인간은 상상적 장부에 의해 중개된 것으로서만 욕망의 상징적 차원에 어떤 직관을 가질 수 있다. 그리고 욕망의 그 두 차원 — 상상적 차원과 상징적 차원 — 의 접점에는 남근이 있다. 그래서 라캉은 주체의 욕망은 타자(소문자 타자)의 욕망이라고 말하기도 하고, 큰타자의 욕망이라고 말하기도 하는 것이다. 결국 인간은 자기 자신의 욕망에 대해 이중적인 간접성 — 상상적인 소문자 타자와 상징적인 큰타자 — 을 통해서 접근할 수밖에 없다.

---

12 졸저, 『위상학적 정신분석』, 파워북, 2010, 제7장 <원환면과 크로스-캡> 참조.

3.

그러한 상징적 축(주체(S)－큰타자(A))과 상상적 축(자아(a) — 타자(a'))의 관계를 도표로 나타낸 것이 바로 <도식 L>이다. 라캉은 <도식 L>에서 주체성을 정돈하는 상징적이고 상상적인 두 축을 배치한다. 내가 <a>에서 <나>를 자아로 상상할 수 있는 것은, 오직 거울 관계 속에 있는 나의 닮은자인 타자의 이미지(a')로부터다. 그러나 정신분석에서 말의 주체(S)로서의 나(Je)는, 기호형식의 장소인 A를 가정하는, 그보다 선행하는 상징계에 의해 결정된다. 그렇게 해서 <도식 L>은 주체성의 네 극점 — A, a, a', S — 을 결정한다.

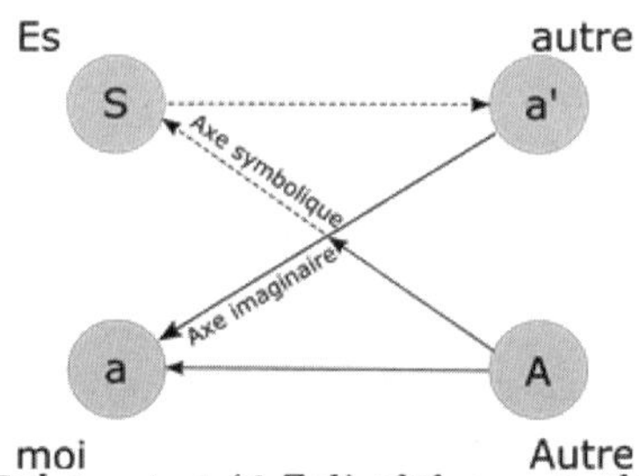

Es: 그거 : autre: (소문자) 타자 : moi: 자아 : Autre: 큰타자 : axe symbolique: 상징적 축 : axe imaginaire: 상상적 축

라캉에 따르면, 무의식의 발견 이래로 주체의 정돈 구성은 항상 사각 구조가 요구된다. 그러한 구조의 전제는 「신경증자의 개인적 신화 또는 신경증에서의 시와 진실(*Le mythe individuel du névrosé ou poésie et vérité dans la névrose*)」(1953)로부터 나타나는데, 라캉은 거기서 프로이트가 「세 상자의 주제」(1913)를 분석한 방식에 따라, 오이디푸스적인 트리오에 네 번째 항목 — 죽음 — 을 개입시킨다.[13] 그것의 다른 예는 라캉이 남근을 어린아이

와 어머니 사이의 상상적인 제3자로, 그리고 어머니에게 없는 것으로 위치시키는 방식에서도 나타난다. 이 때 아버지의 심역은 상징적 차원에 개입하는 네 번째 기능을 지탱한다. 그러한 네 자리의 구조는 이후의 그의 이론구상에서 계속해서 우위를 점하게 된다.

앞에서도 말했지만, 라캉은 <도식 L>을 1955년 『세미나 II: 프로이트의 이론과 정신분석 기법에서의 자아』로부터 도입한다. 그 당시 문제가 되는 것은 무의식에 속하는 것으로서의 말의 순환을 설명하는 것이었다. 누가 말하는가? 그리고 누구에게 말하는가? 그것은 정신분석가를 위한 질문이다. 왜냐하면 누군가에게 말을 걸지 않는 말은 없기 때문이다. 그러한 말걸기 때문에 주체가 어디로부터 말을 하는지 알아낼 수 있는 것이다. 그는 타자에게, 즉 a'에 있는 그의 닮은자에게 말을 걸지만, 동시에 그의 말은 그가 그 자신의 말에 끌어넣는 것에 대한 진실의 보증자로 내세우는 큰타자(대문자 A)를 겨냥하고 있다. 게다가 코드의 장소인 그 큰타자로부터, 사실 그는 자신의 메시지를 되받는다. 주체가 자신의 닮은자를 넘어 그 미지의 큰타자에게 말을 걸 때마다, 그는 자신의 말을 큰타자의 장소로부터 거꾸로 된 메시지의 형태로 되받는 것이다. 그가 어떤 창설적인 말 — <너는 나의 선생이다>라든가 <너는 나의 아내이다> — 을 진술하면, 그 자신은 그것에 더해서 그 말에 의해 결정된다. 즉 그 말은 그를 제자나 남편의 위치에 세운다. 이렇게 본질적인 말은 주체가 큰타자의 장소에서 기원하고, 주체를 어떤 상징적 결정 작용 속에서 구성하면서, 그 자신의 모든 표상에 대해 중심을 벗어나게 한다. 그러한 의미에서 대문자 큰타자는 말이 구성되는 주체, 말을 맞아들이고 그것을 지각하고 그것에 대답할 수 있는 주체를

---

13 Lacan, 「신경증자의 개인적 신화 또는 신경증에서의 시와 진실」(1953), in *Ornicar?*, 1979, n° 17/18, pp.289-307 참조.

가정하고 있는 것이다.

분석에서 말은 큰타자의 장소에서 기원하는 한, 무의식적인 메시지를 구성한다. 그것이 필연적으로 억제되고 잘게 썰어지고 변형되고 뒤집히는 것은, <도식 L>에서 점선이 나타내는 구조 행위에 의한 것이다. S에 도달하기 위해, 그것은 aa'의 필터를 통과해야 한다. 자아와 그 대상과의 상상적인 관계에 의해 구성되는 그 필터는, 자기애를 떠받치는 동일시의 전 체계를 끌고 들어온다. 분석 작업은 환자가 그 무의식적인 말을 재통합하고 그것을 <나(Je)>로 수용하는 것을 목표로 한다. 프로이트의 Es와 동음인 S는 큰타자의 메시지의 중개로 <나(Je)>가 될 수 있는 것이다.

따라서 <도식 L>은 위상학에 속한다. 다시 말해 화살표들이 지탱하고 있는 장소들의 관계(삽입, 연속, 시퀀스) — 즉 그 장소들에 오는 항목들의 교대나 이동의 가능성을 정돈하는 관계 — 에 속한다. 그런 식으로 라캉은 포(Poe)의 콩트인 『도둑맞은 편지』에 대한 주석에서, <주체가 편지의 여정에 의해 구체화되고 도식으로 표시할 수 있는 어떤 기호형식의 노정으로부터 받는 불가항력적인 결정 작용>을 보여주고 있다. 편지를 소유한다는 것은 그것에 의해 사로잡힌다는 것, 그리고 그것의 영향을 받는다는 것과 동의어이다. 이렇게 주체는 극단적으로 말하면 기호형식이 지나간 자리, 즉 어떤 부재의 흔적에 불과하다.[14] 그러한 기호형식의 사슬의 도정을 상징계와 상상계의 관계를 고려하면서 좀 더 입체적으로 그린 것이 <도식 R>이다.

14 졸저, 『전이와 반복』, 파워북, 2016, p.161. sqq. <「도둑맞은 편지」에서의 반복강박> 참조.

〈도식 R〉

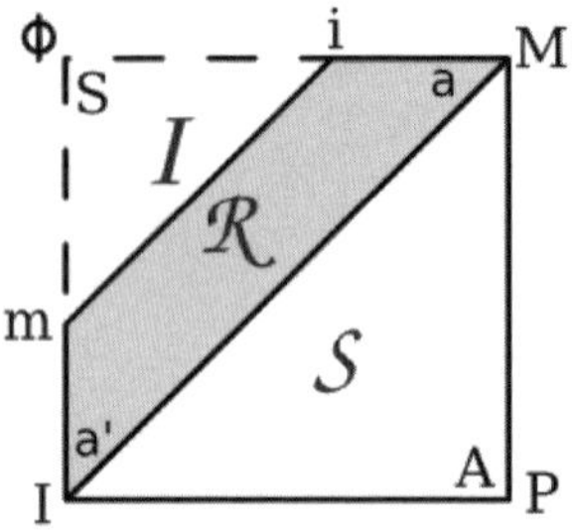

여기서 I, R, S는 각각 상상계(l'imaginaire), 실재계(le réel), 상징계(le symboique)의 약자이다. 그리고 <Saa'A>은 <도식 L>(의 약호)과 일치한다. 따라서 <도식 R>은 <도식 L>을 포함하는 형태로 나타내고 있다. <도식 L>의 사각형을 둘러싸고 있는 기호들을 왼쪽 상단에서 오른쪽 하단으로 설명하면, 우선 소문자 ϕ(phi)는 상상적 남근을 가리키고, 소문자 <i>는 거울 이미지(image spéculaire) 또는 이상적 자아(moi idéal)의 약자이고, <m>은 자아(moi)를 가리킨다. M은 <큰사물의 버팀목>인 어머니(mère)의 약자이고, I는 자아이상(Idéal du moi)를 나타내고, P는 아버지의 이름(nom-du-père)의 약호이다.

앞에서도 말했듯이, <도식 L>은 자아의 구성에 있어서 상상계와 상징계의 관계만을 보여주고 있다. 그에 비해 <도식 R>은 <도식 L>에 실재계를 덧붙임으로써, 실재계가 상상계와 상징계를 입체적으로 연결하고 있다는 장점을 갖고 있다. 즉 그 도식은 점선으로 된 상상적 삼각형(ϕim)과 실선으로 된 상징적 삼각형(MIP)으로 이루어져 있는데, 그것들 사이에서 그것들을 연결하고 있는 것은 실재계를 나타내는 사각형(imMI)이다. 그 순간 우리는 다음과 같은 의문을 가질 수 있다: <그런데 왜 상징계의 삼각형이 상상계와

실재계를 합친 것과 똑같은 크기로 되어 있는가?> 그것은 아마 상징계가 나머지 두 영역을 덮고 있기 때문이다. 상징계 내로 들어와야만, 상상계도 구성되고 실재계도 성립한다는 것을 의미하는 것이다. 그도 그럴 것이 실재계는 상징계의 개입으로 말미암아 현실로부터 영원히 추방된 것이고, 상상계는 상징계를 전제할 때만 비로소 가능하다. 말하자면 <도식 R>은 상상계와 실재계에 대한 상징계의 우위를 도표에 표시하려는 라캉의 의중을 반영하고 있다. 밀레르는 그 도표에 대한 해설에서 다음과 같이 말하고 있다: "상징계의 삼각형 혼자서 정사각형의 반을 차지하고 있고, 다른 두 모습이 다른 반을 나누고 있는 것은, 전자가 후자들을 구조화하면서 덮어야 하기 때문이다."[15]

그러나 <도식 R>을 제대로 이해하려면, 왼쪽 상단에서 오른쪽 하단으로 움직이면서, 주체가 상상계에서 실재계를 거쳐 상징계로 진입하는 과정을 따라가야 한다. 물론 출발점은 왼쪽 상단의 꼭짓점이다. 그 자리는 <도식 L>에서 그거(Es), 즉 분열되기 이전의 주체인 원시적 주체(Sujet)가 자아의 구성을 위해 출발하는 지점이기도 하다. 그런데 라캉이 그 자리에 상상적 남근을 나타내는 소문자 φ(피)를 배치한 까닭은 무엇일까? 그것은 첫째 원시적 주체가 어머니(M)와의 양자 관계에서 자신을 어머니의 상상적 남근과 동일시(즉 어머니의 욕망의 대상과 상상적으로 동일시)[16]하기 때문이고, 둘째, 그 결과 주체와 어머니의 관계는 단순한 욕구 충족의 관계가 아니라 남근을

15 라캉, 『에크리』, 905-906쪽: 그런데 앞에서는 상상계가 상징계를 덮고 있다고 말했다가, 이제는 상징계가 상상계를 덮는다고 말하는 까닭은 무엇인가? 사실 그것은 상징계와 상상계의 관계를, 구조와 현상의 관계로 보느냐, 아니면 우위와 하위로 보느냐에 따른 서로 다른 비유일 뿐이다.

16 라캉에 따르면, 주체는 이러한 동일시를 통해 대상을 자신의 생체(生體; être de vivant)의 일부로 여긴다.

매개로 한 욕망의 관계로 맺어져 있다는 것을 의미한다. 그것은 남근이 왼쪽 상단에서 출발하여 주체와 어머니라는 양자 관계의 축을 따라 오른쪽으로 움직인다는 것으로도 증명되고 있다. 아무튼 주체와 어머니의 관계는 주체가 인간으로 태어나서 만나게 되는 최초의 현실로, 그 관계는 처음부터 남근을 매개로 한 상상적인 욕망의 관계로 규정된다.

그러한 현실에서 주체가 자아를 구성하는데 최초의 디딤돌이 되는 것은 거울 속의 자기 이미지이다. 그 이미지에 대해서는 우리의 세미나에서 이미 여러 차례 이야기했지만, 거기에는 참 이상한 점이 있다. 우선 그것은 주체가 그 속으로 소외되는, 따라서 주체를 타자화하는 이미지이다. 우리는 그러한 타자-이미지를 자신과 동일시함으로써 자아를 형성한다. 말하자면 자아형성은 바깥으로 투영된 자신의 이미지를 자신 속으로 가지고 들어오면서 그 이미지 속으로 소외되는 방식을 취하고 있다. 그래서 그 이미지는 현실과 상상의 경계에 있다. 역으로 말하면, 그것은 현실과 상상을 이어주는 통로이다. 그런데 주체는 그 이미지에 반한다. 그래서 그는 그 이미지가 자기임을 깨달을 때, 그것에 <아하 경험>으로 반응한다. 왜냐하면 앞에서도 말했지만, 몸도 제대로 가누지 못하는 아이, 그리하여 운동감각의 차원에서 자신의 몸을 조각난 것으로 지각하는 아이의 눈에 비친 자신의 거울이미지는 이상적인 미래의 통일성을 예견하고 있기 때문이다. 주체가 그 이미지에 나포되는 것은 그 이미지가 이상적인 완전성을 갖추고 있기 때문이다. 그렇기 때문에 동일시를 통해 형성된 자아는 이미 이상적 자아일 수밖에 없고, 자기애적인 과대망상의 요소가 가미되어 있을 수밖에 없다.

그러나 거울 단계의 동일시를 단순히 경제학적인 차원에서의 리비도 투여에 의한 거울이미지의 인수라고 생각해서는 곤란하다. 그 이미지를 동일시를 통해 자아로 받아들이기 위해서는 제삼자의 인정이 필요하다. 자아형성에는 큰타자 — 대개 전능한 존재로 아이에게 비치는 어머니로 대표되는

— 의 인정이 절대적으로 필요한 것이다. 다시 말해 어린아이가 그 이미지를 자기 것으로 만들 수 있으려면, 그러한 인정을 통해, 정확히 말하면 그러한 인정의 신호를 또 다른 자아(자아이상)로 받아들임으로써, 대문자 큰타자 속에 편입되면서, 거기에 한 자리를 차지하는 것이 필수적으로 요구된다. 그러한 어머니의 인정의 신호가 주체를 표상하는 단성으로 기능하고, 자아이상은 그러한 사실로부터 구성되는 것이다. 그러한 점에서 장님도 여기서 예외가 아니다. 그 역시 자신이 큰타자의 시선의 대상임을 아는 주체이다. 왜냐하면 어린아이는 결코 자기 자신의 눈으로 자신을 보는 것이 아니라, 항상 그를 사랑하거나 미워하는 사람의 눈으로 자신을 보기 때문이다. 이렇게 해서 어린아이는 자신의 육체의 이미지에 대해, 어머니의 사랑이라는 것과 그에게 보내는 시선의 질서라는 것으로부터 자기애를 창설하게 된다. 한 마디로, 거울단계가 처음으로 자신이 인간이라는 경험을 하게 하는 최초의 모험이라 할지라도, 그가 자신을 인식하는 것은 타자의 이미지에서이다. 이렇게 인간은 우선 자신을 타자로서 보고 경험한다.

라캉에 따르면, 그렇게 해서 나는 타자로서 세계를 인식하게 된다. 그것이 바로 <나(je)>라는 조직을 정상적으로 구성하려면 반드시 통과해야 하는 파라노이아적인 차원이다. 라캉이 <나>의 조직의 파라노이아적인 구성이라고 하는 것은 한 마디로 <나>의 타자성에 다름 아니다. 라캉이 1936년 국제 정신분석학회에서 발표한 「<나>의 기능을 형성하는 거울단계(*Le stade du miroir comme formateur de la fonction du <je>*)」의 골자가 바로 그것이다. 그러나 그것은 지나치게 긴 발표를 중단시킨 어니스트 존즈(E. Jones)의 종소리 외에 다른 반응이 없었다. 그리고 그것의 속편이 1949년 취리히에서 발표되었는데, 그것 역시 그 이상의 열광을 야기하지 못한다. 사실 그 명제는 사변적인(그 기원에서는 플라톤적인) 전통에 위배되는 것이었다. 왜냐하면 전통은 진리의 탐구를, 이상이나 존재의 파악에 의해 수용될 수 있는 동일성의 탐구와 결합시키기 때문이다. 따라서 자기-동일성(l'identique-à-soi)이 파라노이아적이라는 주장은 전통과 부딪치지 않을 수 없는 것이다.

게다가 라캉은 1946년에 발표하고 1966년 『에크리』에 출판한 「심리적 인과성에 관한 설명(*Propos sur la causalité psychique*)」에서, 인간존재가 우선 일련의 이상적인 동일시에서 이미 거울 단계의 타자의 이미지로 소외되는 존재라는 사실을 다시 한 번 보여준다. 어린아이는 그러한 동일시 덕분에 하나의 인간이 되는 열정, 즉 스스로를 하나의 인간존재라고 생각하는 열정에 진입한다. 그것은 파라노이아증자에게 노골적으로 나타난다. 그는 존재의 탐색을 구성하는 파라노이아적인 오인 속에 연루되어, 명사화된 상상적 자아에 사로잡히는 것이다. 그리하여 파라노이아증자는 경우에 따라 살해나 자살로써 존재와 자아의 부합이 오인이라는 사실을 보여준다: 그는 자기를 왕으로 여겼던 바이에른의 루트비히 2세(Louis II de Bavière)처럼, 동일시와 자신의 존재를 혼동한다. 그렇지만 자아는 존재가 없다. 왜냐하면 처음부터 그것은 타자이기 때문이다.

그것은 파라노이아증자가 <도식 L>의 큰타자의 욕망에 도달하지 못했기 때문이다. 그래서 그는 타자의 이미지에 대한 증오에서 멈춰버린다. 그 이미지가 바로 제거해야 할 분신인 박해자이다. 그러한 경험은 각자에게, 욕망이 경쟁자나 배신자나 다른 여자의 모습을 한 타자 속에 비쳐지는 만남을 통해 되풀이된다. 질투하는 주체가 그러한 향락에 대해 최소한의 직관도 가지고 있지 않다고 하더라도, 타자가 향락한다고 가정되는 것으로 충분한 것이다. 마찬가지로 질투망상의 경우, 그 제삼자가 남근적이지 않은 것은 아니지만, 아버지의 이름의 폐기로 해서, 거기서 문제가 되는 것은 폐기된 것이 실재계로 회귀하는 것이다. 망상증자는 근본적으로 생소하고 박해적인 그 남근의 현전이 증식하는 징후를, 자신의 상대에게 시인하게 만들고 발견하는데 몰두한다. 그 결과, 그는 그 남근에 대해 여성화라는 결과를 겪지 않을 수 없는 것이다.

4.

아무튼 다시 <도식 R>로 돌아가, 그렇게 어머니의 승인 하에 거울이미지를 자아로 동일시하는 것을 나타내는 삼각형이 바로 imM이다. 물론 <i>와 M 사이에는 무수한 상상적 타자들이 놓인다. 그리고 그 타자들은 자아와 상상적으로 동일시되면서 m 과 I 사이에 이상적 자아들을 형성한다. 라캉은 그러한 상상적 타자들과의 동일시, 그리고 그렇게 해서 형성되는 이상적 자아들을 <도식 R>에 다음과 같이 표시한다.

> 우리는 i에서 M(즉 a에 있는)까지, 공격 관계 속에 있는 상상적 타자의 모습들이 있는 Si, Sa^1, Sa^2, Sa^n, SM라는 선분들의 끝을 위치시켜야 한다. 마찬가지로 m에서 I(즉 a'에 있는)까지, 거울 상(Urbild)으로부터 자아이상의 부성적 동일시에 이르기까지 자아가 동일시하는 Sm, Sa'^1, Sa'^2, Sa'^n, SI의 선분의 끝을 위치시켜야 한다.[17]

그것을 도표로 그리면 다음과 같다:

17 라캉, 『에크리』, Seuil, 1966, p.553.

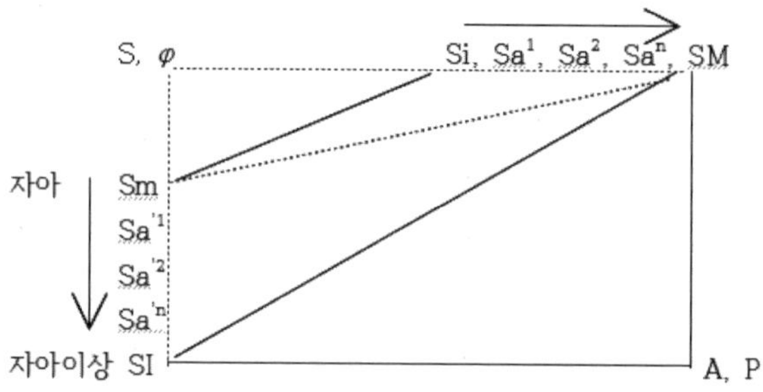

필자는 언젠가 자아를 이성철 종정의 누더기 옷에 비유한 적이 있다. 그만큼 자아는 상상적 타자들과의 동일시로 더께더께 기워진, 육체의 이미지를 감싸고 있는 옷에 불과하다. 그러나 그보다 우리가 앞의 도식에서 간과해서는 안 될 것은, 상상적 타자는 Si에서 시작하여 SM으로 나아가고, 그에 따라 자아는 Sm에서 SI로 진행된다는 사실이다. 그것은 무수한 상상적 동일시가 궁극적으로는 자아이상이라는 상징적 동일시를 지향하고 있다는 것을 의미한다.(이것은 일종의 라캉이 말하는 <환상의 가로지르기(traversée du fantasme)>이다.) 그러한 움직임은 현실의 장(imMI)에서 일어나는데, 삼각형 imM에서 mMI의 삼각형으로 반쯤 뒤틀리면서 상징계로 나아간다. 말하자면 현실이 두 측면(상상적 측면과 상징적 측면)을 가지고 있고, 그 두 측면은 뫼비우스의 띠처럼 한 번 뒤집어서 하나로 연결된다. 그리하여 상상계는 현실 속으로 스며들면서, 그 현실을 매개로 상징계에 접속된다. 이렇게 상상계와 상징계는 현실에 의해 서로 연결되고 결합된다. 또한 우리는 여기서 거울이미지야말로 현실로 침투하는 관문이며, 동시에 상징적 동일시를 위한 교두보라는 사실을 잊어서는 안 된다. 즉 이미지와의 상상적 동일시는 큰타자의 단성과의 상징적 동일시로 대체되기 위한 시발점인 셈이다. 호랑이를 잡으려면 호랑이 굴에 들어가야 하는 것과 같다고나 할까? 상상적

동일시로부터 빠져나와 상징적 동일시로 나아가기 위해서는 반드시 상상적 동일시로부터 시작해야 한다. 그것이 바로 성 아우구스티누스가 묘사한 장면이 우리에게 시사하고 있는 바다.

그런데 여기서 M(어머니)은 왜 대문자로 쓰였으며, 그것의 기능은 무엇일까? 우선 그것은 여러 가지 면에서 실제로 존재하는 절대적인 큰타자이다. 우리는 그러한 사실을, 그녀가 거울 단계에서 진실의 보증자(거울이미지의 승인자)로 나타나는 것으로부터, 그리고 무원상태에서 생명의 은인으로 등장하는 것으로부터, 마지막으로 무엇보다도 영원히 상실된 원초적 사랑의 대상(즉 큰사물) 자체라는 사실로부터 확인할 수 있다. 따라서 M은 실재계를 대표하면서 동시에 상징계를 대표하는 어머니라고 할 수 있다. 물론 그렇다고 상상적 어머니의 측면이 배제되는 것은 아니다. 그러나 그녀를 특히 상징적 어머니(이러한 표현이 가능하다면)라고 부르고 싶어지는 것은, <도식 R>에서도 볼 수 있듯이, M은 상상적 실재계와 상징계에 양다리를 걸치면서 주체를 상징계로 인도하는 자이기 때문이다. 따라서 M의 상징적 기능은 아무리 강조되어도 부족함이 없다. 아마 라캉도 그러한 이유에서 상징계의 삼각형을 MIP — 어머니(M), 자아이상(I), 아버지의 이름(P) — 로 표시하고, 그 한 꼭짓점(그것도 상상계에서 실재계를 거쳐 상징계에 이르는 첫 꼭짓점)을 어머니(M)에 할애한 것 같다. 사실 프로이트의 실증적인 설명에 따르더라도, 아버지의 법은 어머니의 입을 통해 발설되면서 주체에게 전달된다. 그러한 사실이 말해주는 것은, 아마 라캉 식으로 말하면, 아버지의 단성(P)이 어머니(M)를 통해 자아(m)에 전달되면서 자아이상(I)으로 발전된다는 것이다. 그래서 I에서 M과 P가 만나 하나가 되고, 주체는 m과 I를 거쳐 상징계로 진입하면서 비로소 정상성을 획득하는 것이다.(그것을 화살표로 표시하고(왼쪽 그림), 화살표가 지시하는 대로 각 꼭지점을 서로 연결하면 크로스-캡이 된다.(오른쪽 그림))

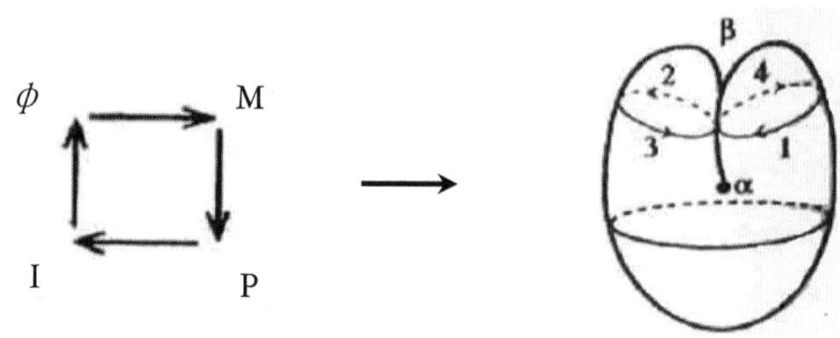

라캉은 1956년에 소개한 <도식 R>을 1966년 『에크리』에 삽입하면서, 거기에 긴 주석을 덧붙인다. 그것은 <도식 R>과, 그가 1962년에 소개한 사영평면(plan projectif) — 일명 크로스-캡 — 을 서로 연결하려는 시도이다. 어찌 보면 난해한 그 주석의 내용은 생각보다 간단히 요약될 수 있다. 그 주석을 요해하면, 첫째, <도식 R>은 크로스-캡을 평면으로 펼쳐놓은 것에 불과하다. 그렇게 라캉은 <도식 R>을 펼쳐진 크로스-캡과 동일시한다. 둘째, 실제로 아래 도식처럼, 정사각형의 점선으로 된 가장자리에서 실선으로 된 가장자리로 대척점끼리 서로 연결하면 크로스-캡의 사영평면이 구성된다. 왜냐하면 φ 와 P에서 벡터가 각각 I와 M으로(즉 φ에서 I와 M으로 그리고 P에서 I와 M으로) 이루어지는데, 사영평면은 그러한 반대 방향의 벡터끼리 일치하도록 비틀어서 접합시켜 얻을 수 있는 모형이기 때문이다.[18] 그것을 도형으로 그리면 다음과 같다:

18 게다가 우리가 이렇게 대척점끼리 연결할 수 있다는 사실은, 이미 *m*M 과 *i*I의 문자들의 배치에 암시되어 있다. 그래서 라캉은 *m*M 과 *i*I 라는 문자의 선택이 우연이 아니라는 점을 강조하고 있다.(라캉, 「정신병의 가능한 치료에 대하여」 in 『에크리』, 553쪽)

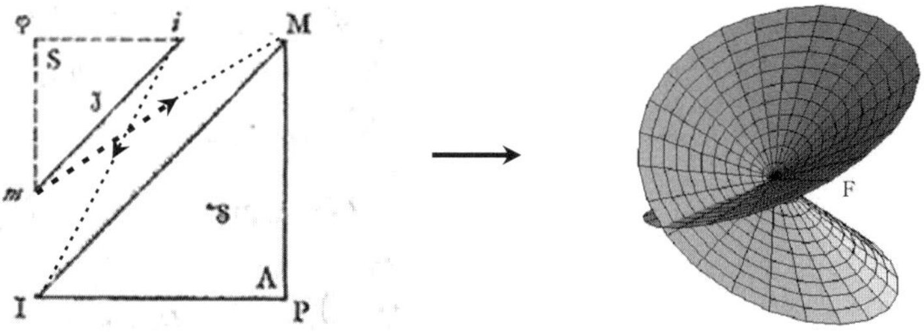

라캉이 <도식 R>을 크로스-캡과 동일시하는 데에는 또 다른 이유가 있다. <도식 R>에서 실재계의 사각형을 mi, MI로 절단하면(이것은 <도식 R>에서 할 수 있는 유일한 절단(coupure)이다), 뫼비우스의 띠와 <대상 a>을 나타내는 원반이 분리되는데, 그것은 크로스-캡을 이중 절단했을 때와 같은 결과를 가져온다. 어떻게 해서 그렇게 되는지 하나씩 살펴보자: 문자에 대한 라캉의 암시에 따라, 우리는 우선 국지적으로 m은 M의 이면에 위치하고, i 는 I의 이면에 위치한다고 상상할 수 있다. 그러면 그러한 조작으로부터 miMI 사각형은 뫼비우스의 띠로 변형된다.

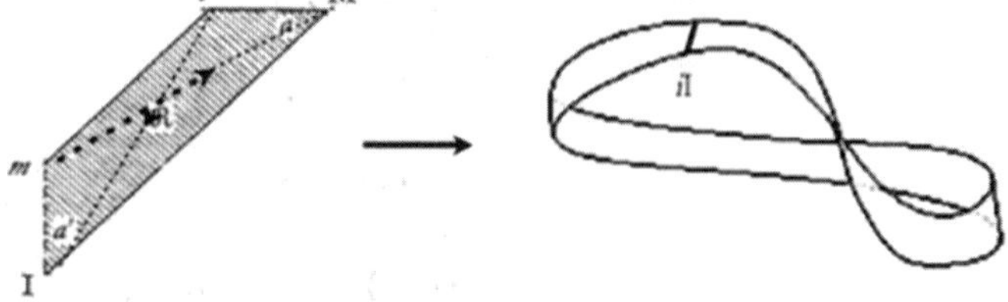

그러면 사각형 ϕMIP에서 *mi*MI의 띠가 절단되면서, *m*은 M의 이면과, *i*는 I의 이면과 일치하게 되어(왼쪽 그림), 원점(F)을 중심으로 두 표면이 상호

침투하는 상상적 형태의 원반이 형성된다.(오른쪽 그림) 말하자면 R(실재계)가 절단된 뒤 남아 있는 나머지인 S(상징계)와 I(상상계)의 삼각형들은 뫼비우스의 띠라는 공동의 경계로 이어진다. 이 때 띠의 폭은 어떠한 구조적 가치도 갖고 있지 않기 때문에, 결국 뫼비우스의 띠는 역설적으로 절단 자체와 동일하다고 생각할 수 있고, 따라서 우리는 뫼비우스의 띠를 얻기 위하여 *m*을 M의 이면에, 그리고 *i*를 I 이면에 접합시켜야 하는데, 그러려면 S와 I의 표면이 상호 침투하는 상상적 선을 형성하면서 모든 표면이 환원할 수 없는 원점 — 라캉이 <F>라고 부르는 복합 구조의 한 점 — 으로 집결하는 원반 모양이 된다. 그 결과는 크로스-캡을 이중 절단했을 때, 뫼비우스의 띠와 <대상 a>를 나타내는 원반으로 분리되는 것과 같다.

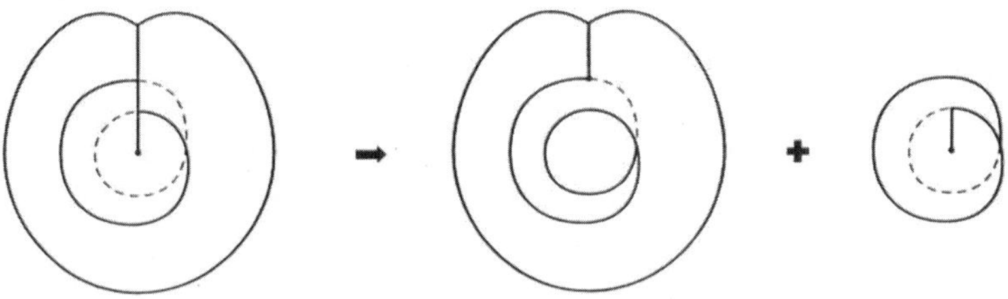

그에 대한 라캉의 해석은 이렇다: 우선 라캉은 절단에 의해 분리된 뫼비우스의 띠를 빗금 쳐진 $를 나타내는 것으로 생각한다. 왜냐하면 <도식 R>에서 그 띠는 실재하는 현실의 장으로, 이상적 자아와 자아이상이 구성되는 장소이기 때문이다. 게다가 주체의 빗금(/)은 절단을 상징한다. 또한 뫼비우스의 띠에 의한 S(상징계)와 I(상상계)의 접합은 R(실재계)의 빈 구멍을 <충전(充塡)>하러 오는 환상의 스크린이라고 할 수 있다. 따라서 그렇게 형성된 원반은 환상의 대상, 즉 <대상 a>라고 보아도 무방한 것이다.[19]

그리하여 우리는 라캉이 환상의 공식($\$◇a$)에서 $\$$와 <대상 a>을, 분리와 동시에 접합을 상징하는 마름모(◇) — 라캉이 <펀치(poinçon)>나 <마름모(losange)>라고 부르는 — 로 결합시키고 있는지를 이해할 수 있게 된다. 여기서 마름모(◇)는 실재계의 절단을 나타내면서, 동시에 그 절단된 구멍이 환상으로 충전된다는 것을 나타낸다. 그러나 환상이 실재계의 절단을 지우지는 못한다. 환상의 틀과 구조를 제공하는 것이 바로 그 절단이기 때문이다. 결과적으로 <대상 a>는 <도식 R>에서 I(상상계)와 S(상징계)의 장(場) — 또는 표면 — 으로 이루어진 원반과 일치하고[20], $\$$(주체)는 뫼비우스의 띠 — 다시 말해 절단 — 와 일치한다. 그리하여 라캉에게 욕망의 주체는 환상의 주체이고, <대상 a>는 환상의 대상이라고 말할 수 있다. 다시 말해 그것들은 환상을 통해서만 나타나는, 환상과 불가분의 관계에 있는 욕망의 주체와 그 대상이라고 할 수 있는 것이다.

2008년 8월 27일~9월 3일

19 그에 따라 그 원반의 원점 F는 라캉에 의해 상징적 남근, 즉 기호형식으로서의 남근에 비유된다. 왜냐하면 라캉이 보기에 상징적 남근은 스스로 의미하는 최초의 기호형식이기 때문이다.

20 이것은 보로메오의 매듭에서 <대상 a>를 상징계, 실재계, 상상계라는 삼원의 쐐기점에 위치시키는 것으로 이어진다. 왜냐하면 <대상 a>는 상징계의 도입으로 현실로부터 떨어져나가는 실재이기 때문이다.

XI

광학도식

부아스의 뒤집어진 꽃다발
라캉의 광학도식 2-3-4
프로이트의 성욕 체계도

1.

길게 우회했지만, <도식 L>에서 라캉이 보여주고자 했던 것은, <거울단계>가 그것의 버팀목을 언어에 빚지고 있다는 것이다. 라캉의 <거울단계>는 동물과 인간에 대한 생리학의 영역에서 주도한 연구, 정확히 말하면 닮은자에 대한 지각에 의해 유도된 유기체의 효과에 관한 연구로부터 영감을 받은 것이지만, 그것이 예증해보여주고 있는 것은 오히려 거울 앞의 어린아이가 때 이르게 언어에 붙잡힌다는 사실이다. 라캉의 <도식 L>의 독창성은 그러한 거울단계와 언어분석의 연결에 있다. 다시 말해 거울단계의 개념과 언어분석은 각각 심리생리학자와 언어학자로부터 왔지만, 그것들을 결합시켜 분석 치료에 실험을 한 것은 순전히 라캉의 공헌이다. 라캉의 말에 따르면, 그 단계에 고유한 상상적인 이미지에 리비도의 투여가 집중적으로 이루어지는 것은, 오직 그것이 근본적인 결여에 대한 항의의 형태로, 큰타자의 인정에 의해 <그게 나다!(*c'est moi*)>라고 수용되기 때문이다. 그 결여야말로 언어가 인간존재를 <말-존재(parlêtre)> — 다시 말해 말하기 때문에 존재의 질문을 제기하는 사람 — 로 종속시키는 결여인 것이다. 그렇게 해서 타자와의 거울 관계에 대한 이상적 자아의 자기애적인 나포(拿捕)(capture)는 대문자 큰타자에 종속되는 것이다.

그러한 상상적인 거울 단계(<도식 L>에서 a-a'의 축)와 상징적인 큰타자(A: 언어의 장소)의 관계가 일목요연하게 도면으로 그려진 것은 광학도식이다. 라캉은 그 도식에서 그가 정신분석에 끌어들인 모든 개념 도구들의 관계를 거울을 이용한 광학 장치로 보여주고 있다.

광학도식의 최초의 표상은 『세미나 I: 프로이트의 기법적인 글들』(1953-1954)에서 발견된다. 그 광학도식은 시각의 어떤 특성들을 이용하는 재미있는 물리학 실험을 참조하고 있다. 거기서 관건은 어떤 조건에서 꽃다발이 실제 꽃병(사실은 꽃다발을 포함하고 있지 않은 꽃병) 속에 나타나는 것을 보는 것이다. 그 사실을 깨달으려면, 착각이 일어나는 장(場) 바깥으로 나가야 한다. 그 장치(도표1)는 실제 공간이 상상적 공간으로 배가되는 기하학적 시각에 의거하고 있다. 오목거울의 기하학적인 중심 부근에 있는 실제 지점은, 직경의 정반대 지점에 위치한 실상을 갖게 된다. 그러나 그 실상을 볼 수 있으려면, 눈이 어떤 원뿔(βB'γ), 즉 그 실상을 고정점으로 하고 거울의 원형 가장자리를 기준 곡선으로 하는 모직선(母直線)에 의해 규정된 원뿔 내에 있어야 한다. 라캉이 부아스(Bouasse)에게서 수집한 <뒤집어진 꽃다발> 실험은 그렇게 설명된다. 상자 S 내에 위치한 꽃 B의 실상 B'는 실제 꽃병 V 위에 나타나는데, 앞에서 규정한 원뿔 속에 위치하고 V에 초점이 맞춰진 눈에 대해서만 나타난다.

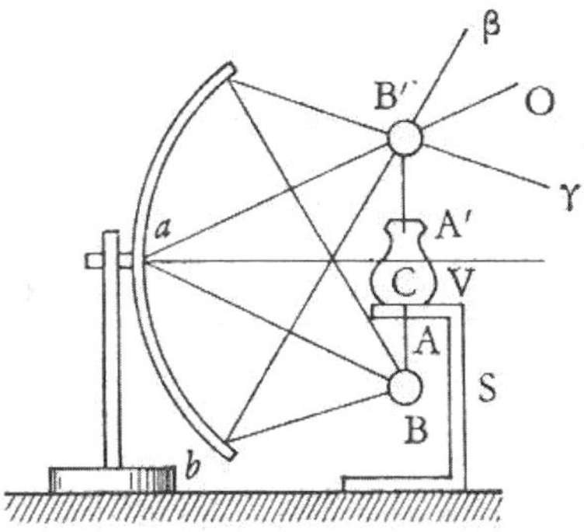

〈도표 1〉 부아스의 뒤집어진 꽃다발 실험

B: 상자 S 속에 숨겨진 실제 꽃다발, B': 꽃다발의 실상,
βB'γ: 눈이 꽃다발의 실상을 볼 수 있는 원뿔(Lacan, *Écrits*, Seuil, 1966)

라캉은 상호주체적인 관계를 이미지화하기 위해 그것을 사용하려는 계획으로, 실제 꽃병(육체)을 상자 속에 뒤집어놓고, 실제 꽃(대상, 욕망, 본능)을 위에 놓는다. 이 단계부터 그 장치는 분열 — 외부와 내부 세계 사이의 구분 — 에 의해 구성된 원시적 자아 — 「부정」(1925)에서 신화적으로 제시된 최초의 자아 — 를 은유화하는데 적합해진다. 여기서 우리는 순수한 존재판단 — <그것은 있든지 아니면 없다>는 — 의 차원에 있다. 상상과 실재가 교대되고 서로 얽혀, 부재의 토대 위에 현전이 세워지고, 역으로 가능한 현전에 대해 부재가 세워진다. 그러나 뒤집어진 꽃병의 착각이 일어나기 위해서, 다시 말해 주체가 상상계에 접근하기 위해서는, 주체를 상징하는 눈이 원뿔 안에 위치해야 한다. 그것은 오직 한 가지 상황, 즉 실제로 이미 거기에 있는 상징계 속의 주체의 상황에 달려 있다. 혈족 관계, 이름 등은 주체의 위치를 말의 세계 속에 규정하고, 그가 원뿔 내에 있는지 없는지를 결정한다. 만약 그가 밖에 있으면, 그는 헐벗은 실재계와 관계하는 것이고

<다른 곳>에 있는 것이다.

단적으로 말해, 오목거울은 육체의 표피 또는 피질(cortex)을 나타내고 그것의 반사는 <자동전도로(autoconduction)>를 나타낸다. 거기에 반사되는 육체의 내부가 A라는 상자를 중심으로 그 상자 속에 숨겨져 있는 B와 상자 위에 놓인 드러난 C로 분열되는 것은, 거울 단계 이전의 <조각난 육체>를 가리킨다.[1] 즉 그것은 주체의 눈(目)이 상징계를 나타내는 원뿔(βB'ɣ) 속으로 들어와, 대상 a를 상징하는 B(꽃다발)가 B'에 실상(꽃다발의 이미지)으로 나타나 하나의 통일된 이미지(꽃병(C)에 꽂힌 꽃다발; *i(a)*)를 보여주지 않는 한, 실제로 조각나 있는 헐벗은 실재계의 모습 그대로 있다. 역으로 말하면 주체의 눈(目)이 상징계를 나타내는 원뿔(βB'ɣ) 속으로 들어오지 않으면, 주체는 온 몸이 산산 조각나 있는 끔찍한 실재계를 경험하게 된다. 따라서 광학도식의 <도표 1>은 상징계 내에서만 실재계가 상상계와 접합하면서 육체의 통일성의 이미지가 가능하다는 것을 보여주고 있다. 그러한 통일된 육체의 시각적 이미지는 조각난 육체의 단계에서 보면, 이상적으로 비칠 것은 지극히 당연한 일이다. 그래서 그러한 통일된 이상적 이미지를 자아로 동일시하면, 그 자아가 이상적 자아의 형태를 띠게 될 것은 불을 보듯 뻔한 일이다.(그래서 라캉은 여기서 그 이상적 자아를 *i(a)*로 표시하는 것이다.) 그런데 여기서 주목해야 할 사실은, 그 이미지가 대상 a를 내포하고 있다는 것이다. (이것은 거울이미지 i 속에, 즉 괄호 속에 a 가 숨어 있는 것으로 표시된다.) 왜냐하면 대상 a가 바로 육체로부터 떨어져나간 육체의 조각난 파편이기 때문이다.

이제 이 장치는 『에크리』의 텍스트에 이르러, 평면거울 A(큰타자)가 보충되면서 그 거울 뒤에 상상적 공간 — 즉 허상의 장소 — 를 도입한다.(<도표

---

1 멜라니 클라인은 <거울 단계>보다 앞선 이 시기를, <분열성 태도(schizoid position)>라고 부른다.

2>) 그것은 주체가 허상 a'(실제 대상 a의 반영) 위에 맞춘다는 조건으로, 오직 거울 A의 허상 *i'(a)*를 통해서만 실상 *i(a)*에 접근할 수 있다는 것을 의미한다.[2] 그러나 그러기 위해서는 우선 주체 $의 허상 S가 실제 원뿔 x'y' 안에 형성되는 것이 필수적으로 요구된다. 만약 직교(直交)선 $S가 평면거울의 가장자리 바깥으로 나간다면, 주체는 자신의 이미지인 S를 보지 못한다.

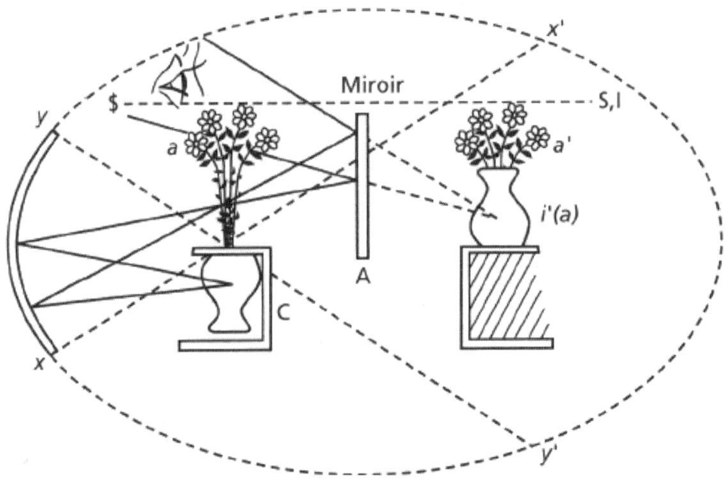

〈도표 2〉 평면거울을 갖춘 광학장치
그 평면거울은 대문자 큰타자에 의해 지배되는 거울 A이다.
i'(a): 평면거울 속의 숨겨진 꽃병과 꽃다발의 허상.
숨겨진 꽃병의 실상을 이 도식 상에서 볼 수 없는 것은 눈이 그것을 직접 볼 수 없기 때문이다.

이 모델 역시 거울 관계와, 그리고 그것과 상징적 관계의 이음매를 시각화

2 실상(image réelle)은 대상이 거울 속에 직접 비춰진 상(像)이고, 허상(image virtuelle)은 그 실상이 다시 다른 거울에 비춰진 상(像)을 말한다.

하고 있다. 우리는 상자 속을 주체가 거의 접근할 수 없는 육체적 현실로 볼 수 있다. 라캉이 말했듯이, 주체는 육체를 <[손가락의] 구멍고리(anneaux orificiels)>를 통해 뒤집을 수 있는 장갑으로 상상한다. 오목거울은 피질(cortex)을, 그것의 반사는 자동전도로(autoconduction)를 나타낸다. 여기서 우리는 프로이트가 『자아와 그거』(1923)에서 말하고 있는 <대뇌피질의 마네킹>[3]을 상기해볼 수 있다. 그것은 <표면 투사>로 여겨지는 자아에 대한 것이었다. 프로이트의 지적대로 그 투사는 머리가 아래 오도록 거꾸로 되어 있다. 신경 경로(voie nerveuse)에서 기인한 도치에 의해 얻어진 투사된 육체의 그 이미지를, 우리는 오목거울의 반사로 얻어진 뒤집힌 꽃병의 이미지에 비교할 수 있다. 게다가 주체는 <도표 2>에 없는 실상 *i(a)*에, 그것의 거울 이미지인 허상 *i'(a)*에 의해서만, 따라서 소문자 타자의 근본적인 소외에 의해서만 접근할 수 있다. 이상적 자아(Ideal-Ich)의 자기애적인 나포(拿捕)(capture)가 위치하는 곳이 바로 거기다. 그러나 그러한 거울 관계는 평면거울을 지휘하는 대문자 큰타자에 종속되어 있다.(우리는 광학도식에서, a와 a' 사이에 물질화된 평면거울을 갖고 있는 <도식 L>의 네 축을 발견할 수 있다.)

그런데 우리가 여기서 그 광학도식(<도표2>)을 유심히 들여다보면, 그것이 그 이전의 어떤 도식보다 발전적이고 정교하다는 것을 알 수 있다. 우선 <도식 L>의 거울단계에서는 평면거울은 단지 아기가 들여다보는 거울에 지나지 않았고 큰타자의 역할을 하는 어머니는 그 옆에 따로 떨어져 그러한

3 거기서 그는 다음과 같이 말하고 있다: "자아는 무엇보다도 육체적 자아이다. 그것은 표면 존재(un être de surface)일 뿐 아니라, 그 자체가 표면 투사(la projection d'une surface)이다. 만약 그것에 대한 해부학적인 유추를 원한다면, 우리는 그것을 해부학자들이 말하는 <대뇌피질에 있는 난쟁이 뇌> — 머리는 땅에 박고 있고 발은 위를 향하고 얼굴을 돌려 뒤를 돌아보고 있고 있는 형상 — 와 동일시할 수 있을 것이다. 다 알다시피, 그 왼쪽 부위에는 언어 영역이 있다."(프로이트, 『자아와 그거』(1923), 열린책들, 프로이트 전집 XI, p.365)

아기의 모습을 지켜보았는데, 이 광학도식(<도표2>)에서는 그 평면거울이 곧 큰타자라는 사실이 명시된다. 사실 거울단계에 국한시켜 말하지 않더라도, 우리는 거울 앞에서 우리의 얼굴을 보며 큰타자의 눈으로, 큰타자를 즐겁게 하기 위해 화장을 하거나 치장을 하는 것이다.

게다가 <도표 1>에서는 상징계의 영역 속에 들어오면 이상적 자아 *i(a)*의 실상(image réelle)를 볼 수 있었는데, <도표 2>에서는 거기에 접근하기 위해서 그것의 허상 *i'(a)*에 의존해야 한다는 것을 보여주고 있다. 엄격히 말해 우리는 허상을 통하지 않고서는 실상에 접근할 수 없기 때문에, 그 실상이 실제로 존재하는지, 그것이 과연 허상과 일치하는지 정확히 알 수 없다. 그만큼 우리가 접근할 수 있는 것은 이미지의 이미지인 허상, 즉 이중적으로 환영인 허상뿐이다. 말하자면 이상적 자아는 이중적인 환영인 것이다. 이렇게 실제 꽃병과 그것의 실상 *i(a)*는 관찰자에게는 보이지 않지만(사실 이 실상은 다리 역할을 한다고 가정되는 이미지일 뿐 실제로는 부재한다), 주체의 지각에 닫혀 있는 실제 육체와 그것의 실상을 나타낸다. 그[주체]는 환영의 허상인 *i'(a)*에만 접근할 수 있다. 그리하여 그는 상상적인 반영인 그 허상

속에서 그의 육체가 결정적으로 소외된 가운데 발달될 것을 예견한다. 거듭 말하지만, 여기서 주목해야 할 것은, 실상과 허상 모두 상상계에 속하지만, 후자(큰타자와의 관계에 의해 중개된 지각)는 전자(그 자체로 허구적인 <직접적인> 지각)의 환영을 배가시킨다는 것이다.

그러나 우리가 여기서 더 강조해야 할 사실은, 그러한 허상으로나마 통일적이고 이상적인 이미지로 우리 자신을 우리에게 비쳐주는 것은 바로 큰타자라는 평면거울이라는 것이다. 그것은 거울 뒤에 있는 상상적 공간에, 언어의 벽(le mur du langage) 뒤에 있는 큰타자의 상징적 장소 — 이 모델에서 그 장소는 원뿔 x'y'가 발견되는 실제 공간과 일치한다 — 가 포개진다는 것을 의미한다. 그리고 그것은 평면거울 A(큰타자)가 <도표 2>에서 $i(a)$와 $i'(a)$ 사이에, 또는 <도식 L>의 a와 a' 사이에, 상상적 축을 가로지르는 벽으로 작용한다는 사실을 의미한다. 다시 말해 a와 a' 사이의 말은 언어의 벽을 넘지 못한다. 언어의 벽을 넘지 않아야만 말이 말로 성립하는 것이다. 언어의 벽을 넘지 않는다는 것은 주체가 상징계의 영역으로 들어와 있다는 것을 뜻하기 때문이다.

우리는 그러한 사실을, 직교(直交)선 $S가 평면거울(A)의 가장자리 바깥으로 나가면, 주체가 자신의 이미지인 S를 보지 못한다는 사실로 확인할 수 있다. 즉 주체 $의 허상 S가 실제 원뿔 x'y' 안에 형성되려면, 언어의 벽이라는 조직화된 체계 속으로 주체가 들어와야 하는 것이다.

그런데 여기서도 라캉은 평면거울을 중심으로 왼쪽엔 분열된 주체($)를 배치하고, 오른쪽에는 빗금이 없는 주체(S) — 즉 분열이 없는 완전한 주체 — 를 배치함으로써 전자가 평면거울을 통해 후자를 보는 것처럼 표시하고 있다. 그것은 일차적으로 큰타자의 거울을 통해 비치는 것은 모두 완전한 이상이라는 사실을 가리키고 있고, 이차적으로는 후자를 자아이상(I)과 똑같은 수준에 그 옆에 나란히 배치함으로써, 그것이 이상적 자아와는 다르다는 것을 나타내고 있다.

다시 말해 그것은 분열된 주체($)가 큰타자를 통해, 정확히 말해 큰타자의 인정의 신호와 동일시함으로써(이것이 바로 라캉이 말하는 큰타자의 단성(trait unaire)과의 동일시이다), 자아이상(I)의 반열에 올라 완전한 주체(S)가 된다는 것을 의미한다. 그러한 각도에서 보면, 주체가 큰타자를 바라보는 것이 아니라, 큰타자가 주체를 바라보는 것이며, 따라서 주체가 자아이상의 지점에서 큰타자의 거울에 비친 자신의 이미지를 내려다보는 것이다. 이렇게 거울단계에서 증인의 역할을 하는 그 큰타자는, 원초적으로 최초의 힘이며 큰사물(la Chose)의 버팀목이다. 그 원뿔 내부에서 I로 된 자아이상(*Ich-Ideal*)은 그것[큰타자]의 휘장(insignes) — 기호형식적인 표시나 특성 — 으로 구성된다. 주체가 다른 결과보다도 이상적 자아의 환영을 얻기 위해서는, 그 자아이상 위에서 자신을 알아봐야 한다. 그것[자아이상]을 평면거울과 직교 상에 있는 상상적 영역 약간 바깥에 위치시키면, I는 그것의 완전한 상징적 가치를 부여받게 된다. 왜냐하면 실제로는 거울에서 볼 수 없는 그 지점에서 자신을 알아봄으로써, 주체는 착각의 효과를 얻을 수 있기 때문이다.

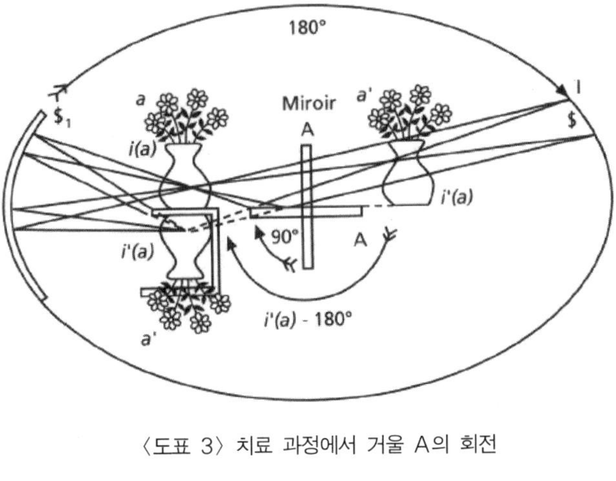

〈도표 3〉 치료 과정에서 거울 A의 회전

<도표 3>은 분석 작업의 표상을 부분적으로 제시하고 있다. 주체는 분석가를 A에 위치시킴으로써, 그를 말의 장소로 만든다. 거울로서의 그 큰타자를 90도 회전시켜 점진적으로 지워버리는 것은, 주체 $\$1$을 거울 뒤의 기호형식의 공간에 있는 $\$2$로 유도하여 I까지 인도한다. 그래서 라캉은 타자와의 거울 관계와 이상적 자아의 나포(拿捕)가, 그러한 이동에서 받침점 역할을 한다고 강조하는 것이다.(이 과정에서 착각은 그것이 안내하는 탐색과 함께 쇠퇴한다.) I에서 주체 $\$$는 a를 직접 지각하고 뒤집힌 꽃병의 착각을 지각함과 동시에, 수평적인 평면거울 A에서 그것의 반영인 *i'(a)*를 지각한다. 한마디로 <도표 3>은 <도표 2>에 분석치료를 가미할 때 나타나는 표상이다. 이 <도표 3>에서 달라진 점이 있다면, 첫째 모든 허상을 나타나게 하는 큰타자의 평면거울을 눕힘으로써(이것은 A에 위치해서 말의 보증장소 역할을 했던 분석가의 기능을 지워버리는 것을 의미한다), 허상 이전의 모습을 직시하게 만드는 것이다. 다시 말해 그러면 <대상 a>가 드러나 주체는 그것을 직접 지각하게 되고(이것도 대상 a를 실제로 접한다는 뜻이 아니라, 주체가 보고 있는 대상 a가 뒤집힌 꽃병의 착각이라는 사실을 깨닫는다는 뜻이다.), 또한 자신이 $\$1$의 위치에서 보던 *i'(a)*도 허상이라는 사실을 깨닫게 된다. 왜냐하면 그 *i'(a)*가 180도 회전해 누워 있는 평면거울에 비쳐 나타남으로써, 그것이 거울의 환영임을 자각하게 되기 때문이다. 그러나 이 모든 것이 가능하려면, 둘째, 주체 $\$1$을 거울 뒤의 기호형식의 공간에 있는 $\$2$로 인도하여 I(자아이상)에 위치하게 해야 한다는 조건이 충족되어야 한다. 따라서 평면거울을 눕히는 것만으로는 불충분하다. 그런데 바로 이 지점에서 <도표 3>은 <도표 2>와 구분된다. 다시 말해 <도표 2>에서는 그 지점에 빗금 쳐지지 않은 S가 I(자아이상)와 나란히 있었는데 반해, <도표 3>에서는 S가 $\$2$로 I(자아이상)와 함께 자리하고 있다. 그것은 전자에서는 분열된 주체가 아직 자아이상(I)을 내입하지 않았기 때문에, 평면거울에 비친 자기 자신이 아직

분열되지 않은 완전한 주체로 비친다는 것을 의미한다. 그렇지만 그것은 미래의 자아이상과 같이 있을 가능성을 내포하고 있다. 그에 반해 <도표 3>은 그러한 주체가 자아이상의 동일시를 통해 진정한 분열된 주체, 결핍의 주체, 욕망의 주체로 탄생하면서, 환상의 대상 a를 지각함으로써 정상화된다는 것을 보여준다.

그러나 라캉은 이 모델이 <대상 a>의 상징적 기능을 명확히 밝히기는 어렵다는 점에서 한계가 있다고 지적한다. 그래서 라캉은 『세미나 X; 불안』(1962-63, Seuil, 2004, p.50)에서 광학 모델을 다시 활용하여 <대상 a>에 대해 다음과 같이 그리고 있다(<도표 4>):

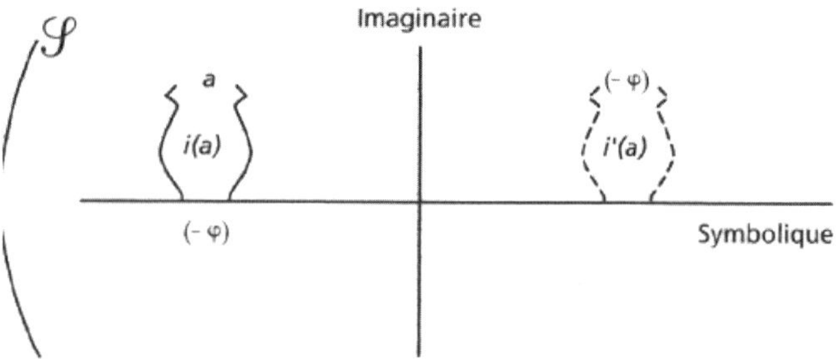

〈도표 4〉『세미나 X; 불안』에서 변형된 광학장치
크로스-캡이 꽃병과 꽃의 이미지를 재배치한다.

여기서 광학도식의 새로운 표상은 상상적이고 상징적인 두 축을 갖고 있다. 그러한 사실에 의해 그것은 프로이트에게서 발견되는 최초의 도식들 중의 하나(<원고 G>의 <성욕 체계도>[4])와 비교될 수 있는 양상을 띠게 된다.

4 프로이트, 『정신분석의 탄생』(임진수역), 열린책들, p.59.

그러나 그 가로좌표와 세로좌표가 암시하는 유클리드적인 공간은 여기서 거울들의 존재에 의해 변형된다. 이 도식이 나타내고 있는 것은, 리비도 투여 전체가 거울이미지를 통과하는 것이 아니라 나머지가 있고, 그 나머지는 남근에 의해 특징지어지고, 그 남근은 어떤 결핍(−φ)의 형태로만 알려진다는 것이다. 그 결핍은 정확히 <대상 a>와 비교할 때, 거울 이미지의 차원에서 어떤 절단에 의해 포위된다.

성욕의 체계도

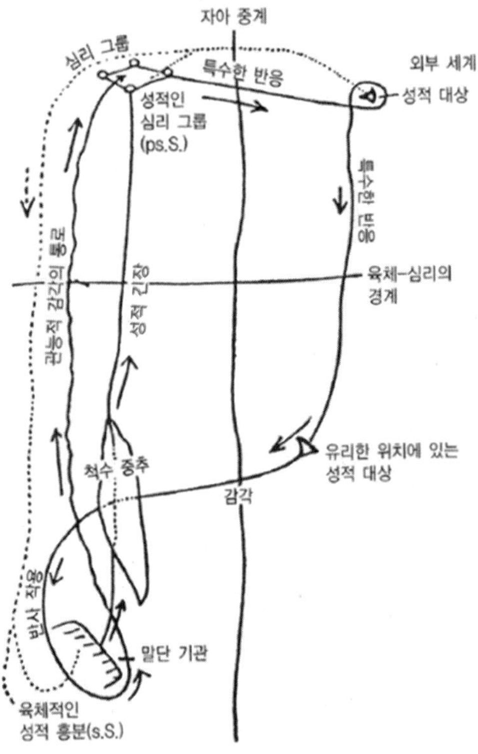

〈도표 1〉
원본에서는 점선으로 된 왼쪽 상단의 화살표를 제외하고는, 모든 화살표가 붉은색으로 되어 있다.

2.

우리는 라캉의 <도표 4>를 프로이트의 <성욕 체계도>와 비교해봄으로써, 그 광학도식에서 라캉이 보여주고자 했던 것이 무엇인지 유추할 수 있다. 우선 프로이트의 <성욕 체계도>는 인간 주체의 내부와 외부 현실을 가르는 수직축과, 주체 내에서 상부의 심리와 하부의 육체를 나누는 수평축으로 구성되어 있는데, 라캉의 <도표 4>는 그것을 각각 상상계의 축과 상징계의 축으로 자기의 이론 체계에 맞춰 바꾸고 있다. 그러한 사실은 라캉의 개념 구상에 대한 많은 것을 알려준다: 우선 오목거울을 포함한 상상계의 축 왼쪽은 인간 주체의 내부를 가리킨다. 그러한 사실은 <도표 4>에서는 상상계의 축 자체가 실제 평면거울(우리가 일상적으로 보는)을 나타낸다는 것과, 오목거울은 <도표 1-3>에서처럼 실제 육체의 피질을 상징한다는 것과 일치한다. 게다가 프로이트에게서 육체와 심리를 가르는 수평축이 라캉에게는 상징계의 축으로 바뀌는 것을 통해, 우리는 육체에 대한 상징계의 투영이 거세(−φ)와 대상 a를 나눈다는 사실과 그것들의 관계를 알 수 있을 뿐만 아니라, 상징계의 축이 곧 육체에 투영되는 거울이라는 사실을 알 수 있다. 예컨대 남근의 기호형식은 그것의 장소에 거세로 투영되고, 또한 육체에 대한 큰타자(A) — 즉 기호형식의 장소 — 의 투영은 <나머지>(즉 대상 a)를 남기는데, 그것은 실제 거울(상상계의 축)에 투영되지 않는다. 왜냐하면 그 대상 a는 육체의 구멍으로 상실되었다고 가정되는 <나머지-대상>으로 부재하는 대상이기 때문이다. 따라서 그것은 실제 거울에 나타나지 않는 비-거울적 대상이다.(그래서 <도표 4>에서 상상계 왼쪽에 있던 a가 오른쪽에 반영되지 않는 것이다.) 반면에 남근은 육체 속에 그것의 자리가 지정되기 때문에 거울에 실제로 나타나는 거울적 대상이다.(그래서 왼쪽 하단에 있던 −φ(상상적 남근)이 상상계의 축 오른쪽 상단에 나타나는 것이다.)

여기서 우리는 남근과 대상 a가 약분 불가능한 피보나치수열의 관계에 있다는 사실을 알 수 있다. 남근은 기호형식인데, 대상 a는 그 기호형식으로 육체를 나눈 나머지이기 때문이다. 그래서 전자는 육체 속에 제 자리를 지정받는데 반해, 후자는 기호형식의 사슬이 절단되는 육체의 구멍으로 나타난다. 전자는 상징적 기호형식으로 존재하는데 반해, 후자는 상실된 <실재>(라캉적 의미)로 부재한다.

또한 <도표4>는 이상적 자아(*i(a)*)를 상징계의 축 위에 배치함으로써, 그것이 상징계의 거울에 의해 비쳐진 육체의 이미지(실상)라는 사실을 강조하고 있고, 그것이 다시 상상계의 거울에 비침으로써 허상(*i'(a)*)이 된다는 것을 다시 한 번 확인시켜주고 있다. 말하자면 우리가 실제 거울을 통해서 보는 *i'(a)*는, 심리 내부에서 육체가 상징계에 의해 비쳐진 *i(a)*가 상상계의 거울에 비쳐진 것이다.

그러나 <도표 4> 역시 거울적인 남근(의 기호형식)과 비-거울적인 <대상 a> — 거울에서 찾을 수 없는 어떤 대상 — 의 관계를 실제로 구현해 보여주지 못한다. 게다가 거기에는 으뜸-기호형식인 남근에 의해 표상되는 주체의 도정이 나타나 있지 않다. 그것을 실제로 드러내 보기 위해서는 『세미나 IX; 동일시』(1961-62)에서 집중적으로 탐구되고 있는 사영평면(plan projectif, 射影平面)의 위상학, 또는 크로스-캡의 위상학으로 우회해야 한다. 그 크로스-캡은 거울적인 부분인 뫼비우스의 띠와, 비-거울적인 부분인 <대상 a>를 특징짓는 둥근 조각(rondelle)으로 재단(裁斷)된다.(<크로스-캡>의 절단을 보여주고 있는 이 책의 10장 4절 도표 참조)

2008년 9월 10일~9월 17일

XII

육체란 무엇인가?

신체적 호응
'아픈 다리가 말하기 시작했다.'
고유한 육체[몸]와 조각난 육체[몸]
통일된 육체의 이미지: 실제 기관의 이미지에
큰타자의 이미지 그리고 인정의 신호가 결합된 것

1.

정신분석에서 육체란 무엇인가? 프로이트의 <성욕체계도>에서도 그렇고, 라캉의 광학도식에서도 그렇고, 그들이 말하는 육체는 우리가 일반적으로 알고 있는 생물학적이고 생리학적인 육체가 아니다. 적어도 그들에게 육체는 단일한 의미를 갖고 있는 것이 아니라 복수적인 의미를 갖고 있다. 게다가 프로이트와 라캉은 육체와 심리를 절연된 것으로 보지 않을 뿐만 아니라 외적 현실과도 연결되어 있는 것으로 간주한다. 육체로부터 출발한 성적 흥분이 어떻게 심리(적인 표상)를 거쳐 현실에서 충족되고 다시 육체로 돌아가는가 하는 성욕의 회로를 그리고 있는 프로이트의 <성욕체계도>가 그 대표적인 예이다. 사실 프로이트는 히스테리적인 전환이라는 개념이나 욕동이라는 개념을 통해 육체와 심리의 특수한 관계를 이론화하려고 했다. 그가 보기에, 히스테리증자의 육체는 무의식의 표상에 아주 특별한 감수성을 보인다. 그러한 리비도 에너지의 운송과 육체 속의 무의식적인 관념의 기록을 가리키기 위해, 프로이트는 <전환(conversion)>이라는 개념에 호소한다.

그 개념은 심신(心身)의 관계를 밝히려는 철학적이고 심리학적인 오랜 성찰의 역사에 몇몇 주목할 만한 사실을 가져온다: 우선 그것은 심신(心身; psychè-soma)의 관계가 두 장소의 관계라는 사실을 가정하고 있다. 심리가 높은 위치에 있고 육체가 낮은 위치에 있으면서, 두 장소는 심리표상에 의해 뛰어넘을 수 있는 횡선으로 분리되어 있다. 그렇지만 히스테리증자의 증상이 발생하는 과정이 보여주듯이, 그 둘 사이에는 <신체적 호응>이 일어나면서 서로 연결된다. 다 알다시피, 신체적 호응은 특히 히스테리 환자에게 있어서 육체나 어떤 특수한 기관이 무의식적 갈등의 상징적 표현에 특권화된 매체를 제공하는 것을 말한다. 프로이트가 신체적 호응이라는 말을 처음 사용한 것은 도라의 사례에서다. 그에 따르면, 히스테리의 심리적인 원천과 신체적인 원천 사이에는 선택의 여지가 없다: "히스테리 증상은 두 측면의 이바지를 필요로 한다. 그것은 <신체적 호응>이 없다면 일어날 수 없다. 그 호응은 육체 기관 내에서, 또는 그것과 관계된 정상적이거나 병리적인 과정에 의해 제공된다."[1] 말하자면 "무의식적인 심리 과정에 육체적인 출구를 제공하는"[2] 것이 신체적 호응이다. 그 용어를 처음 소개한 것은 「히스테리 분석의 한 단편: 도라」(1905)이지만, 그 개념과 그것의 가장 적절

1 프로이트, 「히스테리 분석의 한 단편: 도라」(1905), 열린책들, 프로이트 전집 VIII, p.226.
2 위의 책, p.227.

한 예는 이미 「엘리자베트 폰 R… 양」의 사례에서 제공되고 있다.

엘리자베트 폰 R…양은 류머티즘 성 질환을 앓고 있었다. 프로이트는 그 증상이 나타나는 시점, 즉 심리적 흥분이 신체적 통증으로 전환되는 시점을 찾는 것을 목표로 그녀의 분석 치료에 들어간다. 프로이트가 찾아낸 첫 번째 시점은, 어느 날 저녁 파티가 끝나고 그녀를 집으로 데려다준 뒤, 그녀를 행복감에 젖게 만든 젊은 청년에 관한 기억이었다. 왜냐하면 그 청년과의 관계와 그 청년을 향한 따뜻한 느낌이 절정에 이른 장면을 떠올려 보면, 최초의 히스테리성 통증을 일으킨 원인을 찾을 수 있을 것 같았기 때문이다. 그 때 그녀가 행복감에 젖어 집으로 돌아와서 맞이하게 된 아버지의 악화된 병 상태와 그 행복감이, 극명한 대조, 즉 상방된 갈등 상황을 빚은 것은 분명했다. 그 갈등의 결과 성애적인 표상이 연상으로부터 격리되었고, 그 표상에 붙어 있던 정동이 그 당시에, 혹은 바로 직전에 존재했던 신체적 고통(류머티즘 성 질환)을 악화시키거나 재현시키도록 작용했던 것이다. 그래서 프로이트는 그 기억을 근거로 그녀가 집으로 돌아온 순간에 히스테리적인 전환증이 일어났다는 것을 입증하려고 한다. 그러나 그는 그것에 성공하지 못한다.

그래서 그는 다시 그녀가 아버지를 간호하던 시기에 체험한 유사한 경험을 찾아 나서고, 그리하여 찾아낸 것이 두 번째 기억으로, 아버지가 부르는 소리에 침대에서 맨발로 차가운 방바닥에 뛰어내리는 장면이 반복되었다는 점에 주목한다. 왜냐하면 그녀는 양쪽 다리의 통증 외에 다리에 한기(寒氣)를 호소하였기 때문이다. 그러나 그것도 전환이 처음 일어난 장면이라고 확증할 만한 것이 못되었다. 그러다가 양쪽 다리의 히스테리성 통증이 사실은 아버지를 간호하던 시기에 나타난 것이 아니라는 사실을 떠올리고, 프로이트는 최초의 통증이 일어난 동기를 조사한다. 그리고 세 번째 기억을 떠올리는데 성공한다. 즉 그녀의 집에 친척 한 분이 찾아왔을 때 그녀는 침대에 누워 있었기 때문에 그 분을 접대할 수 없었던 기억이었다. 2년 후에도 그 손님이 다시 한 번 찾아왔을 때 그녀는 병상에 누워 있었다. 그러나 이 최초의 통증은 심리적인 요인이 전혀 없었고, 단지 가벼운 류머티즘성 질환이라고 단정해도 무방했다. 히스테리성 전환 증상을 일으킨 최초의 기억-원인을 찾는 작업은 난관에 봉착한 듯했다.

> 이렇게 최초의 전환을 야기한 원인을 발견해나가면서, 많은 성과를 거두게 되었다. 얼마 지나지 않아서 그녀는 지금까지 왜 통증이 늘 오른쪽 대퇴부의 일정 부분에만 국한되어 시작되고, 또한 그곳에서 가장 심한 아픔을 느끼는가를 알게 되었다고 말해, 나를 놀라게 했다. 즉 그녀는 매일 아침 심하게 부어 있는 아버지의 다리에 감겨 있던 붕대를 갈 때마다, 늘 자신의 오른쪽 대퇴부 위에 아버지의 다리를 올려놓고 붕대를 갈아주곤 했는데, 통증이 느껴지는 부위가 바로 그 곳이었다는 것이다. 아마 셀 수도 없을 만큼 많이 붕대를 갈아드렸음에도, 지금까지 그러한 관련성에 생각이 미치지 못한 것이 이상한 일이라고 그녀는 말했다. 이렇게 그녀는 비전형적인 히스테리 발생 부위가 생기게 된 배경에 대해 나에게 설명을 해주었다.[3]

프로이트가 히스테리성 전환 증상을 일으킨 최초의 기억-원인을 찾는데 여러 차례 성공하지 못한 까닭은 무엇일까? 그것은 아마 첫째, 히스테리적인 전환은 심리적 흥분이나 갈등이 신체적 통증으로 바뀌는 것이기 때문에 심리적 흥분을 일으킨 중요한 사건에 초점을 맞췄기 때문일 것이다. 앞의 인용문이 보여주듯이, 나중에 밝혀진 실제 원인이 된 사건은 아주 사소한, 그렇기 때문에 환자 자신은 물론이려니와 분석가조차 생각이 미치지 못하는 사건이었다. 게다가 그 부위가 비전형적인 히스테리 발생 부위이기 때문

---

3 프로이트, 『히스테리 연구』, 열린책들, 프로이트 전집 III, pp.198-9.

에 두 사람의 눈을 피해가기 십상이었다. 그렇기 때문에 정작 그 사건과 증상의 연관성에 생각이 미칠 때, 그들은 그것에 생각이 미치지 못한 것이 이상한 일이라고 말하면서 둘 다 놀라는 것이다. 그러나 그러한 '놀람'과 '묘함'으로 연결되는 그 사건의 '사소함'은, 우리가 주목해야 할 두 번째 사실을 숨기고 있다: 그것은 격리된 무의식적인 표상과 관계된 것이기 때문에, 그 기억에는 정작 있어야 할 정동이나 흥분이 없고 다른 곳으로 이동했다는 것이다. 그러나 그 표상은 증상으로 말을 하기 시작한다. 여기서 프로이트는 향후에 정신분석 역사상, 육체와 말의 관계에 대한 연구의 실마리가 된 놀라운 말을 내놓는다: "게다가 그 아픈 다리 역시 우리가 분석하는 중에 <말하기(mitzusprachen; parler; join in the conversation)> 시작했다."[4]

> 나는 다음과 같은 놀라운 사실을 깨닫게 되었다. 즉 분석을 시작할 때 그 환자는 대개 고통을 느끼지 않았다. 그런데 내가 질문을 하거나 머리를 압박하여 기억을 환기시키면 바로 통증이 나타났다. 그 통증은 매우 날카로웠기 때문에 환자는 몸을 움찔하면서 아픈 부위에 손을 대었다. 그렇게 해서 나타난 통증은 환자가 기억해낸 것의 영향을 받고 있는 동안에 지속되었으며, 본질적이고 결정적인 부분을 말하려는 바로 그 순간에 통증은 절정에 달하는 것이었다. 그리고 그 이야기의 마지막 단어와 함께 통증도 사라졌다. 그래서 나는 그 통증을 나를 인도해주는 나침반으로 이용하게 되었다. 그녀의 이야기가 끝났는데도 통증이 사라지지 않는 경우에는 그녀가 모든 것을 다 이야기하지 않은 증거로 간주하였으며, 따라서 통증이 해소될 때까지 계속해서 말해주기를 요구했다. 그렇게 함으로써 드디어 나는 새로운 회상을 일깨웠다.[5]

우리가 여기서 다시 한 번 확인하게 되는 사실이 있다: 히스테리적인

4 위의 책, p.199.(G.W. I, 212 ; S.E. II, 41 ; 프, 117)

5 위의 책, p.199.

전환 증상의 원인이 되는 기억을 말로 표현(언표화)하려고 하면 통증이 나타나고(결정적인 부분을 말하려고 하는 순간 통증은 절정에 이른다), 그것을 말로 표현하고 나면 그 이야기의 마지막 말과 함께 통증이 사라진다는 것이다. 말하자면 증상은 말을 숨기고 있고, 그 말을 숨기기 위해서 육체에 써지는 상형문자, 아직 말로 읽히지 않은, 그리고 말로 읽혀지지 않으려고 하는 상형문자와 같은 것이었다. 그래서 프로이트는 히스테리증자는 말로 할 수 없기 때문에 증상으로 말하는 것이고, 증상을 말로 대체하는 순간 증상은 사라진다고 말하는 것이다. 아무튼 격리된 무의식적 표상은 육체 속에서 말을 하면서, 분석하는 중간에도 육체적인 말, 즉 증상이라는 말로 끼어든다.

이 때 신체 질환은 무의식적 갈등의 표현에 호출 부호 역할을 한다. 게다가 그것은 환자의 성의 역사 속에서, 성적인 감각을 일으키지 않는 어떤 육체의 부위나 기관으로 이동할 수 있다. 그 육체 부위나 기관이 격리된 욕망을 위장된 형태로 표현하는 데 가장 알맞기 때문이다. 그러한 사실로 해서, 우리는 신체적 호응이 격리[억압]된 표상으로 하여금 육체에 거주하게 만드는 일종의 육체의 부름이라는 사실을 알 수 있다. 그에 따라 히스테리 증상은 코드화된 상형문자와 같은 메시지로, 주체가 그것을 듣고자 하는 사람에게, 그 타자가 그것을 해석할 수 있기를 희망하면서, 동시에 그럴까봐 두려워하면서 보내는 메시지이다. 그렇기 때문에 증상을 은유적인 가치로 이해하면, 그것은 작자를 모르는 메시지이고, 병든 육체에 상형문자로 기록된(기생되었기 때문에) 메시지인 것이다. 이렇게 해서 프로이트는 히스테리의 심리발생론과 기관장애설 사이의 전통적인 논쟁에 종지부를 찍게 된다: 결국 그러한 신경증에 의해 제기된 문제는 생물학적인 육체와, 언어의 질서에 속하는 <욕동의 대표(화)(représentant pulsionnel)>, 다시 말해 격리된 기호형식 사이의 만남인 것이다. 그러한 그의 발견의 결과는 1905년 욕동(*Trieb*)이라는 개념으로 나타난다. 그것은 심리적인 것과 신체적인 것 사이의 경계 개념으로, 내적인 원천의 육체적인 흥분이 심리 속으로 보낸 에너지의 대표화를 가리킨다.

2.

프로이트는 이렇게 심리와 육체를, 말에 의한 신체적 호응이라는 개념으로 연결시킨다. 그럼으로써 그는 히스테리의 심리발생론과 기관장애설 사이의 전통적인 논쟁에 종지부를 찍고 심리-육체의 이원론을 전복시킨다. 그러나 그는 생물학적 육체와 심리적인 표상의 양극을 그대로 인정한 상태에서 그것들의 관계와 연결 체계를 밝히려고 했기 때문에, 생물학적이고 실증적인 관점을 완전히 벗어나지 못한다. 여기에 제2의 정신분석 혁명을 가져온 것이 라캉의 육체에 대한 개념이다. 그는 그의 다른 많은 개념들처럼, 육체에 대해서도 자신의 세 가지 기본 장부 — 실재계, 상상계 그리고 상징계 — 에 대한 이론으로 접근한다. 그리하여 그에게 육체는 인간 존재가 말-존재인 한, 이미 말 이전의 소박한 육체가 아니다. 인간의 육체는 이미 말에 의해 침윤돼버린 것이다. 우리가 할 수 있는 일은, 말과 육체가 어떻게 서로 얽혀 있는지, 그 윤곽과 양상을 그리는 것이다. 그리하여 그는 고유한 육체(corps propre), 거울이미지, 상상적 육체, 실재적 육체, 상징적 육체, 기호형식들의 육체 그리고 대상 a와 같은 독특한 개념을 구상해낸다.

이미 앞에서 보았듯이, 라캉은 거울단계에 관한 1936년의 보고서에서, 전체로서의 <육체의 이미지(image du corps)>의 구성과 그와 상관해서 형성되는 자아의 탄생을 다루고 있다. <광학 도식 2>에서도 알 수 있듯이, 그러한 육체의 통일된 이미지는 큰타자의 거울이 그에게 되돌려 보내는 이미지 — 큰타자의 이미지와 큰타자(주로 어머니)의 <시선> 속에 있는 그의 이미지의 결합 — 로부터 건립된다. 우리는 왜 라캉이 그러한 육체의 이미지를 자주 <거울이미지(image spéculaire)>라는 표현으로 지칭하는지를 이해하고 있다. 그것은 그 용어가 육체의 상상계에 집중되어 있음에도 불구하고, 세 장부가 서로 얽혀 있음을 강조하려고 한 것이다. 즉 거울이미지는 실제 기관적인 육체와 큰타자의 이미지 그리고 큰타자가 그 육체에 대해 제시하는 이미지 — 큰타자의 인정의 말과 같은 것 — 의 결합의 결과인 것이다. 라캉은 그러한 육체의 거울이미지의 문제를, 여러 차례 — 특히 부아스(Bouasse)의 실험에서 발전시킨 <광학도식 2-3>과 『세미나 X: 불안』(1962-1963)의 <광학도식 4> — 다시 손질한다.

거기서 프로이트는 <고유한 육체(corps propre)>라는 개념을 끌어들인다. 그러나 사실대로 말한다면, "고유한 육체[몸]라는 개념은 후설(Husserl)의 『이념들』 제3권에서 제시된 바 있다. 거기서 후설은 *Körper*(육체)와 *Leib*(몸)를 구분하면서 전자가 과학에서 다루어지는 객관적인 몸이라면, 후자는 살아있는 주체의 몸이라고 말한다. 전자의 몸이 나의 몸과는 무관한 방식으로 사유될 수 있는 몸이라면, 후자의 몸은 나의 심리생리학적인 몸을 구성한다. 후설은 후자의 몸으로부터 출발하여 그러한 몸을 구성할 수 있는 초월적인 주체에 이른다. 그런데 메를로-퐁티(Merleau-Ponty)는 『지각 현상학』에서 <고유한 몸>을 주제화하면서, 후설처럼 *Leib*를 뛰어넘는 초월적인 주체를 전제하는 대신, 내 고유한 몸인 *Leib*를 더욱 극단화시킨다. 즉 그는 후설의 초월적인 주체를 고유한 몸의 주체 자체로 끌어내린다. 고유한 몸, 즉 감각하고 지각하는 살아 있는 내 몸은 그 자체가 초월적인 운동을 실현하고 세계를 구성한다. 『지각 현상학』에서 메를로-퐁티는 매우 흥미로운 사례를 제시하는데, 만약 내 몸이 움직이지 않는다면, 즉 작용하지 않는다면, 내 몸에 대한 환영이 외부에 나타날 수 있다는 것이다. 가령 빠른 속도로 상승

하는 승강기가 갑자기 멈춰 섰을 때, 나는 나의 몸이 나로부터(메를로-퐁티는 여기서 내 머리로부터라는 표현을 쓴다) 이탈한다는 느낌을 가질 수 있다. 그러한 경험은 내 신체의 무기력함을 정신의 환영이 보상하는 것이다. 하지만 이 일순간의 경험은 살아 있기를 멈추지 않는 내 몸의 움직임으로 인해 곧바로 해소된다. […] 나의 고유한 몸은 가장 수동적인 상태에서도 스스로의 운동을 지속한다. 메를로-퐁티가 말하는 고유한 몸은 외부의 감각들을 수용하기만 하는 무기력한 몸이나, 혹은 외부의 감각들과는 무관하게 주체적인 지각을 형성하는 정신의 주체가 소유한 오류의 가능성을 가진 기계적인 몸과는 다른 또 다른 차원을 제시한다. 즉 고유한 몸은 근원적인 수동성, 즉 본래적이며 원초적인 능동성과 분리되지 않은 수동성의 차원을 표현한다. 이는 고유한 몸이 세계의 요청에 응답하는 능동성을 지니고 있기 때문이며, 고유한 몸의 촉수가 세계를 탐색하기를 멈추지 않기 때문이다. 지나치게 많은 의미를 담은 무거운 세계 속에서 빈틈이나 결여의 지점을 탐색할 수 있는 능력을 고유한 몸은 소유하고 있다."[6]

말하자면 후설의 영향을 받은 메를로-퐁티의 <고유한 몸>이라는 개념은, 외부적인 감각을 수동적으로 수용하기만 하는 기계적인 몸과는 다른, 외부의 감각들과는 무관한 주체의 몸이 있다는 것을 가정하고 있다. 사실 필자는 메를로-퐁티의 <고유한 몸>이라는 개념을 정확히 기술할 만큼 그의 지각 현상학을 공부한 것이 아니기 때문에, 그것을 라캉의 <고유한 육체[몸]>의 개념과 비교해서 그 영향의 정도와 차이를 설명할 수 없다. 단지 이 자리에서 말할 수 있는 것은, 메를로-퐁티가 말하는 <외부의 감각들과 무관한 주체의 몸>을 라캉 식으로 해석한다면, 그것은 거울에 비친

6 <고유한 몸과 죽지 않는 숭고한 몸>, https://blog.naver.com/lackir/40111554485.

통일된 육체의 이미지 — 동일시에 의한 자아 형성에 필수적인 — 에 전제되는 선행-이미지(pré-image), 즉 어린아이의 기관적인 육체와, 그 어린아이에 대한 부모의 <시선>이 결합되어 창조된 이미지라는 사실이다.(라캉은 이 선행-이미지를 가끔 <고유한 육체(*corps propre*)>[7]라는 용어로 지칭한다.)

우리는 그 통일된 육체의 이미지가 단순히 어린아이의 육체의 기관이 거울에 비쳐진 것만은 아니라는 사실을, 자폐증의 임상에서 찾아볼 수 있다. 자폐증자에게는 통일된 거울이미지가 형성되지 않고, 조각난 육체로 지각된다는 것은 우리에게 많은 것을 말해준다. 그것은 그 이미지가 통일성을 예견하고, 이상화된 이미지로 사랑과 리비도 투여의 대상이 되려면, 기관적인 육체의 이미지에 큰타자의 이미지, 그리고 큰타자가 그 육체에 대해 보내는 인정의 신호와 같은 것이 결합되어야 한다는 것을 의미한다. 달리 말하면, 어린아이의 고유한 육체의 조직은, 어린아이의 실제 인체 속에 남근적인 차원 — 부모라는 큰타자에 의해 그의 인체에 입혀진 차원 — 이 합체된 결과이다. 따라서 그러한 부모의 리비도 투여는 고유한 육체의 구성에 필수적이다. 결과적으로 부모의 이미지와 인정은 어린아이의 생존에 필수적인, 다시 말해 거울이미지, 자아 그리고 기본적인 자기애의 출현에 필수적인 것이다. 그러한 점에서 상상적인 소외가 나타나지만, 구조화에 있어서

7 라캉은 『가족 콤플렉스(*Les complexes familiaux*)』(Navarin, 1984, p.98)라는 텍스트에서 히스테리의 신체적 호응과 고유한 육체와 조각난 몸의 관계를 다음과 같이 기술하고 있다: "히스테리 증상은 신체적으로 국지화된 기능의 붕괴 — 마비, 무감각, 동통(疼痛), (기능)억제, (시야)암점화 등 — 로, <기관형태적인 상징성(symbolisme organomorphique)>의 의미를 띤다. 프로이트에 따르면, 그러한 상징성은 일종의 절단에 의해 성기적인 충족의 격리[억압]를 나타내는 인간 심리의 기본 구조이다. 그러한 상징성은 대상이 고유한 육체(corps propre)의 형태에 참여하게 하는 심리적 구조이기 때문에, 조각난 육체(corps morcelé) 단계의 특수한 형태의 심리적 여건으로 간주되어야 한다. 게다가 우리가 그렇게 지칭하는 발전 단계에 특징적인 어떤 운동 현상들은 너무 히스테리 증상에 가까워서, 우리는 유명한 <신체적 호응(complaisance somatique)>의 기원을 그 단계에서 찾지 않을 수 없다. 우리는 그것을 히스테리의 기질적인 조건으로 받아들여야 한다."

그러한 소외의 필요성은 조각난 육체와 죽음에 대한 강력한 불안 — 정신증과 자폐증의 임상에서도 볼 수 있는 —, 그리고 히스테리와 다른 신경증과 도착증에서 관찰되는 여러 기관의 기능장애에 의해 증명되고 있다.

다른 한편으로 그러한 상상적 육체는 라캉에게 <대상 a들>이 상실된, 구멍 난 가방과 같은 것이기도 하다. <대상 a들>은 상상적으로 상실된 육체의 끄트머리들로, 알다시피 그것들 중에서 가장 전형적인 것은 젖가슴, 똥, 목소리 그리고 시선이다. 그 목록에 육체의 아주 특별한 끄트머리 하나를 덧붙여야 한다. 그것은 결핍된 것으로서의 남근이다. 대상 a에 의해 구성된 그 결핍은 욕망을 야기한다.(그래서 대상 a를 욕망의 원인으로서의 대상이라고 하는 것이다.) 그리하여 주체는 타자의 육체 속에서 상상적인 <대상 a> 또는 상상적 남근을 탐색하게 된다. 왜냐하면 그것들이 그러한 근본적인 결핍을 막는다고 여겨지기 때문이다. 또한 그러한 탐색이 내포하는 것은, 육체적인 <가방>의 구멍, 즉 욕동의 구멍의 지대 — 입, 항문, 눈 그리고 귀 뿐만 아니라 젖꼭지나 자지와 같은 몇몇 돌기들 — 의 성감대화이다. 따라서 타자의 욕망을 위한 육체의 끄트머리로서의 그 기관은 향락의 장소이기도 하고, 타자가 소유한 대상(예컨대 결핍된 자지 또는 남동생이 빠는 젖가슴)을 겨냥하는 선망과 질투의 장소이기도 하다.

2008년 9월 24일

XIII

기호형식들의 육체

문자의 쓰기와 기호형식의 읽기
문자, 실재계와 상징계의 연안지대
상징적 육체
육체가 말해지고, 육체가 써진다

1.

라캉은 『세미나 III: 정신증』에서 <기호형식들의 육체(*corps des signifiants*)>라는 개념을 소개한다. 그 개념은 어떤 주체를 표상하는 기호형식들(의식적이건 격리[억압]되었건 폐기되었건) 전체와, 일반적이고 독특한 그것들의 조직 양상을 가리킨다. 그러한 기호형식들의 육체 — 따라서 무의식의 주체 — 를 구성하는 말들은, 아기의 임신 훨씬 이전에 말해지거나 생각되었을 수 있다. 왜냐하면 그 기호형식들은 우선 그의 동일성 — 성(姓), 명(名), 가계에서의 위치, 성별, 종족, 사회 계층 등 — 에 관계하기 때문이다. 탄생 이전의 그러한 유산에, 부모라는 큰타자의 의식적이고 무의식적인 욕망을 실어 나르고 주체의 상징적 소외를 구성하는 기호형식들의 별자리가 덧붙여진다.

만약 그 중에서 남근의 기호형식이 폐기되어 상징적 소외를 벗어나면, 라캉은 정신증자가 된다고 말한다. 다시 말해 부모의 욕망을 실어 나르는 욕망의 기호형식이 남근인데, 그 남근의 기호형식에 의해 주체가 상징적으로 소외되지 않고 그 기호형식이 폐기되면, 그 주체는 정신증으로 구조화되는 것이다. 따라서 기호형식의 육체에 의한 주체의 상징적 소외는 정상화의 초석이라고 할 수 있다.

주체를 표상하는 그러한 기호형식들에는 두 가지가 있다: 하나는 성명이나 종족, 가계의 계층 또는 성별에 관계된 기호형식으로 주체의 동일성에 관한 것이고, 다른 하나는 욕망의 기호형식과 관계된 것이다. 최초의 언어라는 욕조(浴槽)에서 전자의 기호형식들은 어린아이의 심리적인 기억에 기록되고, 후자의 기호형식들은 육체 속에 새겨진다고 할 수 있다. 왜냐하면 남근의 기호형식은 육체에 제 자리를 정하기 때문이고, 또한 그것은 <대상 a>라는 육체의 찌꺼기로 이어지기 때문이다. 여기서 문제가 되는 것은 후자이다. 왜냐하면 그것은 프로이트의 표현을 빌면, 신체적 호응을 통해서 육체로 하여금 말하게 하고, 육체에 상형문자와 비슷한 증상이라는 메시지로 기록되기 때문이다. 그러나 그러한 기록이 히스테리 사례나 심신증적인 질환들의 경우를 통해 잘 알려져 있다 하더라도, 그것이 그러한 질환의 심리적 구조에만 예약된 것은 아니다. 낱말, 음절, 음소, 단순한 문자들은 각자의 육체 — 그 육체의 구조가 어떤 것이든 간에 — 에 영향을 미칠 수 있다. 그래서 육체는 큰타자의 요구와, 따라서 큰타자의 욕망의 기호형식들이 기록되어 있는 1파운드의 살이라고 말할 수 있다.(셰익스피어의 『베니스의 상인』에 나오는 1파운드의 살의 상징성을 생각해보라! 그것이 거세된 육체의 찌꺼기가 아니면 무엇이겠는가?)[1]

---

1 라캉은 『세미나 X: 불안』(Seuil, 2004, pp.254-5)에서 다음과 같이 말하고 있다: "육체 속에는

라캉에 따르면, 증상에서 "기호형식의 문제는 반복의 문제를 가리키고 있다. 표현, 음성적 시퀀스, 단순한 문자의 일정한 회귀가 그것이다. 그 문자들은 매 경우 의미의 변화를 무릅쓰고, 주체의 삶을 운각(韻脚)(scander)으로 나누고, 모든 결정된 의미작용 밖에서 내재한다(insister). 그 점에 관해, 가장 알려진 예 중의 하나는 여전히 늑대인간의 예이다. 프로이트와 그의 치료 이야기를 재론하는 많은 분석가들은 거기서 동일한 상징의 내재를 강조한다. 그것은 하나의 문자(대문자 V)나 숫자(로마숫자 V)를 표상하는 상징이다. 후자의 형태 하에서[로마숫자 V(5)], 그것은 우울증 발작이나 열 발작을 가리킨다. 즉 그는 어린 시절 오후 다섯 시마다 열이 났던 것이다. 뿐만 아니라, 그것은 원장면의 시간을 가리킨다.(아마 그는 괘종시계 바늘이 V를 가리킬 때, 부모들이 성교하는 것을 보았을 것이다.) 문자의 형태 하에서(V나 W), 그것은 그와 한결같이 갈등 관계에 있었던 여러 사람들의 고유명사의 머리글자로 규칙적으로 되돌아온다. 또는 그것은 말벌의 날개를 뽑는 꿈에서 거세를 상징한다.(말벌은 독일어로 <*Wespe*(베스페)>이지만, 그는 <에스페(espe)> 또는 그의 이름[Sergueï Pankejeff]의 머리글자인 <S.P.>라고 말한다) 마지막으로 그래픽 형태 하에서, V는 뒤집어놓으면 늑대의 쫑긋한 귀[Λ]를 나타낸다.(이것은 영원히 그의 후손들에게 프로이트의 그 유명한 환자를 가리키는 문장(紋章)이 된다.)"[2]

엄격히 말해 [V]는 로마 수자 V(5)도, 알파벳의 V(브이)도 아니다. 그것은

그러한 연루, 기호형식의 변증법 속의 연루로 해서, 1파운드의 살이라는 항상 분리된 것, 희생된 것, 무기력한 것이 있다. 한 번 더 우회하면, 우리는 셰익스피어라 불리는 사람을 인도해서, 베니스의 상인의 형상에 1파운드의 살이라는 주제를 고정시키게 한 믿을 수 없는 천재성에 놀라지 않을 수 없다. 그 살은 우리가 부채(負債)와 선물의 법을 [⋯] 상기하도록 만들어진 바로 그것이다. [⋯] 우리는 항상 우리의 살로 그 빚을 청산해야 한다."

2 R. Chemama et al., <signifiant>, in *Dictionnaire de la psychanalyse*, Larousse, 2009, p.533.

[V]라는 형상을 한, 어떤 하나의 문자일 뿐이다. 그래서 그것은 <문자 그대로 받아들여야(prendre à la lettre; taking it literally)> 한다. 즉 형상 그대로 받아들여야 한다. 그러한 형상 V는 늑대 인간의 무의식 속에 내재(insistance)하면서, 주체의 역사를 따라 계속 증상으로 회귀하지만, 다시 말해 상황에 따라 V는 서로 다른 변이형으로 나타나지만, 그것을 V 자로밖에 볼 수 없게 하는 V 자의 동일성은 계속 유지된다.[3] 예를 들면, 괘종시계의 V(다섯 시)와, 원장면에서 다리를 들고 가랑이를 벌린 V와, 나비의 날개 벌림의 V와, Wespe(말벌)의 W와, 늑대의 쫑긋한 귀의 Λ(V를 뒤집어 놓은 형상)는 다 다르지만, 거기서 V를 읽어내는데 실패하는 사람은 없다. 그것이 바로 V라는 문자의 동일성이다. 그 동일성은 무한히 자기 자신과의 차이를 반복함으로써 확인되려고 한다. 그렇게 늑대 인간의 무의식 속에는 모든 결정된 의미작용을 벗어나는 단순한 문자가 내재하는데, 그 문자는 주체의 삶을 운각으로 나누면서 일정하게 회귀한다.

라캉이 자신의 용어로 차용하고 있는 <insistance(내재)>는 <insister(강조하다)> 동사의 명사형으로 원래 <강조, 주장>이라는 뜻이다. 그런데 라캉

3 앞에서도 말했지만, 그러한 의미에서 정신분석에서 말하는 문자는 언어학에서 말하는 철자(문자)와 구분되어야 한다. 왜냐하면 소쉬르의 t 자의 예처럼, 후자는 다른 S 자나 P자와는 확연히 구분되는 자기 자신과의 차이, 또는 자기-비-동일성을 생산하면서 반복되기 때문이다: "문자의 가치는 순전히 소극적(négative, 음성적)이며 이화(異化)적(différentielle)이다. 가령 한 사람이 t를 쓸 때, 다음과 같은 변이형들로 쓸 수 있는 것이다. 단지 중요한 것은, 그의 필체에서 이 기호가 l, d 등의 기호와 혼동되면 안 되는 것이다."(소쉬르, 『일반 언어학 강의』, 민음사, p.142)

따라서 라캉의 문자는 그림과 소쉬르가 말하는 언어학적인 철자 사이에 있다고 말하는 것이 더 정확할 것이다. 그것은 시각적 이미지가 문자화 — 상형문자든 알파벳이든 — 되는 과정에 있는 그림이라고 할 수 있다.

은 그 용어를 <외-재(ex-sistence)>에 대응하는 개념으로 사용하고 있다. <insister>는 어원적으로 접두사 <in->과 <sistere(있다)>라는 라틴어 동사의 결합으로 이루어져 있기 때문이다. 그래서 우리는 그것을 어원적인 의미를 살려 <내재>라고 번역한 것이다. 그 용어는 무의식의 주체에 어떤 문자가 <끈질기게(avec insistance)> 붙어서 반복되는 것을 말한다. 그 문자는 주체의 역사를 단속적으로 끊으면서 반복적으로 회귀하는데, 마치 작시법의 <운각나누기(scansion)>처럼 진행된다.[4] 라캉이 그것을 <운각나누기>라고 명명한 것은 바로 그 때문이다. 가령, 늑대 인간의 [V] 문자의 회귀를 그림으로 그리면 다음과 같다.[5]

——— V, ———V, ———V, ———————————V, ——— ———VV,…

원장면	산호랑나비		빨래하는 시골여자	Espe 꿈
5시	V 날개	5시	무릎 꿇고 엉덩이 든 자세	W(espe) 거세
열발작	공포증	우울증	강박적 사랑	자기이름의 머리글자(S.P.)

그렇다면 라캉에게 있어서 문자(lettre)와 기호형식(signifiant)은 어떤 관계에 있는 것일까? 우선 기호형식이 소쉬르의 정의대로, 음성학적인 물질적 특질이나 실체에 의해 구성되는 것이 아니라 음운론적인 청각적 이미지로서 다른 청각적 이미지와 구별되는 차이에 의해 구성되는 것이라 할지라도[6],

---

4 이렇게 라캉은 언어학에 대한 참조 이상으로 시학을 참조한다.

5 졸저, 『환상의 정신분석』, 현대문학, 2005, pp.51-53 참조.

6 소쉬르는 다음과 같이 말하고 있다: "그 본질에 있어 언어 기호형식은 음성적인 것이 전혀 아니며, 감각으로 감지되는 것이 아니다. 그것은 물질적 실체에 의해 구성된 것이 아니라, 단지 자신의 청각 이미지와 그 외의 모든 청각 이미지를 구별하는 차이에 의해 구성된 것이다. 이 원칙은 본질적인 것이어서 언어의 모든 물질적 요소에 적용되며, 음소도 물론 이에 포함된다. [...] 그런데 이들 음성 요소의 특성은, 보통 생각하게 되듯이, 이들의 고유하고 적극적인(positive, 양성적인) 특질에 있지 않고, 단순히 이들이 서로 혼동되지 않는다는 사실에 있다. 음소는 무엇보다, 대립적이고 상대적이면 소극적인(négative, 음성적인) 본체

그것이 청각적 차원에 있는 <들을 거리>인 것은 틀림없다. 반면에 문자는 시각적 이미지가 특권화된 것은 아니라 할지라도, 시각적 이미지로서 <볼 거리>인 것은 분명하다. 소쉬르에 따르면, 그러한 문자 역시 기호형식과 마찬가지로 다른 문자와의 차이와 대립에 의해 그 가치가 결정된다: "문자 체계의 가치들은, 규정된 체계 내에서 그들 상호간의 대립에 의해서만 작용하는데, 이 체계는 한정된 수의 문자들로 구성되어 있다."[7] 그러나 그러한 문자에 대한 소쉬르의 정의는 일상 언어를 기준으로 한 것일 뿐, 정신분석에서 말하는 무의식의 언어에 적합한지는 의문이다. 왜냐하면 앞에서도 보았듯이, 무의식에 내재하는 문자는 다른 문자와 혼동되지 않아야 하는 것에 앞서서, 다시 말해 다른 문자와 차이를 보이는 것에 앞서서, <문자 그대로 받아들여야> 하는 것을 숙명으로 하고 있기 때문이다. 무의식의 문자는 어떤 상형이지만, 그렇다고 그것을 상형의 가치로 보아서는 안 될 뿐만 아니라(가령 대나무의 한마디 형상을 하고 있다고 해서 대나무로 이해해서는 안 된다), 일반 언어에서 말하는 문자로 취급해서도 안 된다.(가령 V 형상을 하고 있다고 해서, 그것이 알파벳 브이(V)인 것은 아니다.) 그것은 자기 자신과의 차이를 반복하지만 어떤 자기동일성을 갖고 있는 것이다. 그러한 각도에서 문자는 무엇보다도 다른 기호형식과의 차이로서 동일성이 규정되는 기호형식과는 구분되어야 한다. 물론 기호형식도 궁극적으로는 자기 자신과의 차이를 반복하지만($S1 \neq S1$ 또는 $S1 = -S1$), 정의상 반드시 다른 기호형식($S2$)과의 차이에 의해서 규정되기 때문이다. 그래서 기호형식은 자기 비-동일적인데 반해, 문자는 자기 동일적인 것이다.

이다."(소쉬르, 『일반 언어학 강의』, 민음사, p.141) 이렇게 소쉬르는 기호형식이 실제로 고막을 울려 청각을 자극하는 물질로서의 소리 파동이 아니라, 다른 기호형식과 구분되는 차이라는 추상적 자질이라는 사실을 강조하고 있다.

7 소쉬르, 『일반 언어학 강의』, 민음사, p.142.

문자	기호형식
시각적 이미지, 볼거리	청각적 이미지, 들을 거리
자기 동일성의 반복	다른 기호형식과의 차이로서의 자기 비-동일성

그러한 문자는 라캉의 이론 체계 내에서, 몇 가지 특징을 가지고 있다. 첫째, 그것은 어디서 나오든, 어디를 가든 절단 또는 끊기(rupture)로 나타난다. 늑대 인간의 [V] 문자를 생각해보면, 문자의 <끊기>는 쉽게 이해가 갈 것이다. 그것은 휴지 또는 쉼표(,)로 나타난다. [V]라는 문자가 늑대 인간의 삶을 단속적으로 끊으면서 증상으로 부상하는 것이다. 따라서 <끊기>는 어떤 사슬 — 정확히 말하면 기호형식의 사슬 — 이 문자에 의해 끊기는 것을 말한다. 결과적으로 문자에 의한 단속적 끊기는 <운각나누기>와 동일한 것이다. 둘째, 그것은 읽히기를 기다리는 <음소적 쓰기(écriture phonématique)>이다. 그렇다고 그것이 일상적인 알파벳 쓰기인 것은 아니다. 사실 모든 언어의 모든 철자는 음소적으로 읽히는 일종의 발음기호라고 할 수 있다. ㄱ은 [g]라는 발음의 음소이고, ㄴ은 [n]라는 발음의 음소이다. 따라서 일상적 알파벳 쓰기도 음소적 쓰기이다. 그러나 정신분석에서 말하는 음소적 쓰기로서의 문자는 무의식의 언어로서, 의식적인 언어와는 구분되어야 한다. 무의식에 내재하는 문자는 <음소적 쓰기>이지만, 발음이 붙여지기를 기다리는 음소 — 그렇지만 무슨 발음이 붙여질지는 모르는 음소 — 이지, 이미 음이 확정된 음소가 아니다. 그러한 각도에서 볼 때, 문자는 볼거리이면서 동시에 읽을거리이다. 어떤 쓰기라는 점에서는 볼거리이지만, 발음을 기다린다는 점에서는 읽을거리이다. 이렇게 무의식에서 문자는 <쓰기(écriture)>와 <읽기(lecture)> 사이에 있다. 그래서 라캉은 문자를 <연안지대(terre de littoral)>로 정의하면서, <문자적인 것(littéral)>은 <연안적인 것(littoral)>이라고 말놀음을 한다.

그렇다면 문자 이전의 <쓰기>는 없는 것일까? 그리고 무엇이 써진다는 말일까? 라캉은 기호형식을 상징계 쪽에 위치시키고 문자는 실재계 쪽에 위치시킨다. 그리고 실재가 <scription(써진 것)>에서 <inscription(기록된 것)>이 되고, 그 다음에 <쓰기>, 즉 <문자>가 된다고 말하고 있다.[8] 그도 그럴 것이, 문자는 <있는 그대로> 받아들여야 하기 때문이다. 그것은 분명 실재계의 특성이다. 그러나 그것은 읽히기 위한, 다시 말해 기호형식의 상징계로 진입하기 위한 실재이다. 말하자면 그것은 실재계가 써진 다음에 읽힘으로써 상징계의 기호형식이 되는 중간 단계인 것이다. 그래서 문자는 실재계와 상징계 사이의 연안지대에 있다고 하는 것이다. 그것은 분석 치료의 방향과도 일치한다. 왜냐하면 프로이트가 보여준 대로, 분석은 무의식의 사물표상을 전의식의 낱말표상으로 바꾸어주는, 즉 번역하는 일이기 때문이다. 그것은 <쓰기>에 대한 <읽기(독서)>에 다름 아니다. 그리하여 우리는 다음과 같은 도표를 그릴 수 있다.

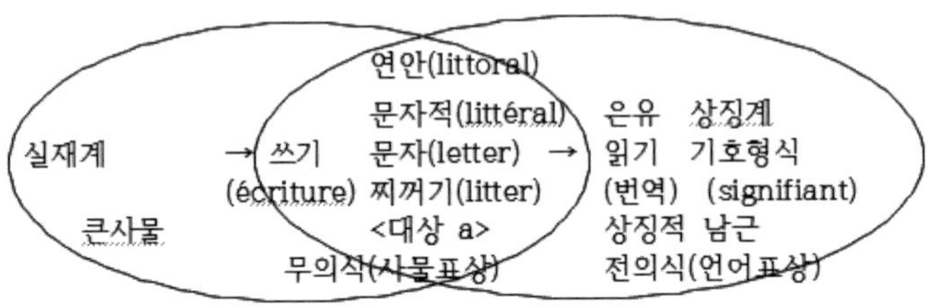

8 이것에 대해서는 졸저, 『은유의 정신치료』, 파워북, 2013, p.191 sqq. 참조.

2.

결국 기호형식들의 육체 또는 상징적 육체는 음소적인 기호형식에 의해 시작되고 증상이라는 문자로 써지는 육체라고 할 수 있다. 그렇다고 그러한 상징적 육체가 히스테리 증상에만 국한되는 것은 아니다. 그것이 히스테리나 심신증에서 좀 더 분명하게 나타나는 것은 사실이지만, 정상적인 심리구조에서도 상징적 육체화는 벗어날 수 없다. 그것은 심신의 구조화 자체이기 때문이다. 문제는 그러한 기호형식의 상징계와 연안지대를 이어주는 것이 무엇인가라는 것이다. 정신분석에 관한 한, 그것은 한 마디로 남근으로 지목된다. 왜냐하면 남근은 으뜸-기호형식이면서 동시에 문자적인 대상 a로 기능하기 때문이다. 우리는 그 예를 다음의 동성애자에게서 볼 수 있다.

> "어떤 동성애자가 <꼬마 병정들(les p'tits soldats)>이라는 말로 가장 잘 표현되는 스타일의 젊은 남자들에 대해 자신의 호감을 기꺼이 고백한다. 그런데 분석은 어머니와 내통한 아주 중대한 기억 하나를 끌어낸다. 그것은 여름 날 오후에 대한 회상으로 결정(結晶)화된 추억이었다. 즉 어머니는 오래 산책을 한 뒤, 그를 카페로 데리고 가서, <아, 그 애에게는 작은 소다(Ah, pour lui, un p'tit soda)>를 주문해주었다. 그러한 기억은 분명히 정신분석에 따르면, 모든 것이 어린 시절에 들었던 몇 마디의 기억에 의해 밝혀진다는 사실을 내포하는 것이 아니라, 인간 주체에게 있어 기호형식의 기능을 특징짓는 데 이바지한다. 그 남자가 자신의 욕망의 대상을 명명하고, 따라서 그 대상의 특징을 결정하는 방식은, 그가 어린 시절에 들었던 기호형식을 계속해서 참조하도록 만든다. 그 기호형식은 있는 그대로 인식되지 않는 만큼 더욱 더 내재한다."[9]

9 R. Chemama et al., <signifiant>, in *Dictionnaire de la psychanalyse*, Larousse, 2003, p.397.

여기서 동성애자가 왜 자신의 동성애 상대인 <젊은 남자>를 <꼬마 병정들(les p'tits soldats)>이라고 표현하는 지를 이해하기 위해서는, 어린 날 어머니가 <그에게 작은 소다(Ah, pour lui, un p'tit soda)>를 시켜주었던 기억에 의지해야 한다. 그것은 동성애 대상이 어떻게 기호형식에 의해 명명되고, 대상의 특징이 결정되는가를 잘 보여주고 있다. 즉 그는 어머니가 자기를 위해 <작은 소다(Ah, pour lui, un p'tit soda)>를 주문했듯이, 자기의 동성애 대상을 <꼬마 병정들(les p'tits soldats)>이라고 부르는 것이다. 그것은 동성애의 메커니즘 — 즉 어머니와 동일시되어 어머니가 자기를 사랑했듯이 자기를 닮은 사람을 사랑의 대상으로 선택하는 것 — 이 기호형식에 의해, 그리고 기호형식의 논리에 따라 움직인다는 사실을 보여주고 있다. <작은 소다(un p'tit soda[ptisoda; 쁘띠 소다])>와 <꼬마 병정들(les p'tits soldats[ptisolda; 쁘띠 솔다])>의 거리는 <l>이라는 하나의 기호형식 밖에 없다. 그러나 <l>은 음소 [l]이면서 동시에 문자 <l>로도 볼 수 있다. 그러한 이중적인 <l>이 p'tit soda[ptisoda; 쁘띠 소다]에서 p'tits soldats[ptisolda; 쁘띠 솔다]로 이동하면서 첨가되는 것이다. 그것은 여러 가지 점에서 거세(또는 격리)되어야 할 남근이 증상으로 고개를 내밀며 나타난다는 것을 의미한다. 더 정확히 말하면, 어머니에 의해 대상으로 지명되면서('그에게(pour lui)'), 남근을 부여받는 것이다. 한낱 음료수에 불과한 '소다'에서 남자다운 '솔다'(군인)로 승격하는 것이다. 그렇지만 <병정(soldat)>에서 중요한 것은 군대와 관련 있는 그것의 의미작용이 아니라, 기호형식화(signifiance), 다시 말해 그 말 자체의 청각적 이미지에 의해 직접 생산되는 것이다. 이렇게 기호형식이 의미작용에 대해 자율적인 것으로 간주된다면, 그 때부터 그것은 의미의 기능과는 전혀 다른 기능을 갖게 된다. 그것은 주체를 표상하고 주체를 결정하는 것이다. 그러한 기호형식들이 자아의 모든 통제를 벗어나서 서로 연합하고 반복되고, 문법이 문장의 질서를 결정하듯이, 엄격히 결정된 연쇄에 따라

정렬하면서 인간 주체를 완전히 구속하는 것이다.

그리하여 육체에 대한 말의 영향을 강조할 때, 우리는 차라리 육체가 말해진다(le corps est parlé)고 말해야 하고, '육체가 써진다.'(le corps est écrit)고 말해야 한다. 그와 관련해서, 라캉도 육체는 말하는 것(le corps était parlant)이라고 주장했다: "주체는 그의 육체 자체에 의해, 있는 그대로의 말, 진실의 말, 즉 그가 의미화[기호형식화]시키면서 내보낸다는 사실조차 모르는 말을 내보낸다. 그것[그의 육체]은 점점 더 그가 그것에 대해 말하려고 하는 것 이상으로 말을 하고, 점점 더 그가 그것에 대해 말할 줄 아는 것 이상으로 말을 한다."[10] 주목할 것은, 그러한 <상징적인 육체(corps symbolique)>가 그의 임신 이전이든지, 그의 죽음 이후든지, 게다가 생물학적인 실체로서 그가 완전히 사라진 이후든지 간에, 그의 인체의 현전과 무관하게 모든 명명작용이 그에게 부여하는 <실존(existence)>에 나타난다는 사실이다: 장례식과 죽은 자의 기억과 관계된 모든 의식(儀式)은, 그러한 상징적 육체의 특별한 실존적 증거이다.

그렇다고 상징계의 장부가 상상계와 관계없이, 즉 의미작용의 말과 관계없이 독자적으로 작용하는 것은 아니다. 상상적 장부와 상징적 장부의 얽힘은 아무리 강조해도 지나침이 없다. 사실 말은 순수한 상징계의 장부에서는 거의 작용하지 않는다. 다시 말해 그것은 설혹 그 의미작용이 흔히 격리[억압]되어 있다 하더라도, 어떤 의미작용과도 무관하게 작용하지는 않는다. 여러 차례 말했지만, 언어는 말에 우선하고 우위에 있지만, 그것의 존재는 말을 통해서만 알려진다. 그것은 말이 욕망의 운반자인 만큼 더욱 더 그렇다. 우리는 그러한 예를 『쥐인간』에 나오는 딕(Dick)의 사례에서 엿볼 수

---

10 라캉, 『세미나 I: 프로이트의 기법적인 글들(*Les écrits techniques de Freud*)』(1953-1954), Seuil, 1975: R. Chemama et al., *Dictionnaire de la psychanalyse*, Larousse, 2009, p.117에서 재인용.

있다.

"더 오래 전에 시작되었던 한 충동은 간접적인 자살 충동이라 할 수 있는데, 그것은 그리 쉽게 설명할 수 없다. 왜냐하면 그 충동은 우리의 의식에는 매우 역겨운 현실과 표면적으로 연관되어 있는 것처럼 보이기 때문이다. 그가 여름휴가를 떠나 있던 어느 날 갑자기 자신이 너무 뚱뚱하니(dick) 살을 빼야겠다는 생각이 들었다. 그래서 그는 후식이 나오기 전에 밥상에서 일어나, 팔월의 뜨거운 태양 아래 모자도 쓰지 않은 채 빨리 달리기 시작했다. 그러고는 땀을 뻘뻘 흘리면서 더 이상 달릴 수 없을 때까지 산을 달려 올라갔다. 이렇게 미친 듯이 살을 빼려고 하는 도중에 한번은 자살 충동이 가식 없이 그대로 드러났다. 그가 가파른 벼랑에 서 있을 때 갑자기 뛰어내리라는 명령이 들렸다. 그대로 했으면 죽었을 것이 확실했다. 환자는 그 의미 없는 강박 행동을 설명할 수가 없었다. 그런데 문득 그가 사모하는 여자와 함께 휴양지에 와 있는데, 영국에서 온 그 여자의 사촌이 그 여자에게 매우 관심을 쏟고 있어서, 환자는 그 사촌에게 질투를 느꼈다는 생각이 떠올랐다. 그 사촌의 이름은 리처드(Richard)였는데, 영국의 관습대로 딕(Dick)이라고 불렸다. 환자는 그 딕을 죽이고 싶었던 것이다. 그는 자신이 용납할 수 없을 정도로 질투가 났고, 그 사촌에게 화가 나 있었다. 그래서 그에 대한 벌로 자신에게 위와 같이 살을 빼라는 명령을 했던 것이다. 이 강박증적인 충동은 이미 살펴보았던 직접적인 자살 명령과 매우 다르게 보이지만, 한 가지 중요한 공통점이 있다. 그것은 두 가지 모두 우리 환자의 의식 세계로 나올 수 없었던 굉장한 분노에 대한 반응이었다는 것이며, 또 그 분노는 그의 사랑을 방해하는 사람에 대한 것이었다는 사실이다."[11]

이 딕의 사례는 주체를 표상하는 것이 단어가 아니라 정확히 기호형식 — 다시 말해 서로 다른 의미를 가질 수 있는 청각적 시퀀스(séquence

11 프로이트, 「쥐인간」(김명희 역), 1909, 열린책들, pp.42-43: 쥐인간은 애인을 구속하는 그녀의 할머니를 죽이고 싶어지는 순간, 면도칼로 자살하라는 명령이 들린 적이 있다.

acoustique) — 이라는 사실을 잘 보여주고 있다. 우선 쥐인간이 <나는 뚱뚱하다(dick)>라고 생각한다는 것은, 자기가 질투하고 증오하는 대상인 딕(Dick)과 동일시한다는 것인데, 그 동일시가 청각적 시퀀스를 통해 이루어지고 있는 것이다. 그것은 주체가 [dik]이라는 청각적 시퀀스, 즉 기호형식에 의해 표상된다는 것을 의미한다. 의미작용은 그 뒤에 기호형식의 효과로서 나타난다. 즉 [dik]이라는 기호형식은 <뚱뚱하다>는 의미작용을 생산하면서, <살을 빼야겠다>는 생각으로 이어진다. 그렇게 함으로써, 딕이 된 쥐인간은 딕과 동시에 자기를 죽이는 방식으로, 팔월의 뜨거운 태양 아래 모자도 쓰지 않은 채 산으로 달려 올라가는 것을 선택한다. 여기서 <살을 빼야겠다>는 일련의 생각과 실천은 모두 자살의 시도로 보아야 한다. 그러나 겉으로는 자살 시도로 보이지만, 사실은 주체가 된, 다시 말해 주체를 표상하는 딕을 살해하는 것이다. 이 딕의 사례에 각주로 소개된 예 또한 무의식에서 기호형식의 기능을 잘 보여주고 있다.

> "이름이나 단어가 무의식적 사고(이것이 충동이든 환상이든)와 증상 사이를 연결할 목적으로 사용되는 예는 히스테리에서만큼 강박증에서 그렇게 무모하게 자주 있는 것은 아니다. 그러나 내가 오래 전에 분석한 환자 중에 리샤르(Richard)라는 이름을 비슷하게 사용했던 예가 기억난다. 그 환자는 동생과 말다툼을 한 후, 돈하고는 인연을 끊고 싶다는 등의 말을 하며 돈을 없애는 방법에 대해 강박적으로 숙고했는데, 그의 동생 이름이 리샤르(Richard)였다. <richard>는 프랑스어로 부자라는 뜻이다."[12]

여기서 <돈과 인연을 끊고 싶고 돈을 없애버리고 싶다>는 환자의 무의식적 사고를 이해하기 위해서는, <리샤르(Richard)>라는 이름에서 <리샤

12 위의 책, 43쪽, 원주.

르(richard, 부자)>에 이르는 청각적 시퀀스의 이동에 주목해야 한다. 즉 <리샤르(Richard)는 돈이 많은 부자(richard)다>라는 동어반복을 통해 <리샤르(Richard)>는 <돈>의 의미작용을 일으킨다. 그 결과 그가 <돈과 인연을 끊고 싶고 돈을 없애버리고 싶다>는 것은 <리샤르(Richard)>와 관계를 끊고 그를 죽이고 싶다는 것에 다름 아니다. 그런데 프로이트는 이렇게 좋은 예를 아주 많이 갖고 있음에도 불구하고, 증상에서 주체를 표상하는 것이 단어나 이름이 아니라 순전히 기호형식이라는 사실을 끌어내지 못한다. 그는 소쉬르의 언어학적인 연구 성과를, 동시대인임에도 불구하고, 게다가 가까운 거리(소쉬르는 스위스 쥬네브이고 프로이트는 오스트리아 빈)에 있었음에도 불구하고, 몰랐기 때문일 것이다.

2008년 10월 1일~10월 8일

XIV

실재적 육체

육체의 실재, 저항하는 실재적 육체, 거부의 대상으로서의 육체
인간의 생체(生體)와 큰타자의 육체의 합체
시체화된 육체
부분적인 하나가 있다(Y a de l'Un)
l'a-chose, res(것), le rien(아무것도 아닌 것)

1.

라캉에게 실재적이라는 개념은 적어도 세 가지 특수한 의미를 띠고 있다. 그러한 세 가지 의미작용은 <실재적 육체>에 대해서도 그대로 통용된다. 왜냐하면 실재적 육체는 그야말로 실재로서의 육체이기 때문이다. 따라서 그것은 우선 실재계를 정의하는 개념인 <불가능>으로서의 육체를 말한다. 다 알다시피, 라캉에 따르면, 실재계는 상징계 그리고 상상계와의 관계 하에서만 정의된다. 그것을 현실로부터 추방하는 것은 상징계이다. 따라서 그것은 철학이 외부 세계의 표상이라고 부르고, 상징에 의해, 또는 언어에 의해 정리되는 현실이 아니다. 그렇지만 그것은 주체를 일상적인 상태로부터 깨

우는 만남의 형태가 아니고서는 주체가 그것을 만나지 못하는 현실 속의 장소로 되돌아온다.[1] 그것은 말이나 쓰기로 완전히 상징화될 수 없는 것이기 때문에 불가능으로 정의되는 것이다. 라캉에 따르면, 그것은 <써지지 않는 것을 멈추지 않는 것(ne pas cesser de ne pas s'écrire))>이다. 이렇게 실재적이라는 개념이 불가능을 내포하는 한, <육체의 실재(*réel du corps*)>도 상상화와 상징화의 시도를 벗어나는 육체의 모든 것을 말한다. 말하기 불가능한 것을, 말을 가지고 그것의 윤곽을 그리는 것이 부조리함에도 불구하고, 우리는 몇 세기 동안 빛을 보았고 앞으로도 계속 빛을 보게 될, 육체에 대한

---

1 실재는 상징계의 개입으로 말미암아 현실에서 추방된 것이기 때문에 언어로 상징화될 수 없다. 따라서 그것은 언어로 표상화되고 개념화되는 현실 — 우리가 일반적으로 말하는 외부 현실 또는 전통적으로 철학에서 말하는 외부 현실 — 이 아니다. 그렇지만 그것은 현실의 어떤 장소 속에 주체를 우연히 깨워내는 만남으로 되돌아온다. 그것이 바로 라캉이 말하는, 섬뜩한(unheimlich) 실재와의 우연한 만남인 투케(Tuche)이다. 우리는 그 예를 한 부인의 경험담에서 만날 수 있다: 그 부인은 밤에 국도를 운전하고 있었는데, 갑자기 어떤 흰 물체가 중앙선을 넘어 뛰어들었고, 곧바로 바퀴 아래쪽에서 우두둑하는 소리가 들려왔다. 순간 그녀는 그 흰 물체가 고양이 아니면 강아지라는 생각이 들면서, 어린 동물을 치였다는 생각에 갑자기 몸서리쳐질 정도로 무서워지고, 차에 묻어 있을 피와 사체 조각을 생각하니 몸이 굳으면서 운전을 제대로 할 수 없을 정도였다. 간신히 도로가에 차를 세우고, 남편에게 전화했다. 남편은 아내의 다급한 구조신호에 사고 현장으로 달려왔다. 아내는 아연실색한 얼굴로 차안에서 꼼짝도 못하고 있었다. 그러니 차 밖으로 나와 확인할 생각은 꿈도 꾸지 못하고 있었다. 그러한 광경에 의아한 것은 오히려 차를 둘러본 남편이었다. 차는 핏자국 하나 없이 말짱했기 때문이다. 오히려 며칠 전에 한 세차로, 차는 가로등 빛에 반사되어 윤기까지 흐르고 있었다. 아내에게 아무리 이 상황을 설명해도 소용이 없었다. 피 묻은 차를 차마 볼 수가 없다는 것이었다. 남편은 간신히 아내를 설득해 천천히 차에서 내리게 했다. 순간 아내는 눈앞에 놓여 있는 깨끗한 차의 모습이 믿어지지 않았다. 그것은 그녀에게 기적이나 다름없었다. 분명히 자신은 로드킬 사고를 실제로 냈다고 확신하고 있었기 때문이다. 이번에는 천천히 뒤로 돌아, 사고 현장으로 가 보았다. 그러나 거기에도 사고의 흔적은 전혀 없었다. 차가 뜸해진 시간에 아스팔트는 늠름하게 자신의 가슴을 드러내고 있었다. 이렇게 실재는 우연히 주체를 만나러오는 환각적인 불청객과 같다. 그래서 라캉은 실재와의 만남을 <포르록에서 온 사람(person from Porlock: 코울리지(S. T. Coleridge)의 시에 나오는 인물로 달갑지 않은 불청객)>의 노크소리에 비유한다. 기호형식의 그물망으로 포착되지 않는 그 실재들, 그 나머지들은 언제 어느 때고 우리의 존재를 비집고 들어와 우리를 깨운다. 말하자면 그것은 꿈을 방해하고 깨우는 노크 소리인 것이다. 그래서 라캉은 현실에서 추방된 실재는 현실로 되돌아온다고 말하는 것이다.

다양한 의학적 이론을 생각해봄으로써 그것에 접근할 수 있다. 그러한 여러 가지 이론들이 실용적인 이점이 없지 않음에도 불구하고, 게다가 효과 — 특히 치료 효과 — 가 없지 않음에도 불구하고, 모든 이론이 불완전할 뿐 아니라, 어떠한 이론도 육체 전체를 말하지 못한다. 육체의 실재가 그것들을 벗어나기 때문이다. 그것은 과학의 미완성에 의한 것이 아니라, 세계와 과학의 구조 자체에 의한 것이다. 한 마디로 불가능으로서의 육체는 말이나 쓰기로 완전히 상징화될 수 없는 육체로, 써지지 않는 것을 멈추지 않는 육체이다. 따라서 그것은 의학적 글쓰기를 벗어나는 육체이다.

라캉의 가르침에는 또 다른 실재가 중요한 위치를 차지하고 있다: 그것은 실재의 두 번째 개념으로, <저항하는 것(le résistant)>으로서의 육체이다. 그것은 소원과 욕망 — 특히 전능한 사고로 생각하는 어린아이의 소원 — 에 장애가 되는 것이다. 비유적으로 말하면, 그것은 우리의 욕망이 앞으로 나아가려고 할 때 부딪치는 걸림돌과 같은 것으로, 마치 레코드판의 상처처럼 항상 똑같은 자리로 되돌아오는 것이다. 우리는 흔히 그러한 육체를 <실재적 육체(*corps réel*)>라고 부른다. 그러한 명칭 하에 우리는 해부학적인 성차(性差)와, 몸에 대한 파괴로서의 피할 수 없는 죽음을 집합시킬 수 있다. 라캉에게서도 신생아의 기관의 미성숙과, 그것의 유전 형질(지나는 길에 강조할 것은, 이것이 일종의 쓰기라는 사실이다)과, 그리고 육체의 통일된 이미지에 의해 말소된, 조각난 원초적인 육체가 그러한 명칭 하에 발견된다. 그러한 사실은 일반적으로 욕망하는 존재와 관계한다. 이러저런 개별적인 주체에게 실재적인 육체는, 많든 적든 바뀔 수 없는 특수한 특징들로 점철되어 있다. 예컨대 눈의 색깔이나 피부색, 또는 선천적이거나 후천적인 핸디캡 — 불수, 절단, 신경학적인 상처, 난청 또는 시력 상실, 기관적인 허약이나 불능 등이 그것이다.

육체에서 저항하는 모든 것이 반드시 문화적이거나 개별적인 <거부(rejet)

의 대상>(이것이 실재적인 것으로서의 육체의 세 번째 개념이다)인 것은 아니다. 그럼에도 그럴 수 있다. 다시 말해 저항하는 것으로서의 육체가 거부의 대상이 될 수 있다. 우리 문화에서 흔히 지적되는 것은, 성차와 어머니의 자지의 부재에 대한, 다소 뚜렷한 어린아이의 오인의 경향이다. 가령 프로이트에 따르면 모든 어린아이는 어머니의 자지의 부재를 강하게 부정한다. 게다가 라캉에 따르면, 욕망하는 존재가 그만큼 수용하기 어려운 것은, 성적 관계의 무-존재(non-existence)의 현실, 즉 보편적 남근(-거세)과 비-전체의 비대칭에서 오는 성적 관계가 없는 현실이다. 또한 각 육체의 최종 운명으로서의 죽음도 거부의 대상이다. 여기에 각자가 자신의 개별적인 육체의 특징들 중에서 이러저런 특징을, 격리[억압]이나 부인의 의미에서 거부할 가능성이 덧붙여진다.

그렇다면 프로이트처럼 이 모든 사실로부터, 욕망하는 존재의 운명을 구성하는 것은 해부학이라고 결론을 내려야 하는가? 그러나 정신분석적인 임상이 보여준 바에 따르면, 남성의 육체를 가지는 것만으로는 자신을 남자로 동일시하기에 충분하지 않다. 마찬가지로 Y 염색체를 갖고 있지 않다는 것만으로는 여자가 되기에 충분하지 않다. 상상적 동일시와 부모라는 큰타자의 말과 욕망이, 주체를 그의 해부학적인 성과 반대 방향으로 몰고 갈 수 있다. 그래서 남자 같은 여자아이(garçons manqués), 여성화된 남자, 동성애자, 의상도착증자 그리고 성전환증자가 생기는 것이다. 그럼에도 우리는 생체(生體; être vivant)로서의 실재적인 육체가 중요하지 않다고 말할 수 없다. 그것이 그러한 상상적이거나 상징적인 동일시에 대해, 그리고 그 동일시가 끌어들이는 다양한 조작들에 대해, 어떤 저항을 대립시키지 않는 것은 아니기 때문이다. 마찬가지로 주체가 그의 실재적인 육체의 독특한 이러저런 특징을 거부하는 것이 결코 해(害)가 없는 것은 아니다. 달리 말하면, 해부학이 운명 전체를 만들지는 않는다고 하더라도, <실재적인 육체>가 운명을 만들지 않는 것은 아니다.

2.

정신분석에서는 이 모든 것이 소박한 의미의 육체(언어에 의해 침범 당하기 이전의 육체)가 또 다른 육체, 즉 언어라는 육체, 큰타자의 육체, 또는 상징계의 육체에 의해 침략당한 결과로 본다. 후자로 말미암아 우리의 육체는 본능을 박탈당하고 자연으로부터 영원히 고립되지만(그 결과 우리는 자연적인 본능으로 영원히 되돌아갈 수 없다), 다른 한편으로 그 덕분에 <인간의> 육체가 된다. 큰타자의 육체가 우리의 소박한 육체를 인간의 육체로 만드는 것이다. <그 때부터>[2] 육체의 생리 조정은 기호형식의 별자리에 대한 주체의 위치에 달려 있게 된다. 말하자면 주체에게 그의 실존의 조건으로 기호형식의 별자리가 그의 육체에 써지는 것이다. 그 중에서 특히 남근의 기호형식에 대한 주체의 위치는 가장 핵심적이다. 왜냐하면 주체의 살아 있는 육체와 큰타자의 욕망의 관계를 의미하는 것이 그 기호형식의 특권이기 때문이다. 그렇다면 소박한 의미의 육체 — 즉 살 또는 몸 — 이 어떻게 큰타자의 육체에 의해 점령당하는가? 우리는 그에 대한 답변을 프로이트의 <합체(프. *incorporation* ; 영. *incorporation* ; 독. *Einverleibung*.)>라는 개념에서 찾을 수 있다.

프로이트는 합체라는 용어를 『성이론에 관한 세 편의 논문』의 세 번째 수정판(1915)에서 비로소 형식적으로 도입한다. 거기서 그것은 대상과의

2 사실 정확히 말하면, 인간으로 태어날 때부터이니까, <태초(太初)부터>라고 할 수 있다. 약간의 말놀음을 허락한다면, 그 <태초부터>는 <잉태(孕胎)>될 때부터이다. 어머니가 최초의 큰타자라면, 우리는 이미 큰타자라는 또 다른 육체, 즉 모국어라는 육체에 의해 배태(胚胎)되는 것이다.

관계에서 구강욕동의 성적 목표와 동시에 동일시의 원형을 가리킨다. 그렇지만 합체의 결정적인 구조적 중요성을 알아낸 것은, 그가 <과학적 신화>라고 불렀던 『토템과 터부』(1913)라는 텍스트에서다. 프로이트가 근친상간 금지와 족외혼이라는 법의 기원에 있는 행위 — 즉 원시 유목민의 형제 동맹에 의한 아버지 살해와 아버지 먹기 — 를 상기시킬 때, 그는 그들이 흡수 행위에 의해 아버지와의 동일시를 실현하고, 각자 아버지의 힘의 일부를 자기 것으로 만든다고 밝히고 있다. 라캉 덕분에 우리가 알게 된 것은, 사지가 절단되어 살해된 아버지의 육체와의 합체에 의한 그러한 동일시가, 상징계의 육체 — 즉 법의 장소라는 큰타자의 기호형식들의 육체 — 와의 합체의 은유로 읽힐 수 있다는 것이다. 실제로 멜랑콜리나 정신적인 거식증과 같은 몇몇 임상의 실체는, 합체라는 기제를 참조하지 않고서는 밝혀질 수 없다. 왜냐하면 멜랑콜리는 궁극적으로 큰사물로서의 큰타자와 합체됨으로써 자아를 포기하는 것이고, 거식증은 무의식적으로 큰타자 먹기 — 즉 합체되기 — 를 욕망했지만, 가장 헐벗은 형태로 그것을 자기 것으로 만드는 것이기 때문이다. 말하자면 거식증자는 큰타자의 결핍을 먹는 것이다.

프로이트는 항상 어머니가 아이를 양육하고 그에게 육체적인 보살핌을 아끼지 않기 때문에, 여자아이나 남자아이에게 최초의 사랑의 대상이라고 주장했음에도 불구하고, 그는 『자아와 그거』에서 그러한 모성적인 대상에 대한 성애적인 투여와 병행해서, 그리고 모든 성적인 대상선택에 앞서서, 아버지와의 직접적이고 즉각적인 동일시라는 수수께끼 같은 최초의 방식이 존재한다고, 상식에 반하게 그리고 많은 그의 추종자들을 혼란에 빠뜨리는 명백한 모순에 개의치 않고 주장한다. 그러한 아버지는 사랑(다른 사람과의 어떤 감정 관계의 가장 때 이른 표출)과 이상(거리낌 없이 말하면, 그는 그의 아버지를 이상으로 삼는다)의 기원에 있다. 프로이트는 마치 남자아이뿐 아니라 여자아이에게, 이 세상에서 사랑해야 할 최초의 사람이 아버지인 듯이, 다른 모든 사랑보다 앞서서 아버지에 대한 그러한 사랑을, 종교의 기원과, 좀 더 일반적으로 말해, 사람들 사이를 결합하고 그들을 사회적 관계에서 연대적으로 만드는 관계의 기원으로 본다. 사실 아버지와 아이 사이의 유일하고 미묘한 사랑의 관계에서, 전자의 존재에서 후자로 전해지는 것이 바로 의심할 여지없이, 그가 삶욕동이라고 부르는 것이다. 한 마디로, 프로이트에게 인간화 또는 정상화되기 위해서 아버지는 반드시 거쳐야 할 최초 동일시이자 최후의 동일시 — 일이차 동일시 — 의 대상이다.

그런데 그러한 불투명하고 겉보기에 불가사의한 최초의 과정을 어떻게 설명해야 할까? 프로이트 자신이 그것에 대해 메타심리학적으로 가시화할 수 있는 설명을 제시하기 어렵다고 말하고 있는데, 어떻게 그 과정을 주재하는 기제를 설명해야 한단 말인가? 프로이트는 <최초의(*primordial*)> 동일시라는 용어에 의지해서, 『토템과 터부』의 신화와 합체 — 즉 구강에 의한 동화 — 를 암암리에 참조한다. 다시 말해 그것은 식인주의적인 향연 중에 절단된 최초의 조상의 몸을 자신의 몸속에 동화시키는 것이다. 그리고 토템의 식사는 완전히 새로운 아버지와의 동일시와 같은 자격으로 그러한 동화를 기념한다. 그것은 마치 주체가 음식뿐만 아니라 생명 유지에 필요한 다른 물질 — 이것의 정확한 본질을 밝히는 일은 아직 남아 있다 — 을 섭취하는 것과 같다. 이렇게 프로이트에게 있어서 이상화하는 산물의 기원에 있는 것은, 합체라는 용어로써 육체를 분명히 참조하는 것을 거쳐, 그것의 본질 상 엄격하게 물질주의적인 어떤 과정을 참조한다는 사실에 주목하는 것은 흥미로운 일이다.

우리는 그러한 프로이트의 설명에 만족할 수 있는가? 그러한 구강적인 특성의 신화적이고 은유적인 형태 — 이것의 근원은 종교적이고, 그것의 신분은 어떤 불가사의인 은유적 형태(최후의 만찬에서 예수가 한 말: "이것은 나의 몸이다.") — 말고, 다른 방식으로 합체의 물질적인 본질을 설명하는 것은 가능한 일일까?

프로이트에 비해 라캉에게는 어떤 중대한 이동이 일어난다. 한편으로 아버지와의 최초의 동일시의 기원에 있는 그 과정은, 더 이상 식인주의적인 식사 신화와 최초의 조상의 죽은 시신의 섭취를 참조하지 않는다. 그것은 상징계의 육체, 즉 우리에게 외-재(ex-siste)하는 언어라는 큰타자(A)의 육체와 관계한다. 그 큰타자는 일단 합체되면 우리 각자의 가장 내밀한 곳에서, 근본적으로 우리와 분리된 외재성의 부분이 된다. 다른 한편으로 큰타자의 합체, 즉 끊임없이 달아나는 기호형식화(signifiance)라는 그 존재의 합체는 육체의 신분을 변경시킨다: 처음엔 신화적이었던 육체가 욕구(즉 생명)의 순수한 향락이 거주하던 단순한 유기체였는데, 그것은 그러한 작용에 의해 보통 우리가 이해하는 대로의 육체 — 즉 어떤 상상적인 견고함(*i(a)*)을 갖고 있고, 우리에게 <나는 육체를 갖고 있다!>고 말하게 하는 육체 — 가 된다.

라캉은 「라디오방송(Radiophonie)」(1970)에서 그 작용 전체를 요약한다: "나는 우선 상징계의 육체 — 우리가 아무것도 아닌 은유로 이해해야 하는 육체 — 에서 다시 시작한다. 그 증거로 그것 외에 어떤 것도 소박한 의미의 육체 — 즉 육체로 지탱되는 존재가 자신에게 그것을 수여하는 것이 언어라는 사실을 알지 못하는 그러한 육체 — 를 따로 분리하지 못한다. 그 육체는 그것에 대해 말할 수 없기 때문에 거기에 있을 수 없는 것이다. 전재[상징계의 육체]가 후재[소박한 육체]로 하여금 그것[전자]에 합체되게 하는 것이다." 동일한 텍스트에서 그는 한 발자국 더 나아간다: "그러한 사실에 의해 확인되는 것은, 육체에 대해 그것이 죽었는지 살았는지는 이차적이라는 사실이다. 그것은 우리가 인간, 즉 말하는 존재를 시작한 결정적인 지점을 알지 못한다: 그 곳은 묘지, 즉 다른 어떤 종(種)과 반대로, 하나의 종(種)에 대해 <corps(육체)>라는 글자를 산자에게 제공하는 것이 무엇인지를, 그

묘지에서 죽은 육체가 간직하고 있다는 사실이 확인되는 장소이다. <Corpse[영. 시체]>는 남는 것이다. 그것은 썩은 시체가 되는 것이 아니라, 말이 거주하고 언어가 <시체화시킨(*corpsifiait*)> 육체로 남는 것이다."[3]

그 신어[corpsification(시체화)]로써 라캉이 의미하는 것은, 상징계의 육체의 합체가 육체에게서 생명의 향락을 박탈하고 그것을 죽게 하고, 어떤 식으로든 그것을 시체로 만든다는 것이다. 아마 그러한 사실을 설명해줄 수 있는 것은, 합체 과정이 끝까지 가지 않을 때 조증과 멜랑콜리[울증]의 교대가 임상에서 관찰된다는 것이다. 사실 그 작용의 나머지에 의해서만, 즉 주체의 육체와 큰타자의 육체로부터 어떤 대상 — 라캉이 대상 a라고 쓰는 — 의 추락에 의해서만, 말에 의해 그렇게 <시체화된(*corpsifié*)> 육체가, 그럼에도 살(chair)이 되는 것이고, 그의 거울 속 이미지가 남근적인 가치를 획득하는 것이다. 문제는 정신적 거식증에서 합체가 겨냥하는 것이, 정확히 그 합체가 나머지 없이 일어나는 것은 아닌지를 아는 것이다. 좀 더 정확히 말하면, <아무것도(*rien*)> 남지 않는 것은 아닌지를 아는 것이다. 그러한 사실은 거식증이 볼거리로 제공하는, 시체가 된 육체의 이미지가 설명해준다.

사실 이 부분에 대해서는 약간의 설명이 필요하다. 우리는 앞에서 거식증자는 큰타자의 육체와 합체가 되지만, 큰타자의 결핍 — 정확히 말하면 무(無) — 을 먹음으로써 그렇게 되는 것이라고 설명한 바 있다. 음식의 무게감을 참을 수 없어서, 의도적인 구토를 되풀이하는 거식증자를 연상해보라! 그러면서 피골이 상접해지는 육체, <시체화되는(*corpsifié*)> 육체를 타자에게 볼거리로 제공하는 거식증자를 연상해보라! 그는 먹는다. 그렇지만 그는

3 라캉, 「라디오방송(*Radiophonie*)」(1970), in *Autres écrits*, Seuil, 2001, p.409.

무(無; rien)을 먹는다. 그래서 그에게는 <아무것도(*rien*)> 남지 않는다. 그래서 그는 정상적이라면 큰타자의 합체의 결과, 남아야 할 나머지 즉 대상 a가 남지 않고 합체가 일어나는 것인지 모른다. 아무튼 거식증은 상징계의 육체와의 합체가 소박한 육체를 시체화한다는 것을 여실히 보여주는 살아 있는 예이다. 호랑이는 죽어서 가죽을 남기고 사람은 죽어서 이름을 남긴다고 하지만, 사실 정신분석에서는 그것을 거꾸로 말해야 한다: 사람은 이름으로 불리는 순간, 몸이 시체화되면서 인간이 되는 것이다. 그러한 의미에서 인간의 육체는 이미 묘비명이다.

그런데 어떤 받침대로부터, 그리고 어떤 운송수단으로부터 언어의 큰타자가 육체의 큰타자가 되는 것일까? 라캉이 『세미나 X: 불안』에서 말하고 있는 것처럼, 기호형식을 실어 나르는 것은 육체로부터 분리된 타자성 속에 있는 목소리이기 때문에, 기호형식이 합체되는 것은 목소리의 중개에 의해서다. 그렇게 해서 최초의 몇몇 기호형식과 몇몇 발화문은, 어린아이가 잠 속으로 들어가기 전에 독백의 형태로 된 몇 마디를 소유하게 되자마자, 그 어린아이에 의해 계속된다. 그것은 아직 하나의 주체가 아닌 사람에 의해 합체된, 외부로부터 받은 최초의 메시지이다. 왜냐하면 그 메시지가 바로 거꾸로 된 형태로, 그리고 중단된 형태로 그를 주체로 구성하기 때문이다: <너는 …… 이다.> 여기서 우리는 프로이트가 초자아라고 명명한 것을 알아낼 수 있다. 왜냐하면 초자아의 특징은 주체 외적인 것으로서, 마치 집안의 이방인처럼 나타나는 것이기 때문이다. 사실 합체는 박탈의 주체를 가리킨다. 다시 말해 그것은 <하나(*un*)>로서의 주체가 출현하기 이전의 시기를 가리킨다. 프레게(Frege) 덕분에 우리가 알고 있듯이, 수(數) 이론에서 <하나(*un*)>와 일련의 수를 나타나게 하려면, 결핍 — 그 결핍의 수가 <영(零; *zéro*)>이다 — 의 개념이 필수적인 것과 마찬가지로, 주체가 <하나(un)>, 즉 단성과 동일시될 수 있는 것은, 오직 그 기원을 반드시 박탈 속에 둔다는 조건에서뿐인 것이다. 그 박탈은 하나의 기호형식의 근본적인 결핍(−1)과 동일시해도 좋다. 그런데 그 결핍이야말로 큰타자를 불완전하게 만들고, 그것에 구멍을 내고, 그것을 견고하지 못하게 만들고, 그것이 전체가 되는 것을 불가능하게 만드는 것이다. 그래서 합체된 큰타자는 라캉이 『세미나 XX: 앙코르』에서 제시한, 그것에 대한 다음의 정의와 결부되어야 하는 것이다: "큰타자, 그것은 부족한-하나(l'Un-en-moins)이다."[4]

3.

그렇다면 그러한 육체들, 라캉이 정신분석에서 밝혀낸 여러 육체들—즉 고유한 육체, 상상적 육체, 실재적 육체, 상징적 육체 그리고 기호형식들의 육체 등—과 대상 a는 어떤 관계에 있는 것일까? 다시 말해 라캉이 말하는 육체—이미 소박한 육체가 아니다—로서의 대상 a는 어떤 것인가? 라캉은 『세미나 X: 불안』에서 육체와 대상 a의 관계를 다음과 같이 설명하고 있다:

> 우리 자신에게서 뿌리 뽑힌 그 육체의 조각, 그 조각은 기호형식을 사용하는 우리의 작업에 의해 구성되는 논리적인 형식 속을 순환한다. 그러한 우리 자신의 부분은 그 기계 속에 붙들려 있고, 영원히 회복될 수 없다. 그것은 절단이 일어나는 육체적인 경험의 여러 차원에서 상실된 대상이다. 그것은 모든 원인이라는 기능의 버팀목이고 진정한 기반이다.[5]

4 라캉, 『세미나 XX: 앙코르(*Encore*)』, Seuil, 1975, p.12: 그래서 라캉은 "부분적인 하나가 있다(Y a de l'Un)"고 말한다.
5 라캉, 『세미나 X: 불안(*L'angoisse*)』, Seuil, 2004, p.249.

앞의 인용문에서 볼 수 있듯이, 대상 a는 우선 우리의 육체에서 뿌리 뽑힌 육체의 조각이다. 그것은 상실된 우리 육체의 부분적 대상이다. 그렇다면 그것은 어떻게 육체에서 파편이 되어 뿌리 뽑히는가? 라캉의 앞의 설명에 따르면, 그것은 기호형식의 작업의 논리에 의해 육체에서 절단된 것이다. 라캉은 절단(coupure)이라는 개념을 상징계 또는 기호형식의 논리에서 자주 사용한다. 그것은 기호형식의 장소인 큰타자의 결핍(−1)으로 말미암아, 주체를 표상하는 기호형식이 다른 기호형식을 향하지만 결국은 자기 자신에게로 되돌아와 그 기호형식의 사슬이 끊기는 것을 말한다. 그런데 그러한 절단을, 라캉은 앞의 인용문에서 육체적인 장소에 빗대고 있는 것이다. 그것은 기호형식들의 육체(큰타자의 육체)의 절단이 우리 육체의 절단과 합체되는 것을 말한다. 따라서 대상 a는 큰타자의 육체와 인간의 육체가 합체된 결과, 육체로부터 떨어져나간(상실된) 대상이다. 그 부분은 큰타자의 육체의 부분이면서 동시에 인간의 육체의 부분이다. 말하자면 둘 사이의 공통된 부분대상이다. 우리가 보통 부분욕동의 부분대상으로 알고 있는 빨기의 대상인 젖가슴, 배설의 대상인 똥, 청각욕동(또는 호소욕동)의 대상인 목소리, 응시욕동의 대상인 시선 등이 그것이다. 젖가슴은 구강으로부터 분리된 대상으로, 그리고 똥은 항문으로부터 분리된 대상으로 우리에게 경험되고, 목소리는 귀로부터, 시선은 눈으로부터 분리 상실된 대상이다.[6] 사실 그러한 대상이

6 여기서 젖가슴이 상실되는 것은 그 젖가슴이 어린아이에게 자신의 육체에 통합되는 부분으로 체험되기 때문이다. 그렇다고 어린아이가 언젠가는 경험하게 되는 이유(離乳), 다시 말해 어머니의 젖의 박탈 경험 때문에 젖가슴이 상실되는 것은 아니다. 그것은 양육의 기능을 넘어서 빨기의 쾌락 대상인 한에서 젖가슴이다. 똥(scybales)도 마찬가지이다. 그것은 분명히 분리될 수 있고, 상실되고 상실될 육체의 부분이지만, 조이고 푸는 쾌락의 장소인 한에서 항문욕동의 대상이다. 시선(regard)에 관한 한, 우리는 타자를 바라보는 우리의 시선에 결코 접근할 수 없다. 그렇다고 그것을 눈(oeil)과 혼동해서는 안 된다. 그것은 어떤 얼룩(la tache) 또는 점(點)이라는 특징을 갖고 있다. 마찬가지로 우리는 타자가 지각하는 우리의 목소리에 접근하지 못한다. 그렇다고 그것이 음성적인 것을 말하는 것은 아니다. 그것은

분리되어 상실된 육체의 장소는 육체가 끝나는 절단된 지점으로 구멍으로 외부에 노출되어 있다. 마치 그 구멍으로 나가면 육체 바깥으로 이어지지만 끝을 알 수 없는 무한한 허공이 있는 것처럼 말이다. 대상은 그 허공 속으로 떨어진다. 단지 큰타자의 육체의 절단과 인간의 육체의 절단이 다른 점이 있다면, 전자가 장소인 한, 그것은 (−1)로 하나인데, 후자는 여럿이라는 것이다.(사실 땀구멍까지 생각하면 그 숫자는 거의 무한하다.) 그래서 후자의 구멍들에서 육체는 파편화되고, 그 파편화된 대상은 허공 속으로 영원히 상실돼 회복될 수 없다. 그러나 그 대상은 기호형식과 완전히 절연되어 있는 것이 아니라 기호형식의 형식 논리 속에 붙들려 있다. 좀 더 구체적으로 말한다면, 기호형식의 그물의 가장자리에 찌꺼기로 걸려 있다. 라캉이 그것들의 관계를 상징계-실재계-상상계의 위상학으로 그려내려고 하는 이유가 바로 거기에 있다. 그것은 실재이면서 상징계와 관계하고 있고, 상징계와 관계하면서 상상적 환상의 대상이다. 그래서 라캉은 대상 a를 보로메오의 쐐기점에 위치시키는 것이다:

진실의 의미가 전달되는 언술행위의 차원을 말한다. 이것을 종합해서 도표로 그리면 다음과 같다:

	부분욕동	성감대	부분대상	동사
요구(D)	구강 욕동	입	젖가슴	빨다
	항문 욕동	항문	대변	누다
욕망(d)	시각 욕동	눈	시선	보다
	청각 욕동	귀	목소리	듣다

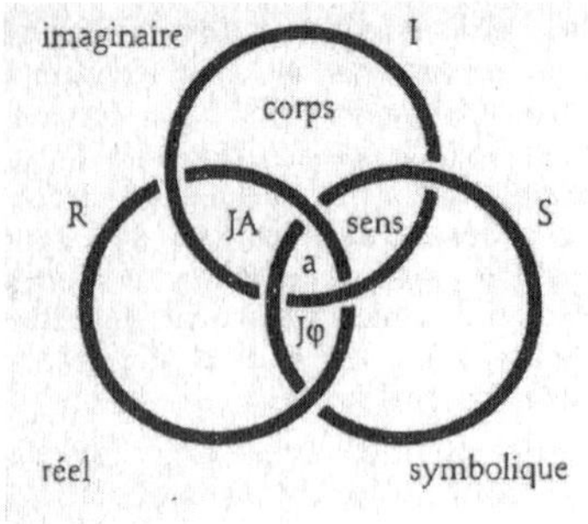

그런데 앞의 인용문(251쪽)에서 우리가 잘 이해할 수 없는 것은, 라캉이 그러한 대상을 원인의 기능과 연결시키면서, 그 원인의 버팀목이자 기반이라고 강조한다는 사실이다. 대상(對象; objet)은 말 그대로, 또는 어원적으로 주체와 독립해서 주체 <앞>에서 주체에 <대(對)>해 있는 것인데 말이다.[7] 그러한 의미에서 그것은 주체에 상대적인 것이면서 동시에 주체에 대립하는 것이다. 그런데 라캉은 그 대상 a를 원인으로서의 대상으로 규정하면서 다음과 같이 설명하고 있다:

> 문제는 충족을 요구하는 감정이 아니라 구조적인 필요성이다. 주체와 기호형식의 관계는 환상 속에서 욕망의 구조화를 필요로 한다. 환상의 기능은 <a>의 기능을 시간적으로 정의할 수 있는 사라짐(syncope)을 끌어들인다. 그것[대상 a]은 반드시 환상의 기능 작용의 어떤 단계에 지워지고 사라진다. 그러한 <a>의 아파니시스(*aphanisis*; 사라짐), 즉 그 대상의 사라짐은 그것이 환상의 어떤 차원을 구조화하는 한, 원인의 기능에서 그 반영을 갖게 된다.[8]

7 *objet*는 어원적으로 스콜라학파의 라틴어인 *objectum*에서 왔는데, 후자는 <앞에(ob-) 놓인 것(jectum)>이라는 뜻이다.

8 라캉, 『세미나 X: 불안(*L'angoisse*)』, Seuil, 2004, p.252.

다시 말해 주체와 기호형식의 관계는 욕망의 환상 속에 구조화되어 나타나는데, 대상은 환상의 어느 단계에 그 뒤로 사라지고, 그 사라짐이 바로 환상의 원인의 기능을 한다는 것이다. 이 모든 말이 대체 무엇을 의미하는 것일까? 이 문제는 주체와 기호형식, 욕망과 환상이 대상 a를 중심으로 어떻게 돌아가고 있는가를 알지 못하면 이해할 수 없는 문제이다. 그래서 우리는 그 문제를 풀기 위해 라캉의 환상의 공식($\$◇a$)으로 약간 우회할 필요가 있다. 그 공식에는 지금 우리가 문제 삼고 있는 모든 개념들의 약호들이 다 집결해 있기 때문이다.

우선 그 환상의 수학소는 분열된 주체($\$$)가 대상 a와 ◇로 연결되어 있다.[9] 여기서 마름모(losange)(◇)는 프랑스어로 <poinçon>이라고 읽는데, 그것은 <송곳 또는 구멍을 뚫는 펀치>를 가리킨다. 라캉에 따르면, 그것은 한마디로 <갈라진 틈, 홈>을 뜻하는 <절단(coupure)>을 나타낸다. 따라서 ◇은 모양 그대로 <구멍>을 나타낸다고 생각해도 별 상관없을 듯하다. 말하자면 환상의 공식에서 $\$$와 a 사이에 ◇ 기호가 놓여 있는 것은, $\$$와 a 사이에 구멍이 가로놓여 있다는 뜻이다. 그러나 ◇가 구멍을 뜻한다는 사실을 알았다고 하더라도, 분열된 주체가 다시 a와 절단되어 그 사이에 구멍이 있는 것이 환상이라고 생각하면, 우리는 더욱 더 미궁에 빠지고 만다. 이렇게 생각하면 어떨까? 즉 <a>에 대한 라캉의 정의, 즉 그것이 주체의 몸으로부터 분리된다(◇)고 상상되는 부분대상이라는 사실을 염두

9 그 수학소는 <욕망의 대상 앞에서 사라지는 주체>라고 읽는다. 그에 대해 라캉은 다음과 같이 말하고 있다: "기호 ◇은 관계 — <포장-발달-결합-분리(enveloppement-développement-conjonction-disjonction> — 를 기록하고 있다. 그것이 의미하는 연결은 빗금 친 $\$$를 다음과 같이 읽도록 허락한다. 즉 욕동($\$◇D$)과 환상($\$◇a$)은 각각 <요구의 절단 속으로 사라지는(fading) 주체(S en fading dans la coupure de la demande)>, 그리고 <욕망의 대상 앞에서 사라지는(fading) 주체(S en fading devant l'objet du désir)>라고 읽힌다."(라캉, 『에크리』, Seuil, 1966, p.634쪽의 각주)

에 둔다면, 환상의 공식이 뜻하는 바는, 아마 분열된 주체($\$$)가 그의 몸으로부터 분리된 부분대상(a)을 그 구멍(◇)에 상상적으로 투영한다는 말이 아닐까? 필자는 언젠가 환상의 충전(充塡)(obturation) 작용에 대해 말한 적이 있다. 충전이라는 것은 구멍을 메우는 일을 말한다. 따라서 환상의 충전작용이라고 하는 것은, 십중팔구 분열된 주체가 a와 분리되는 이중적인 구멍을 환상으로 메운다는 뜻일 것이다. 그런데 그 구멍들은 사실 큰타자의 결핍의 구멍, 즉 큰타자의 입벌림(béance)으로 말미암은 것이다. 왜냐하면 두 기호형식 사이에서 분열된 주체도 기호형식의 장소인 큰타자에 마지막 기호형식이 하나 없기 때문이고, 대상 a도 그러한 큰타자의 입벌림 속으로 분리된 주체의 현존이 떨어져나간 <나머지(restes)>[10]이기 때문이다. 결국 그 모든 것은 큰타자의 입벌림으로부터 비롯된다. 그런 각도에서 보면, 환상의 충전 작용은 그 구멍을 환상으로 메우려는 경향에 다름 아니다. 우리는 그것을 다음과 같은 도표로 그려볼 수 있다:

10 라캉은 대상 a가 나머지라는 사실을 다음과 같이 말하고 있다: "그 기능은 내가 이미 <a>에 대해 나머지라는 이름으로 진술했던 것이다. 나머지란 무엇인가? 그것은 주체의 현존이 큰타자의 영역으로부터 분리되는 시련에도 살아남는 것이다. […] 나머지의 기능, 환원할 수 없는 그 기능은 순수한 기호형식과의 만남이라는 시련에도 살아남는다."(라캉, 『세미나 X: 불안(*L'angoisse*)』, Seuil, 2004, p.255)

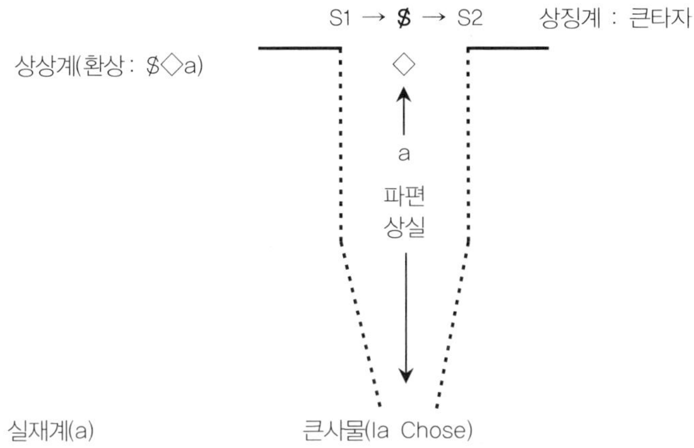

여기서 상단의 분열된 주체의 공식(S1 → $ → S2)은 다 알다시피, (으뜸-) 기호형식 S1이 주체를 표상함에 따라 발생하는 필연적인 결과이다. 그 결과 주체는 두 기호형식 사이에서 분열될 수밖에 없다. 왜냐하면 하나의 기호형식(S1)은 다른 기호형식을 향해 주체를 표상하는데, 그 다른 기호형식은 스스로 가치와 의미를 갖는 기호형식이 아니기 때문에 가치결정을 위한 S1의 움직임을 S1으로 되돌아가게 할 수밖에 없기 때문이다. 한 마디로 모든 기호형식은 자기와 똑같은 신분의 다른 기호형식에 의존해서 가치를 인정받기 때문에, 결국 모든 기호형식은 가치 결정에 실패하고 만다. 그렇기 때문에 기호형식의 장소인 큰타자에는 다른 기호형식들의 가치를 인정해줄 마지막 기호형식 하나가 없는 것이다.(−1) 그 결과 주체는 항상 두 기호형식 사이에서 분열되게 마련이다. 그러나 여기서 유의해야 할 것은 주체가 분열된 주체라는 것이, 사과처럼 주체의 실체가 있어서 그것이 두 쪽으로 나뉜다는 뜻이 아니라는 사실이다. 주체가 분열된다는 것은 주체가 기호형식들의 효과로, 균열 그 자체라는 뜻이다. 따라서 라캉이 분열된 주체를 횡선이 그어진 대문자 S로 표시할 때($), 횡선 그 자체가 주체라고 보아야 한다.

그래서 이때는 횡선이라고 말하는 것보다 금이라고 번역하는 것이 더 나을지 모른다. 왜냐하면 '금'이라는 우리말은 '횡선'이라는 말보다 금이 간 균열 그 자체를 가리키기 때문이다.

사실 기호형식에 의해 주체가 표상된다고 하는 것은, 그 기호형식이 언어인 한, 그 주체가 말하는 주체라는 사실과, 그 주체는 발화문의 주어 뒤에 숨어서 그 문장을 발설하는 발화행위의 주체라는 사실을 말한다. 다 알다시피, 언어학적인 발견에 따르면, 모든 말은 주체를 발화문의 주어와 발화행위의 주체로 분열시킨다. 발화행위의 주체는 항상 1인칭 단수(<나>)로, 모든 발화문 뒤에 투명하게 붙어서 그것을 말하는 행위자이다. 따라서 그 주체는 무의식적인 분열된 주체와 밀접한 관련을 맺을 수밖에 없다. 무의식은 그러한 말하는 주체를 통해 흘러나오기 때문이다. 어쨌든 여기서 강조하고 싶은 것은, 분열된 주체는 실체가 아니라 부재로서 실존하는 것으로, 균열 또는 구멍 그 자체라는 사실이다. 발화행위의 주체로서 <나> 역시 항상 비어 있다. 마치 입이 벌어지는 순간 말이 나오듯이, 말하는 주체도 두 기호형식 사이에서 벌어짐 자체인 것이다. 그러나 그 벌어짐은 두 기호형식 사이에서 기호형식들의 효과로 나타난 것이면서 동시에 어떤 기능, 정확히 말하면 욕망이라는 기능을 발휘하는 결핍의 구멍이다. 그래서 필자는 가끔 그러한 주체의 효과를 두 돌멩이가 부딪쳐 순간적으로 나타나는 불꽃에 비유한다. 그러나 그 비유는 또 다른 의미를 숨기고 있다. 그 불꽃은 곧 사라진다는 것이다. 마치 사라지기 위해 나타나는 것처럼 말이다. 그래서 라캉은 그러한 주체의 사라짐을 주체의 아파니시스(aphanisis; 사라짐)라고 부르고, 주체가 기호형식 속으로 소외된다고 말한다.

그런데 앞의 도표가 보여주듯이, 여기서 주목해야 할 것은 그 구멍 속으로 사라지는 것이 하나 더 있다는 것이다. 그것이 바로 라캉에 의해 <대상 a>라고 불리는 것이다. 그렇다면 그것은 어떻게 사라지는 것일까? 그리고 대상 a와 큰타자(또는 큰사물)는 어떤 관계가 있는 것일까? 앞에서도 말했지만, 한 마디로 <대상 a>는 상징계의 개입으로 주체와 큰타자(또는 큰사물)가 분리될 때, 그 둘 모두에게서 떨어져나간다고 생각되는 공통적인 부분대상이다. 물론 여기서 큰타자와 큰사물은 구분해야 한다. 큰타자는 기호형식의 장소로 상징계에 속하지만, 큰사물은 그러한 상징계의 개입으로 말미암아 현실로부터 영원히 추방된 실재로서, 실재 중의 실재이기 때문이다. 말하자면 후자는 전자로부터만 접근하고 정의될 수 있는 상실된 현실이다. 따라서 그 둘은 서로 혼동할 수도 없지만, 동시에 분리해서 생각해서도 안 된다. 전자는 상징적 결핍의 장소이고, 후자는 <없다>는 없고 <있다>만 있는, 표상할 수 없는 것이다. 그래서 큰사물은 뭔지 모르지만 <있다>는 것은 알 수 있는 것이다. 마치 암흑물질처럼 무엇인지는 알 수 없지만, 있다는 것은 확실하다.

필자는 가끔 그것들의 관계를 개기일식(日蝕)에 의한 <검은 태양>에 비유하곤 했다.(그러나 이것이 적절한 비유인지는 잘 모르겠다.) 단지 그 비유는 큰타자와 큰사물과 대상 a의 관계를 쉽게 이해시키기 위한 방편일 뿐이다. 아무튼 달에 의해 가려진 태양을 큰사물에 비유한다면, 즉 상징적 큰타자에 의해 가려지고 그로부터 뒤로 떨어져 나간 큰사물이 검은 태양이라고 한다면, 그 가장자리에 나타나는 찬란한 코로나는 <대상 a>(의 광채)에 비유할 수 있다. 그래서 대상 a는 그렇게 큰타자와 큰사물의 <파편(éclats)>[11]이라고 할 수 있다. 또한 그 비유는 큰타자와 큰사물의 관계도 부분적으로 드러내고 있다. 한 마디로 큰사물은 상징적 큰타자의 실재적 큰타자인 것이다.

11 우리가 <파편>이라고 번역하는 *éclats*라는 프랑스 단어는 *éclater*(폭발하다) 동사의 명사로, 그 결과 그것은 폭발할 때 나타나는 <찬란한 광채(또는 광휘)>를 의미하기도 한다. 그래서 그것은 우리에게 남근적 광채를 발휘하는 아갈마(agalma)로 작용하는 것이다.

우리는 앞에서 큰사물을 암흑물질에 비유하면서, "무엇인지 알 수 없지만, 있다는 것은 분명히 알 수 있는 <것>"이라고 말했다. 사실 라캉은 「프로이트적인 큰사물」(1956)에서, <큰사물(*Ding*)>을 드러내놓고 참조하지 않고, <*res*(거, 것)>라는 라틴어를 먼저 참조한다. *res*는 <사물(*la chose*)>를 뜻하는 라틴어로, 한국어로는 모든 의미에서 <거> 또는 <것>이라는 말과 일치한다. 다른 한편, 프랑스어는 완전부정(*ne*··· *rien*[아무것도….아니다])의 한복판에서, 소위 배제적인 요소인 <*rien*>을, 그것의 부조화적인 상대인 <*ne*>로부터 따로 떼어낼 수 있다. 그러면 *le rien*이라는 명사가 되는데, 그것은 <아무것도 아닌 것>, 즉 <사소한 것>이라는 뜻이다. 그런데 그 <*le rien*>은 라틴어 <*res*>(사물)로부터 파생된 명사로, 라캉에 따르면 그것이 바로 <대상 a>이다. 말하자면 대상 a는 더 이상 축소할 수 없는, 상실된 사물의 최소 실증성을 가리킨다. 대상 a는 그렇게 큰사물의 최소 찌꺼기인 것이다.

그러나 개기일식의 비유는 <대상 a>가 <공백(vide)>의 양상을 띤다는 사실을 전혀 전하지 못한다는 단점을 갖고 있다.[12] 그렇다면 이번에는 그것을 태양의 <흑점>에 비유하면 어떨까? 흑점은 다 알다시피 태양의 표면에 나타나는 어두운 반점으로, 온도가 낮지만 엄청난 자기장을 형성하여 지구에 강력한 영향을 미치는 것이다. 따라서 태양의 한 점(부분적)이라는 점에서, 그리고 강력한 영향(<대상 a>의 광채)을 발휘한다는 점에서, 마지막으로 태

12 눈치를 챘겠지만, 라캉이 <대상 a>의 특수성을 규정할 때 많이 쓰는 용어가 세 가지 있다. 하나는 <restes(나머지)>라는 말이고, 다른 하나는 <éclats(파편)>이라는 말이고, 마지막은 공백(vide)라는 말이다. 그것을 간단히 설명하면, <대상 a>는 최초의 잃어버린 대상의 <파편>으로, 상징계의 개입으로 말미암아 실재계에 남는 <나머지>이며, 그것은 상실된 것이기 때문에 <공백>으로 나타난다. 비유가 적절할지 모르겠지만, 태초에 어머니와 아기가 강력하게 합체되어 있었다고 하자. 그러면 그들이 거세에 의해 분리될 때, 어머니는 <큰사물>로 영원히 상실되면서, 거기에 살점과 같은 파편을 나머지(또는 찌꺼기)로 남길 것이고, 그 자리는 구멍이 파일 것이다. 그것이 바로 <대상 a>의 양상들이다.

양의 죽은 지점(공백)이라는 점에서 <대상 a>에 대한 적절한 비유가 될 수 있을지 모른다. 그러나 그 때의 태양은 가시적이라는 점에서, 큰사물에 비유되기보다는 큰타자에 비유될 수 있다. 그러한 점에서 대상 a는 큰타자에 나타난 흑점이다. 검은 태양의 큰사물이 큰타자에 잠시 머리를 들어 그 모습을 드러낸 흑점이다. 아무튼 큰사물은 모든 욕망을 빨아들이면서 그 주위를 빙빙 돌게 만드는 원인이지만, 구멍으로만 전해지는 표상될 수 없는 <있는 것>이다.(그러한 각도에서 보면 큰사물은 오히려 블랙홀에 가까운가?)

라캉은 그러한 비유의 어려움을 위상학을 이용하여 해결한다. 그는 그것들의 관계를 원환면(la tore)으로 그린다. 다 알다시피, 원환면은 튜브의 표면으로 형상화할 수 있다. 우리가 튜브의 표면을 돈다고 하면, 우리는 두 빈 공간(구멍)의 가장자리를 이중적으로 도는 셈이 된다. 다시 말해 튜브 속의 빈 공간을 돌면서, 동시에 튜브 중앙에 있는 빈 공간을 도는 것이다. 이 때 튜브의 표면에서의 움직임은 기호형식의 사슬의 움직임으로 주체의 요구(D)를 나타내고, 튜브 속에 창출되는 빈 공간의 움직임은 욕망(d)의 움직임을 나타낸다. 그런데 문제는 중앙의 빈 구멍이 무엇을 나타내는가 하는 것이다. 그것이 바로 라캉에 따르면, 대상 a가 떨어져나가면서 생긴 구멍이다. 따라서 기호형식의 사슬은 튜브 속의 욕망의 움직임을 만들고, 욕망은 다시 가운데 구멍(으로 상실된 대상 a) 주위를 도는 것이다. 그러한 이중적인 돌기는 기호형식의 사슬의 움직임이 계속되는 한, 영원히 이어지게 마련이다.

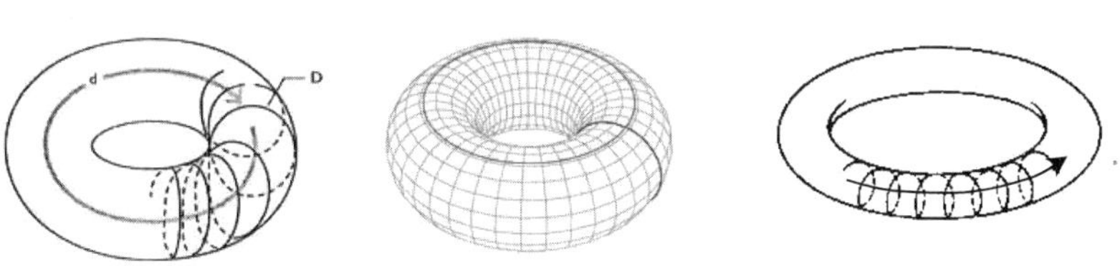

그런데 중앙의 구멍으로 상실된 그 <a>가 큰사물이 상실되면서 남긴 찌꺼기 또는 나머지라는 것이다. 라캉은 그러한 사실을 <l'a-chose>라는 조어를 통해서 선명하게 부각한다. 그는 1969년의 한 세미나에서 다음과 같이 말한다:

> <la chose>를 나는 <l'achose>라고 쓸 것이다. 그것은 사물이 그것의 현전을 드러내지 않는다는 것을 지적하기 위한 것이다.[13]

우리는 이 인용문을 통해, 라캉이 그 말놀음 — <l'achose> — 으로써 큰사물과 <대상 a>의 관계를 보여주고 있음을 알 수 있다. 라캉에게 <la Chose(큰사물)>은 한 마디로 <l'achose(a-사물)>이다. <l'achose>는 정관사와 명사로 이루어진 <la Chose>를 한 단어로 결합한 뒤(lachose), 그것을 다른 방식으로 관사(l')와 명사(achose)로 분해 합성한 조어이다. 게다가 그는 그 세미나 이후에 <achose> 사이에 하이픈을 첨가해서 <a>와 <chose>를 분리함으로써, <a>가 <chose(사물)>에서 분리된 부분이라는 것을 선명하게 부각하고 있다. 그 뿐만이 아니다. 그 조어는 <a>가 (큰)사물 — 즉 실재계 — 의 부분이며, 반대로 큰사물은 그 현전을 직접 드러내지 않고 <a>를 통해서만 그 존재가 알려진다는 것을 암시하고 있다. 그리고 우리가 <a->를 부정을 나타내는 접두사로 본다면, <a>는 <반-사물>적인 특성을 가지고 있다고 해석할 수도 있다. 사실 <a>는 실재계의 특성뿐만 아니라, 이미 보았듯이, 상상계적이고 상징계적인 모든 특성을 다 갖고 있다. 그래서 <a>는 라캉의 말년에 보로메오의 매듭의 쐐기점 — 상징계-실

13 ≪Petit discours aux psychiatres(정신과의사에게 보내는 짧은 담화)≫, Cercle psychiatrique H. Ey-Sainte-Anne, 10/11/1967.

재계-상상계의 세 고리가 겹쳐지는 중심점 — 에 표시된다. <a>는 세 영역에 동시에 걸쳐져 있는 것이다.

마지막으로 라캉은 <l'a-chose>라는 신어 자체를 사물로 승격된 <문자>로 보아주기를 바라고 있다. 그것은 그가 그 신어를 문자로서의 <대상 a>로 끌어올리려고 했다는 것을 의미한다. 라캉은 그 문자에 대한 자부심을 다음과 같이 표현하고 있다:

> 그 단어[l'a-chose]는 아주 이상한 속성을 가지고 있다. 그 말은 사물을 만든다. 나는 동음이의어로 그렇게 쓰고 싶다.[14]

말하자면 <l'a-chose>는 <la Chose(큰사물)>과 동음이의어인, 그 조어 자체가 <사물>이라는 것이다. 그것은 무슨 말일까? 아마 그것은 그 문자 자체가 실재로서의 <사물>의 위엄을 갖는다는 말일 것이다. 그렇다면 이번에는 <사물의 위엄>이라는 말은 또 무슨 뜻일까? 그것은 말 그대로 <사물의 기능과 자격을 갖춘다>는 뜻으로, <l'a-chose>라는 문자 또는 쓰기 자체가 이미 사물의 기능을 갖고 있다는 뜻이다.

사르트르는 『문학이란 무엇인가?』(김붕구역, 문예문고, 9쪽)에서 <문학적 언어는 사물이다>라는 유명한 명제를 내놓는다. 프로이트도 『꿈의 해석』에서, <꿈속에서 낱말표상은 사물표상화한다.>고 말하고 있다. 그것은 언어가 꿈속에서는 실제 사물처럼 행동하고 작용한다는 말이다. 즉 언어 자체가 단순한 의미작용에 머무르는 것이 아니라, 환각화하여 꿈꾸는 사람이 그 언어를 사물처럼 보고 만지고 지각할 수 있다는 것이다. 역으로 말하면

---

14 라캉, 『세미나 XXV: 결론의 순간(*Le moment de conclure*)』(미간행), 1977년11월15일 세미나, 미간행. in *Ornicar?*, 1979, n° 19.

그것은 꿈꾸는 사람에게 사물로서 행동한다. 아마 라캉의 말도 그러한 문맥에서 크게 벗어나지 않을 것이다. 말하자면 <l'a-chose>는 사르트르 식으로 말하면 사물로서의 시적 언어이고, 프로이트 식으로 말하면 사물표상화된 대표화-표상이다.[15]

라캉이 제임스 조이스의 문학에 심취하는 이유는, 조이스가 기존의 언어를 해체하고 새로운 문자를 탄생시키면서 그 문자를 독자로 하여금 문자 그대로 맛보게 만들었기 때문이다. 그 순간은 문자가 사물이 되고 사물이 문자화되는 순간이다. 가령 제임스 조이스는 동어반복을 뜻하는 <tautologie>라는 단어를 <tautaulogie>로 바꿈으로써 그 단어가 몸소 동어반복을 보여주고 있는 것처럼 만들고 있다. 라캉이 보기에, 자신의 <l'a-chose>라는 조어도 제임스 조이스의 <tautaulogie>와 마찬가지로, <a>와 <chose>의 관계를 직접 보여주고 있는 것이다. 말하자면 그것은 사물화된 문자인 것이다.[16] 그것은 라캉의 승화의 정의 — <대상을 큰사물의 위엄에까지 끌어올리는 것> — 에 비추어본다면, 큰사물의 위엄에까지 승화된 문자이다.

> 욕동에 충족 — 항상 그것의 자연적인 목표로 정의된 충족과 다른 충족 — 을 가져오는 승화는, 정확히 완전히 본능이 아닌 한에서 욕동의 고유한 본질을 드러낸다. 그것은 <사물(*das Ding*)> — 대상과 구분되는 한에서 큰사물(la Chose) — 자체와 관계가 있다. […] 많건 적건 이미지이자 반영인 한에서, 대상은 정확히 리비도 경제의 중심에 있는 큰사물이 아니다. 내가 여러분에게

15 그러나 엄격히 말해, <낱말표상의 사물표상화>(프로이트)나 <사물로서의 시적 언어>(사르트르)는 라캉이 말하는 <큰사물의 위엄>과는 구분되어야 한다.

16 또 다른 예가 <hommelette>다. 그것은 <omelette(오믈렛)>와 동음이의어로, <homme[ɔm; 옴므](인간)>와 지소형 어미 <-ette>를 결합한 신어이다. 그리하여 그 조어는 <꼬마 인간>의 상태가 <오믈렛>이라는 것을 눈앞에 보여주고 있다.

주는 향락의 가장 일반적인 공식은 이것이다: [···] 승화는 대상을 큰사물의 위엄에까지 드높인다.[17]

라캉은 문자는 <문자 그대로 받아들여야 한다(prendre à la lettre; taking it literally)>고 계속 강조한다. 그것은 문자가 <자기와의 비-동일성>인 기호형식과 다르게 <자기 동일성>으로 기능한다는 것을 의미한다. 다시 말해 문자는 다른 문자와의 차이 없이 그 자체로 성립하는 것이다. 그것은 문자가 언어의 사물, 또는 사물로서의 언어라는 말에 다름 아니다. 그 결과 문자적인(littéral) 것은 사물과 기호형식의 <연안지대(littoral)>에 있다. 그래서 심지어 라캉은 조이스(Joyce)적인 말놀음에 따라, 영어의 문자(a letter)를 쓰레기(a litter)라고 선언한다.[18] 말하자면 문자는 언어 기호형식의 찌꺼기 또는 나머지, 즉 언어의 차원에서 대상 a인 것이다. 그래서 라캉이 <l'a-chose>라는 조어 자체가 이미 모든 것을 보여주고 있다고 자랑스러워 하는 것이다.

2008년 10월 15일~10월 22일

17 라캉, 『세미나 VII; 정신분석의 윤리(*L'éthique de la psychanalyse*)』, Seuil, 1986, p.133.
18 "편지(a letter), 찌꺼기(a litter). 조이스 서클에서는 그 두 영어 단어의 동음이의를 바탕으로 신소리를 한 바 있다."(라캉, 『에크리』, Seuil, 1966, p.25) 문자와 기호형식의 관계에 대해서는 졸저, 『은유의 정신치료』, 12장 <문자와 기호형식>을 참조할 것.(p.191 sqq)

XV

대상 a

욕망의 원인으로서의 대상, 불안의 확신의 대상, 없지 않은 대상
아뮈르(*l'amur*)와 아무르(l'amour; 사랑)
앙코르(encore; 또 다시)와 앙코르(en corps; 육체 속에서)
외양과 대상 a
피카소를 사랑했던 암컷 앵무새 이야기
인간은 산책하는 옷이다, 옷은 승려를 사랑한다

1.

이제 우리는 라캉이 앞의 인용문에서 한 말 — "환상의 기능은 <a>의 기능을 시간적으로 정의할 수 있는 사라짐(syncope)을 끌어들인다."[1] — 의

1 라캉, 『세미나 X: 불안(*L'angoisse*)』, Seuil, 2004, p.252: 여기서 syncope라는 단어는 원래 졸도나 기절처럼 '의식을 잃는 것'을 말하는데, 우리는 그것을 문맥에 맞춰 <사라짐>으로 의역했다. 이렇게 환상의 원인의 기능을 갖고 있는 a가 환상 뒤로 사라지는 것은 광학도식에도 이미 나타나 있다. 물론 거기서는 a가 거울 이미지 뒤로 사라지지만 말이다. 라캉은 그것을 i(a)라는 수학소로써, 거울이미지(i) 뒤의 괄호 속에 a를 숨기는 산식으로 표시하고 있다. 사실 라캉에게 a라는 대수학적인 표기는 <도식 L>과 관련하여 1955년 『세미나 II: 프로이트 이론과 정신분석 기법에서의 자아』(1954-1955)에 처음 소개되는데, 그 당시 그것은 대문자

의미를 이해할 수 있게 되었다. 환상은 한 마디로 기호형식에 의해 표상된 주체가 분열됨에 따라, 그 균열의 틈으로 사라진 <대상 a>의 빈 공백(또는 구멍)을 메우는 대상 a의 환영인 것이다. 말하자면 환상은 대상 a를 사라지게 하면서 그것의 반영을 나타나게 하는 것이다. 따라서 환상은 시간적으로 대상 a 보다 뒤에 오지만, 공간적으로 대상 a를 뒤에 숨기고 있다. 그러한 의미에서 대상 a는 원인의 기능 속에서 파악되는 환상의 대상이라고 말할 수 있다. 그래서 라캉이 "그러한 <a>의 아파니시스(aphanisis; 사라짐), 그 대상의 사라짐은, 그것[대상 a]이 환상의 어떤 차원을 구조화하는 한, 원인의 기능에서 그 반영을 갖게 된다."[2]고 말하는 것이다. 이렇게 대상 a는 그것이 실재의 함의를 갖고 있는 한, 항상 원인으로서의 대상으로 여겨지게 마련이다. 그것은 라캉이 그 대상을 욕망의 원인으로서의 대상이라고 강조

타자(Autre: A)와 대립하는 소문자 타자(autre: a)를 가리킨다. 큰타자가 비인칭적인 언어의 장소로 근본적이고 환원 불가능한 타자라면, (소문자)타자는 자아(<나>)와 결코 다르지 않은 타자, 즉 <나>와 닮은자(semblable)로서의 인칭적인 타자, 따라서 타아(alter ego)이다. 그래서 <도식 L>에서 a와 a'(자아)는 닮은자(semblable)와 자아를 가리키고 a-a'의 축은 상상계에 속한다. 그런데 그 다음 세미나(특히 『세미나 V: 무의식의 형성물』(1957-58), 『세미나 VI: 욕망과 그 해석』(1958-59))에서 환상의 수학소($◇a)를 소개하면서, <a>는 욕망(의 원인으로서)의 대상으로 나타난다. 그에 따라 <a>라는 욕망의 대상과 i(a)라고 상징화한 거울이미지는 서로 구분되면서, a는 거울이미지 밖으로 드러나지 않고 그 뒤에 숨어버린다. 마치 『해리포터』 1권에서 욕망의 거울 뒤에 숨은 <현자의 돌>처럼 말이다. 그러나 라캉의 정신분석에서 <a>는 상상적인 부분대상, 즉 몸으로부터 분리될 수 있다고 상상되는 육체의 나머지 부분으로 거울에 반영되지 않는다. 그것이 바로 대상 a의 비-거울성으로, 남근의 거울성과는 대립된다. 그렇게 거울이미지에 나타나지 않는 대상 a는 타자의 이미지 속에 숨어 나타난다. 그리하여 타자에 대한 환상이 생겨나는 것이다.

2 라캉, 『세미나 X: 불안(*L'angoisse*)』, Seuil, 2004, p.252: 라캉은 <a>가 원인으로서의 대상이라는 사실을 <l'a-cause>라는 신어를 통해 다음과 같이 강조하고 있다: "주체의 차원에 놓이는 원인(la cause)의 기능, 즉 대상 a를, 내가 이렇게 <l'a-cause>라고 쓴 것은 이번이 처음이 아니다."(라캉, 『세미나 XVI: 큰타자에서 (소문자)타자로(*D'un Autre à l'autre*)』(1968-69), 15/01/1969 세미나, Seuil, 2006, p.119) 그 조어는 앞에서 살펴본 <l'a-chose>와 같은 방식으로, la cause(원인)를 한 단어로 융합한 뒤(lacause), 그것을 아포스트로피와 하이픈으로 다시 나눠 연결한 것이다. 그 결과, <l'a-chose>는 <a>가 곧 원인이라는 <a-원인>이라는 뜻이 된다.

하는 것에서도 그대로 반영되어 있다. 라캉은 말한다: "그 대상은 욕망의 원인으로서 간주되어야 한다. 방금 전의 나의 비유를 다시 빌리면, 대상은 욕망 <뒤에> 있다."[3] 그러면서 그는 물품성애증을 그 예로 든다.

> 내가 성애물품을 이용해서 그것[대상]을 이미지화한 것은 우연이 아니다. 왜냐하면 거기서 욕망의 원인으로서의 대상의 차원이 드러나기 때문이다. 무엇이 욕망되는가? 그것은 단화(短靴)도 아니고, 젖가슴도 아니고, 여러분들이 성애물품으로 구상하는 어떤 것도 아니다. 성애물품은 욕망을 야기하는 것이다. 욕망은 그것이 걸릴 수 있는 곳에 걸리러 가는 것이다. 단화를 신고 있는 사람이 반드시 그녀일 필요는 없다. 단화는 그녀의 근처에 있을 수도 있다. 젖가슴을 가진 사람이 반드시 그녀일 필요도 없다. 젖가슴은 머릿속에 있을 수 있다. 그러나 각자는 물품성애증자에게 성애물품이 거기에 있어야 한다는 것을 안다. 성애물품은 욕망이 지탱되는 조건인 것이다.[4]

여자의 구두에 집착하는 물품성애증자가 있다고 하자. 그러면 그에게 구두는 반드시 <그녀>가 신는 것이어야 할 필요가 없다. 그녀의 이웃에게서도 구두는 발견될 수 있다. 뿐만 아니라, 성애물품으로서의 젖가슴도 <그녀>의 것이어야 할 이유가 없다. 그것은 머릿속에서 언제 어디에든 있을 수 있다. 이렇게 변수가 무수히 다양하게 나타날 수 있지만, 물품성애증자에게 성애물품은 반드시 거기에(즉 욕망이 가는 곳에) 있어야 한다. 말하자면 성애물품(즉 대상)은 물품성애증자의 욕망을 욕망이게끔 하는 욕망의 존재 조건이다. 그래서 욕망은 그 성애물품에 걸리는 갈고리처럼 그것을 향해 달려가는 것이다. 어찌 보면 견물생심(見物生心)이라고 할 수 있다. 그 때의

3 라캉, 『세미나 X: 불안(L'angoisse)』, Seuil, 2004, p.120.
4 위의 책, p.122.

'물(物)'이 대상 a로서, 보이지 않는 '사물'이라면 말이다. '견대상생욕망(見對象生欲望)' 또는 '견사물생욕망(見事物生欲望)'이라고나 할까? 그래서 라캉은 성애물품(즉 대상)에 대해 욕망이 지탱되는 조건이라고 말하는 것이다.

그러한 원인으로서의 대상은 반박할 수도 없고, 더 이상 환원할 수도 없는 마지막 최소 대상이다. 그것은 이성적인 사고의 대상과 구분해야 한다: "객관성(l'objectivité)은 서양의 과학적 사고의 최종 항목으로 순수 이성의 상관항이지만, [···] 대상성(l'objectalité)은 절단이라는 파토스[열정]의 상관항이다."[5] 그렇지만 그것은 데카르트적인 이성의 확신과 다른 정동적인 확신을 주는 대상이다. 그 대상은 데카르트적인 논리에 의한 확신이 아닌데도, 그 확신보다 더 큰 확신을 준다. 그것은 그것이 있다고 믿지 않을 수 없게 만드는 정동의 확신이다. 한 마디로 그것은 불안의 확신이다: "거기에는 다른 확신의 그림자가 있다. 그 확신을 나는 이미 여기서 다른 이름으로 명명했는데, 그것은 불안의 확신이다. 내가 이미 말했듯이, 정확히 모든 대상이 불안을 빠져나가는 한, 불안은 속이지 않는 것으로 정의해야 한다. 불안의 확신은 근거가 있고 애매하지 않다. 최초의 원인에 대한 호소와 결부된 확신은 그러한 근본적인 확신의 그림자에 지나지 않는다."[6] 이렇게 불안은 가장 극악한 정동이기 때문에, 속임수도 없고, 속임수가 있다 하더라도 그것에 속을 수 없는 정동이다. 그렇기 때문에 그러한 불안을 야기하는 대상은 없으면서도 있다고 확신하게 만드는 <없지 않은 대상>이다. 그것은 <대상 a>가 욕망의 원인으로서 실재적 대상이라는 사실의 증거이다.

---

5 위의 책, p.248.
6 위의 책, pp.252-3.

2.

요컨대 대상 a는 육체로부터 상실된 육체의 일부분이며, 욕망의 원인으로서의 대상이고 불안의 <없지 않은 대상>이기도 하다. 또한 그것은 환상의 버팀목으로 환상 뒤로 사라지면서 환상 속에 반영된다. 대상 a를 중심으로 욕망, 환상, 불안 그리고 육체의 부분대상이 서로 긴밀하게 연결되어 있는 것이다.

육체의 부분대상

|

욕망의 원인 ——— 대상 a ———— 환상

|

불안

그런데 이 모든 것은 인간이 언어 속에 떨어져 말-존재로 태어나는 순간부터 시작된다. 인간이 언어 속에 탄생하는 순간이 곧 욕망이 인간화되고 환상화되는 순간이고, 말에 의해 육체가 연루되는 순간이고, 환상 속에 불안의 확신이 뿌리내리는 순간이다. 라캉은 육체의 부분과 욕망 그리고 대상의 관계를 다음과 같이 말하고 있다:

> 그러한 우리 자신의 육체적인 부분은 본질적으로, 그리고 기능상 부분적이다. 그것이 곧 육체라는 사실을 기억하자. 그리고 우리는 대상적(objectal)이라는 사실을 기억하자. 그러한 사실이 의미하는 것은 우리가 육체로서만 비로소 욕망의 대상이 된다는 것이다. 그것이야말로 기억해야 할 본질적인 점이다. 왜냐하면 다른 어떤 것, 즉 어떤 대체물에 호소하는 것은 부정(dénégation)의 창조적인 영역 중의 하나이기 때문이다. 욕망은 항상 마지막에는 육체의 욕망, 즉 큰타자의 육체의 욕망으로 남게 마련이고 자신의 육체의 욕망일 뿐이다.[7]

또한 말과 환상, 불안과 육체의 관계에 대해 다음과 같이 말하고 있다:

> 이미 환상 속에 있는 그러한 인식[불안의 확신]의 본질은 무엇인가? 그것은 다음과 같은 것과 다른 것이 아니다: 말하는 인간, 주체는 말하면서부터 그 말에 의해 자신의 육체에 연루된다. 인식의 뿌리는 그러한 육체 속의 연루이다.[8]

그러나 그 모든 것을 아우르면서 종합적으로 기술하고 있는 것은 『세미나 XX: 앙코르(*Encore*)』의 첫 번째 세미나(≪향락에 대하여≫, 12/12/1972)의 두 번째 장이다. 다소 긴 감이 없지 않지만, 백 번의 해설보다 원문을 직접 읽는 것이 낫다는 생각 하에 전문을 인용한다.

> 나는 다음의 문장을 쓰겠습니다 — 큰타자(대문자 큰타자)의 향락, 즉 큰타자를 상징하는 큰타자의 육체의 향락은 사랑의 기호가 아니다(*La jouissance de l'Autre, de l'Autre avec un grand A, du corps de l'Autre qui le symbolise, n'est pas le signe de l'amour*).
>
> 나는 그렇게 썼지만, 그 뒤에 '끝'이라거나 '아멘'이라거나 '그대로 이루어지소서.'라고 쓰지 않을 것입니다.
>
> 사랑은 확실히 신호를 합니다. 그것은 항상 상호적입니다.
>
> 나는 오래 전부터 감정은 항상 상호적이라고 말하면서, 아주 부드럽게 주장했습니다. 그 결과 그것은 나에게 다음과 같이 되돌아왔습니다 — '그렇다면, 그렇다면 사랑은, 사랑은 늘 상호적인가?' — '그렇고말고요! 그렇고말고요!' 그러한 사실을 위해 우리가 무의식을 창조한 것입니다 — 인간의 욕망은 큰타자의 욕망이라는 사실과, 사랑은 욕망에 대한 무지일 수 있는 열정일지라도 자신의 전 역량을 욕망에 내맡기지 않을 수 없다는 사실을 깨닫기 위한 것입니다. 우리가 그것을 자세히 살펴보면, 우리는 그것의 폐해를 보게 됩니다.

---

7 위의 책, p.249.
8 위의 책, p.253.

향락 — 큰타자의 육체의 향락 — 은 하나의 질문으로 남습니다. 왜냐하면 향락이 구성할 수 있는 대답은 필연적인 것이 아니기 때문입니다. 그것은 더 멀리 나갑니다. 그렇지만 그것도 충분한 대답이 아닙니다. 왜냐하면 사랑은 사랑을 요구하기 때문입니다. 사랑은 사랑을 끊임없이 요구합니다. 그것은 그것을 '또 다시(*encore*)'… 요구합니다. '또 다시(*Encore*)'라는 말은, 큰타자 속에서 사랑의 요구가 시작되는 균열의 고유명사입니다.

그렇다면 필요하지도 충분하지도 않게, 큰타자의 육체의 향락으로써 대답할 능력이 있는 것은 어디서 나오는 것일까요?

그것은 사랑이 아닙니다. 그것은 작년에 내가 생트-안느(Sainte-Anne)의 채플에서 어떤 식으로든 영감을 받아, 나를 그 체계로 데려갔던 것으로, 나도 모르게 '아뮈르(*l'amur*)'라고 불렀던 것입니다.

'아뮈르(*l'amur*)'는 육체에 이상한 기호로 나타나는 것입니다. 그것은 저 너머 — 즉, 우리가 현미경으로 볼 때, 배아세포(germen)[9]의 형태로 보인다고 믿었던 그 장소 — 로부터 오는 성적인 특징들입니다. 내가 그것에 대해 여러분에게 주지시키고 싶은 것은, 그것이 생명이라고 말할 수 없다는 것입니다. 왜냐하면 그것을 반복하는 것은 죽음, 즉 육체의 죽음을 실어 나르기도 하기 때문입니다. 바로 그로부터 '앙-코르(l'*en-corps*)'가 오는 것입니다. 따라서 세포체(soma)[10]와 배아세포의 분리가 있다고 말하는 것은 잘못입니다. 왜냐하면 육체는 그 배아세포를 기숙(寄宿)시키는 흔적을 갖고 있기 때문입니다. '아뮈르(*l'amur*)'에는 흔적들이 있습니다.

그런데 그것은 흔적일 뿐입니다. 육체의 존재는 확실히 성별화되지만(sexué), 그것은 흔히 말하듯이 이차적입니다. 경험이 보여주듯이, 육체가 큰타자를 상징하는 한, 육체의 향락이 의존하는 것은 그 흔적들이 아닙니다.

그것이 바로 그 일에 대한 가장 단순한 고찰이 제시하는 것입니다.

도대체 사랑에서 무엇이 관건일까요? 정신분석이 추진하듯이, 사랑은 하나

9 배아(줄기)세포의 총체: 배아의 발생과정에서 추출한 세포로, 모든 조직의 세포로 분화할 수 있는 능력을 지녔으나 아직 분화되지 않은 '미분화'세포이다.

10 성적인 세포, 즉 배아세포(germen)를 제외한, 육체의 덩어리를 구성하는 세포의 총체: August Weisman(1834-1914; 독일의 의사이자 생물학자)은 germen과 soma를 구분한다.

가 되는 것일까요? 그것은 정신분석의 전 경험이 그와 반대로 가고 그 반대를 증명해 보여주는 만큼, 더욱 더 믿을 수 없는 뻔뻔한 정신분석이 추진하는 것입니다. 과연 에로스는 하나(Un)를 향한 긴장일까요?

오래 전부터 사람들은 그것에 대해, 다시 말해 하나에 대해서만 말을 합니다. 나는 작년에 '부분적인 하나가 있을 뿐이다(*Y a d' l'Un*).'[11]라는 발언을 가지고, 내 담화를 떠받쳤습니다. 물론 그것은 본원적인 혼란에 합류하기 위한 것은 아닙니다. 왜냐하면 욕망은 우리를 오직 균열의 목적지로 인도하기 때문입니다. 그 곳에서 입증되는 사실은, 하나(Un)는 기호형식의 본질을 띠고 있다는 것입니다. 내가 처음에 프레게(Frege)를 참조했던 것은 그 하나와, 존재(와 그 뒤의 향락)와 관계있는 어떤 것 사이에는 입벌림(béance)이 있다는 것을 증명해보이기 위한 것이었습니다.

조그만 콩트 하나를 이야기하겠습니다. 그것은 피카소를 사랑했던 암컷앵무새의 이야기입니다. 그러한 사실이 어디에서 눈에 띌까요? 그것은 그 앵무새가 그의 셔츠의 칼라와 윗도리의 펄럭이는 자락을 가볍게 물어뜯는 방식에서였습니다. 그 앵무새는 실제로 인간에게 본질적인 것, 즉 그의 괴상한 복장을 사랑했던 것입니다. 그 앵무새는 인간이 '산책하는(*pro-ménade*)'[12]… 옷이라고 생각했던 데카르트와 같았던 것입니다. 옷이 무녀(巫女; la ménade)를 촉진시키는(promet) 것이다 — 그것은 옷을 벗을 때 알 수 있습니다. 그러나 그것은 하나의 신화, 즉 방금 전에 말한 침대와 함께 한 점으로 수렴되는 신화일 뿐입니다. 옷이 없을 때 육체를 향락한다는 것은, 하나가 되는 것 — 다시 말해 동일시 — 의 문제를 손대지 않고 그대로 두는 것입니다. 그 앵무새는 옷을 입은 피카소와 동일시하고 있었던 것입니다.

사랑에 관한 모든 것도 마찬가지입니다. 옷은 승려를 좋아합니다. 왜냐하면 그것들이 하나인 것은 바로 그러한 사실 때문입니다. 달리 말하면, 옷 밑에

---

11 부분관사(de l')와 '하나(Un)'를 결합시킴으로써, '온전한 하나'는 없고, 오직 '부분적인 하나'만 있을 뿐이라는 사실을 보여주고 있다.

12 'promenade(산책)'이라는 말을 동음의 'pro-ménade'로 바꿈으로써 '친(親)-무녀(ménade)'라는 뉘앙스를 풍기고 있다. 왜냐하면 'pro-ménade'는 <*pro-*>라는 접두사와 바커스 신의 무녀를 뜻하는 *ménade*를 결합한 조어이기 때문이다.

있는 것, 우리가 육체라고 부르는 것은, 아마도 내가 '대상 a'라고 부르는 나머지(le reste)에 지나지 않습니다.

이미지를 지탱시키는 것은 바로 그 나머지입니다. 분석이 증명해 보여주고 있는 사실은, 사랑이 그 본질에 있어서 자기애적이라는 것과, 소위 대상적(objectal)인 것의 실체 — 이것은 감언이설입니다 — 가 실제로는 욕망 속에 있는 나머지 — 즉 욕망의 원인 — 라는 것입니다. 그것은 욕망을 불충족성으로써, 게다가 불가능성으로써 지탱하고 있는 것입니다.

사랑이 상호적이라 할지라도 그것은 무능한 것입니다. 왜냐하면 사랑은 그것이 하나이고자 하는 욕망에 지나지 않는다는 것을 모르기 때문입니다. 그러한 사실은 우리를 <그들>의 관계를 세우기 불가능으로 인도합니다. '그들(d'eux)'의 관계라고 할 때 '그들(d'eux)'이 누구입니까? — '두(deux)' 성(性)의 관계 말입니다.[13]

이 현란한 말잔치, 그렇지만 그의 심오한 사유체계를 온전히 담고 있고, 그것이 기계처럼 맞물려 돌아간다는 것을 완벽하게 보여주고 있는 언어공장(linguisterie) — 그의 표현을 빌리면 — , 그것의 도면을 우리는 어떻게 그릴 수 있을까? 도면은 둘째치더라도, 그것을 하나하나 분해해서 각 부품의 의미와 기능을 어떻게 전달할 수 있을까? 차라리 난해한 시를 해설하기 위하여 시구 하나하나에 주석을 붙이는 것이 더 나을지 모른다. 그러나 우리의 해설이 이 원문의 맛을 얼마나 훼손할지를 잘 알면서도, 그것을 축자적으로 번역 해설하지 않을 수 없다. 그것이 조금이라도 라캉의 비명 — 비명(碑銘)이든지 비명(悲鳴)이든지 — 을 해독할 수 있는 길이라면 말이다.

1. 우선 <사랑은 사랑을 끊임없이 요구한다>는 것은, 사랑은 말에 의한

13 라캉, 『세미나 XX: 앙코르(*Encore*)』, Seuil, 1975, pp.11-2.

요구이고, 그에 따라 사랑을 보증해줄 수 있는 것은 말밖에 없기 때문에, 사랑은 계속해서 말로써 사랑을 확인하려고 한다는 뜻이다. 따라서 사랑은 상호적이기도 하다. 왜냐하면 말은 항상 그것의 진실을 보증해줄 말의 장소(큰타자)를 전제하고 있기 때문이다. 그것은 항상 타자(상대)를 향하면서, 큰타자를 향한다.

2. 그래서 <사랑은 사랑을 '또 다시(encore)'… 계속 '또 다시(encore)' 요구한다.> 그런데 <'또 다시(Encore)'라는 말이 큰타자 속에서 사랑의 요구가 시작되는 균열의 고유 명사>라는 말은 무슨 뜻일까? 사랑을 요구하는 주체의 말은 그 말을 실제로 듣고 있는 (소문자)타자를 향하고 있는 것 같지만, 실은 언어의 장소인 큰타자를 향하고 있다. 왜냐하면 그 말의 진실을 보증해줄 수 있는 것은 큰타자뿐이기 때문이다. 그러나 그 큰타자는 결핍의 장소로 이미 균열이 나 있을 뿐 아니라, 그것은 <언어>의 장소이기 때문에 주체의 말에 대답을 할 수 없다. 언어의 벽(le mur du langage)이라는 토대 위에서 말해지는 말은 언어의 <벽(le mur)>을 넘지 못하는 것이다. 그래서 '또 다시(encore)' 사랑을 요구하는 주체의 말은 큰타자의 균열을 가중시킬 뿐이다. '또 다시(encore; 앙코르)' 계속되는 사랑의 요구가 큰타자의 <육체-속에(en-corps; 앙코르)> 메아리로 울리는 것이다. 그 울림이 반복될수록 큰타자의 <벽(le mur; 르뮈르)>은 <라뮈르(l'amur)>가 된다.[14]

---

14 라캉은 앙투안느 튀달(Antoine Tudal)의 시로써 사랑과 벽의 관계를 다음과 같이 전하고 있다(in 『에크리』, Seuil, 1966, p.289에서 재인용):

남자와 사랑 사이에	Entre l'homme et l'amour
여자가 있다.	Il y a la femme.
남자와 여자 사이에	Entre l'homme et la femme
세계가 있다.	Il y a un monde.
남자와 세계 사이에	Entre l'homme et le monde
벽이 있다.	Il y a un mur. (Antoine Tudal, in *Paris en l'an 2000*[2000년의 파리])

3. 그런데 사랑의 요구의 <앙코르>는 큰타자의 <육체-속에(en-corps; 앙코르)> 메아리로 울리면서 큰타자의 <벽(le mur; 르뮈르)>을 그것과 동음의 <라뮈르(l'amur)>로 만드는데, 사랑과 벽 사이에 <a>로 표기되는 대상이 큰타자 쪽에 나머지로 나타난다. 그것이 바로 큰타자의 육체의 찌꺼기로 떨어지는 대상 *a*이다. 결과적으로 <사랑(l'amour : 라무르)>은 언어의 <벽(le mur; 르뮈르)>에 부딪쳐 <라뮈르(l'amur)>(즉 대상 <a-벽>)이 되는 것이다.

4. 다른 한편, 사랑의 요구가 '또 다시(encore)'… 계속될 때, 무의식적 욕망이 그 피안에서 모습을 드러내는데, 사랑의 열정은 그 사실을 모를 뿐 아니라, 그것이 계속되는 것은 그 무의식적인 <무지>를 위해서 그렇게 하는 것이다. 말하자면 사랑은 무의식(적 욕망)의 창조에 기여한다. 그러한 요구와 욕망의 관계는 우리가 이미 원환면으로써 위상학적으로 그려낸 바 있다.(이 책 14장 2절의 원환면 도표 참조)

5. 그런데 문제는 그 욕망이 궁극적으로 큰타자의 욕망이라는 것과, 그것과 <a>의 관계이다. 그러나 그 사실도 앞의 원환면이 보여주듯이, 기호형식의 사슬인 주체의 요구가 튜브 속의 빈 공간의 움직임(욕망)을 낳는다면, 그것은 궁극적으로 큰타자(의 원환면)에게서 나올 수밖에 없다는 사실로써 설명될 수 있다. 주체의 욕망은 궁극적으로 큰타자(의 욕망)로부터 나오고, 큰타자의 욕망이고, 큰타자를 욕망하는 것이다. 게다가 주체의 욕망은 큰타자의 벽(le mur)의 <a>, 즉 큰타자의 육체의 <라뮈르(l'amur)>를 돌 수밖에 없다는 것이 라캉의 말놀음이 전해주는 메시지다.(그러한 의미에서 <l'amur(라뮈르)>는 <l'a-mur>로 써야 한다.)

6. 부수적인 것이지만, 라캉은 육체에 언어가 써지는 것, 또는 역으로 언어가 육체화되는 것을, 배아세포(germen)와 세포체(soma)의 관계에 비유하고 있다. 그는 배아세포를 유전형질과 같은 일종의 쓰기로 보면서, 그것과 육체적인 세포체는 구분될 수 없는 것이라고 주장하고 있다. 말하자면 육체

는 이미 상징계에 의해 써진 육체인 것이다. 그러한 각도에서 옷과 육체는 분리될 수 없다. 옷은 외양(semblant)으로 기호형식이라면, 옷 속에 있는 육체는 이미 기호형식에 의해 써진 육체의 찌꺼기, 즉 <대상 a>인 것이다.

7. 그러나 그것은 성별화되기 이전의 흔적 단계이고, <육체가 큰타자를 상징하는 한, 육체적인 향락이 발생하기> 위해서는 이차적으로 기호형식에 의존해야 하고, 큰타자가 기호형식의 장소로 발전해야 한다. 그 말은 프로이트의 기억흔적과 대표화-표상의 관계를 연상시키고 있는데, 여기서 중요한 것은 기호형식은 <하나(Un)>로 세지는데(<하나(Un)>로 세지는 것은 이미 기호형식의 본질을 띠고 있다. 그래서 단성(trait unaire)이 최초의 기호형식인 것이다.), 그 <하나(Un)>에는 이미 프레게의 정리에 따라 <영(零; 0)>이 포함되어 있다는 것이다.(그에 따라 '부분적인 하나가 있을 뿐이다(Y a d' l'Un).') 그것은 <하나(Un)>로서의 기호형식과 존재(와 그 뒤의 향락) 사이에 입벌림(béance), 즉 균열을 가져온다. 그러한 입벌림은 큰타자의 결핍에까지 이어진다. 큰타자의 큰타자는 없는 것이고, 라캉의 말잔치를 큰타자에 적용해서 '부분적인 큰타자만 있을 뿐이다(Y a de l'Autre)'라고 말할 수 있다.

8. 그것은 기호형식의 개입으로 말미암아, 다시 말해 존재가 <하나(Un)>로 세어짐에 따라, 그 기호형식으로 표상되는 주체와 존재 사이에 입벌림이 생기고, 존재는 상징계로부터 실재계로 떨어져나간다는 뜻이다. 그리고 그 결과 "사랑은 <하나>가 되려는 긴장"이라는 믿음은 정신분석적 경험에 대치되는 허망한 환상이다. 정신분석적 경험에 따르면, 사랑은 말에 의한 사랑의 요구인 한, 오히려 부분적인 하나일 수밖에 없는 기호형식의 결핍으로부터 나온 것이다. 따라서 남녀 사이에는 성적 관계란 있을 수 없다. 각자가 자기 차원에서 결핍과 관계할 뿐이다. 결핍을 사이에 두고 사랑은 하나가 되려는 것이다.

9. 그 다음으로 피카소를 사랑했던 암컷 앵무새의 이야기와, "앵무새는 인간을 '산책하는(pro-ménade)'… 옷이라고 생각했던 데카르트와 같다"는 말은, "옷은 승려를 좋아한다."는 말만큼이나 선문답처럼 들린다. 그러나 그것들도 자세히 들여다보면 어떤 공통된 줄거리가 있음을 알 수 있다. 한 마디로 라캉의 선문답에 따르면, 그것들은 <옷이 곧 그 옷을 입은 인간 자체>라는 말로 귀결된다. 마치 그것은 라캉 선승의 유일한 대표작인 『에크리』의 첫 문장을 장식하고 있는 <문체는 인간 자체이다>라는 뷔퐁(Buffon)의 말과 같은 문맥에 있다. 그래서 '산책하는(*promenade*)' 앵무새는 '친-무녀(*pro-ménade*)'이고, "옷이 무녀(巫女; la ménade)를 촉진시키는(promet) 것이다." 다시 말해 무녀를 무녀로 만드는 것은 무녀의 옷이다. 마찬가지로 승려가 옷을 사랑하는 것이 아니라, 옷이 승려를 사랑하는 것이다. 왜냐하면 승려는 옷이라는 외양(semblant)으로서 승려가 되는데, 기호형식의 가치를 갖고 있는 그 외양이 사랑과 욕망을 창출하기 때문이다. 한 마디로 외양-기호형식인 옷이 주체를 표상하면서부터 사랑이 시작되는 것이다. 인간은 외양으로 <하나(Un)>로 세어지면서 비로소 인간이 되는 것이다. 인간은 외양밖에 없는 것이다. 외양이 곧 인간이고 인간이 곧 외양이다. 사람은 외양과 동일시함으로써 비로소 인간이 되는 것이다. 그것은 외양이 본질과 대립하는 것이 아니라는 것을 의미한다. 외양은 본질의 껍데기가 아니라, 인간 자체이다. 외양을 걷어내면 본질이 드러나는 것이 아니라, 외양-기호형식은 궁극적으로 <부분적인 하나(de l'Un)>인 관계로, 기호형식으로 나눠지지 않은 나머지만 남게 된다. 그래서 라캉은 "옷 밑에 있는 것, 우리가 육체라고 부르는 것은, 아마도 내가 '대상 a'라고 부르는 나머지(le reste)에 지나지 않는다."고 말하는 것이다.

10. 결과적으로 옷을 전제하지 않은 상태에서 육체를 향락한다는 것은 있을 수 없다. 향락은 옷을 전제할 때 가능한 것이기 때문이다. 사실 향락은

기호형식의 망에 포획될 때만 향락일 수 있는 것이다. 향락은 언어의 천 자체로 이루어져 있다. 따라서 옷이 없으면 육체를 향락할 수 없으며, 옷이 전제될 때만 육체를 향락할 수 있다. 물론 그 때의 육체는 옷의 나머지, 즉 대상 a이다. 사랑하는 상대의 이미지를 지탱시키는 것도 바로 대상 a라는 그 나머지이다. 따라서 "사랑은 그 본질에 있어서 자기애적이고, 소위 대상적(objectal)인 것의 실체 — 이것은 감언이설입니다 — 는 실제로는 욕망 속에 있는 나머지 — 즉 욕망의 원인 — 이다. 그것은 욕망을 불충족성으로써, 게다가 불가능성으로써 지탱하고 있는 것이다."

11. 결론적으로 "사랑이 상호적이라 할지라도 그것이 무능한 까닭은, 사랑이 하나이고자 하는 욕망에 지나지 않는다는 것을 모르기 때문이다." 그것은 두 가지 차원에서 진행된다. 하나는 주체의 차원에서, <하나(Un)>로 표상되는 순간 <부분적인 하나(de l'Un)>가 되면서 욕망의 원인으로 생각되는 나머지 대상 a가 생기기 때문에 하나가 되려는 욕망이 불가능으로 떨어지는 것이고, 둘은 상호주체적인 차원에서 사랑으로 하나가 되려는 것인데, 그것 역시 전자의 차원이 상대에 대한 사랑으로 투사되는 것이기 때문에 애초부터 사랑은 무능한 환상인 것이다. 결국 '그들(d'*eux*)'의 관계는 '두(*deux*)' 성(性)의 관계로, 성적 관계의 불가능성으로 환원되고 만다.

12. 다시 칠판에 쓴 라캉의 말 — "큰타자(대문자 큰타자)의 향락, 즉 큰타자를 상징하는 큰타자의 육체의 향락은 사랑의 기호가 아니다(*La jouissance de l'Autre, de l'Autre avec un grand A, du corps de l'Autre qui le symbolise, n'est pas le signe de l'amour*)" — 로 돌아가면, 사랑은 상호적이라는 의미에서 하나의 신호인데, 그 신호가 큰타자의 장소와 육체를 전제하는 한, 큰타자의 육체의 향락에 도달하지 못한다. 왜냐하면 애초에 사랑의 요구(D)와 욕망(d)은 기호형식의 장소인 큰타자(A)와 그것의 나머지(a)의 개입과 불일치로 말미암아

비대칭적으로 어긋나기 때문이다.

2008년 10월 29일

XVI

존재결핍

인식(connaissance)과 co-naissance(공-생; 共-生)
욕망은 존재와 결핍의 관계이다
존재결핍과 박탈, 소유결핍과 좌절
소유결핍의 대상 a는 존재결핍의 버팀목이다
죽음의 현전은 인간이 기호형식을 거치기 때문이다
세 가지 대상결핍

1.

존재라는 개념과 관련된 라캉의 용어에 존재결핍(manque à être)이 있다. 그것은 라캉의 사유 체계 속에서 존재라는 개념이 어떻게 사용되었는지, 그리고 그 존재와 주체가 어떤 관계에 있는지를 잘 보여주는 표현이다. 게다가 덤으로 우리는 그 개념을 통해 결핍과 욕망의 관계를 분명히 파악할 수 있다.

결론부터 미리 말한다면 존재결핍은 주체의 존재결핍이다. 주체에게는 존재가 없다는 말이다. 다 알다시피 주체는 라캉에 의해 하나의 기호형식(S1;

으뜸-기호형식)이 다른 기호형식(S2)을 향해 표상하는 것이다. 그에 따라 주체는 두 기호형식 사이에서 분열된다.($) 앞에서 말했듯이, 분열된 주체라는 표현이 의미하는 것은, 주체가 사과처럼 실체가 있어서 그것이 두 쪽으로 나뉜다는 뜻이 아니라, 주체가 기호형식들의 효과로 균열 그 자체로 나타난다는 뜻이다. 따라서 라캉이 분열된 주체를 횡선이 그어진 대문자 $로 표시할 때, 횡선 그 자체가 주체라고 보아야 한다. 그래서 이때는 횡선이라고 말하는 것보다 금이라고 말하는 편이 더 나을지 모른다. 왜냐하면 금이라는 말이 횡선이라는 말보다 균열 그 자체를 더 잘 드러내기 때문이다. 한 마디로 주체와 존재의 관계를 보여주고 있는 존재결핍이라는 개념은 주체의 균열 사이로 존재가 떨어져나가 <없다>[1]는 뜻이다.

라캉은 『세미나 II: 프로이트의 이론과 정신분석 기법에 있어서 자아』(1954-55)에서 주체와 존재, 그리고 존재결핍과 욕망의 관계를 다음과 같이 말하고 있다.

> "프로이트의 세계는 사물의 세계가 아니다. 그것은 존재의 세계가 아니라 욕망의 세계 자체이다. [⋯] 고전적인 이론의 관점에서 주체와 대상 사이에는 상호적응(coadaptation), 즉 <co-naissance(공-생; 共-生)>이 있다. <co-naissance(공-생; 共-生)>은 온갖 가치를 간직하고 있는 말놀음이다. 왜냐하면 인식(connaissance) 이론은 인간과 그의 세계의 관계에 대한 작업의 중심에 있기 때문이다. 주체는 존재와 존재의 관계 속에서 사물에 적응해야 한다. 존재와 존재의 관계는 주체적이지만 아주 실재적인 존재, 즉 자신이 존재한다는 것을 알고 있는 존재와, 사람들이 존재한다고 알고 있는 존재의 관계이다. [그러나] 프로이트의 경험의 장(場)은 완전히 다른 관계의 장부(registre)이다. 욕망은 존재와 결핍의 관계이다. 그 결핍은 정확히 말해 존재결핍(manque d'être)이다.

1 <결핍(le manque)>이라는 명사의 동사는 *manquer*로 <없다>는 뜻이다.

그것은 이것 또는 저것의 결핍이 아니라 존재를 실존하게(exister) 하는 결핍이다. 그러한 결핍은 그것을 현전하게 하는 모든 것 너머에 있다. 그것은 베일 위에 반영으로서만 나타난다."[2]

존재결핍을 정의하고 있는 이 놀라운 문단은 라캉의 사유체계가 얼마나 유기적으로, 그야말로 <공-생>하고 있는지를 보여주고 있다. 우선 여기서 <co-naissance(共-生)>는 라캉 자신이 지적한 대로 그의 말놀음 — 온갖 가치를 갖고 있다고 자화자찬을 아끼지 않는 그의 조어 — 이다. 그것은 <앎> 또는 <인식>이라는 뜻을 가진 프랑스어 <connaissance>를, 접두사 <co->('함께'라는 뜻)와 <naissance(탄생)>로 분해하고, 하이픈으로 다시 연결해서 만든 말이다. 따라서 <co-naissance>는 <함께 탄생>이라는 뜻을 갖게 된다. 우리가 그것을 <共-生>이라고 번역한 까닭이 거기에 있다. 그런데 막상 <共-生>이라고 번역하고 나니까, 그 번역어에는 또 다른 뉘앙스 — <공생(共生)>이라는 의미 — 가 가미된다. 다 알다시피, 공생 관계란 서로 다른 두 생물이 서로 해를 주지 않고 상대에게서 삶의 이익을 받으며 공동생활을 하는 것을 말한다. 우리말의 체계 안에서 생성되는 그러한 뉘앙스는, 라캉이 그 말놀음으로써 의도한 바를 더욱 강화하고 있다.(그러나 프랑스어에서 <공생(共生)>에 해당하는 단어는 symbiose다.) 아무튼 라캉이 그 말놀음으로써 보여주고 싶었던 것은, 고전적인 관점에서 대상에 대한 <인식(connaissance)>은 <co-naissance>, 즉 존재 대 존재의 관계(그야말로 공생 관계!)였다는 것이다. 다시 말해 거기에서 인식은 존재와 존재의 <공-생>에 대한 인식이기 때문에, 그것은 존재에 대한 인식이고, 존재가 전제된

2 라캉, 『세미나 II. 프로이트의 이론과 정신분석 기법에 있어서 자아』(1954-55), Seuil, 1978, p.261.

인식이며, 대상조차 인간 존재와 대등한 존재였다. 라캉의 지적에 따르면, 그 결과 "인식(connaissance) 이론은 인간과 그의 세계의 관계에 대한 작업의 중심에 있게 되었다."

그러나 "프로이트의 경험의 장(場)은 완전히 다른 관계의 장부(registre)이다. 욕망은 존재와 결핍의 관계이다. 그 결핍은 정확히 말해 존재결핍(manque d'être)이다. 그것은 이것 또는 저것의 결핍이 아니라 존재를 실존하게(exister) 하는 결핍이다. 그러한 결핍은 그것을 현전하게 하는 모든 것 너머에 있다. 그것은 베일 위에 반영으로서만 나타난다." — 상당히 난해하게 보이는 라캉의 이 진술은, 우리의 인식을 전복시키기에 충분하다. 왜냐하면 라캉에 따르면, 첫째, 프로이트에게 있어서 주체와 대상의 관계는 존재와 존재의 관계가 아니라(따라서 사물의 세계 속에서의 관계 아니라) 존재와 결핍의 관계라는 것이고, 둘째 그 결핍은 '이것저것'과 같은 구체적인 사물의 결핍이 아니라 존재를 실존하게 하는 존재결핍이고, 셋째 그러한 존재결핍이 바로 주체의 욕망이라는 것이고, 마지막으로 넷째 그 결핍은 영사막에 비치는 실루엣처럼 베일 위에 반영으로만 나타나는, 표상할 수 없는 것이다.

	프로이트 이전의 고전이론	프로이트의 이론체계
주체 — 대상	존재 대 존재	존재 대 결핍
영역	사물의 세계	욕망의 세계

이러한 획기적인 발상은 부수적으로 또 다른 개념의 해체를 동반한다. 우선은 주체와 존재를 구분함에 따라, 주체는 존재(말 그대로 <있는 것>)가 아니라, 오히려 그 반대로 존재가 없는 것이다.[3] 그 주체의 존재결핍이 바로 주체의 욕망으로, 욕망은 결국 존재와 결핍의 관계로 환원된다.[4] 그리고

대상도 존재한다고 알려져 있는 일반적인 의미의 대상이 아니라, 그러한 결핍을 만드는 원인으로서의 대상으로 일반적인 의미의 대상과는 전혀 다른 것이다.[5] 따라서 그 대상은 베일 위에 반영으로만 나타나는 상실된 것으로,[6] 그것이 무엇인지 우리에게 정확히 알려지지 않는다.

마지막으로 라캉은 존재(l'être)와 실존(l'existence)를 구분하고 있다. 사실 여기서는 약간의 설명을 필요로 하는데, 앞에서 말했듯이, 주체가 상징적 차원에 있고 존재가 그로부터 상실된 실재의 함의를 갖고 있다면, "존재결핍이 존재를 실존하게 한다."라는 말은, 상징계의 개입이 존재를 상징적인 실존의 차원으로 승격시킨다는 것을 의미할 것이다. 따라서 존재는 <실제로 있는 것>(라캉의 표현으로 오로지 <있다>만 있고 <없다>는 없는 실재적인 것)이라면, 실존은 그 존재가 있는지 없는지 묻는 존재에 대한 질문의 차원에 있는 존재이다.[7]

---

3 여기서 약간 첨언하면, 라캉의 말대로 주체가 기호형식에 의해 표상되고, 두 기호형식 사이에서 분열된다면, 주체는 상징계에 나타나는("주체는 언어에 외-재하고") 반면에, 주체에게 결핍되는 존재는 상징계의 도입으로 현실에서 떨어져나간(또는 상실된) 실재의 함의를 갖는다.

4 주체의 존재결핍이 기호형식에 의한 주체의 표상의 결과라면, 역으로 욕망은 말-존재 또는 말하는 주체에 대한 기호형식의 낙인의 결과이다. 왜냐하면 욕망은 항상 결핍과 결부되어 있는데, 다시 말해 욕망이 일어나도록 야기하는 것은 결핍인데, 라캉에 따르면 주체의 욕망은 주체에게 결핍된 존재에 대한 그리움에 다름 아니기 때문이다. 라캉에게 욕망은 그러한 존재결핍의 환유에 지나지 않는다.

5 여기서 이중적인 결핍이 일어난다: 하나는 주체 자체의 존재결핍이고, 다른 하나는 대상결핍이다. 후자의 대상은 우리가 보통 대상 a라고 알고 있는 욕망의 원인으로서의 대상이다. 따라서 욕망도 어원적인 의미를 살려서 말하면, 두 가지 부재 ― 존재와 대상 ― 에 대한 그리움으로 요약할 수 있다.(désir(욕망)의 어원은 desirare(…의 부재를 그리워하다)라는 라틴어 동사이다.)

6 여기서는 라캉이 말하는 베일의 기능이 문제되는데, 그것은 또 다른 논의의 장을 필요로 한다. 남근과 베일 그리고 대상 a의 관계를 그려 보여줘야 하기 때문이다. 이것에 대해서는 졸저, 『정신분석치료의 임상구조: 2. 도착증과 정신증』(파워북, 2018), 제3장 <물품성애증>(p.141 sqq.) 참조.

7 우리가 존재(l'être)와 실존(l'existence)을 엄격히 구분해서 번역해야 할 이유가 바로 여기에

그렇다면 그러한 존재결핍은 왜 생기는 것일까? 한 마디로 라캉에 따르면, 주체는 말하는 주체(sujet parlant)인 한에서, 존재결핍으로 생성된다. 앞에서도 보았듯이, 라캉은 인간을 <말-존재(parlêtre)>로 규정한다. 그는 1974년 로마 강연에서 다음과 같이 말하고 있다: "말-존재, 그것은 무의식을 표현하는 방식이다. 인간은 말하는 동물(un animal parlant)이다."[8] 그 다음 해에도 그는 그와 비슷한 강연을 한다. "말하는 존재(être parlant), 또는 내가 당장은 <말-존재(parlêtre)>라는 이름으로 부르고 지칭하는 것, 그것은 무의식의 또 다른 명칭일 수 있다."[9] 여기서 우리는 라캉이 <말-존재>를, 인간을 규정하는 명칭을 넘어서서, 정신분석에서 가장 핵심적인 개념인 무의식의 또 다른 이름으로 사용하고 있다는데 주목해야 한다. 그만큼 <말-존재>는 인간을 규정하는 보편적인 개념일 뿐 아니라 무의식까지 지배하는 개념인 것이다. 그것은 라캉의 정신분석의 키워드이다. 그리하여 우리는 말-존재, 존재결핍, 무의식이라는 세 다리에 의해 떠받쳐지고 있는 말하는 욕망의 주체를 다음과 같이 그릴 수 있을 것이다:

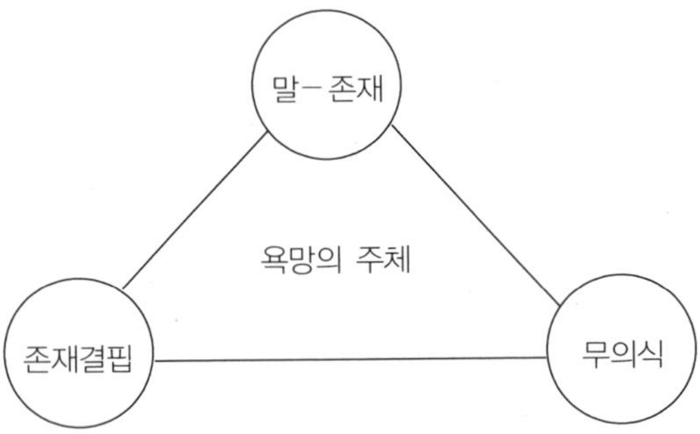

있다.

8 Lacan, *Conférence de presse de Dr. Lacan*(29/10/1974), in *Lettres de l'École freudienne*, No 16, 1975, p.18.

9 Lacan, *Réponse de J. Lacan à une question de Marcel Ritter*(26/01/1975), in *Lettres de l'École freudienne*, No 18, 1976, pp.7-12.

이렇게 존재결핍은 존재를 주체로 실존하게 하는 결핍으로, 주체가 기호형식에 의한 표상의 효과로 나타날 때 생기는 필연적인 결과이다. 따라서 주체가 곧 존재결핍인 셈이다. 그리고 그 결핍은 주체의 욕망을 야기한다. 따라서 욕망은 말하는 존재 또는 말-존재에 대한 기호형식의 낙인의 결과, 말속에 기록된 결핍이다. 결국 주체는 욕망의 주체이고, 주체의 욕망은 존재와 결핍의 관계로 정의될 수밖에 없는 것이다. 그에 따라 존재결핍으로서의 주체의 욕망은 그렇게 결핍된 자신의 존재를 그리워하는 것에 지나지 않는다. 주체에 의해 욕망되는 것은 일단은 자신의 존재 자체이지 대상이 아니다. 존재 자체가 대상인 것이다. 그 결과 주체의 존재결핍이야말로 "분석 경험의 중심이고 신경증자의 열정이 전개되는 장"[10]이라고 말할 수 있다. 왜냐하면 욕망이 정신분석의 핵심 과제이고, 존재결핍이 그 욕망의 핵심이라면, 분석 경험의 가장 중요한 문제는 당연히 존재결핍일 수밖에 없기 때문이다.

2.

그런데 라캉에 따르면, 존재결핍으로 비어 있는 주체의 구멍을 떠받치러 오는 또 다른 대상이 있다. 그 대상은 주체가 그것을 소유함으로써 존재결핍의 구멍을 메울 수 있으리라고 기대되는 대상이지만, 실제로는 그것도 상실되어 결핍된 대상이다. 그래서 라캉은 그것을 소유결핍이라고 명명하면서 존재결핍과 대립시킨다. 그리고 그것을 존재결핍의 버팀목으로서의 결핍이

10 라캉, *La direction de la cure*, in 『에크리(*Écrits*)』, Seuil, 1966, p.613.

라고 정의한다. 라캉은 그러한 존재결핍과 소유결핍의 관계를 다음과 같이 말하고 있다:

> "아무튼 프로이트의 접근이 도입한 구조의 문제를 [여기서] 다시 만나게 된다. 즉 남근에 의해 상징화되는 박탈이나 결핍과 존재의 관계(manque à être)가, 특수하건 전체적인 요구의 완전한 좌절이 낳는 소유결핍(manque à avoir) 위에 파생으로 창설된다. 클리토리스가 경쟁에 굴복하기 전에 결국 자신의 자리에 대체물을 놓는 것으로부터 시작해서, 욕망의 장은 다른 모든 욕구가 이미 연루되어 있지만 성적인 은유를 보강하는 자신의 새로운 대상들(그 제1열에 장래에 올 아기가 있다)을 떨어뜨린다.(précipiter)."[11]

라캉의 이 압축적인 문단(그래서 라캉의 글은 항상 난해하다!)을 통해 우리가 알 수 있는 것은, 우선 '결핍과 존재의 관계'인 존재결핍이 남근에 의해

---

11 라캉, 「여성의 성욕에 관한 학술회의를 위한 지침」, in 『에크리(*Écrits*)』, Seuil, 1966, pp.729-730) : 눈치가 빠른 독자는 라캉이 1955년 <존재결핍>이라는 용어를 처음 제시할 때는 <manque d'être>로 썼다가, 그 뒤부터는 <manque à être>로 바꾸어 쓴다는 것을 발견했을 것이다. 그 두 용어의 차이는 단순히 전치사 <de>를 <à>로 교체한 것뿐이지만, 그것들의 용법의 거리는 상당하다. 우선 <manque d'être>는 영어로 <lack of being>으로 간단히 번역되지만, <manque à être>는 어떤 사람(『에크리』를 처음으로 발췌 번역한 쉐리던(Sheridan))은 <want to be>로 번역하고, 어떤 사람(슈나이더만(Schneidermann))은 <want of being>으로 번역한다. 그것은 <manque à être>가 <manque d'être>보다 번역하기 까다롭다는 것을 말해주고 있다. 왜 그런 결과가 생기는 것일까? 프랑스어를 공부한 사람은 금방 알 수 있지만, <manque d'être>에서는 <manque>와 <être>가 거의 동격으로 <être>가 명사로 쓰인 것이 분명히 드러나는데 반해, <manque à être>에서는 영역에서도 보다시피, <être>를 동사로도 볼 수 있기 때문이다. 아마 그것은 <manquer à 원형동사>[…하는 것을 잊다, …을 하지 않다]에서 온 표현일 것이다. 그래서 <manquer à être le phallus>[남근이 아니다]나 <manquer à avoir le phallus>[남근을 가지고 있지 않다]라는 표현이 가능해지는 것이다. 실제로 라캉은 <manque à être>를 어머니의 <상상적 남근임>을 포기하는 거세와 연결시키고, <manque à avoir>를 <실재적인 남근을 가지고> 있지 않음을 인정하는 박탈과 연결시킨다. 다시 말해 그는 <manquer à être le phallus imaginaire>[상상적 남근이 아니다]에서는 <존재결핍(manque à être)>을, 그리고 <manquer à avoir le phallus réel>[실재적 남근을 가지고 있지 않다]에서는 <소유결핍(manque à avoir)>을 발견한 것이다.

상징화되는 박탈과 관계하고, 소유결핍은 좌절과 관계한다는 것이다. 그리고 전자는 욕망과, 후자는 모든 욕구 충족의 요구와 관련이 있다는 것이고, 전자는 후자 위에서 파생된다는 것이다. 결과적으로 소유결핍의 좌절은 존재결핍의 박탈보다 선행하는 것이다. 마지막으로 후자는 생리적인 욕구와 연루되어 있지만, 욕망의 장에 의해 성적인 함의를 확보하면서 그 대상이 떨어져나간다(즉 분리 상실된다)는 것이다.

예컨대 젖가슴은 일차적으로 욕구충족의 요구의 대상이지만, 욕구충족이 현실적으로 더 이상 위협을 당하지 않을 때부터 그것은 욕동의 대상이 된다. 그러나 욕동의 대상은 욕구충족의 대상보다 훨씬 더 소중하다. 어떠한 음식도 그러한 젖가슴의 요구를 충족시킬 수 없다. 왜냐하면 그것은 욕망하는 주체의 실존에 절대적인 조건이기 때문이다. 육체의 이미지로부터 분리되는 부분인 그 대상의 기능은, 욕망의 주체를 규정하는 존재결핍(manque à être)을 떠받치는 것, 즉 버팀목이다. 그러한 <대상 a>는 언어에 의한 욕구충족의 요구가 그것의 동기가 되는 욕구 너머로 여는 가장자리 공간에서 창조된다. 다시 말해 생리적인 욕구충족이 말에 의해 요구될 때, 욕구 너머로 어떤 공간이 열리는데, 그 공간이 바로 욕망의 장이다. 그런데 그 욕망의 장은 그야말로 존재결핍의 순수한 구멍으로, 그 구멍을 남기고 그 구멍으로부터 떨어져나간 대상이 있다고 간주되게 만든다. 그 대상이 바로 주체의 존재결핍의 무의식적인 원인으로서 생각되는 대상 a이다. 그래서 그 대상이 원인으로서의 대상이라고 불리는 것이다. 라캉은 그것을 소유결핍의 대상이라고 명명한다. 왜냐하면 그것은 실재의 함의를 갖고 있기 때문에, 소유할 수 있을 것이라는 환상을 품게 만들기 때문이다. 또한 그러한 환상이 존재결핍의 구멍을 메워준다고 주체로 하여금 기대하게 만들기 때문에, 그 대상은 존재결핍을 떠받치러 오는 버팀목으로서의 소유결핍이 되는 것이다.

이렇게 라캉의 정신분석에서 <대상 a>는 욕망의 원인인 대상에 대한 이론의 틀 속에 자리를 차지하고 있다. 라캉에게 주체는 기호형식의 사슬의 차원에서 자신의 존재를 확인할 수 없다. 그렇지만 그 사슬은 그를 결정한다. 실제로 주체는 그 점에서 하나의 기호형식에서 다른 기호형식으로 끊임없이 되돌려 보내진다. 결국 그는 오로지 기호형식들 사이의 절단 속에만 위치한다. 그 때부터 그는 차라리 환상에 의해, 다시 말해 욕망의 대상과 그의 관계에 의해 지탱된다. 일반적인 의미에서 욕망의 대상은 실제로 욕망의 버팀목인 환상이거나 미끼(leurre)인 것이다. 그렇지만 그의 욕망의 원인이 되는 대상 그 자체는 상실된 실재로 그것이 무엇인지 알 수 없다. 단지 그것은 환상을 통해 절단의 형식적인 봉인이 찍힌 것으로 나타날 뿐이다. 그 때부터 그것에게 특별한 가치를 제공하는 것이 무엇인지를 놓치는 길 외에, 그것에 대해 정확히 말하기는 어렵다. 실제로 그것은 라캉에 따르면 <본질이 없는 존재>이다.

라캉은 그 대상 a가 주체의 존재결핍을 떠받치는 버팀목 구실을 한다는 사실에 대해 다음과 같이 말하고 있다:

> "관건은 분석에 의해 발견된 그 특권화된 대상이다. 그 대상의 현실 자체는 순전히 위상학적이다. 욕동은 그 대상 주위를 돈다. 그 대상은 여러분들이 분석에서 수선하고 있는 직물 속에 넣은 달걀처럼 생긴 나무로 된 도구[역주: 양말 기울 때 쓰던 도구]처럼 튀어나와 있다. 그것이 바로 <대상 a>이다. 그 대상은 기호형식의 놀이가 인간의 삶 속에 들어옴에 따라, 인간에게 성(性)의 의미를 나타나게 한다는 사실에 의해, 욕동에서 정의되고 규정되는 것을 떠받친다. 즉 인간에게 성(性)과 그 의미작용은 항상 죽음의 현전을 현재화할 수 있는데, 그것은 인간이 기호형식을 거치기 때문이다."[12]

12 라캉, 『세미나 XI: 정신분석의 네 가지 기본개념(*Les quatre concepts de la psychanalyse*)』, Seuil, 1973, p.232. (『정신분석의 네 가지 근본 개념』(맹정현역), 새물결, 2008, p.390)

"결국 상징계가 실재계를 향해 가면서 우리에게 보여주는 것은 <대상 a>의 진정한 본질이다. 내가 방금 전에 그것을 존재외양(semblant d'être)이라고 정의한 것은, 우리가 보기에 그것이 존재의 버팀목을 제공하기 때문이다. 예컨대 아리스토텔레스에게 있어서, 존재와 본질을 가지고 가공된 모든 것에서, 문제가 되는 것은 <대상 a>라는 것을, 우리는 분석 경험으로부터 읽을 수 있다."[13]

그런데 문제는 라캉이 결핍과 존재의 관계, 즉 존재결핍을 남근과 연결시키고 있고, 그것을 오히려 소유결핍에서 파생하는 것으로 설명하고 있다는 것이다. 우선 주체의 존재결핍을 남근에 의해 상징화되는 것으로 연결시키는 것은 어찌 보면 아주 당연하다. 주체의 존재결핍은 하나의 기호형식(S1)이 다른 기호형식(S2)을 향해 주체를 표상한 결과인데, 남근이 바로 그 기호형식(S1)이기 때문이다. 어찌 보면 남근의 기호형식이야말로 주체의 존재결핍과 욕망을 탄생시킨 장본인이다. 그래서 남근을 욕망의 기호형식이라고 하는 것이다. 그렇다면 상징계의 우위를 생각해볼 때, 상징계의 개입으로 발생한 존재결핍(의 박탈)이 소유결핍(의 좌절)보다 우선해야 하는 것 아닌가? 그런데 라캉은 왜 후자에서 전자가 파생한다고 말하고 있는 것일까? 그 문제를 해결하는 방법은, 일단 그것을 논리적 순서로 생각하지 말고 시간적 순서로 생각하는 것이다. 그러나 논리적 순서로 보더라도(엄격히 말하면, 논리적 순서는 설명의 순서일 뿐, 선후를 가릴 수 없다. 왜냐하면 남근과 대상 a, 상징계-실재계-상상계는 위상학적으로 서로 동등한 매듭으로 구성되어 있기 때문이다.), 대상 a가 상징적 결핍의 실제 원인이라고 한다면, 소유결핍에서 존재결핍이 파생한다고 말할 수 있지 않은가? 아무튼 라캉은 그 문제를 세 가지 대상결핍으로 나누면서 표출 시간에 따라 순서대로 다음과 같이 배열하고 있다.

13 라캉, 『세미나 XX: 앙코르(*Encore*)』, Seuil, 1975, pp.87.

그것이 바로 라캉이 1956년의 세미나에서 결핍 대상의 본질에 따라 세 종류로 구분한 대상결핍이다.[14]

대행자	결핍 (작용)	대상
실재적 아버지	상징적 거세(castration)	상상적 남근
상징적 어머니	상상적 좌절(frustration)	실재적 젖가슴
상상적 아버지	실재적 박탈(privation)	상징적 남근

그러나 도표에서 볼 수 있듯이, 사실 이것은 순서를 따질 수 없다. 한 몸의 일부로 여겨졌던 어머니의 젖가슴이 아기의 입으로부터 분리되면서 아기가 상상적 좌절을 경험하는 것이 생후의 과정에서 제일 먼저 나타나는 것처럼 생각되지만, 앞의 도표는 거세를 제일 위에 배치하고 있다. 상상적 좌절이나 실재적 박탈이 상징적 거세를 전제하고 있기 때문이다. 따라서

14 라캉, 『세미나 IV: 대상관계(*Séminaire IV: La relation d'objet*)』, Seuil, 1994, p.269: 여기서 첫째, 거세가 상상적 남근이 실재적 아버지에 의해 상징적으로 이루어진다는 것은, 어머니의 남근이라는 주체의 상상적 동일시는 남근의 상징화에 의해 포기된다는 뜻이다. 둘째, 실재적 젖가슴이 상징적 어머니에 의해 상상적으로 좌절되는 것은, 젖떼기 이후에도 어머니의 젖가슴이 계속 실재하는데도 불구하고 자신의 몸의 일부분이 분리되는 것으로 아기가 경험하기 때문이다. 또한 그 때의 어머니가 상징적인 이유는 어머니(의 젖가슴)의 현전과 부재의 대립 자체가 이미 상징적이기 때문이다. 셋째, 상징적 남근이 상상적 아버지에 의해 실재적 박탈로 경험되는 것은, 남근의 기호형식이 내입되었다는 사실이 어머니의 실제 육체의 '그 자리에 결핍'된 것으로 나타나기 때문이다. 이때 박탈감을 느끼고, 그것은 상상적으로 아버지의 소행으로 여겨지기 때문이다. 이렇게 해서 존재결핍은 욕망의 무의식적인 원인으로서의 다른 결핍 — 거세에 원인이 되는 것의 소유결핍 — 을 대체한다. 그러나 이 모든 것의 근원에 있는 거세 — 다시 말해 어머니의 자지의 부재를 결핍으로 상징화하는 것 — 에는 신화적인 원인 외에 다른 원인이 없다. 그것은 순전히 논리적인 구조에 속한다. 그것은 큰타자(기호형식의 장소) 속의 어떤 기호형식 — <기호형식의 보고>인 큰타자의 가치를 보증하고 그것의 진실을 보장하는 — 의 결핍을 상상적 형태로 제시하는 것이다.

좌절(상상)-박탈(실재)-거세(상징)는 어떤 것이 먼저랄 것도 없이 서로 연결되어 있다. 그것들은 보로메오의 매듭처럼 서로 얽혀 있는 것이다.

2008년 11월 5일

XVII

존재냐 의미냐?

배타적인 VEL, 포괄적인 VEL, 소외적인 VEL
지갑을 달라 그렇지 않으면 죽인다
그거가 있었던 곳에서 내가 생긴다.(Wo Es war, soll Ich werden.)
'나는 생각한다, 고로 존재한다.'
"나는 내가 생각하는 곳에 존재하지 않고, 나는 내가 생각하지 않는 곳에 존재한다."
주체의 소외와 대상 a의 분리
ne…rien(아무것도…아니다)에서 le rien(아무것도 아닌 것)으로

1.

라캉의 이론에서 존재와 주체의 관계를 가장 잘 보여주고 있는 것은 뭐니 뭐니 해도 <소외적인 VEL의 도식>이다. VEL은 라틴어로, 프랑스어로는 ou, 영어로는 or, 우리말로는 <또는>이라는 뜻이다: 라캉에 따르면, VEL(ou; or; 또는)이라는 접속사가 내포하고 있는 의미론적 논리에는 세 가지가 있다. 하나는 배타적인 VEL(ou; or; 또는)로서 둘 중의 하나를 배제하는 것이다. 가령 <너 아니면 나>라고 할 때, 그것은 너와 나 둘 중의 하나는 반드시 배제되어야 한다는 말이다. 라캉은 이런 예를 들고 있다: 레스토랑에

서 디저트를 주문하는데, 1000원밖에 없다. 그러나 그 돈으로는 치즈 아니면 아이스크림을 먹을 수 있다. 이 때 그 돈으로는 둘 다 먹을 수 없기 때문에, 치즈나 아이스크림 중에 하나를 선택해야 된다. 다시 말해 둘 중의 하나는 배제되어야 한다. 배타적 또는 배제적인 VEL(ou; or; 또는)은 그렇게 둘 중의 하나만을 선택할 수 있는 권리를 말한다.

두 번째는 포괄적 VEL(ou; or; 또는)이다. 다음과 같은 경우가 그것에 해당한다: <당신은 이 집을 원합니까? 저 집을 원합니까?>라고 부동산 소개사가 물었을 때, 사는 사람 입장에서는 그 둘 다 살 수 있다. 말하자면 포괄적 VEL(ou; or; 또는)은 둘 다 취할 수 있는 권리를 말한다. 그런데 우리가 여기서 주목해야 할 것은, 배타적 VEL(ou; or; 또는)과 포괄적 VEL(ou; or; 또는) — 특히 배타적 VEL(ou; or; 또는) — 을 구성하는 두 요소는 정신분석적으로 말하면, 서로 상상적 동일시의 관계에 있다는 것이다. 상상적 동일시는 다 알다시피, 라캉의 <도식 L>에서 자아와 타자(닮은자)의 관계에서 일어나는 것이다. 자아 자체가 자신의 거울이미지(닮은자)와의 동일시를 통해 구성될 뿐 아니라, <너 아니면 나>라는 일종의 배타적인 지아-존재에 대한 망상적 확신도 그러한 상상적 동일시의 결과이다. 그래서 그것들의 관계가 상상적인 축 위에 있다고 말하는 것이다. <나>와 <너>의 자아는 그와 같은 동일시의 방식으로 구성되면서 타자(의 자아)를 배제한다.

그런데 그러한 상상적 관계에 있는 두 가지 VEL(ou; or; 또는) 이외에, 라캉이 주목하는 또 다른 VEL(ou; or; 또는)이 있다: 그것은 그가 <소외적 VEL(ou; or; 또는)>이라고 부르는 것이다. 미리부터 말한다면, 이 소외적 VEL(ou; or; 또는)은 정신분석적으로 앞의 두 VEL(ou; or; 또는)과 달리 상징적이다. 라캉이 이 VEL(ou; or; 또는)에 주목한 까닭은 바로 그 때문이다. 라캉은 이 소외적인 VEL(ou; or; 또는)을 가지고 주체와 큰타자의 관계, 존재와 주체의 관계, 그리고 주체의 소외를 설명한다.(물론 대상 a의 분리는 덤이다.)

라캉은 이러한 소외적인 VEL(ou; or; 또는)에 대한 놀라운 예를 제시한다. 그것은 프랑스에서 농담 삼아 많이 쓰는 표현, 즉 <지갑을 내놔라 그렇지 않으면 죽인다(La bourse ou la vie?; 지갑 아니면 목숨?)>이다. 라캉은 이것으로부터 주체의 소외라는 개념을 이끌어낸다. 여기서 <지갑>과 <목숨>은 아무런 관계가 없다.(<그림 1>) 그런데 묘하게도 그 둘은 서로 얽혀 들어가며 물리고 물린다. 왜냐하면 이 경우 지갑을 내놓으면 목숨은 건지지만, 그러나 지갑을 안 내놓으면 지갑도 잃고 목숨도 잃기 때문이다. 강도는 이 사람을 죽인 다음 지갑을 가져갈 테니 말이다. 그러면서 지갑과 목숨은 <그림 2>에서처럼 서로 겹친다.

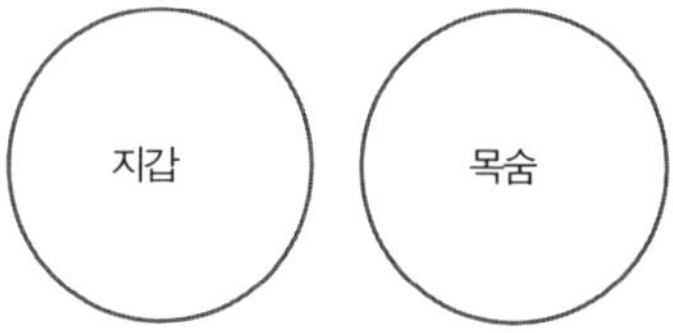

〈그림 1〉

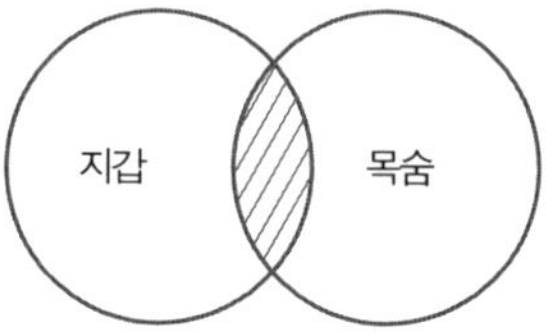

〈그림 2〉

이러한 상황에서 우리가 할 수 있는 일은 모두를 잃을 수 없기 때문에(목숨을 잃는 것은 모두를 잃는 것이다!), 목숨을 선택할 수밖에 없다. 그 선택은 선택이라고는 하지만, 울며 겨자 먹기 식으로 하나의 길밖에 없는 강제된 선택이다. 그런데 그러한 선택의 결과 이상한 현상이 일어난다. 마치 뿔이 잘린 수사슴처럼, 그렇게 구한 목숨은 전일적 목숨이 아니라 귀퉁이가 살짝 접혀 들어간 목숨이다. 마틴 루터 킹 목사의 <자유 아니면 죽음을 달라>라는 유명한 명언이 있다. 그것도 이러한 소외적인 VEL로 풀어갈 수 있다. 왜냐하면 자유를 선택하면 자유도 잃고 목숨도 잃지만, 자유를 포기하면

살짝 접혀 들어간 목숨을 유지할 수 있기 때문이다.(<그림 3>)

〈그림 3〉

우리는 이것을 오일러(Leonhard Euler, 1707~1783)의 원을 이용해서 다음과 같이 그릴 수 있다. 한쪽의 원은 지갑(la bourse)이고 다른 쪽 원은 목숨(la vie)이다. 그 두 원이 교차하는 교집합의 부분은, 목숨과 관계없는, 목숨을 가진 인간존재의 소유물이지만, 어쩌면 목숨보다 더 중요한, 그래서 그것을 잃어버리면 죽는 것이 더 낫다고 생각되는 지극히 가치 있는 어떤 것이다. (실제로 인간의 육체에는 목숨보다 더 소중한 신체 부위가 있다. 예컨대 정신분석적으로 그것은 남근이다!) 그래서 우리는 그것을 대문자 지갑(LA BOURSE)라고 하자. 그러면 다음과 같은 <그림 4>가 그려진다.

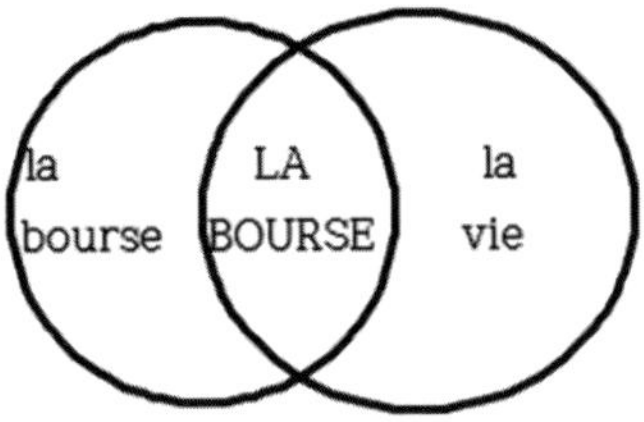

〈그림 4〉

논리적으로 말하면, 소문자 지갑은 지갑-전체이고, 대문자 지갑은 지갑-요소이다.(<그림 5>)

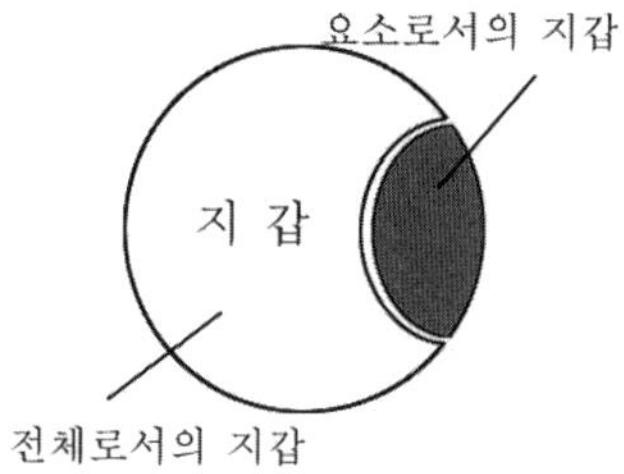

〈그림 5〉

그렇지만 후자는 목숨과 겹쳐가지고 목숨 속으로 들어온 지갑의 부분이기 때문에, 지갑이 갖고 있는 정신적 가치라고 말할 수 있다. <자유 아니면 죽음을 달라>도 마찬가지이다. 자유-전체가 목숨과 겹치는 부분이 있는데, 만약 자유를 선택하면 목숨까지 잃어버리기 때문에 목숨을 선택하면, 그 가치의 부분은 접고 살아야 한다. 가령 헤겔의 주인과 노예의 변증법에서, 노예가 주인에게 <자유 아니면 죽음을 달라>고 말했다고 하자. 그러면 노예가 살려면 노예는 인간의 삶의 가장 가치 있는 <무언가>를 포기하고 살아야 한다. 그 <무언가>를 우리는 자유라는 한 마디로 규정할 수 있을까? 분명한 것은 그 <무언가>에 자유(-전체)가 참여하지만, 그 <무언가>가 자유(-전체)만으로 이루어진 것은 아니라는 사실이다. 자유(-부분)인 그 <무언가>에는 새로운 가치가 덧붙여진다. 임제 선사는 <수처작주(隨處作主)>(어디서든지 주인이 되라!)라는 법어를 내렸다고 전해진다. 혹시 그 <무언가>에 덧붙여지는 새로운 가치는 자기의 삶의 <주인>이 되는 것은 아닐까?

그러한 논리는 우리를 자연스럽게 소외적인 VEL과 주체의 개념을 연결시키는 라캉의 소외적인 VEL의 도식으로 안내한다. 그렇게 해서 라캉은 그러한 소외적인 VEL의 논리를, 존재와 주체와 큰타자의 관계에 대입하여, 그가 말하는 <소외적인 도식>을 완성한다. 우선 인간은 언어의 장소인 큰타자 속에 떨어지기 전에 어떤 존재였다. 육체적이고 물질적인 존재라는 말이다. 그런 존재가 말이 구성되는 장소인 큰타자 속에 떨어져, 기호형식을 이용하여 말을 함으로써 말하는 주체가 탄생한다. 그것은 존재가 큰타자에 의한 의미의 세계로 들어가면서 하나의 주체가 된다는 것을 의미한다. 왜냐하면 의미는 기호형식의 관계에 의해 발생하고, 주체 역시 하나의 기호형식이 다른 기호형식을 향하여 표상하는 것이기 때문에, 결국 주체는 바로 의미가 발생하는 자리에서 나타나기 때문이다.(<그림 6>)

김춘수의 시(<꽃>)는 그러한 존재와 언어의 관계를 잘 노래하고 있다: <내가 그의 이름을 불러주기 전에는 / 그는 다만 / 하나의 몸짓에 지나지 않았다. // 내가 그의 이름을 불러주었을 때 / 그는 나에게로 와서 / 꽃이 되었다.> 그렇다. 인간은 이름(기호형식)을 불러주기 전에는 육체적이고 물질적인 <존재>에 불과했다. 그러나 이름(기호형식)을 부름과 동시에 인간은 의미 있는 존재(꽃)가 된다. 그러나 이 시는 정신분석이 발견한 주체의 진실을 전해주지는 못하고 있다. 왜냐하면 주체는 의미가 발생하는 장소에서 나타나지만, 동시에 기호형식의 효과로 나타났다 사라지기 때문이다. 그것을 주체의 아파니시스(aphanisis)라고 하는데, 정신분석이 말하는 주체는 그렇게 궁극적으로 비어 있고 무의미한 것이다.(<그림 7>과 <그림 8>)

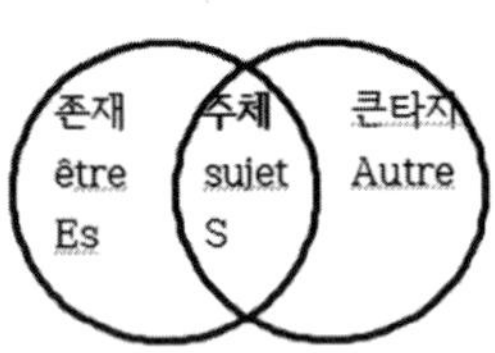

〈그림 6〉

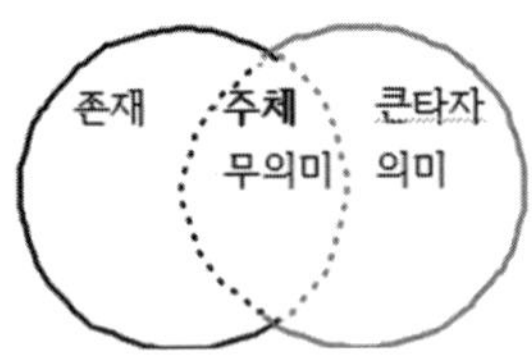

〈그림 7〉

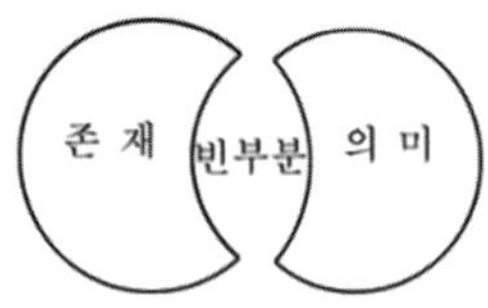

〈그림 8〉

사실 지갑과 목숨의 교집합의 부분은 그것들이 아무 관계가 없기 때문에 비어 있다. 그런데 그 공백에서 가치가 발생하는 것이다. 마찬가지로 존재와 의미의 교차부분도 비어 있다. 그것이 바로 주체의 공간이다. 주체는 빈 공간 자체이고, 무의미한 것이다. 프로이트 식으로 말하면, <그거가 있었던 곳에서 나는 주체로 발생한다.> 여기에 라캉은 그거를 존재로 바꾸고, 존재가 주체로 태어나기 위한 필수조건인 큰타자를 끼워 넣는다. 그렇기 때문에 인간존재는 주체가 되기 위해서는, 반드시 목숨을 유지하기 위해 지갑을 포기하듯이, 큰타자를 받아들이고 존재(의 일부)를 포기해야 한다.

여기서 우리가 존재를 선택하고 큰타자를 거부하면 어떻게 될까? 그것은 지갑을 선택해서 목숨까지 잃어버리는 것과 같다. 그래서 <지갑 아니면 목숨>에서 지갑을 포기하고 목숨을 선택할 수밖에 없듯이, <존재 아니면 큰타자>에서 우리가 선택할 수 있는 것은 단 한 가지이다. 인간 주체로, 그야말로 인간으로 태어나기 위해서는 큰타자를 선택해야 한다. 그러면 목숨을 선택했을 때, 지갑의 한 귀퉁이(대문자 지갑)가 접혀나가지만 목숨을 유지하듯이, 인간 존재는 비록 접혀진 주체라 할지라도 인간 주체가 될 수 있는 것이다.

2.

라캉의 소외적인 도식과 관련하여 두 가지 에피소드가 생각난다. 하나는 불교의 우화이고, 또 다른 하나는 구약성서에 나오는 아브라함의 이야기이다. 먼저 불교의 우화부터 이야기하면, 중병을 앓고 있는 아들 — 외아들 — 을 갖고 있는 갑부가, 신통력으로 사람을 고치는 스님을 찾아와서, "제 아들의 병만 고쳐주면, 스님이 원하는 것은 뭐든지 해 드리겠다."라고 말했다고 한다. 그러자 스님은 이렇게 말했다: "너에게 가장 귀중한 것을 이 세상에서 그것을 가지지 않은 사람에게 주고 오너라. 그러면 내가 네 아들의 병을 고쳐주겠다." 그 이후에, 갑부는 스님 앞에 다시는 나타나지 않았다고 한다. 어찌 된 일일까? 우리는 그 해답을 <그림 9>에서 찾을 수 있다. 갑부에게 가장 귀한 것은 무엇일까? 물론 돈일 것이다. 그렇지만 스님이 가르쳐주려고 한 것은 돈이 아니다. 어쩌면 아들일지도 모른다. 그렇지만 일단 갑부에게 가장 귀한 것은 돈이라고 하자. 그런데 아들 목숨을 구하려면, 그 귀중한 돈을 버려야 한다. 돈을 안 버리면 아들은 죽는다. 그런데 사실 돈과 아들 목숨은 전혀 관계가 없다.

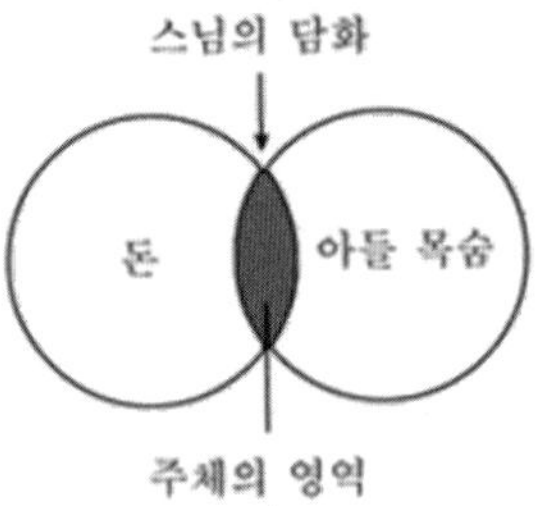

〈그림 9〉

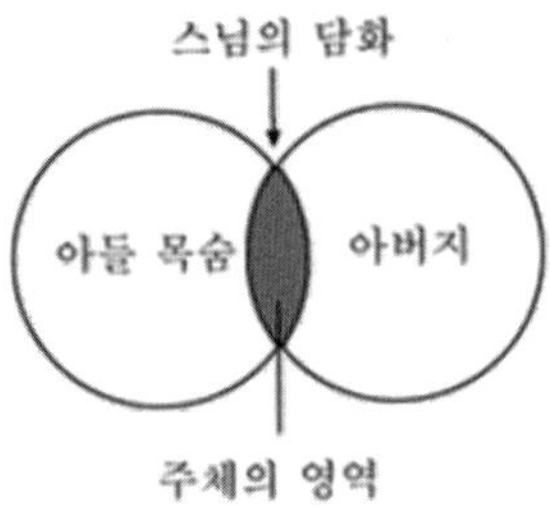

〈그림 10〉

두 번째 경우는 아들 목숨을 가장 중요하다고 생각하는 것이다.(<그림 10>) 그러면 어떻게 되겠는가? 아들 목숨을 구하려고 하면, 아들도 잃고 돈도 잃고 모두 다 잃어버리는 것이다. 반대로 아들 목숨을 버리고자 하면, 돈과 아버지 자신의 목숨이 보존된다. 스님이 갑부에게 가르쳐주려고 하는 것은, 돈이든 아들이든 거기에 집착하기 때문에 병이 생긴다는 것이다. 다시 말해 스님은 그 아버지에게 이렇게 이야기하고 있는 것이다: "네 욕망이 네 아이를 병들게 했구나. 그것을 버리기만 하면 아이는 나을 것이다"

아무튼 <그림 9>는 아버지의 고통의 도식화이고, <그림 9>은 아들의 고통의 도식화이다. 그 갑부가 스님의 질문의 의미를 빨리 깨달아서 돈과 아들에 대한 집착을 버렸다면, 자신이 정신적 고통으로부터 벗어나 해탈하는 것은 물론이려니와, 아마 아들도 돈도 모두 구했을 것이다. 따라서 그렇게 되면 그 사람은 스님 앞에 다시 나타날 필요가 없는 것이다. 그러나 그 역도 마찬가지이다. 즉 스님의 말의 의미를 못 깨닫고 돈과 아들 목숨을 둘 다 구하려고 했으면, 아마 부끄러워서라도 못 왔을 것이다. 그렇기 때문에 그 우화는 갑부가 다시는 나타나지 않는 것으로 귀결될 수밖에 없다. 이미 그 스님의 주문 속에 갑부의 행동 양식이 포함되어 있는 셈이다. 그러한 논리는 이성철 종정의 주문―'나를 만나려면 해인사에 가서 삼천 배를 하라'는 주문 속에도 찾아볼 수 있다. 이성철 종정은 왜 그런 주문을 했을까? 그것은 '나에게 도를 구하는데 나에게 도를 구하는 한, 도는 찾을 수 없을 것이다'는 뜻 아닐까? 다시 말해 '네 마음이 곧 부처'(卽心卽佛)라는 것을 깨달으라는 뜻 아닐까? 삼천 배를 하면서, 삼천 배를 하라는 말의 의미를 깨달으라는 뜻이지 않을까? 그러니까 삼천 배를 다하고도 그 의미를 깨닫지 못해 이성철 종정을 찾아 산을 올라가는 사람이 가장 바보이고, 삼천 배를 하다가 깨달아서 도중에 멈추고 산을 내려가는 사람이 그 다음으로 바보이고, 가장 똑똑한 사람은 아예 그 주문을 듣는 순간 깨닫는 사람이다. 그렇다고 그러한 논리를 꿰뚫고 아예 안 찾아가고, 아예 법문을 듣지 않는 사람을 어떨까? 그 사람은 깨달은 사람일까? 판단은 여러분에게 맡기겠다.

이와 비슷한 에피소드는 성서에도 나온다. 성서에 아브라함의 이야기가 나오는데, 그에게는 자식이 없었다. 그러다가 그가 100살에 이르자, 하느님이 자식을 주겠다고 약속을 한다. 그 때 부인은 웃었다. 말이 안 되는 이야기이었기 때문이다. 그런데 하느님의 말대로, 진짜 잉태를 하고 자식이 태어난다. 그 자식이 바로 이삭이다. 세월이 흘러 이삭이 소년이 되었을 때, 하느님은 아브라함을 '시험'하기 위해(여기서 시험이라는 말에 주목하자. 시험을 불어로 épreuve라고 하는데, 정신분석적으로 그것은 '검증'이라고 번역된다. '현실검증'이 그 예이다.), 다시 말해 아브라함이 자신을 얼마나 사랑하는지를 시험하기 위해, 자기에게 이삭을 제물로 바치라고 한다. 아브라함은 하느님의 명령대로 이삭을 데리고 제단으로 올라간다. 희생양 없이 제단으로 올라가는 아버지를 기이하게 여긴 아들 이삭은, 아버지에게 희생양은 어디에 있느냐고 묻는다. 그는 아브라함이 하느님이 준비해 주신다고 대답하자, 자기가 희생양이 될 것을 눈치 챈다. 이삭은 자기가 죽으리라는 것을 알고 있었다. 이제 아브라함은 이삭을 묶고 제단에 올려놓은 뒤, 칼로 내리치려고 한다. 그 때 하느님의 목소리가 들려온다. 이삭을 죽이지 말라는 것이다. "내가 네 마음을 알았다"고 말이다. 아마 아브라함이 이삭을 살리려고 하느님의 명령을 거역했으면, 하느님은 아브라함까지 버렸을 것이다. 그래서 우리는 이 에피소드가 <지갑이냐, 목숨이냐?>와 같은 문맥에 있음을 알게 된다.(<그림 11>)

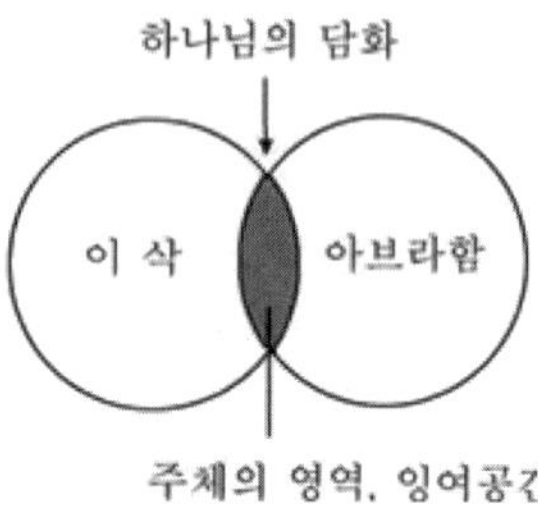

〈그림 11〉

이 제3의 영역이 바로 무-의미로서의 잉여 공간이다. 이 잉여 공간은 둘 중의 하나를 선택하라는 질문을 받는 순간 잠시 나타났다 사라지지만, 사실은 <없는> 것이다. 여기서 우리는 그 공간에 담화(discours)가 개입한다는 사실에 주목해야 한다. <그림 9, 10>에서는 스님의 담화가, <그림

11>에는 하느님의 담화가 그 공간을 깨어나게 하고 있다.(라캉은 그러한 사실을 구체적으로 거론하지는 않았다.) 그것이 제3의 변수인 대문자 타자이다(<그림 6>). 대문자 큰타자는 프로이트가 말하는 무의식의 <다른 무대(anderer Schauplatz)>로 기호형식의 장소이다. 따라서 스님과 하느님의 담화는 그 다른 무대로부터 오는 큰타자의 담화이다.

3.

우리는 여기서 잠시 주체가 접혀 들어간다는 말의 의미를, 라캉의 정신분석 이론의 각도에서 조명해볼 필요가 있다. 그것은 라캉의 용어로 주체의 <아파니시스(aphanisis; 사라짐)>라고 하는데, 그러한 주체의 사라짐은 어떻게 일어나는 것이고, 라캉은 그것을 어떤 식으로 설명할까? 우선 <존재>라는 말로 번역되는 <*l'être*>의 정확한 개념부터 생각해보자. 그것은 영어의 be 동사에 해당하는 être(<있다>) 동사가 명사화된 것이다. 따라서 <*l'être*>는 우리말로 <있음> 또는 <있는 것>이라는 뜻이다. 그런데 어떤 것이 있다는 것은, 그것이 물질적으로, 따라서 감각적으로 실제로 있다는 뜻이다. 따라서 인간존재라고 할 때, 그것은 무엇보다도 육체적이고 생물학적인 살아 있는 존재라는 뜻이다. 그러한 *l'être*(존재)는 사물과 별반 다르지 않다. 왜냐하면 있다는 사실 외에 다른 의미가 전혀 개입되지 않기 때문이다. 그러나 그러한 존재가 언어의 장소에 떨어져 명명되고 말을 하는 순간, 상황은 전혀 달라진다. 존재가 상징과 의미의 세계로 진입하는 것이다.

여기서 너무 어려운 용어를 쓰지 말고, 상징의 세계로 진입한다는 것을 설명하면, 예컨대 어떤 존재(*l'être*)가 고유한 이름으로 불린다는 것은, 그 존재가 이름이 되는 것이다. 전문용어로 존재가 이름과 동일시되는 것이다.

이름과 동일시된다는 것은 많은 의미를 함축하고 있다. 우선 존재가 상징계(이름은 기호형식으로만 기능하는 명사이고, 상징계는 기호형식의 세계이다.)로 진입한다는 뜻이다. 그리하여 물질적 존재는 이제 상징적 존재가 된다. 사실 존재라는 말은 상징적이라는 말과 어울리지 않는다. 왜냐하면 존재라는 말은 엄격히 물질적인 의미로 남겨두어야 하기 때문이다. 이 경우, 오히려 우리는 상징적 <실존(existence)>이라는 표현을 사용하는 것이 적확하다. 왜냐하면 실존은 존재 자체를 가리키는 것이 아니라 존재한다는 사실 — 정확히 말해 존재한다는 사실을 알고 있다는 사실 — 을 가리키기 때문이다. 그만큼 이미 실존은 존재가 추상적으로 개념화된 것이다.

그런데 이름과 동일시된다는 것은, 그보다도 더 중요한 사실을 내포하고 있다. 이름이 하나의 기호형식이라면, *l'être*(존재)가 그 기호형식<이다(être)>가 되는 것이다. 약간의 말놀음 같지만, <있음>이 <(기호형식)임>이 되는 것이다. 그런데 프랑스어의 être 동사는 영어의 be 동사처럼 <있다>라는 뜻과 동시에 <이다>라는 뜻도 있다. 말하자면 <있음>에서 <(기호형식)임>으로 가는 것은 être 동사 내에서 수평적으로 이루어진다.(그러나 *l'être*(존재)라는 명사에는 후자의 뜻이 배제된다.) 그 이동의 매개가 이름(즉 기호형식)인 것이다. 그 결과 *l'être*(존재)는 기호형식의 동일시를 통해 기호형식의 장소인 큰타자로 진입한다.(라캉은 이것을 기호형식의 내입(introjection)이라고 한다.)[1]

---

1 프로이트는 「부정」(1925)이라는 논문에서, 쾌락자아와 현실자아를 각각 속성판단과 존재판단과 연결시키면서, 두 가지 판단 기능을 고찰하고 있다: 전자는 사물에 어떤 속성을 부여하거나 거부하는 판단이고, 후자는 어떤 표상에 현실 속의 존재를 인정하거나 인정하지 않는 판단이다. 전자, 즉 속성판단에서, 속성을 부여하거나 거부하는 가장 오래된 기준은, 좋음과 나쁨의 기준이다. 그래서 그것은 가장 오래된 욕동의 언어로 표현된다: "이것은 내 속에 넣고 싶고, 저것은 내 밖으로 쫓아내고 싶어." 최초의 쾌락자아는 좋은 것을 자기에게 내입하고, 나쁜 것을 자기 밖으로 쫓아낸다. 그렇지만 나쁜 것과 밖에 있는 자아에 생소한 것은 동일한 것이다. 그러한 미분 상태는 판단의 역사에서 최초 단계의 특징이다. 그 단계에서는 아직 주체가 문제되지 않는다. 미분화된 자아로부터 쾌락자아가 구성되고, 그 뒤에

그렇지만 이것은 인간존재의 역사에서 엄청난 혁명적인 전환을 가져온다. 우선 하나의 기호형식(S1)은 기호형식의 장소(S2)를 끌어들인다. 왜냐하면 하나의 기호형식은 다른 기호형식과의 차이에 의해 그 가치가 결정되기

비로소 안은 좋은 것과 결부되고 밖은 나쁜 것과 결부된다.
판단 기능의 또 다른 결정, 즉 표상된 사물의 실제 존재에 대한 결정은, 쾌락자아로부터 발달되는 결정적인 현실자아와 관계한다. 그것이 현실검증이다. 그 새로운 단계에서 지금 문제가 되는 것은, 표상으로 자아 속에 현전하는 것이 지각(현실)에서도 되찾을 수 있는지를 아는 것이다. 비-실재(le non-réel)나 오로지 표상된 것(le représenté)만이 안에 있고, 다른 것, 즉 실재(le réel)는 밖에 있기 때문이다. 따라서 우리는 그 단계에서 심리적 현실인 안과, 물질적 현실인 밖을 구분한다. 그래서 중요한 것은, 자아 속에 받아들여지고 상징화된 좋은 사물이 바깥 세계에도 존재하고, 우리가 욕구에 따라 그것을 독점할 수 있는지를 아는 것이다. 보다시피, 현실검증은 두 번째 단계의 상징화(내입)로부터 이루어진다. 그러나 그 단계의 문제는 어떤 표상과 그에 선행하는 지각을 대조하는 것이 아니다. 거기서 문제가 되는 것은, 지각적인 영역에서 어떤 지각의 실증이다. 그러한 현실검증은 "표상과 일치하는 대상을 실제 지각에서 찾는 것이 아니라, 그것을 되찾는 것이다." 알다시피, 프로이트에게 대상은 처음부터 상실된 대상이다. 현실에서 그것을 되찾는다는 것은, 그것을 우선 인정했다는 것이다.(이것을 프로이트와 라캉은 <긍정(Bejahung)>이라고 한다.) 그래서 밖과 안의 문제는 다른 방식으로 제기된다. 사실 생각의 차원에서 일단 지각된 것을 다시 현실화할 수 있다면, 대상은 더 이상 밖에 있을 이유가 없다. 그래서 쾌락원칙의 관점에서 충족은 대상의 어떤 <환각>으로부터도 올 수 있다. 그러한 환각화하는 경향에 대비하기 위하여, 현실원칙의 개입이 필요해지는 것이다. 지적해둬야 할 사실은, 표상 속에 있는 지각을 재생하는 것이 항상 충실한 것은 아니라는 것이다. 요소들의 생략과 융합이 있는 법이다. 현실검증은 그러한 왜곡의 넓이를 검사하기도 한다.
그런데 우리가 여기서 주목할 것은, 부정이 치료에서 격리[억압]된 것의 의식화와 관련하여 종종 나타나지만, 그것은 <긍정>의 가치를 갖고 있다는 것이다. 예컨대 분석자가 '나는 그렇게 생각하지 않았어요.'라든지 '나는 결코 그렇게 생각해본 적이 없어요.'라고 말하는 것보다 더 강한 무의식의 증거는 없다. 왜냐하면 내가 판단에서 어떤 것을 부정하면, 그것은 내가 그 어떤 것을 격리[억압]하고 싶다는 뜻이기 때문이다. 판단은 격리[억압]의 지적인 대체물이다. 따라서 분석자가 꿈에 나타난 어떤 사람에 대해 그녀는 자기 어머니가 아니라고 말하는 것은, 그녀는 그의 어머니라는 뜻이다. 이렇게 부정을 제거하면, 우리는 격리[억압]된 사고의 내용을 얻을 수 있다. 이렇게 격리[억압]된 것은 부정된다는 조건으로 의식화될 수 있는 것이다.
라캉은 여기서 한 발자국 더 나간다: 즉 그는 존재(-판단)의 차원에서 어떤 것이 부정되려면, 우선 그것에 대한 <긍정>이 선행되어야 한다고 주장한다. 왜냐하면 사물이 긍정의 차원에서 상징화된 뒤에야, 비로소 그것에 존재가치가 부여되든 되지 않든 할 수 있는 것이기 때문이다. 따라서 그에게 있어서 긍정은 상징계의 내입이고, 상징화 그 자체의 원초적 행위이다.

때문이다. 또한 그 기호형식은 주체를 표상하지만, 달리 말하면 주체의 효과를 나타내지만, 다른 기호형식을 향해 주체를 표상하기 때문에, 주체는 두 기호형식 사이에서 분열된다. 결과적으로 기호형식과의 동일시(내입)는 주체의 효과를 발생시키면서 존재의 대전환을 가져오지만, 주체는 기호형식에 의해 나타나자마자, 다른 기호형식들 속으로 미끄러지며 사라진다. 그래서 어떻게 보면 주체는 기호형식 밑으로 소외되고 사라지기 위해 나타나는 것처럼 보인다. 이것이 라캉이 말하는 주체의 소외이고 아파니시스이다. 그것이 소외적인 VEL의 도식에서는 귀퉁이가 접혀 들어간 목숨처럼 나타나는 것이다.

4.

그러한 내입을 프로이트의 공식 — "그거가 있었던 곳에서 내가 생긴다.(*Wo Es war, soll Ich werden.*)" — 에 대입하면 재미있는 결과를 얻을 수 있다. 우리는 프로이트가 가설적으로 내세운 원시적인 자아의 형성 과정을 알고 있다. 그 첫 번째 단계는 표상과 표상되는 것(즉 지각 현실)을 구분하지 못하고 표상이 곧 표상되는 것의 현실적인 보증이 되는, 그에 따라 현실과 자아가 일치하는 <최초의 현실자아>가 구성된다. 이때 주체 — 프로이트는 <자아-주체(Ich-Subjekt)>라는 표현을 쓴다 — 는 편견 없이 현실에 접근하고 <좋은> 객관적 기준에 의거하여 안팎을 구분한다. 따라서 좋은 것과 무관심한 것의 구분이 있을 뿐, 아직 나쁜 것은 없다. 두 번째 단계는 쾌락의 원칙에 의거하여 쾌와 불쾌를 구분하고, 그에 따라 자아-주체도 유쾌한 부분과 불쾌한 부분으로 나뉘면서, 유쾌한 부분은 쾌락자아로 내입(introjection)되고, 불쾌한 부분은 밖으로 투사(projection)된다.

여기서 프로이트는 처음으로 내입이라는 용어를 사용하는데, 그것은 한마디로 쾌락 대상을 동일시를 통해 받아들여 그 표상으로 쾌락자아를 구성하는 것을 말한다. 그리하여 나쁜 것은 쾌락자아 밖에 있는 것이 되고, 그에 따라 쾌락자아에 생소한 것이 된다. 이제 <최초의 현실자아>는 <정화된 쾌락자아>로 발전하고, 그 쾌락자아를 중심으로 안팎이 구분되는 새로운 편성이 이루어진다. 마지막으로 세 번째 단계는 고유한 의미의 <결정적인 현실자아>로, 그 자아는 충족을 준 상실된 대상의 표상과 일치하는 실재 대상을 외부에서 찾으려고 한다. 물론 여기서 쾌락자아에서 현실자아로의 이동은 현실원칙에 의존하고 있다. 그것이 바로 우리가 잘 아는 <현실검증>의 동인이다. 그러나 우리가 여기서 조심해야 할 사실이 있다: 하나는 현실원칙이 충족의 추구(즉 쾌락원칙)를 지름길로 시행하지 않고 우회하면서 외부 세계가 부과하는 조건에 따라 그 목표의 획득을 지연시킨다고 하더라도, 그것이 쾌락원칙과 대립하는 것이 아니라 궁극적으로 쾌락원칙에 종사한다라는 사실이다. 그와 함께 잊지 말아야 할 사실은, 둘째, 상실된 대상의 표상과 일치하는 실제 대상이 외부 현실에 있는 것이 아니라, 즉 외부의 현실적 대상이 아니라, 심리 내부에 실재하지만 표상과 분리된 대상이라는 것이다. 따라서 그 대상은 심리적 현실로 외부 현실(la realité)과 구분되는 실재(le réel)이다. 그러한 의미에서 그것은 되찾으려는 대상이고, 현실적 대상이 원래 되찾으려는 대상과 일치하는지를 검증하는 <현실검증>은 라캉적인 관점에서 <실재검증>으로 명칭이 바뀌어야 한다. 그것이 바로 프로이트가 발견한 <큰사물(la Chose; das Ding)>이다. 아무튼 "그거가 있었던 곳에서 내가 생긴다.(*Wo Es war, soll Ich werden.*)"는 프로이트의 명제에서 <그거(Es)>와 <나(Ich)> 사이에 다리를 놓는 것은 표상이다. 표상을 매개로 <그거>에서 <나>가 생기며, <나>는 그거 속으로 상실된 대상의 표상과 동일시함으로써 발생한다. 말하자면 <나>(프로이트 표현으로 <자아-주체>)는 상실된 대상의 표상인 것이다. 그것이 프로이트가 가설적으로 제시한 쾌락자아 / 현실자아이다.

이것을 라캉은 언어학적인 사실을 동원하여 재편하고 재해석한다. 우선 라캉은 프로이트의 표상이라는 개념 대신 기호형식이라는 언어학적인 개념을 사용하여 주체를 정의한다. 라캉에게 주체의 정의는 단 한 가지뿐이다: <하나의 기호형식은 다른 기호형식을 향해 주체를 표상한다.> 따라서 <주체는 하나의 기호형식이 다른 기호형식을 향해 표상하는 것이다.> 그에 따라 주체는 말하는 주체가 되고, 그 주체를 표상하는 기호형식은 기호형식의 장소, 즉 큰타자를 전제하게 된다. 말이 구성되는 그러한 과정을 일목요연하게 보여주고 있는 것이 <도식 L>이라는 것은 이미 잘 알려진 사실이다.

앞에서도 말했지만, 라캉은 <도식 L>을 1955년『세미나 II: 프로이트의 이론과 정신분석 기법에서의 자아』로부터 도입한다. 그 당시 문제가 되는 것은 무의식에 속하는 것으로서의 말의 순환을 설명하는 것이었다. 누가 말하는가? 그리고 누구에게 말하는가? 그것은 정신분석가를 위한 질문이다. 왜냐하면 누군가에게 말을 걸지 않는 말은 없기 때문이다. 그러한 말걸기 때문에 주체가 어디로부터 말을 하는지 알아낼 수 있는 것이다. 그는 타자에게, 즉 a'에 있는 그의 닮은자에게 말을 걸지만, 동시에 그의 말은 그가 그 자신의 말에 끌어넣는 것에 대한 진실의 보증자로 내세우는 큰타자(대문자 A)를 겨냥하고 있다. 게다가 코드의 장소인 그 큰타자로부터, 그는 사실 자신의 메시지를 되받는다. 주체가 자신의 닮은자를 넘어 그 미지의 큰타자에게 말을 걸 때마다, 그는 자신의 말을 큰타자의 장소로부터 거꾸로 된 메시지의 형태로 되받는 것이다. 그가 어떤 창설적인 말— <너는 나의 선생이다>라든가 <너는 나의 아내이다> — 을 진술하면, 그 자신은 그것에 더해서 그 말에 의해 결정되는 것이다. 즉 그 말은 그를 제자나 남편의 위치에 세운다. 이렇게 본질적인 말은 주체가 큰타자의 장소에서 기원하고, 주체를 어떤 상징적 결정 작용 속에서 구성하면서, 그 자신의 모든 표상에 대해 중심에서 벗어나게 한다. 그러한 의미에서 대문자 큰타자는 말이 구성되는 주체, 말을 맞아들이고 그것을 지각하고 그것에 대답할 수 있는 주체를 가정하고 있는 것이다.

분석에서 말은 큰타자의 장소에서 기원하는 한, 무의식적인 메시지를 구성한다. 그것이 필연적으로 억제되고 잘게 썰어지고 변형되고 뒤집히는 것은, <도식 L>에서 점선이 나타내는 구조 행위에 의한 것이다. S[주체]에 도달하기 위해, 그것은 aa'의 필터를 통과해야 한다. 자아와 그 대상과의 상상적인 관계에 의해 구성되는 그 필터는, 자기애를 떠받치는 동일시의 체계 전체를 끌어들인다. 분석 작업은 환자가 그 무의식적인 말을 재통합하고 그것을 <나(Je)>로 수용하는 것을 목표로 한다. 프로이트의 Es와 동음인 S는 큰타자의 메시지의 중개로 <나(Je)>가 될 수 있는 것이다. 그래서 라캉은 프로이트의 명제("그거가 있었던 곳에서 내가 생긴다.(*Wo Es war, soll Ich werden*.)"를, "그거가 있었던 곳에서 나는 주체로서 생긴다.(*Là où c'était, là comme sujet dois-je advenir*)"[2]고 번역하는 것이다.

그러나 라캉은 여기서 한 걸음 더 나아간다: 즉 하나의 기호형식(S1)에 의해 표상되는 주체는, 주체를 표상하는 그 기호형식이 다른 기호형식(S2)

2 프로이트의 명제(*Wo Es war, soll Ich werden*)는 직역하면, *Où ça était, je*(moi) *dois advenir*(그거가 있었던 곳에서 내가 생긴다)이다. 그러나 라캉은 그것을 (*Là où c'était, là comme sujet dois-je advenir*(그거가 있었던 곳에서 나는 주체로서 생긴다)"고 번역함으로써, 그 때의 <나(Ich)>가 정관사가 있는 명사로서의 <자아(das Ich)>가 아니라, 대명사로서의 <주체>라는 사실을 강조한다. 그러한 각도에서 보면, *Là où était du ça, doit advenir du moi*..(약간의 그거가 있었던 곳에서 약간의 자아가 생긴다.)라는 보나파르트의 번역도, 부분관사를 사용하긴 했지만 <나(Ich)>를 <자아(du moi)>로 보았다는 점에서 전통적인 관점에서 크게 벗어나지 않는다.

[의 장소(A)]을 향하여 이동해야 하기 때문에, 두 기호형식 사이에 분열되기 마련이다.($\not{S}$) 그리하여 주체는 기호형식 밑으로 미끄러지며 사라진다. 이것이 라캉이 말하는 주체의 소외이다. 그것은 소외적인 도식에서 존재와 큰타자의 교집합에서 점선으로 접혀 들어간 가운데 비어 있는 부분으로 나타난다. 이제 <도식 L>에서 Es와 동음인 S는 기호형식에 의해 분열되기 이전의 원시적 주체를 나타내고, 그것이 기호형식의 힘을 빌어 표상되는 순간 분열된 주체로 탄생한다. 그것을 도식화하면 아래의 <그림 12>와 같다:

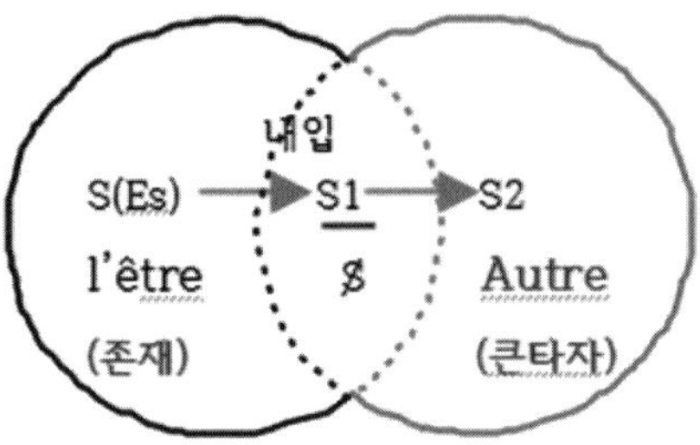

〈그림 12〉

5.

이제 라캉은 그러한 소외(의 VEL)의 도식을 데카르트의 유명한 명제 — '나는 생각한다, 고로 존재한다.'(Cogito ergo sum; Je pense donc je suis; I think therefore I am) — 에 대입한다. 그것은 한편으로는 데카르트의 철학을 정신분석적인 논리로 접근해서 새로운 관점을 연다는 것을 의미하고, 다른 한편으로는 정신분석적인 발견(특히 무의식)에 비추어 데카르트를 비판한다는 것을 의미한다. 우선 그 유명한 명제에서 우리가 착각하는 것은, *ergo*('그러므로'나 '고로'로 번역되는)라는 접속사가 인과관계를 나타낸다고 생각하는 것이다.

그러나 그 명제는 생각하기 때문에 존재한다는 뜻이 아니라, "나는 생각하고, 동시에 나는 존재한다."는 뜻이다. 즉 여기서 '*ergo*'는 '*and*'의 뜻이다. 따라서 데카르트가 『방법서설』에서 말하고 있듯이, 방법적 회의를 통해 부정해도부정해도 부정할 수 없는 사실은 생각하고 있다는 것과 존재한다는 것이라고 그 명제를 읽어야 한다. 생각한다는 사실과 존재한다는 사실만이 의심할 수 없는 확실한 사실이라는 것이다. 그렇게 생각과 존재를 병치하는 것으로 봐서, 데카르트는 사고의 차원과 존재의 차원이 조화롭게 일치한다고 생각하고 있었던 것 같다. 그러나 정신분석은 그러한 데카르트의 생각과는 반대로, '나'의 존재확신을 허락하지 않는다. 우리가 이미 보았듯이, 라캉의 정신분석에 따르면, 자아는 거울이미지와의 상상적 동일시의 산물이고, 기호형식에 의해 상징적으로 표상되는 주체 역시 기호형식의 사슬 속으로 소외되고 사라지고 분열된다. 한 마디로 소외적인 도식이 보여주듯이, 주체는 존재와 큰타자의 교집합이지만, 그것은 비어 있는 공집합(∅)으로만 성립하기 때문에 존재가 없다.

아무튼 그러한 사실을 확인하기 위하여, 데카르트의 명제를 오일러의 원으로 표시해보자. 그러면 데카르트의 명제는 <그림 13>로 그릴 수 있을 것이다. 왜냐하면 존재와 사고는 존재와 큰타자의 의미의 도표에서처럼, 인간이 되기 위해서는 사고를 선택할 수밖에 없고, 그에 따라 그 두 원이 겹치는 교집합의 부분, 즉 주체는 접혀 들어갈(사라질) 수밖에 없기 때문이다. 아마 여기서 철학의 영역은 <Je pense>의 부분이겠지만, 정신분석이 탐구하는 고유한 영역은 오히려 주체의 부분이다. 또한 데카르트 철학은 그 부분이 존재와 사고가 일치하는 부분이라고 생각할지 모르지만, 라캉의 정신분석은 그 부분이 공집합(∅)으로, 존재와 사고가 영원히 분리(séparation)되어 서로 만나지 못하게 만드는 그것들 사이의 공백(le vide)이라고 말한다. (<그림 14>)

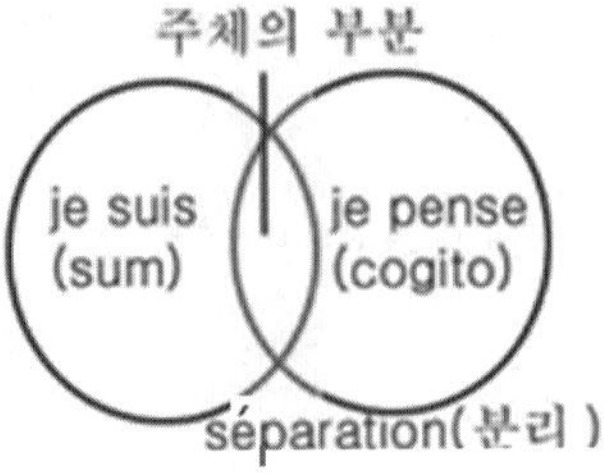

〈그림 13〉

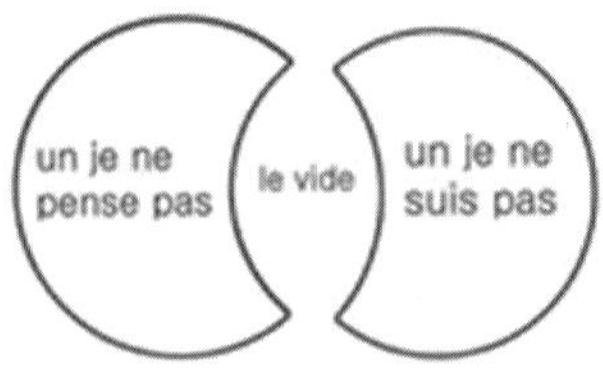

〈그림 14〉

이제 라캉은 드모르간(Augustus De Morgan, 1806~1871)의 법칙을 이용하여 그것을 정신분석적으로 한 번 더 뒤집는다. 즉 드모르간의 법칙에 따르면, (A∩B)c("A∩B의 여집합"[餘集合, complementary set])은 Ac∪Bc("A 여집합 컵 B 여집합" 또는 "A bar cup B bar")와 같다: C(A∩B)=C(A)∪C(B) 이것을 말로 풀면, A='나는 생각한다.'이고, B='나는 존재한다.'이다. 따라서 Ac='나는 생각하지 않는다.'가 되고, Bc='나는 존재하지 않는다.'가 된다.(왜냐하면 Ac는 A의 보집합이고 Bc는 B의 보집합이기 때문이다.) 따라서 C(A∩B)=C(A)∪C(B)이라는 것은, A와 Bc가 일치하고, B는 Ac와 일치한다는 것을 의미한다. 이것을 말로 풀면, 전자는 "내가 생각하는 곳에 나는 존재하지 않고(je ne suis pas où je pense; I am not where I think)" 후자는 "내가 생각하지 않는 곳에서 나는 존재한다.(je suis où je ne pense pas; I am where I don't think)"가 된다. 그리하여 라캉은 데카르트의 코기토(cogito)의 주체로부터 공집합의 주체를 끌어내는 것을 넘어서서, <내가 생각하지 않는 것>과 <내가 존재하지 않는 것>을 존재와 사고에 끌어들여, 라캉 식 데카르트의 명제 — "나는 내가 생각하는 곳에 없고[존재하지 않고], 나는 내가 생각하지 않는 곳에 있다[존재한다.]" — 를 완성한다.(<그림 15>와 <그림 16>)

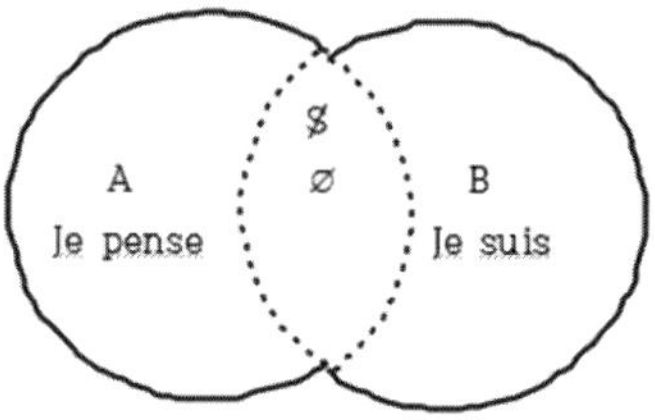

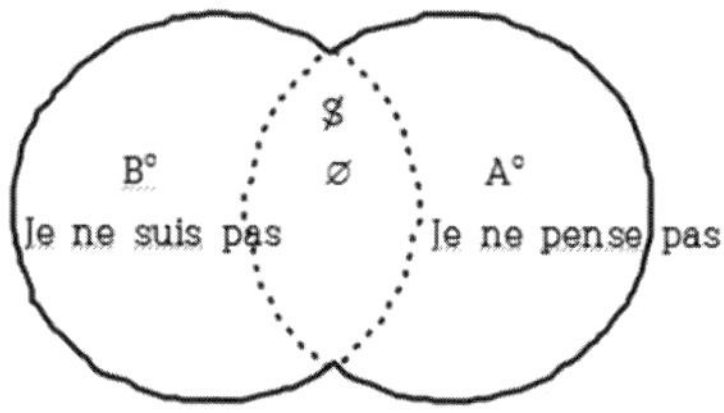

$C(A \cap B) = C(A) \cup C(B)$

〈그림 15〉 〈그림 16〉

이러한 라캉의 명제는 엄청난 의미를 함축하고 있다. 그것은 우선 존재가 생각 속으로 진입하면서 기호형식에 의해 주체가 표상되지만(인간은 '생각하는 갈대'라고 하지 않던가?), 동시에 그것은 기호형식의 사슬 속으로 소외(aliénation)되고 사라지고 분열되어 공집합으로 남을 뿐 아니라, 생각과 존재가 완전히 분리(*séparation*)되어 다시는 서로 만나지 못하는 현상과, 존재하지 않는 곳에서 생각하고 생각하지 않는 곳에서 존재하는 역설적인 현상이 일어난다는 것을 의미한다.

라캉은 여기서 *séparation*(분리)이라는 단어를 가지고 또 다시 말놀음을 하면서, 자신의 <대상 a> 이론과 연결시킨다. 즉 *séparation*의 동사는 *séparer*인데, 라캉은 그것의 라틴어 어원인 *separare*를 분해해서, 그것과 동음의 중성태 동사 se parere(<생기다>)를 만든다. 그렇다면 라캉이 아무 근거 없이 그런 말장난을 했을 리는 없다. 그래서 필시 라캉은 *séparation*(분리)되면서 무언가가 <생긴다>는 것을 암시하려고 했을 것이다. 그렇다면 무엇이 생기는 것일까? 라캉은 이번에는 *séparer* 동사(프랑스어)를 분해시켜 *se parer* 동사(프랑스어)를 만든다. 그런데 후자는 <옷을 입다>라는 뜻뿐만 아니라, <자신을 방어하다>(특히 <자신을 보호하기 위하여 필요한 것을 갖추다>)라는 뜻이다. 따라서 *séparation*(분리)되면서 <생기는(*se parere*)> 것은 주체를 보호하기 위하여 <갖추어 입는(se parer) 것>임에 틀림없다. 부연하면, 그것은 자신을 지키기 위해 멋있게 차려입은 장식일 것이다. 왜냐하면 *se parer*는 <몸치장하다, 장식하다>라는 뜻과 함께 <방비하다>라는 뜻을 갖고 있기 때문이다. 바로 그것이 라캉이 말하는 <대상 a>이다.

요컨대 존재가 기호형식 속으로 <소외>되면서 주체가 나타나지만 그것은 형체도 없이 사라지고(이것이 주체의 존재결핍이다), 존재와 생각이 분리된 그 공백의 자리에 대상 a가 생기면서, 존재가 없는 주체에게 옷을 입히고 장식함으로써 주체를 보호해주는 것이다. 그러나 그 대상 a는 존재와 사고가 분리된 틈바구니에서 생기면서 그 사이로 떨어져나간다는 사실에 주목해야 한다. 물론 그것은 그것들의 가장자리에 <나머지>로 걸리지만 말이다. 아무튼 그러한 사실은 대상 a조차 <분리>와 함께 생기면서 동시에 공백으로 남는다는 것을 의미한다. 이것을 라캉은 소유결핍이라고 말한다. 따라서 라캉이 소외와 분리라는 새로운 개념을 동원하여, 주체와 대상 a의 관계를 설명하고 있지만, 사실 그것들은 라캉의 큰 이론적인 구도에서 존재결핍과 소유결핍과 연결되어 있다.

	소외	분리	
존재 ⇒	주체	대상 a	⇒ 큰타자(기호형식의 장소)
	존재결핍	소유결핍	

앞의 도식에서 보다시피, 대상 a의 분리는 소외된 주체를 장식하고 동시에 보호한다. 그것은 소유결핍이 존재결핍을 떠받친다는 라캉의 또 다른 개념과 일치한다. 또한 주체는 기호형식에 의해 표상된다는 점에서 상징계 속에 나타나지만, 대상 a는 그러한 상징계로부터 분리된다는 점에서 실재적이고, 그것이 장식으로 주체를 매수한다(capter)는 점에서 상상적이다. 그래

서 대상 a는 보로메오의 매듭에서 쐐기점에 나타나는 것이다. 그러나 무엇보다도 잊지 말아야 할 사실은, 이 모든 것 — 소외와 분리, 주체와 대상a — 이 공백으로 이루어져 있다는 것이다. 그러한 사실은 그것들이 욕망의 탄생에 관여한다는 것을 의미한다.

6.

그렇다면 큰타자와 완전히 분리된 존재의 부분은 어떻게 되는가? 큰타자가 기호형식의 장소로서 상징계에 속한다면, 존재는 그것으로부터 완전히 떨어진 것이기 때문에 실재계에 속할 것이다. 전자가 차이 자체를 동일성으로 하는 세계라면, 존재는 차이도 의미도 아예 없는 <ne… rien(nothing; 아무것도 … 아니다)>의 세계일 것이다. 그렇다면 이번에는 그러한 <ne… rien>의 각도에서 볼 때, 존재가 큰타자로부터 분리될 때 남는 대상 a는 어떻게 설명될 수 있는가? 라캉은 여기서 부정대명사인 rien의 명사화된 <le rien>이라는 단어와 개념을 끌어들인다. 프랑스어에서는 완전부정(ne… rien[아무것도….아니다])의 한복판에서, 소위 소권상실적인 요소인 <rien>을, 그것의 부조화적인 상대인 <ne>로부터 따로 떼어낼 수 있다. 그 *rien*은 라틴어 *res*로부터 왔는데, *res*는 <사물(*la chose*)>를 뜻하는 라틴어로, 한국어로는 모든 의미에서 <거> 또는 <것>과 일치한다. 라캉이 처음에는 프로이트의 <큰사물(*la Chose; das Ding*)>을 직접 참조하지 않고, res로써 후자를 가리켰다는 것은 다 알려진 사실이다. 따라서 여러 가지 의미에서, *le rien*은 *ne…rien*인 존재가 남긴 것이고, l'a-chose라고 할 수 있다. 우리말로도 *ne… rien*은 <아무것도….아니다>로 번역되지만, 그것을 <아무것도 아닌 것>으로 명사화하면 *le rien*의 의미와 완전히 일치한다. <아무것도…아

니다>에서 <아무것도 아닌 것>이 남는 것이다. 말하자면 *le rien*(<아무것도 아닌 것>)은 가치가 별로 없는 <사소한 것(le peu de choses)>이다.[3] 그러한 사실 — ne…rien에서 le rien이 나왔다는 사실 — 은 le rien이 축소할 수 없는 결핍의 최소 실증성을 가리킨다는 것을 의미한다. <le rien>은 크로스-

---

3 라캉은 <존재-수치(羞恥)(hontologie)>라는 신조어를 만들어내서 존재의 무가치함을 수치심과 연결시킨다. <존재-수치(羞恥)>(hontologie)라는 조어는 *ontologie*(존재론)와 *honte*(수치심)라는 두 단어를, 동음을 매개로 결합시켜 만든 신어로, 전통적인 존재론이 존재를 찬양한 것과는 반대로, 존재의 무가치에 대한 수치심을 강조하고 있다. 수줍음(pudeur)이 얼굴의 붉어짐으로 육체가 남근의 은유라는 사실을 드러낸다면, 그것이 수치심으로 바뀌는 것은 오직 큰타자가 육체의 남근의 가치를 인정하는 것을 거절할 때뿐이다. 다시 말해 주체가 수줍음으로 욕망을 고백할 때, 큰타자가 경멸로 응답하는 것이다.
"구조적으로 수치심은 주체와 자아의 불화, 그리고 욕망과 사랑의 불화의 소관이다. 그것은 두 가지 명령 사이의 축소할 수 없는 긴장을 신호로 알려준다: 주체 — 이 주체의 전조(前兆)가 대상 a이다 — 에게 강요되는 첫 번째 명령은 이상(理想)의 장 속에 위치하라는 것이다(그것은 주체를, 사랑스러운 이미지(i(a))로 된 어떤 미끼(leurre)로 뒤덮는다); 두 번째 명령은 환상($◇a)으로만 유지될 수 있는 욕망의 조건에 집착하는데, 거기서 주체는 자신의 자아가 아니라 자신의 존재결핍, 즉 대상 a를 실제로 끌어들이도록 간청을 받는다. 그러한 노력 속에서 주체는 인정의 우연성에 노출되는 것이다. 수치심의 원인은 주체가 스스로 만든 상상적인 표상에 따른 자아이상의 지지가 갑작스럽게 상실되는데 있다. 그것의 기제는 이상적 자아라는 미끼(leurre)로 된 봉투의 상실과 그가 자아를 위해 구성하는 버팀목의 상실, 그리고 그에 따른 환상의 대상 a를 기반으로 하고 있는 자아의 붕괴이다. 주체가 그러한 <추잡한> 대상과 결별해야 하는 급박함 속에 놓이면, 설혹 수치심으로 죽는 것이 좀처럼 얻기 힘든 결과라 할지라도 위험할 수 있다. 따라서 수치심은 욕망의 구성에서 필수적인 어떤 통로를 나타낸다. 반대로 멜랑콜리에서 수치심의 부재는 주체와 대상의 혼동에 의해, 그러한 변증법의 부재나 상실에 조인하고 있다. […]
라캉은 <존재-수치(羞恥)(hontologie)>라는 낱말을 만들면서 수치심의 윤리적인 의미작용을 명확히 밝힌다. 그는 전통적인 존재론(ontologie)과 존재의 찬양을 거부하면서, <존재(*être*)>라는 관념이 오직 언어로부터 — 좀 더 정확히 말하면, "현존재(l'étant)가 혼잣말을 할 때 생산되는 균열로부터" — 태어난다는 사실을 상기시킨다. 그러한 균열은 대상 a — 주체의 존재결핍(그의 수치심)에 대비할 수 있는 유일한 대상 — 의 은닉 장소이다. 분석가는 그러한 대상의 기능을 짊어지는 것을 수줍어(pudeur)함으로써, 분석자가 기본규칙 앞에서 묵언(默言)하는 것을 극복할 수 있도록 도와줄 수 있다. 수치심이 확실히 구조상 묵언의 가장 알려진 것은 아닐망정, 가장 끈질긴 것이다. 그와 같은 수줍음(pudeur)은 그[분석자]를 대상의 지배에서 획득한 수치스러운 노예근성으로부터 지켜줄 것이고, 그가 자존심에 손상을 주지 않고 강한 인상을 주는 어떤 말(dire)이 갖고 있는, 건강에 좋은 경솔함을 발견하도록 도와줄 것이다."(B. Vandermersch, <honte(수치심)>, in *Dictionnaire de la psychanalyse,* Larousse, 2009, pp.250-1)

캡의 원반[4]처럼 어떤 대상들이 갖고 있는(그리고 대상 a가 종속된), <수축적 (contractile)>이라는 위상학적인 속성에서 기인한다. 즉 하나의 원반은 하나의 점, 아무것도 아닌 것으로 축소될 수 있는 것이다.(그러나 그 이상은 아니다.)

라캉은 그러한 대상 a의 최초의 리스트를 제시한다: 젖꼭지, 똥, 남근 — 여기서 남근은 상상적인 남근이다 — , 오줌 등이다. <대상 a>는 그렇게 육체의 절단 지점에 의지하고 있다. 가령 입술, 항문의 가장자리, 음경의 홈, 눈까풀의 틈, 귀의 나팔 등이다. 그러나 라캉은 거기에 음소, 시선, 목소리, 그리고 아무것도 아닌 것(le rien)을 첨부한다. <대상 a>의 역설적 본질은 그러한 <아무것도 아닌 것>에서 나타난다. 그러나 그 <아무것도 아닌 것>은 현실에 없다. 그 아무것도 아닌 것이 특별히 욕망의 원인을 떠받친다고 생각되고, 이론적으로 부분적이라고 정의되는 것이다. 그러나 그것들이 부분적인 것은 그것들이 육체라는 전체적인 대상의 부분이기 때문이 아니라, 그것들을 생산하는 기능을 단지 <부분적으로만> 표상하기 때문이다. 사실 먹는 행위가 입과 다른 지대와 관계하고, 배설작용이 항문과 다른 지대 — 그리고 똥과 다른 대상 — 와 관계한다는 것은 아주 분명한 사실이다. 그러나 어떤 한 기관의 모든 지대나 모든 기관들이, 잉여-향락을 생산하기 적합한 대상을 분리하는데 참가하는 것은 아니다. 우리는 그러한 사실을 특히 호흡에서 볼 수 있지만, 운동기관 — 아마 피로(疲勞) — 이나 외피(外皮)

4 크로스-캡을 두 바퀴 절단(C2)하면, 두 부분으로 나뉜다: 하나는 주체의 뫼비우스 띠(욕망과 현실 사이가 원시적으로 분리되지 않은)이고, 다른 하나는 그것으로부터 분리된 <대상 a>의 원반이다.

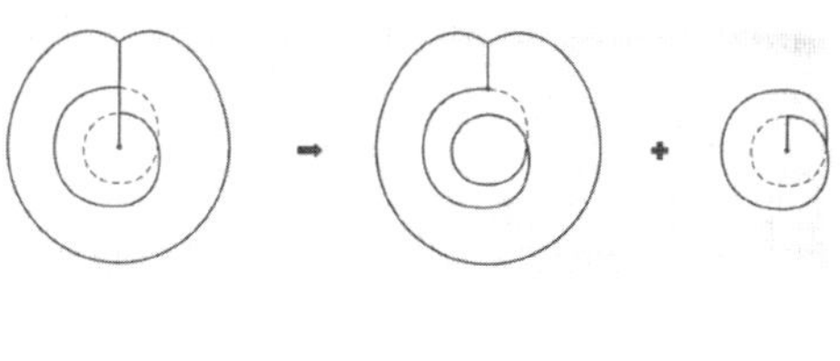

등도 마찬가지이다. 그래도 그것들은 기능에 잘 적응된 어떤 대상 a에 의한 주체와 큰타자의 실제 분리 없이도, 병리적으로 관계할 수 있다.

2008년 11월 12일~11월 26일

XVIII

무의미의 쓰기에서 의미의 읽기로

재담의 예비 단계: 말놀이와 익살
무의미 속의 의미
동음적(적 읽기에 의한) 은유(적 의미 발생)
무의식적인 쓰기와 분석적 읽기
기호형식이 문자에 우선한다.
문자는 기호형식의 충적토

1.

그렇다면 이번에는 큰타자의 의미 쪽에서 기호형식 속으로 소외된 주체와 그와 함께 분리된 대상 a를 조명해보자. 그것들은 의미의 각도에서 볼 때 어떤 위치에 있는 것일까? 라캉은 그 곳을 무의미의 장소라고 하는데 왜 무의미의 장소인가? 그리고 어떻게 무의미가 되는가? 큰타자 자체가 기호형식의 장소로서 무의미의 장소 아니었던가? 그런데 왜 이번에는 큰타자를 의미와 연결시키고, 주체를 무의미와 연결시키는 것일까? 우리는 앞에서 존재가 기호형식에 의해 주체로 표상되면서 기호형식의 사슬 속으로 소외될 때, 주체는 무의미로 나타난다고 말한 바 있다. 우리는 그것을 다음과 같은 도식으로 그린 바 있다(물론 왼쪽 원의 괄호 속 주체는 원시적 주체 ― <그거> ― 로, 존재와 거의 같은 의미로 쓰인 것이고, 여기서 말하는 주체는 기호형식에 의해 표상되어 분열된 주체, 즉 두 원의 교집합에 나타나는 공집합(∅) 또는 무의미로서의 주체를 말한다):

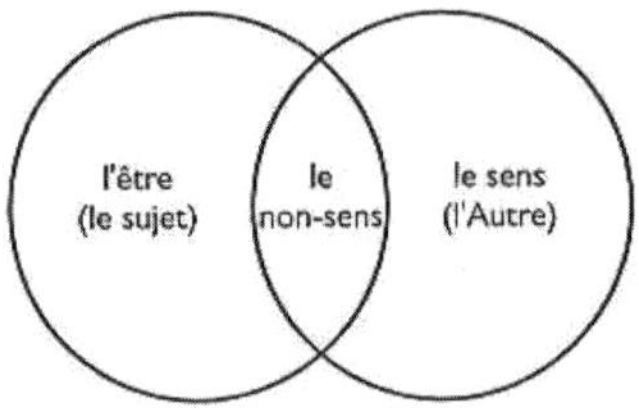

앞에서도 말했듯이, 이 도식은 존재(l'être)와 의미(le sens)를 대립시키고 있다. 사실 정신분석이 논증해낸 사실은, 주체가 자신의 존재 속에서 스스로를 이해한다고 생각한 곳에서, 그는 단지 일관성 없는 동일시 ― 특히 기호형식과의 상징적 동일시 ― 만 끌어 모을 뿐이라는 것이다. 그럼에도 불구하고 존재가 인간적 존재가 되기 위해서는 의미 ― 좀 더 정확히 말하면 의미효과를 발생시키는 기호형식의 행렬 ― 를 선택할 수밖에 없다. 왜냐하면 우리가 존재를 선택하면 주체의 효과는 아예 나타나지 않을 뿐만 아니라, 그것은 인간이 되지 못하고 상징계를 벗어난 헐벗은 존재가 되기 때문이다. 말하자면 라캉이 말하는 실재로서의 존재에 머무는 것이다.

아무튼 우리가 의미를 선택할 수밖에 없는 순간, 귀퉁이가 접힌 주체의 영역이 발생한다. 사실 큰타자에 발을 들여놓는 순간, 정확히 거기에는 항상 어떤 기호형식 하나가 없다. 그 기호형식은 주체의 존재를 최종적으로 보증해주러 오는 마지막 기호형식이다. 그러나 그 하나의 기호형식은 기호형식의 사슬의 움직임을 끝막음해줘야 하는 기호형식임에도 불구하고, 큰타자 내에 없다. 그래서 기호형식에 의해 표상되는 주체는 의미화되지 못하고 항상 약간의 무의미, 약간의 접근 불가능성, 약간의 무의식을 남긴다. 결국 주체의 진정한 자리는 의미에 도달하지 못하고 접혀 들어간 무의미의 활꼴 속에 있는 것이다.

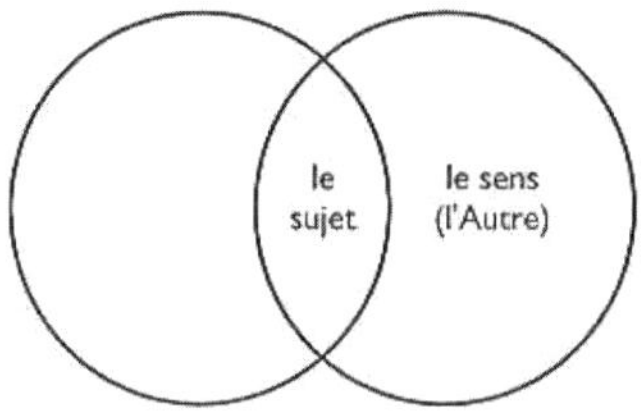

그로부터 두 가지 사실이 지적될 수 있다. 우선 코기토(*cogito*)에 대한 데카르트의 진술 — <나는 생각한다, 고로 존재한다.> — 은 더 이상 정신분석에서 통용되지 않는다. 라캉에게 진정한 사고는 무의식의 차원 — <나>가 보통 접근하지 못한다는 의미에서 <나>가 없는 곳 — 에 있는 것이지, 생각하는 코기토에 있는 것이 아니다. 마찬가지로 진정한 존재도 사고의 차원, 즉 의미의 차원에 있는 것이 아니다. 그것은 존재의 나머지인 실재하는 <대상 a>의 차원에 있다. 그리하여 소외의 도식은 <나는 존재하지 않는다(je ne suis pas)>와 <나는 생각하지 않는다(je ne pense pas)>를 접합하는 것을 허락한다.

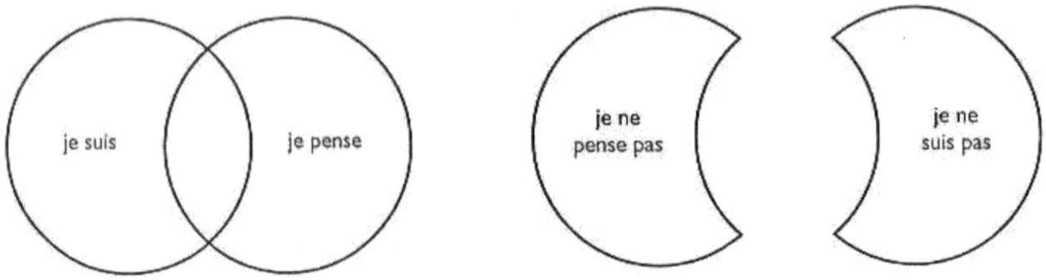

말하자면 존재가 큰타자를 만나면서 두 가지가 교집합 속에 침전된다: 하나는 내가 없는 곳에서(따라서 내가 접근하지 못하는 곳에서) 생각하는 무의식의 주체이고, 다른 하나는 내가 생각하지 못하는 곳에 <실재하는> 대상 a가 그것이다. 역설적으로 정신분석에서는 전자가 진정한 사고이고, 후자가 진정한 존재이다. 그런데 존재가 의미의 세계로 나아가려면, 반드시 이 영역, 즉 무의미한 무의식의 지대를 통과해야 한다.

2.

그런데 프로이트가 그러한 사실에 주목하게 된 것은, 역설적으로 증상에 대한 분석적 담화가 재담의 구조와 연결되어 있다는 사실을 발견하면서부터다. 예컨대 프로이트는 히스테리증자에 대한 최초의 치료로써 임상 작업을 시작하면서부터, 재담의 문제에 부닥친다. 그리하여 그가 발견한 사실은 꿈과 증상의 분석이 재담을 하는 것처럼 진행된다는 사실과[1], 그 재담이

---

1 "『재담과 무의식의 관계』에 관한 나의 책은 『꿈의 해석』으로부터 직접 나온 곁가지이다. 그 당시 내 연구에 관심이 있었던 나의 유일한 친구가 나에게, 나의 꿈의 해석은 자꾸 <재담을 하는> 인상을 준다고 말해주었다. 그러한 인상을 해명하기 위하여, 나는 재담에 관한

무의미한 낱말의 혼합이나 배열 속에서 의미를 발생시키는 표현 기법이라는 사실이다. 그래서 프로이트는 그것을 <무의미 속의 의미>[2]로 규정하는 것이다.

사실 프로이트는 모든 재담에는 <말놀이>와 <익살>이라고 부를 수 있는 것이 있다고 말한다. 우선 "말놀이는 어린아이가 낱말을 사용하고 사고들을 혼합하는 것을 배울 때 나타난다. 그러한 말놀이는 어린아이로 하여금 그의 능력을 연습하지 않을 수 없게 만드는 욕동 중의 하나에서 나오는 것이라고 여겨진다. 그렇게 함으로써 어린아이는 유사음의 반복, 이미 알고 있는 것의 재발견, 동음 등으로부터 기인하는 쾌락 효과를 맛보게 된다. 그것은 상상하지 않았던 심리적 비용의 절약으로 설명될 수 있다. [···] 절약의 실현에서 기인하는 쾌락 효과에 의해 유발된, 낱말과 사고를 가지고 하는 그러한 <말놀이>는 재담의 첫 번째 예비단계이다."[3]

"그와 더불어 재담의 두 번째 예비단계인 <익살>이 시작된다. 이제 놀이에 의해 얻은 쾌락의 이득을 부과하면서, 쾌감이 빛을 보는 것을 허락하지 않는 비판적 이성의 반대를 침묵하게 하는 것이 문제이다. 그러한 목표에 도달하기 위해서는 단 한 가지 길밖에 없다: 무의미한 낱말의 혼합이나

조사에 착수했고, 그 결과 재담의 본질은 기술적 수단에 있는데, 그것은 <꿈의 작업>—즉 압축, 이동, 반대나 아주 사소한 것으로 제시하기 등—과 동일하다는 사실을 발견했다."(프로이트, 『나의 이력서』(1925), in 『정신분석학 개요』(한승완역, 열린책들), p.270)

2 프로이트, 『재담과 무의식의 관계』, 열린책들, p.169: 프로이트는 같은 책에서 다음과 같이 말하고 있다: "재담이라는 주제가 그러한 연구 노력을 들일만한 가치가 있느냐고 물을 수도 있다. 나는 그 점에 대해 의심할 나위가 없다고 생각한다. 나로 하여금 재담의 문제에 대한 통찰을 얻도록 내몰았고, 이 연구의 진행 과정에서 발견할 수 있던 개인적 동기를 배제한다면, 내가 그 근거로 내세울 수 있는 것은 모든 심리적 사건들이 긴밀하게 연관되어 있다는 것이다. 그러한 연관은 아주 거리가 먼 영역에서의 심리학적 인식도 다른 영역에 대해 미리 측정할 수 없는 가치를 갖는다는 점을 보장한다."(프로이트, 같은 책, pp.19-20)

3 프로이트, 『재담과 무의식의 관계』, 열린책들, p.166.

사고의 불합리한 배열이 그럼에도 어떤 의미를 가져야 하는 것이다."[4] 그러나 그러한 익살의 "쾌락 역시 두 낱말의 단일화나 동음에서 기인한다."[5] 예를 들어 슐라이어마허가 질투(*Eifersucht*)를, <고통을 만드는 것(*was Leiden schafft*)을 열심히(*mit Eifer*) 추구하는(*sucht*) 열정(*Leidensachaft*)>이라고 정의할 때, 그것은 단순한 익살로서, *Eifersucht*(질투)를 *Leidensachaft*(열정)과 연결시키면서, 전자는 *Eifer*(열심)과 *sucht*(추구하다)의 결합으로, 후자는 *Leiden*(고통)과 *sachaft*(만들다)의 결합으로 단일화하고 있다. 어떤 교수가 입학 심사에서 크리크(*Kriegk*)라는 학생에게 나이를 묻고 서른 살이라는 대답을 듣자, <이런, 30년 전쟁(*Krieg*; 크리크)를 보게 되어 영광입니다.>라고 대답했다. 이것 역시 동음을 이용한 익살이다. 또 다른 예도 있다. 어떤 아버지가 자신의 네 아들들이 어떤 직업에 종사하느냐고 묻자, <둘은 치료하고(*heilen*; 하일렌) 둘은 웁니다(*heulen*; 호일렌)>라고 대답했다. 이것은 유사음을 이용한 익살이다. 그래서 앞에서도 말했지만, 프로이트는 그러한 익살을 <무의미 속의 의미>라고 규정하는 것이다.

말하자면 어린아이의 말놀이는 동음의 반복을 통해 쾌락의 효과를 얻고 있고, 그 말놀이가 성인의 익살로 이어지면서 무의미 속에서 의미를 끌어올린다는 것이다. 그런데 그러한 무의미에서 창조되는 의미가 없으면 재담이 성립하지 않는다.(물론 이 때의 의미는 이성의 비판을 침묵하게 만들면서 솟아나는 의미이다.) 재담은 이렇게 항상 말놀이와 익살이라는 두 예비단계를 발판으로 해서 이루어진다. 여기서 라캉이 주목하는 것은 의미가 발생하기 위해서는 반드시 무의미한 동음의 반복을 거쳐야 한다는 사실이다. 그것은 언어학적으로 매우 중요한 사실을 내포하고 있다: 즉 재담은 기호형식(signifiant;

4 위의 책, p.167.
5 위의 책, p.168.

시니피앙)으로 읽기 — 특히 동음으로 읽기 — 를 통해 의미를 발생시킨다는 것이다. 역으로 말하면 기호형식(signifiant; 시니피앙)으로 읽기를 통하지 않고서는 재담의 기호의미는 발생하지 않고, 그렇기 때문에 재담으로 성립하지 않는 것이다. 그러한 원리는 재담뿐만 아니라 모든 문자에 대해서도 통용된다.

프랑스에서는 동음을 이용한 말놀이가 많은데, 가령 어떤 초등학교에서 남자아이가 여자아이를 사랑하니까 친구들이 놀림으로 <T.O.M.L.N.>라는 낙서를 했다. 이것을 알파벳대로 읽으면 [teoɛmɛlɛn]인데, 그 독서를 <Théo aime Hélène[teo ɛm ɛlɛn].>로 읽고 표기하면 <테오는 엘렌을 사랑한다>는 뜻이 된다. 이것은 동음적 독서에 의한 은유적 효과의 초보적인 예라고 할 수 있다. 그러한 동음적 은유의 예는 주의 깊게 살펴보면 주위에 상당히 많다. 어느 날 길을 가다, 드럼 교습소에 <(8)272-8272>라는 전화번호만 큰 글씨로 씌어 있는 것을 발견하고, 폭소를 한 적이 있다. 정확히 이 교습소의 전화번호는 <272-8272>인데, 그것에 (8)을 덧붙인 것이다. 그래서 언뜻 보기에도 <8272>가 드럼 치듯이 리드미컬하게 두 번 반복되고 있다. 그러나 그것은 단순한 반복 이상으로 의미를 생산해내고 있다. 그것을 <팔이 치리>로 읽으면 <팔로 치는 드럼>이라는 의미가 발생하고, <빨리 치리>로 읽으면 이번에는 <빠르게 친다>는 의미가 발생한다. 그리하여 <팔이칠이 팔이칠이>가 <팔이 치리 빨리 치리>가 되면서, 우리에게 쾌락의 효과를 만끽하게 한다.[6]

그러한 동음적 은유를 이용하여 위대한 예술 작품을 최초로 패러디한

6 이런 예들은 많다. 가령 중고품을 사고파는 가게의 전화번호가 <498-9498(9)>인데, 그것을 <사구 팔구 사구 팔구>로 읽으면 그 가게의 특성이 완연히 드러나면서 웃음을 짓게 된다. 생선구이 집 전화번호인 <924-9249(2)>도 마찬가지이다. 그것을 <(생선)구이 사, (생선)구이 사, 구이>로 읽으면 얼마나 재미있는가?

사람이 뒤샹(Duchamp)이다. 그 중에서 가장 유명한 것이 다빈치의 「모나리자」를 패러디한 「L.H.O.O.Q」(1919)라는 작품이다. 이 작품은 「모나리자」의 복제 엽서를 사서, 모나리자의 코 밑에 카이저수염을 그려 넣고, 그 밑에 <L.H.O.O.Q>라고 알 수 없는 문자를 써넣은 패러디 그림이다.(왼쪽 그림이 뒤샹의 「L.H.O.O.Q」이고, 오른쪽 그림이 다빈치의 「모나리자」이다.)

이 패러디에 대한 이야기는 분분하다. 우선 이 그림이 제작된 1919년은 다빈치 서거 400주년이 되는 해로, 당시 파리 시민들은 서양 문화의 절정기에 화려하게 꽃을 피운 다빈치에 열광하고 있었는데, 그러한 찬양 분위기에 찬물을 끼얹고, 그 그림을 우스꽝스럽게 만들어버렸다는 점에서, 뒤샹의 불순한 숨은 의도를 드러내고 있다. 게다가 회화 역사상 가장 신비스러운 여성으로 알려진 모나리자를 콧수염 하나로 남성으로 만들어버리고, 거기에 불손한 뜻을 가진 <L.H.O.O.Q>라는 글자를 써넣음으로써, 다빈치의

여인을 모독하고 있다. 왜냐하면 <L.H.O.O.Q>[εl aʃ o o ky](S)를 동음으로 [εl a ʃo o ky](S')라고 읽으면, <Elle a chaud au cul.>라는 말이 되는데, 그것은 <그녀는 엉덩이가 뜨겁다.>라는 뜻이기 때문이다.

이제 그러한 동음적인 읽기에 의한 은유적인 의미 발생은 모든 문자적인 쓰기와 데생에까지 확대된다. 예컨대 어린아이의 데생에 대한 독서가 동음적 이동에 의한 은유 덕분에 가능해지는 것이다. 그것은 나중에 밝혀지겠지만, 무의식적 쓰기의 문자도 그러한 동음적 은유를 통해 읽고 해석될 수 있다는 가능성을 미리 보여주는 것이다. 아무튼 아래의 예를 한 번 보자. 이것은 어떤 어린아이의 데생으로, 그는 왼쪽 두 그림을 그리고, chat[ʃa]와 pot[po]라고 읽었다. 그는 대체 무엇을 말하려고 하는 것일까? 그리고 그러한 데생을 하게 하는 그의 무의식은 어떤 문자로 이루어져 있는 것일까?

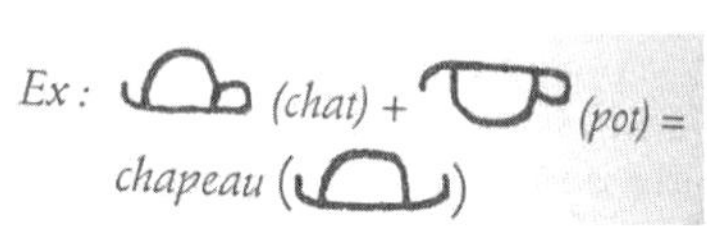

프랑스어의 chat[ʃa]는 <고양이>를 뜻하고, pot[po]는 <냄비> 또는 <단지>를 뜻하고, chapeau[ʃapo]는 <모자>를 뜻한다. 왼쪽 위의 데생은 쥐 같이 생겼지만 고양이이고, 그 고양이 형상을 뒤집어 놓은 것 같은 오른쪽 위의 데생은 실은 왼쪽에 손잡이가 달린 냄비이다. 그리고 마지막 아래쪽 데생은 모자이다. 여기서 <chat>와 <pot>라는 낱말표상을 i(a)로 표시하고, 그것들의 동음인 <chat-pot[ʃa-po]>를 기호형식 S로 표시한다면, 우리는 그 기호형식 S의 대체로서 <chapeau[ʃapo]>라는 다른 기호형식 S'를 얻게 된다. 이것은 chat와 pot의 결합으로 이루어진 <chat-pot>라는 기호

형식 S가 <chapeau>라는 기호형식 S'로 대체되는 것을 말한다. 그러면 동음적 기호형식 S'인 <chapeau[ʃapo]>는 앞의 a를 구성하는 두 낱말표상과 다른 낱말(a')의 표상 i — 즉 i(a')라는 낱말표상 — 와 일치한다. 그 결과 기호형식 S', 즉 <chapeau[ʃapo]>는 그 두 낱말표상을 동음적으로 돋보이게 하지만 동시에 자신의 낱말표상인 i(a')는 격리[억압]된다. 다시 말해 i(a')라는 낱말표상은 <chapeau[ʃapo]>라는 기호형식 S' 밑으로, 즉 횡선 아래로 사라져 숨어버린다.[7]

따라서 그와 같은 과정은 다음의 산식으로 그릴 수 있다.

$$i(a) \cdot S \equiv \frac{S'}{i(a')}$$

이처럼 기호형식 S'에 의한 기호형식 S의 동음적 은유는 분명히 데생의 독서에 본질적이다. 어린아이의 데생에서는 낱말표상 i(a)보다, 그것과 동음적인 것, 즉 S에 전념하는 것이 더 좋다. 왜냐하면 그러한 동음적 독서를 통해서, S는 그것의 은유인 S'를 경유하여 비로소 의미를 발생시킬 뿐 아니라, 비록 그것이 격리[억압]하고 있지만, 그것의 기원이 되는 문자(lettre)의 기호형식이 되기 때문이다. 아마 그 문자는 낱말표상 i(a')의 낱말 a' 속에 은폐되어 있는 문자 — 앞의 예에서 a-o, ch-p 등의 문자 — 일 것이다. 라캉

7 여기서 i는 이미지(image)의 약자이고, a는 철자로 이루어진 낱말을 가리키는 임의의 약호이다. 사실 이 그림문자 수수께끼에서는 그림 세 개만 주어져 있을 뿐, 그것이 무엇을 뜻하는지 그것에 해당하는 낱말이 옆에 쓰여 있지 않았을 것이다. 따라서 이 수수께끼는 그림문자를 동음의 기호형식으로 읽을 때 비로소 의미 효과가 발생한다는 것을 보여주는 좋은 예이다. 단순히 그것이 말놀음이었다면, <chat-pot>가 <chapeau>로 동음적으로 이동할 때, <고양이 피부(chat-peau)>라는 의미가 은유적으로 창출될 수도 있었을 것이다. 왜냐하면 <peau[po]>는 <피부>라는 뜻의 프랑스어이기 때문이다.

은 <그러한 언어 구조가 독서 작용을 가능하게 한다.>고 말하고 있다. 이렇게 해서 그 산식은 문자들의 데생과 함께 입증된다.

또 다른 예가 있다. 이번에는 순전히 낱말표상의 차원에서 문자 또는 철자들의 읽기이다.

예: G a; 즉 G *grand a petit* [ʒegrã apti, 제그랑 아프티[대문자 G 소문자 a]] ≡ *j'ai grand appétit* (x).[ʒɛgrã(t)apeti, 재그랑(ㅌ)아페티](나는 큰 식욕을 갖고 있다.)

이 예에서 낱말표상 *i(a')*의 낱말 a' — 따라서 x — 도 똑같이, 낱말 a — 따라서 G a — 를 격리[억압]하면서 그것을 강조하고 있다. 그러나 낱말표상 *i(a')*는 오직 동음 S — *G grand a petit*[ʒegrã apti, 제그랑 아프티(대문자 G 소문자 a)] — 에 의해서만 낱말표상 *i(a)*에 연합될 수 있고, 우리는 기호형식 S'를 가지고 동음 S의 은유 — *j'ai grand appétit* — 를 찾아낼 수 있다; 실제로 *i(a')*는 *i(a)*와 직접 연합될 수 없다: 그러기 위해서는 그것에 동음적인 중재가 있어야 한다; 따라서 *i(a')*는 어떤 미지의 x — 예컨대 배고픔 — 와 같은 것이다. 그것은 기호형식 S'가 상기시키지 않는 것이 아닌 미지의 x이다.

이 형상의 경우, 은유적 동음은 전대미문이라는 사실에 주목하자. *Ga*와 *j'ai grand appétit* 사이에 진실로 어떤 관계가 존재하겠는가? 왜 G a를 G *majuscule*[대문자 G] a *minuscule*[소문자 a]로 읽지 않고, 오히려 G *grand a petit*라고 읽어야 하는가? 아주 단순히 말해, 왜냐하면 전자의 읽기는 동음적이지 않으니까, 어떠한 은유적인 효과도 생산하지 않기 때문이다; 그것은 비어 있는 담화만큼이나 의미작용이 비어 있는 읽기이다.

정확히 아주 잘 고찰하더라도, G *grand a petit*와 *j'ai grand appétit* 사이에는, 마치 *chat pot*와 *chapeau* 사이처럼, 어떠한 의미 관계도 존재하지 않는다. 그러한 점에서 그것들은 완전히 이질적이다. 그러한 무의미로부터 재담을 만드는 의미가 태어나기 위해서는, 그리고 두 기호형식 — S와 S' — 사이에 은유가 솟아나기 위해서는, 그리고 그것들 사이에 서로가 서로를 대체할 수 있게 하는 어떤 거울성 같은 것이 발생하기 위해서는, 거기에 동음적인 읽기가 있어야 한다. 말하자면 무의미한 두 기호형식이 동음의 반복으로 연결될 때, 그것들 사이는 <이다(être; be)> 동사와 같은 계사에 의해 등가로 연결되면서 거울 관계가 만들어진다.[8] 그러한 거울성은 단지 미끼(leurre)에 불과하지만, 그것은 각각 다른 편의 기호형식에 대한 무-거울화 — 모든 기호형식에 고유한 — 를 제거시키는 미끼(leurre)이다. 의미작용은 그러한 동음의 대체 — 기호형식에 의한 기호형식의 대체인 은유 — 에 의한 거울성의 확보로부터 나온다. 그것은 분명 모순이다. 무-거울화인 기호형식에 의한 기호형식의 동음적 대체가 무-거울화를 제거하고 거울놀이를 만들면서 의미를 발생시키니 말이다. 어린아이들이 계속 같은 말을 반복하는 것은 어쩌면 그러한 무-거울화로부터 거울성을 만들어 의미작용을 발생시키려는 노력의 일환일지 모른다. 그것은 어린아이가 자주 의사(擬似)-거울성(pseudo-spécularité) 놀이를 한다는 사실로도 알 수 있다: <le chien fait miao u…!>(개가 야옹하고 운다).

---

8 사실 계사는 고유한 의미의 은유에서도 거울 기능을 발휘한다. 가령 <l'amour est un caillou riant dans le soleil.(사랑은 햇빛 속에 웃는 조약돌이다)>라는 은유에서 <amour>와 <caillou>는 <être(be)> 동사라는 거울을 사이에 두고 등가 관계로 맺어져 있다. 그런데 그러한 거울성은 단지 상상적인 미끼(leurre)에 불과하다. 왜냐하면 <amour>와 <caillou> 사이에는 어떠한 거울성도 없기 때문이다. 오히려 그 둘은 무-거울성(non-spécularité)의 관계에 있다. 따라서 이 은유는 다른 기호형식에 대한 어떤 기호형식의 무-거울화(non-spécularisation)를 제거하고 거울성을 허락하는 미끼이다.

3.

다른 예를 들어보자: 어떤 어린아이가 눈(目)과 사슴(鹿)를 그렸다고 하자. 그러면 우리는 그것을 어떻게 해독할 것인가? 우선 그 그림을 상형의 가치로 읽어서는 안 된다. 즉 그 그림을 액면 그대로 / 눈 /과 / 사슴 /을 의미하는 것으로 해석해서는 안 된다. 그것은 라캉이 가르쳐준 대로 각각을 음소로 치환하여 읽은 다음, 그것을 다시 동음적으로 대체해야 한다.(이것은 이미 프로이트가 『꿈의 해석』에서 가르쳐준 방법과 같다)[9] 즉 우선 <눈> 그림(目)과 <사슴> 그림(鹿)을 각각 [ai](eye)와 [diə](deer)로 읽고, 그것을 다시 합쳐서 다른 동음의 기호형식 — 즉 [aidiə](idea) — 으로 대체해야 한다. 그러면 /관념/이라는 새로운 낱말표상이 창조되면서, 그 아이가 그 두 그림을 그린

9 프로이트는 『꿈의 해석』(김인순 역, 열린책들, pp.335-6)에서 다음과 같이 말하고 있다: "꿈-사고와 꿈-내용은 하나의 내용을 두 개의 다른 언어로 묘사하는 것과 같다. 또는 더 정확히 말하면, 꿈-내용이 꿈-사고를 다른 표현 방식으로 옮겨놓은 것처럼 보인다. 따라서 우리는 원본과 비교하고 번역하여 다른 표현 방식의 기호와 결합 법칙을 알아내야 한다. 꿈-사고는 알아내기만 하면 즉시 이해할 수 있다. 꿈-내용은 마치 상형문자로 쓰여 있는 것 같기 때문에, 기호 하나 하나를 꿈-사고의 언어로 번역해야 한다. 그 기호들을 기호 관계 대신 상형의 가치에 따라 읽는다면, 분명 길을 잘못 들게 될 것이다. 이를테면 내 앞에 그림 퀴즈가 하나 있다. 집이 한 채 있고, 지붕 위에는 보트가 한 척 보인다. 그리고 알파벳 한 글자와 머리 없는 인물의 달려가는 모습 등이 그려져 있다. 나는 전체적인 구성과 부분들이 말도 안 된다고 비난을 제기할 수 있을 것이다. 보트는 지붕 위에 걸맞지 않고, 머리 없는 사람은 달려 갈 수 없는 법이다. 게다가 사람이 집보다 더 크다. 전체가 어떤 풍경을 묘사한다면, 알파벳이 어울리지 않는다. 알파벳은 야외에서 보기 어려운 것이다. 전체와 세세한 부분들을 그렇게 평가하는 것을 단념하고, 각 형상을 음절이나 낱말로 대체하고자 한다면 비로소 그림 퀴즈를 올바로 판단할 수 있다. 여기서 낱말은 어떤 관계에 의거하여 형상으로 묘사될 수 있는 것이다. 그렇게 낱말들을 결합시키면, 그 말들은 의미가 없는 것이 아니라, 아주 아름답고 함축적인 시구가 될 수 있을 것이다. 꿈이 바로 그런 그림 수수께끼이다. 우리 이전에 꿈을 해석한 사람들은 그림 퀴즈를 회화적 구성으로 판단하는 오류를 범했다. 그래서 그들에게는 꿈이 불합리하고 무가치한 것으로 보였던 것이다." 말하자면 꿈의 이미지들은 이집트 상형문자처럼 음성적인 낱말표상으로 읽어주어야 해독될 수 있는 것이다.

무의식적인 의도를 의식적인 재담으로 바꾸어줄 수 있다. 물론 그렇게 하면 치료도 될 것이다.(이것이 프로이트가 말하는 재담 치료이다.) 이것을 앞에서 제시한 chat[ʃa]+pot[po]=chapeau[ʃapo]처럼 산식으로 그리면 다음과 같다:

$$i(a)\cdot S \equiv \frac{S'}{i(a')} \qquad \text{目}\ [ai]\cdot\text{鹿}\ [di\text{ɚ}] \equiv \frac{[aidi\text{ə}]}{?\ /\text{관념}(idea)/}$$

여기서 의문부호(?)가 의미하는 것은, [aidiə]라는 기호형식에 해당하는, 目이나 鹿같은 그림(문자)가 무엇인지, 또는 /관념(idea)/이라는 낱말에 해당하는 표상이 무엇인지 알려지지 않는다는 뜻이다. 비록 [ai]와 [diɚ]가 동음적으로 [aidiə]로 은유적인 대체를 함으로써 /관념(idea)/이라는 새로운 의미가 발생했다고 하더라도 말이다. 그것은 그 그림(문자) — 또는 이집트 상형문자처럼 음소화된 철자 — 가 무의식에 격리된다는 것을 의미한다. chat[ʃa]+pot[po]=chapeau[ʃapo]의 산식에서 i(a') 속에 a-o, ch-p 등의 문자가 은폐되듯이 말이다. 이러한 사실은 앞의 예를 라캉의 <은유의 공식>[10]에 대입해서 다시 표시하면 확연히 드러난다:

$$\frac{[aidi\text{ə}]}{[ai]\cdot[di\text{ɚ}]}\cdot\frac{[ai]\cdot[di\text{ɚ}]}{x} \rightarrow [aidi\text{ə}]\left(\frac{I}{/\ \text{관념}\ /}\right)$$

여기서는 目과 鹿의 그림이 나타나 있지 않지만, 그것은 아마 미지의 의미작용 x의 자리 옆에 함께 나타나야 할 것이다. 왜냐하면 目과 鹿의 그림은 1단계에서 [ai]·[diɚ]로 읽혀야 하고, 그것은 다음 단계에서 다시 [aidiə]로

10 이 책 제4장 <은유와 환유(2)> 참조.

동음적으로 대체되어야 하기 때문이다. 비록 目과 鹿의 그림을 이 도식에 표시할 수는 없지만, 이 도식의 장점은 그 그림들이 일단 [ai] · [diə]로 읽혀야 하고, 그것은 다시 다음 단계에서 동음적으로 대체되면서 표면에서 사라지고 생략된다는 사실과, / 관념 /이라는 새로운 의미를 탄생시킨다는 것을 보여준다는 데 있다. 그렇다면 무의식(I)에는 무엇이 보존되는가? 한마디로 거기엔 새롭게 탄생한 의미인 / 관념 /에 해당하는 (그림)문자가 격리되어 보존되어 있을 것이다.

우리는 그렇게 무의식에 보존되는 것은 目과 鹿과 관계없는 / 관념 /을 의미하는 그림(문자)일 것이라는 사실을 전혀 다른 예로부터 유추할 수 있다: <생각하는 갈대>라는 파스칼의 유명한 시구가 그것을 잘 보여준다. 그 은유는 <인간>이라는 단어가 있어야 할 장소에 <갈대>라는 단어가 들어감으로써, 다시 말해 <인간>을 <갈대>라는 말로 대체함으로써, 인간에 대한 새로운 의미 — 일반적으로 연구자들이 <연약성>이라고 말하는 — 를 창조한다. 우리는 그것을 은유의 공식에 따라 다음과 같은 산식으로 나타낼 수 있다:

$$\frac{S(\text{갈대})}{\$'(\text{인간})} \cdot \frac{\$'(\text{인간})}{x} \rightarrow S\left(\frac{I}{s}\right)$$

여기서 x는 기호형식의 사슬에서 생략된 <인간>이라는 기호형식이 내포하고 있는 의미이고, s는 파스칼의 시구가 창조해낸 새로운 의미작용 — 소위 <연약성> — 이다. 따라서 무의식(I)에 보존되는 것은 <인간>이라는 기호형식이 아니라 새로이 창조된 의미에 해당하는 기호형식이다. 그것은 무엇인지 알려지지 않을뿐더러 의식할 수 없는 기호형식이다. 그래서 그것이 무의식(I)인 것이고, 라캉은 그것을 기호형식의 저장소(A)라고 표시하는 것이다.

우리는 이 모든 예로부터 무의식에는 한쪽에는 (그림)문자가 있고, 다른 쪽에는 기호형식이 있다는 것을 알 수 있다. 전자가 쓰기라면, 후자는 읽기라고 말할 수 있다. 어떤 무의식의 형성물이 해독되려면, 전자가 동음적 대체를 거쳐 후자로 읽혀야지, 비로소 해독(解讀)될 — 말 그대로 <읽어서 뜻을 알아낼> — 수 있다. 따라서 읽기는 분석이고, 분석은 곧 읽기이다. 무의식의 산물은 그러한 읽기에 참가한다. 정신분석가는 항상 분석자가 어떤 의도를 가지고 하는 말을 다르게 읽어야 한다. 물론 그 읽기는 철자법에 관한 한, 애매하다. 그러나 그렇기 때문에 그것은 무의식 속의 쓰기를 가정하고 있다. 그러한 각도에서 보면, 증상이 읽힐(따라서 분석 해독될) 수 있는 것은, 그것이 이미 쓰기 과정에 기록되기 때문이다. 따라서 증상에서 중요한 것은 의미작용 자체가 아니라, 그것을 결정하는 기호형식의 구조와 의미작용의 관계이다. 그래서 라캉은 나중에 증상을 <써지는 것을 멈추지 않는 것(ce qui ne cesse pas de s'écrire)>이라고 정의하는 것이다. 증상은 무의식의 문자가 그 증거를 대신하는 진정한 수학적 함수이다. 분석은 그러한 비상식적이고 텍스트적인 무의식에 대한 읽기이고, 따라서 철자법에 관해 애매한 소리를 하는 읽기이고, 그 읽기가 끌어들이는 휴지(休止)에 의해, 그것의 근본적인 무의미를 발견할 정도로 의미를 만드는 읽기이다. 쓰기와 읽기의 그러한 변증법은 라캉에 의해 그의 세미나 제목에서까지 활용된다: 「*Les non-dupes errent*(레농뒤페르)」[11]나 「*L'insu que sait de l'une-bévue s'aile à mourre*(랭쉬세드륀베뷔 셀라무르)」[12]은 다양한 방식으로 읽힐 수 있다. 마찬가지로 수학

11 『세미나 XXI: *Les non-dupes errent*(레농뒤페르)』: 이 말은 동음을 이용하여, <속지 않는 자는 방황한다(Les non-dupes errent)>, <아버지의-이름(les noms du père)>, <아버지의 부정(les nons du père)> 등으로 읽힐 수 있다.(세 표현은 모두 동음이다.)

12 『세미나 XXIV: *L'insu que sait de l'une-bévue s'aile à mourre*』(랭쉬세드륀베뷔 셀라무르): 이 제목은

소의 쓰기는 어떤 구조의 실재에 접속하려고 하면서, 다양한 읽기에 자신을 제공하고 있다.

4.

문자와 쓰기(écriture)가 라캉과 더불어 비로소 정신분석 용어가 된다고 하더라도, 프로이트에게도 「과학적 심리학 초고」(1895)와 「플리스에게 보낸 편지」에서부터 「<만년 노트>에 대한 단상」(1924)에 이르기까지, 쓰기에 대한 많은 참조가 존재한다. 만년 노트는 지각-의식 체계와 무의식 사이의 대립을 예증해보여주고 있다: 한쪽에는 항상 새로운 기록이나 지각을 받아들일 준비가 되어 있는 셀룰로이드 종이가 있고, 다른 쪽에는 써진 모든 흔적, 다시 말해 모든 기억흔적을 무한정 간직하는 밀랍 판이 있다. 쓰기에 대한 그러한 은유의 사용은, 프로이트가 밝힌 대로, 심리적인 기능에서 구체적인 쓰기의 역할을 조금도 속단할 수 없게 한다. 우선 그가 보통 그림

여러 가지 방식으로 읽힐 수 있다. 그러나 그것을 여기서 다 열거할 수도 없고, 열거한다고 해도 라캉이 몸소 실험하고 있는, 기호형식의 사슬을 해체해서 은유와 환유 방식으로 다시 조합하는 무의식의 작업을 전달할 수 없다. 단지 이 제목에서 "라캉은 한 점 한 점 [동음을 이용하여] 그것을 이중적 의미로 처리하고 있다. l'insuccès de l'inconscient, c'est l'amour[무의식의 실패, 그것이 곧 사랑이다.] 자기애적인 상호적 사랑은 치료를 끝까지 인도하지 못하게 하는 것이다. *L'Insu que sait de l'Une-bévue sait la mourre*[Une-bévue('무의식' 또는 '큰 실수')가 알고 있는 미지(未知)는, la mourre('사랑' 또는 '라무르 놀이' 또는 '죽음')를 알고 있다]. 그러한 <라무르 놀이(*le jeu de la mourre*)>는 지식의 객관화라는 이중 회전—첫 번째 회전은 <미지(*l'insu*)> 속에서, 두 번째 회전은 수학적 지식 속에서—을 통해 치료를 끝까지 인도한다. 그리하여 프로이트의 무의식(독. *Unbewusstsein*)은, 라캉에 의해 l'Une-bévue—즉 큰 실수(bévue)에 의해 표출되는 지식—으로 다시 명명된다. 결국 진짜 제목이 필요하다: *L'Insu que sait de l'Une-bévue s'aile à mourre*. 즉 왕이 la mourre(라무르)를 알기 위해서는 한 명의 Elle(그녀)가 필요한 것이다."[sait la mourre와 c'est l'amour, 그리고 s'aile와 c'est elle[세엘; '그녀다']는 동음이다](Mayette Viltard, ≪사랑≫, in P. Kaufmann, *L'apport freudien*, Larousse, 1998)

수수께끼나 이집트 문자에 비유하는 꿈의 기제에서, 이미지는 의미작용이 아니라 기호형식의 가치를 갖고 있다. 상형문자가 바로 단순화된 그림이라 할지라도, 그것은 당연히 예컨대 독수리나 농기구를 표상하기 위해 거기에 있는 것이 아니다. 사실 데생은 문자적인 가치로 사용된다. 왜냐하면 표상된 대상의 이름이 음성학적으로 새와 아무런 관계가 없는 어떤 기호형식의 구성에 참여하기 때문이다.(이집트 상형문자에서 <새> (그림)문자가 [a]라는 음(音)(기호형식)으로 읽히는 것을 생각해보라.)

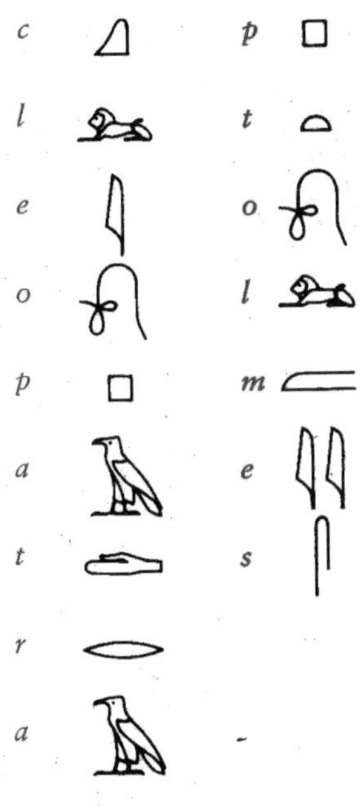

마찬가지로 어떤 꿈에서, <*un corbeau*[코르보; 까마귀]>는 <*un beau corps*

[보 코르; 아름다운 육체]>로 읽힐 수 있다. 일상적인 알파벳 쓰기가 문제가 되는 것은 아니지만, 문제가 되는 것은 어떤 음소적인 쓰기 — 물론 이것은 개인적이고 꿈꾸는 사람의 랑그에 강하게 의존한다 — 이다. 꿈은 필요할 경우에, <쥐인간>의 꿈 — <p. c.>(애도를 뜻하는)라는 문자가, 그가 쓰는 동안 <p. f.>(축하를 뜻하는)로 변형되는 꿈 — 에서처럼 일반적인 쓰기를 사용하는 것을 마다하지 않는다. <잘못 쓰기(*lapsus calami*)>에 관한 한, 프로이트는 해석의 차원에서 <말실수(*lapsus linguae*)>와 구분하지 않는다. 그렇지만 특별히 음소가 아니라 쓰기와 관련된 예들이 있다. 그러한 사실로부터 무의식은 읽을 줄 안다고 결론을 내려야 한다. 많은 임상의 예들이 그러한 사실을 증명하고 있다. 다 알다시피, <늑대인간>에게 있어서, <V>나 <W>라는 문자는 중심 역할을 하고 있다: 프로이트는 원장면의 시간을 표시한다고 여겨지는 벽시계의 <V>에서, 소녀들의 다리 벌림에서, 나비의 날개 짓에서 또는 말벌(*Wespe*)의 뽑힌 날개에서, 그 문자를 재발견한다. 특히 <늑대인간>은 <*Wespe*(말벌)>을 <espe>로 발음함으로써 거기서 <W>를 거세시키는데, 그것은 그의 이름의 머리글자인 <S.P.>[Sergueï Pankejeff]와 발음이 같다. 그 문자(<W>)는 그의 별명이 빗지고 있는 늑대들(*Wölfe*) 속에 다시 나타난다. 즉 그는 <*Wespe*(말벌)>을 <espe>로 발음함으로써 *Wespe*(말벌)에서 이중의 날개가 뽑힌 것으로, 그 자신을 가리키는 것이다.(W는 이중의 V이다) 또한 프로이트는 <쥐인간>에게서 소쉬르의 철자바꾸기(anagramme)처럼, 그의 애인을 보호하려는 액땜용 주문인 <*Glejisamen*>을 <*Gisela*[애인이름]>와 <*Samen*(남자의 정자)>으로 분해함으로써, 그 문자들의 융합이 피하려고 했던 것을 실현하고 있다는 사실을 보여준 적도 있다.

결과적으로 라캉의 (그림)문자의 쓰기에서 기호형식에 의한 읽기에 이르는 과정은, 프로이트의 심리기제, 즉 무의식의 사물표상에서 전의식의 낱말표상에 이르는 과정과 동일한 구조를 이루고 있다. 사실 프로이트도 무의식과 전의식의 경계에서 번역이 일어난다고 설명하고 있다: "두 시기의 경계에서는 심리적인 재료의 번역이 이루어진다. 나는 정신신경증의 특수성을 어떤 재료들의 번역이 잘 이루어지지 않는 것으로 가정하고 있다. [···] 번역의 실패를 우리는 임상에서 격리[억압]이라고 부른다. 그것의 동기는 항상 번역에서 생기는 불쾌감이다."[13] 실제로 번역은 어떤 문자 — 이것이 다른 나라 언어의 기호형식으로 읽혀져 해독되기 전까지는 하나의 도형(圖形)에 불과하다 — 를, 다른 언어의 기호형식으로 읽는 것이라고 할 수 있다. 가령 독일어로 된 『꿈의 해석』을 한국어로 옮긴다고 하자. 그러면 독일어 원본과 한국어 번역본의 내용 — 즉 의미 — 은 동일할 것이다. 따라서 번역은 독일어라는 기호형식(signifiant)이 담고 있는 기호의미(signifié)에 해당하는 한국어의 기호형식을 찾아 배열하는 것에 다름 아니다. 그 과정을 도식화하면, (1) 독일어의 기호형식에서 기호의미로 들어가, (2) 그것과 동일한 기호의미를 가진 한국어의 기호형식으로 나와, (3) 독일어 기호형식에서 한국어 기호형식으로 대체하는 것으로 나타낼 수 있다.

③ 번역

원본의 기호형식 → 다른 언어의 기호형식

①↓ ―――――― ―――――― ↑②

기호의미 = 기호의미

여기서 원본의 기호형식은 필시 앞에서 제시한 <G a>의 경우처럼, 다른 언어의 기호형식으로 읽히기 전에는 번역자의 입장에서는 해독되지 않은 문자에 불과할 것이다. 그래서 결국 번역은 문자의 쓰기를 기호형식의 읽기

13 프로이트, 『정신분석의 탄생』(임진수역), 열린책들, pp.113-114.

로 바꾸어주는 것이라고 말할 수 있다. 따라서 무의식의 전의식화가 번역의 과정에 다름 아니라면, 그것은 결국 라캉이 말하는 쓰기(문자)에서 읽기(기호형식)로의 변환과 궤를 같이하는 것이다. 단지 라캉은 프로이트의 그러한 심리기제에 대한 고찰을 언어학적으로 재조명하고 재해석했을 뿐이다.

그렇다면 라캉 역시 프로이트처럼 무의식적인 쓰기(문자)가 전의식적인 읽기(기호형식)보다 우선하고, 보편적이라고 생각하고 있는가? 라캉에게 있어서 전자와 후자는 어떤 관계에 있는 것일까? 프로이트가 말하는 것처럼, 그것들은 기억이 기록되는 두 시기와 차원에 있는 것일까? 사실 여기서 라캉은 프로이트의 길을 벗어난다. 그리하여 그는 새로운 길을 발견한다. 그것은 프로이트의 무의식과 전의식(과 그 관계)의 심리 체계를 문자의 쓰기와 기호형식의 읽기로 바꾸어 설명할 때부터 이미 예비되어 있었다. 즉 라캉은 기호형식이라는 언어학적인 개념을 도입함에 따라 프로이트의 심리 체계를 상징계를 중심으로 재편한다: 그리하여 그는 첫째, 기호형식의 상징계와 의미작용의 상상계, 그리고 상징계의 도입에 따라 현실로부터 추방되는 실재계의 관계로 재편하고, 둘째 상징계의 우위로써 나머지 두 영역을 설명하고, 셋째 무의식조차 그러한 상징계의 관점에서 재조명한다.

그러한 상징계 — 기호형식의 세계 — 의 관점에, 라캉은 「리투라테르(*Litturaterre*)」(1971)에서 아마 데리다(Derrida)를 대화상대자로 삼으면서, 쓰기는 결코 최초가 아니라는 사실을 강조한다. 그에 따르면, 문자는 실재의 향락과 기호형식의 지식 사이의 연안(沿岸)을 이루고 있다. 그 연안은 상징계 쪽에 기호형식을 위치시키고, 실재계 쪽에는 쓰기를 위치시킨다. 그 사이는 기호의미의 계곡, 다시 말해 상상계의 계곡이 있다. 그러한 관점에서 보면 문자는 기호형식이 침전된 것이다. 우리는 그것을 비유적으로 이렇게 이야기할 수 있다: 즉 계곡에는 상상적 의미의 강이 흐르고, 그 계곡 양쪽은 상징계의 곡벽과 실재계의 곡벽이 세워져 있는데, 그 연안에는 문자의 쓰기가 침전되어 있다. 그러한 쓰기의 침전 속에는, 기호형식의 자신과의 비동일성(non-identité à soi)과 문자의 자신과의 동일성(identité à soi) 사이의 대립이 있고, 의미에서 무의미(non-sens)로의 움직임이 있다. 그리고 무의식의 지식 속에는 그것을 불완전한 향락으로 만드는 어떤 구멍이 있다. 라캉은 문자 <a>를 이용하여 그 구멍의 경계를 표시한다. 이렇게 문자의 근본적인 무의미는 실재계와 관련이 있고, 기호형식과 구별되는 문자는 그것의 경계를 표시하는 것을 허용한다.

그러나 모든 비유는 비유일 뿐 정확한 정의는 아니다. 그래서 연안에 침전되는 것이 문자의 쓰기라고 말하는 것보다는 의미작용의 상상계의 강 밑바닥에서 상징계의 기호형식이 실재와 만나 쓰기의 문자를 침전시킨다고 말하는 것이 더 적합할지 모른다. 라캉이 문자를 <연안>에 비유하는 것은, 사실 자신의 이론을 재담과 말놀음으로 풀어가려는 그의 의도의 소산일 뿐이다. 실제로 라캉은 <liitéral(문자대로의)>을 <littoral(연안의)>에 연결시키고, <lettre(문자)>를 조이스의 말놀음을 이용하여 영어의 <litter(찌꺼기)>와 연결시킨다.[14] 그 모든 것은 문자가 상징계 쪽에 있는 기호형식의 침전(찌꺼기 또는 나머지)으로 실재계 쪽에 있다는 것을 강조하기 위한 것이다.

아무튼 라캉에 따르면 쓰기는 최초가 아니다; 최초는 기호형식으로, 그것은 무의식을 결정짓고, 따라서 문자의 기능을 결정짓는다. 한쪽의 언어, 기호형식 그리고 의미에 참여하는 문법 구조와, 다른 쪽의 침전된 충적토인 무의식 — 사물표상의 장소이자 순수한 문자의 연쇄이고, 궁극적으로 문자의 배제 덕분에 기능하는 근본적인 무의미인 무의식 — 은 구분되어야 한다.

14 이 책 제14장 <실재적 육체> 참조.

그리고 그 무의식의 충적토는 쓰기의 문자로, 기호형식의 침전물로 이루어져 있고, 그것은 실재계 쪽(연안)에 있다. 그 위를 상상적인 의미작용의 강이 흐르고 있는 것이다. 그렇다면 그것은 궁극적으로 보로메오의 매듭으로 이어지는 것이 아닌가? 그리고 그 보로메오의 쐐기점에 대상 a라는 문자가 위치하는 것도 그것과 무관하지 않은 것이 아닌가? 사실 우리는 연안과 충적토를 이용해서 문자를 설명했지만, 그 문자는 대상 a의 문자로 귀결되고, 그 세 영역은 강과 바닥과 곡벽으로 구분되지 않는다. 그것들은 보로메오의 매듭으로 하나의 고리를 끊으면 다른 고리들도 풀어지는 매듭으로 서로 얽혀 있다. 그리고 그 중심에 대상 a(라는 문자)가 있다.

그러나 문자 <a>는 1955년 <도식 L>과 관련하여 처음 소개될 때는 소문자 타자(autre)의 약자였다. 따라서 처음에는 <a>가 자아와 거울 관계에 있는 <닮은자(semblable)>를 가리키는 문자였다. 그러다가 1957년 환상의 수학소($◇a)가 소개되면서, <a>는 욕망의 원인으로서의 대상으로 바뀐다. 다시 말해 그것은 상상적인 부분대상, 즉 몸의 나머지 부분과 분리될 수 있는 것으로 상상되는 요소였다. 이때까지만 하더라도 그 <대상 a>는 아직 기호형식과 구분되는 문자와 결부되지 않았다. <대상 a>의 개념이 완전히 갱신되면서, 그것이 상징계의 기호형식과 변별되는 실재계의 문자 — 정확히 말하면 실재계와 상징계의 연안 지대 — 로, 보로메오의 매듭에서 상징계-실재계-상상계가 한꺼번에 묶이는 <쐐기점>에 놓이게 되는 것은, 1971년의 『실재계, 상징계, 상상계』라는 세미나에서였다.

그런데 왜 그런 이론적 변화가 일어난 것일까? 그 이론적 배경은 무엇일까? 한 마디로 그것은 문자의 발견과 관련이 있다. 그 이전까지는 기호형식의 분접(articulation)의 결과 실재계와 상징계는 절단되어 있었고, 그것의 대표적인 산물이 몸으로부터 떨어져나간 부분대상과 동일시되던 <대상 a>였다. 그러나 문자의 발견은 반대로, 실재계와 상징계를 서로 연결시켜주었다.[15] 다시 말해 문자는 실재계의 회귀와, 그 방식, 즉 반복의 특성을 잘 보여주면서도, 상징계의 기호형식적인 단면을 갖고 있었던 것이다. 그것은 라캉이 보기에, 분명히 실재계에서 상징계로 가는 문턱 — 라캉이 연안지대(littoral)이라고 명명하는 — 에 있다. 그러한 과정에서 대상 <a>가 자연스럽게 문자 중의 문자, 즉 대표적인 문자로 등극하게 된 것이다. 어찌 보면, 라캉은 이론적인 차원에서 행운아이다. 왜냐하면 부분대상을 의미하던 <대상 a>가 문자 <a>로 자연스럽게 이양할 수 있는 바탕이, 소문자 타자를 <a>로 약칭하는 시기에 이미 라캉 자신도 모르게 마련되었기 때문이다. 게다가 그럼으로써 <대상 a>는 상징계로부터 떨어져나간 실재로, 상징계로 다시 회귀할 때는 문자로 반복되어 나타난다는 사실까지 한꺼번에 설명된다.

2008년 12월 3일~12월 11일

---

15 정확히 말하면 보로메오의 매듭이 보여주듯이, 그것들은 각각 자율적 영역을 형성하고 있지만(이러한 사실은 보로메오의 매듭에서 그것들 각각이 독립된 링으로 표시된다는 것으로 알 수 있다), 동시에 서로가 서로를 지탱하고 있다(이것은 보로메오의 매듭을 구성하는 세 링 중에 하나만 절단해도 나머지가 모두 독립적으로 풀린다는 사실에서 확인할 수 있다).

XIX

pas-de-sens(의미의-걸음)와 peu-de-sens(거의-의미-없음)

〈의미-없음(pas-de-sens)〉의 〈의미의-걸음(pas-de-sens)〉
〈거의-의미-없음(peu-de-sens)〉은 무의미의 놀이가 아니다
〈*dé-sens*(탈-의미)〉인 한, 대상 a는 〈*dé-cence*(단정하지 않음)〉이다.
남근의 *indé-cence*(무-탈의미; 독립-의미)는
추잡(외설)하면서도 단정하지 않은 것이 아니다

1.

이제 우리는 존재가 의미로 진입하기 위해서는 반드시 무의미한 무의식의 지대를 지나야 한다는 사실을 알았다. 좀 더 자세히 설명하면, 무의미한 쓰기의 문자 — 이 문자 중의 문자가 <대상 a>이다 — 가 기호형식으로 읽힌 다음, 그것이 다시 동음적으로 대체(은유적 대체)됨으로써 비로소 의미가 발생한다. 그러나 그 과정은 무의미에서 의미(프로이트의 표현을 빌면 무의식에서 의식)로 가는 일방적 통로가 아니다. 상상적 의미와 상징적 기호형식, 그리고 실재적 대상은 서로 보로메오의 매듭으로 연결되어 있다. 우리가 상징계의 우위라고 말하는 것은 논리적인 설명을 위한 것이지, 그것에 우선

권이 있다는 것을 의미하는 것은 아니다. 그것은 의미화가 기호형식의 상징계에서 일방적으로 의미작용의 상상계로 내려가는 것이 아니라, 후자에서 전자로 뫼비우스의 띠처럼 올라가는 움직임이 있다는 것을 말한다.(정확히 말하면 그것들은 보로메오의 매듭에서처럼 독립적이면서도, 하나를 끊으면 다른 것들도 모두 풀리도록 서로 얽혀 있다.) 따라서 전적인 의미의 세계로 들어가기 위해서는 <약간의 의미>가 무의미의 지대의 소외를 거쳐 다시 의미의 세계로 나와야 한다. 의미가 완전히 배제된 완전한 무의미는 없기 때문이다.

그러한 맥락에서 라캉은 무의미(non-sens)라는 표현을 사용하는 것을 꺼린다: "나는 무의미(non-sens)라는 용어를 유지해야 한다고 생각지 않는다. 그 용어는 이성과 비판 — 다시 말해 정확히 순환작용 속에서는 피해야 하는 것 — 의 관점에서만 의미를 갖고 있다."[1] 그러면서 그는 <pas-de-sens(의미-없음)>라는 표현을 제시한다. <무의미>와 거의 같은 의미인 듯이 보이는 그 표현은, 그러나, <의미-없음>이라는 의미만 갖고 있는 것은 아니다. 왜냐하면 그 표현 속의 <pas>는 부정을 나타내는 부사의 의미보다 <걸음>이나 <통로>라는 의미로 쓰였기 때문이다: "나는 여러분에게 <pas-de-sens(의미-없음)>이라는 표현을 제시한다: 일반적으로 <나사못의 홈[피치](pas-de-vis)>[한 바퀴 돌릴 때 가는 거리], <pas-de-quatre(네 사람을 위한 발레 댄스)>, <쉬즈 협로(Pas-de-Suse)> <칼레 해협(Pas-de-Calais)>이라고 말하듯이 말이다."[2] 말하자면 무의미한 기호형식의 대체에 의한 은유가 의미를 만들어내기 때문에, 그 은유는 무의미가 아니라 <의미의-걸음(pas-de-sens)>을 내딛는 <의미-없음(pas-de-sens)>이라는 것이다. 그래서 그것은 <의미-없음(pas-de-sens)>의 <의미의-걸음(pas-de-sens)>이 된다. 라

1 라캉, 『세미나 V: 무의식의 형성물(Les formations de l'inconscient)』, Seuil, 1998, p.98.
2 *Id.*

캉은 그의 재치 넘치는 재담으로 <pas-de-sens>의 은유를 다음과 같이 설명한다:

> <의미-없음(pas-de-sens)>은 정확히 은유에서 실현되는 것이다. 주체의 의도, 그의 욕구가 […] 은유 속에 <의미의-걸음(pas-de-sens)>을 개입시킨다.[3]

재담은 거기서 무엇을 하는가? 그것은 정확히 말해, <pas> 그대로의 차원 자체 이외에 아무것도 보여주지 않는다. […] 그것은 모든 욕구가 비워진 <걸음(pas)>이다. […] <의미의-걸음(pas-de-sens)>의 차원은 다시 시작되고 다시 인증된다.

바로 그러한 사실과 일치하는 것은 이동작용이다. <의미의-걸음(pas-de-sens)>과 동시에 새로움 — 재담의 두 주체에게 동시에 새로움 — 이 생기는 것은 오직 대상 너머에서뿐이다. 정확히 한 쪽에 주체가 있고 다른 쪽에 큰타자가 있다. 주체는 큰타자에게 말을 거는 사람이다. 그는 그에게 재담과 같은 새로움을 전달한다. 은유적 차원의 부분을 가로지른 다음에야, 그는 <거의-의미-없음(peu-de-sens)>을 있는 그대로 받아들이게 한다. 큰타자는 거기에서 <의미의-걸음(pas-de-sens)>을 인증하고 주체에게 쾌락은 완수된다.[4]

---

3 *Id.*
4 *Ibid.*, p.99.

2.

그렇다면 존재가 큰타자의 의미의 세계로 진입할 때 분리(séparation)되는 대상의 무의미에 대해서, 라캉은 어떻게 이야기하고 있을까? 사실 "문제는 큰타자에 의해 인정될 수 있는 대상이다. 그 대상은 바로 큰타자가 욕망하는 것의 대상이다. 간단히 말해 그것은 환유적 대상이다."[5] 그것은 "기호형식의 찌꺼기의 형태로 무의식 속에서 계속 순환한다."[6] 라캉이 문자(a letter)와 찌꺼기(a litter)를 동음적 대체로 연결시켰듯이, 또한 문자적인 것(littéral)을 연안적인 것(littoral)과 동음적 은유로 연결시켰듯이, 여기서도 대상은 <(대상) a>라는 문자로 기호형식의 침전물이다. 그리고 그것은 라캉에 의해 <탈-의미(dé-sens)> 또는 <거의-의미-없음(peu-de-sens)>으로 규정된다.

> 내가 여러분에게 마지막에 환유적 기능에 관해 지적한 것이 무언가를 겨냥하고 있다면, 그것은 바로 기호형식의 사슬의 단순한 전개 속에서 일어나는 균등화, 균질화, 등가화라는 것이다. 그것에 대해 나는 마르크스를 참조했다. 즉 욕구의 두 대상을 함수로 놓음으로써, 하나가 다른 것의 가치의 수단이 되도록 하는 것이다. 다시 말해 하나가 대상에서 정확히 욕구의 질서라는 것을 지우고, 그러한 사실로 해서 대상을 가치의 질서 속으로 들여오는 것이다. 의미의 관점에서 보면, 그러한 것은 애매함도 동시에 나타내는 일종의 신어, 즉 <탈-의미>라는 신어로 불릴 수 있다. 그것을 오늘은 단순히 <거의-의미-없음>이라고 부르자. 여러분들이 일단 그러한 열쇠를 받아들인다면, 환유적인 사슬의 의미작용이 여러분에게 나타나지 않을 수 없을 것이다.[7]

---

5 *Ibid.*, p.95.
6 *Ibid.*, p.96.
7 *Ibid.*, p.97.

이 세미나에서 라캉이 말하고자 하는 것은, 첫째, 기호형식의 사슬에 의해 환유적 대상들 사이에 등가화가 일어난다는 것이고, 둘째, 그러한 균등화는 욕구의 두 대상 사이에 일어나는데, 이 때 욕구의 질서는 지워지고 욕망의 대상이 그것을 대체하면서 가치의 질서 속으로 들어간다는 것이다. 예컨대 욕구의 두 대상인 젖과 젖가슴은 기호형식의 사슬의 개입으로 말미암아 균등화되고, 동시에 후자는 전자의 수단이 되는데, 이 때 욕구의 질서가 지워지고 대상이 가치(욕망의 가치)의 차원으로 진입한다는 것이다. 그것은 마치 라캉의 유명한 공식, <욕망은 사랑의 요구에서 욕구충족을 제한 것이다>라는 공식을 풀어서 설명한 것처럼 보인다. 그러한 사실은 의미의 관점에서 보면 <탈-의미(dé-sens)>되는 것인데(즉 <의미를 벗어나는 것>, 따라서 의미를 벗어나 실재계 쪽에 위치하는 것인데), 라캉은 그것을 이번에는 애매모호함이 없지 않은 <peu-de-sens(거의-의미-없음)>이라는 표현으로 바꾸어 말하고 있다. 사실 <peu-de-sens>라는 표현은 이중적인 의미를 갖고 있다: 하나는 부정적인 의미로서 <의미가 없다>는 것이고, 다른 하나는 긍정적인 의미로서 <약간 의미가 있다>는 것이다. 실제로 우리말의 <거의-의미-없음>은 의미가 완전히 없는 것이 아니라 없는 것에 가까울 뿐이다. 따라서 그 말은 미세하지만 약간 의미가 있다는 뜻을 내포하고 있다.

그래서 라캉은 말한다: "<거의-의미-없음(peu-de-sens)>은 아주 정확히 대부분의 재담이 갖고 노는 것이다. 거기서 무의미는 문제가 되지 않는다. 왜냐하면 재담에서 우리는 그러한 고상한 영혼이 아니기 때문이다. [···] 모호함이 개입할 때마다, 무의미의 놀이는 절대로 있을 수 없다. 송아지 이야기에서 [···] 그 송아지(veau)는 그것에 대해 말하는 시기에는 별 가치가 없다.(ne *vaut* guère)"[8]

송아지 이야기는 다 알다시피 하이네에 관해 사람들이 전하는 이야기이다: "하이네(Heine)가 어느 날 저녁 파리의 어떤 살롱에서 극작가 슐리에(Souli é)와 이야기를 나누고 있었을 때, 파리의 한 부자가 방에 들어섰다. 사람들은 그를 황금손(Midas)에 비유했는데, 그것은 그가 돈이 많다는 이유만은 아니었다. 군중은 그에게 깊은 존경의 염을 표했다. 그것을 본 슐리에가 하이네에게 말했다:

“자, 19세기가 금송아지(Veau d'or; Golden Calf)를 얼마나 경배하는지 보십시오.”
“저런, 나이가 그보다는 확실히 더 들어 보이는데요.“라고, 하이네는 그 경배 대상을 보면서, 슐리에의 말을 정정해 대답했다.

이 탁월한 재담의 기법은 어디에 있는 것일까? 쿠노 피셔(K. Fischer)는 말놀음에 있다고 생각한다: <그래서 예컨대 ‘금송아지’라는 단어는 맘몬(Mammon; 시리아의 부(富)의 신)과 우상 숭배를 의미할 수 있다: 전자의 본질은 금이고, 후자는 동물 이미지이다. 그 표현은 돈이 아주 많되 전혀 교양이 없는 사람을 경멸적으로 말하는데 사용된다.> 그러나 우리가 시험 삼아 ’금송아지‘라는 표현을 없애면, 재담으로서의 성격도 제거된다는 것을 알 수 있다. 그렇게 되면, 우리는 슐리에로 하여금 다음과 같이 말하게 하는 셈이다: <단지 부자라는 이유 때문에 저 어리석은 작자에게 저렇게 떼 지어 몰려드는 것을 보세요.> 그렇지만 이 문장은 더 이상 재담이라고 할 수 없다. 그리고 그 경우엔 하이네의 대답 역시 불가능해진다.

그러나 시야에서 놓치지 않아야 할 것은, 다소 재치[기지(機智)] 있는 슐리에의 비유가 아니라, 확실히 그보다 훨씬 더 재치[기지(機智)] 있는 하이네의 대답이다. 거기서 금송아지라는 문구는 건드리지 않는다: 그것은 유지되어

8 *Id.*

야 한다. 왜냐하면 그것은 하이네의 말의 선행 조건이기 때문이고, 축소작용으로 하이네의 말에만 합법적으로 관여하고 있기 때문이다. <저런, 나이가 그보다는 확실히 더 들어 보이는데요.>라는 문장을 발전시키면, 우리는 다음과 같이 바꿀 수 있다: <아니, 저 사람은 더 이상 송아지가 아니라, 이미 다 큰 소(un gros boeuf; a full-grown ox)인데요.> 따라서 하이네의 재담에서 남는 것은, 그 작가[하이네]가 '금송아지'라는 단어를 더 이상 은유적인 의미로 여기지 않고, 그것을 어떤 사람, 즉 부자 자신을 지칭하는 것으로 여기고 있다는 것이다. 그 이중적 의미가 이미 쉴리에에 의해 전달된 생각에 내포되어 있지 않았는데도 말이다.

그런데 어떻게 그것이 가능할까? 우리가 주목해야 할 것은, 그러한 축소가 하이네의 재담을 완전히 파괴하는 것이 아니라 오히려 그것의 본질은 손을 대지 않고 남겨놓는다는 사실이다: <19세기가 금송아지(Veau d'or)를 얼마나 경배하는지 보십시오.>라는 쉴리에의 말에, 하이네는 <아니, 저 사람은 더 이상 송아지가 아니라, 이미 다 큰 소인데요.>라고 대답한다. 후자의 문구는 그러한 축소 버전 속에서 재담을 계속 이어가는 것이다. 그러나 하이네의 말에 대한 또 다른 축소는 가능하지 않다."[9]

길게 인용한 이 재담에서 프로이트가 강조하려고 하는 것은, 첫째 19세기 사회의 금(돈)에 대한 우상 숭배를 은유적으로 재치[기지(機智)] 있게 비꼬고 있는 쉴리에의 재담보다, 하이네의 재담이 훨씬 더 재치가 있다는 사실과, 둘째 그러한 하이네의 재담은 지칭의 축소에 의한 이동작용에 기반을 두고 있다는 것이다. 즉 쉴리에의 재담은 부자에게 몰려들어 아첨하는 군중과, 금을 숭배하는 그 군중의 심리를 겨냥해서 부자를 <금송아지>에 비유한

9 프로이트, 『재담과 무의식의 관계』, 열린책들, pp.61-2.

것인데 반해, 하이네는 그러한 <금송아지>의 비유를 단순히 부자를 지칭하는 것으로 축소한 뒤, <그가 송아지라니요? 그보다 훨씬 나이가 들어 보이는 이미 다 큰 소인데요?>라고, 작고 어린 송<아지>를 <큰> 소로 대체하고 있는 것이다. 그럼으로써 그것은 단순히 능청 떠는 것을 훨씬 넘어서서 의미심장한 내용을 담고 있는 경향성 있는 재담으로 탈바꿈한다.

그것이 어떻게 가능할까? 프로이트에 따르면, 그것은 한 마디로 <강조점의 이동>에 의한 것이다. 슐리에의 재담은 대중의 금 숭배사상을 겨냥하고 있다는 점에서 <송아지>보다는 상대적으로 <금>에 강조점이 두어져 있으나(물론 그것은 은유적 재담이기 때문에 그것들의 경중을 따질 수는 없다), 하이네는 거기서 <금>을 생략하고 중점을 <송아지>에 두면서(말하자면 <금>(사물)에서 <송아지>(동물)로 강조점을 이동시키면서),[10] 그것을 부자를 가리키는 말로 전락시킨다.(이것은 비유에서 지칭으로의 위상의 강등이다.) 이를테면 하이네는 이중의 이동을 실현한 뒤, <송아지>를 <어른 소>로 제대로 정정하고 있는 것이다. 그리하여 하이네의 재담에서는 의미의 변화가 일어나거나 새로운 의미가 발생하지 않는다. 오히려 지칭의 차원에서 부자의 <늙은> 외모가 정확히 기술된다. 프로이트는 "그러한 기법을 <이동>이라고 부르기를 제안한다."[11]

---

10 프로이트는 이에 대해 다음과 같이 말하고 있다: "[…] 슐리에는 19세기 사회가, 과거 광야에서 유대 민족들이 그랬던 것과 똑같이 '금송아지'를 숭배한다는 사실을 하이네에게 상기시킨다. 거기에 걸맞은 하이네의 대답은 다음과 같은 것이어야 했을 것이다. <그렇습니다. 인간의 본성은 그런 거죠. 수천 년이 지났어도 그 점은 변하지 않았습니다.> 또는 그의 대화상대자의 말에 찬동하는 또 다른 말을 했어야 했을 것이다. 그러나 그 작가는 그에게 제시되었던 생각을 우회해서 거기에 아무런 대답을 하지 않는다. 그는 '금송아지'라는 표현이 갖는 이중의 의미를 사용해서 샛길로 빠져 나간다. 즉 그는 그 표현 중 한 구성요소인 '송아지'만을 다시 이용하여, 마치 슐리에의 말이 강조를 두었던 것이 바로 그것이라는 식으로 대답하는 것이다: <아니에요. 그는 이제 송아지가 아니에요. 등등>"(프로이트, 『재담과 무의식의 관계』, 열린책들, p.65)

11 프로이트, 『재담과 무의식의 관계』, 열린책들, pp.65-6.

그러나 라캉은 여기서 이동(환유)이라는 재담의 기법을 강조하기 보다는, '그 송아지(*veau*)는 그것에 대해 말하는 시기에는 별 가치가 없다.(ne *vaut* guère)'고 동음을 이용한 재담 — *veau*(송아지)와 *vaut*(가치가 있다)는 동음이다 — 으로 바꾸어버림으로써, 첫째 송아지(*veau*)라는 대상은 무의미한 것이 아니라, <별 가치가 없다.(ne *vaut* guère)>, 즉 <거의-의미-없음(peu-de-sens)>을 몸소 보여주고 있고, 둘째 그러한 <거의-의미-없음(peu-de-sens)>은 <의미-없음(pas-de-sens)>이면서 <의미-한걸음(pas-de-sens)>인 동음의 은유적 대체에 의해 생산된다는 것을 보여주고 있다. 그러나 모든 재담은 그러한 <거의-의미-없음>이 없으면 불가능하다. 재담의 완전한 의미는 그러한 얇은 의미, 즉 <거의-의미-없음>에 의해 떠받쳐져 있는 것이다.

> 말놀음에서 여러분이 찾을 수 있는 모든 것은 […] 완전한 의미를 떠받치는 얇은 말들을 가지고 노는 데 있다. 그러한 <거의-의미-없음>은 있는 그대로 다시 시작된다. 그것은 무언가가 지나가는 곳이다. 즉 그것이 성공이면서 동시에 실패인 한, 그러한 메시지를 자신의 범위로 축소하는 무언가가 지나가는 곳이다. 그렇지만 항상 그것은 모든 요구의 표현에 필요한 형태이다. 메시지는 <거의-의미-없음>에 관해 큰타자에게 질문한다. 여기서 큰타자의 차원은 본질적이다.[12]

지금까지 라캉은 의미의 관점에서 대상 a의 <탈-의미(dé-sens)>를 <거의-의미-없음(peu-de-sens)>이라고 규정하면서 그것의 분리를 설명했다. 그것은 일차적으로 기호형식의 사슬의 <의미-없음(pas-de-sens)>이면서 <의미의-걸음(pas-de-sens)>과 쌍을 맞추기 위한 것이었고, 이차적으로는 프로이트가 말하는 완전한 <무의미(non-sens)>는 재담에서 가능하지 않기 때문

12 라캉, 『세미나 V: 무의식의 형성물(*Les formations de l'inconscient*)』, Seuil, 1998, p.97.

에, 그 사실을 설혹 말놀음이라 할지라도, <거의-의미-없음(peu-de-sens)>과 <의미-없음(pas-de-sens)>으로 나누어 설명하기 위한 것이었다.(왜냐하면 세 영역은 보로메오의 매듭으로 상호 배제 불가능으로 얽혀 있기 때문이다.)

3.

그렇다면 라캉은 왜 <거의-의미-없음(peu-de-sens)>이라는 표현을 생각해내기 전에, <탈-의미(dé-sens)>라는 신어를 생각했을까? 그리고 그러한 신어의 각도에서, <의미의-걸음(pas-de-sens)>에 부응하는 신어는 또 무엇일까? <탈-의미(dé-sens; 데-상스)>는 말 그대로 <의미를 벗어나는 것>, 즉 대상 a가 의미의 울타리를 벗어나 실재계 쪽에 위치하는 것을 말한다. 그렇다고 의미의 울타리를 완전히 벗어나 사물과 똑같은 실재가 된다는 말은 아니다. 그것은 그 말의 애매모호함을 그대로 간직하고 있다. 즉 그것은 탈-의미이지만 의미이고, 의미를 벗어나지만 완전한 실재는 아니다. 따라서 그것은 의미와 실재의 경계에 위치한다. a는 실재와의 경계를 표시하는 문자이다. 라캉이 <대상 a>를 <탈-의미(dé-sens; 데-상스)>라는 신어로 규정할 때는 필시 또 다른 말놀음이 숨어 있을 것이다: 즉 <dé-sens(탈-의미)>는 <décence(단정함)>와 동음적으로 연결되면서 <dé-cence(단정하지 않음)>을 연상시킨다. 바로 그 <dé-cence(단정하지 않음)>이 찌꺼기로서의 대상 a의 외관이라면 지나친 비약일까? 사실 대상 a가 <dé-sens(탈-의미)>인 한, 그것은 <dé-cence(단정하지 않다.)>

그렇다면 이번에는 분리된 대상 a의 <탈-의미(dé-sens; 데-상스)>의 각도에서, 소외된 기호형식의 주체의 <pas-de-sens(의미의-걸음)>에는 어떠한 신어가 따라올까? 십중팔구 <탈-의미(dé-sens; 데-상스)>가 아닌 것을 뜻하는 신어일 것이다. 왜냐하면 <의미-없음(pas-de-sens)>은 <의미의-걸음(pas-de-sens)>(또는 의미의-통로)이기도 하기 때문이다. 그래서 라캉은 <탈-의미(dé-sens; 데-상스)>에 대응하는 말로, <앵데-상스(indé-sens)>를 생각해 낸다. <무의식>이라고 번역되는 *inconscient*과 같은 맥락에서, 그리고 <탈-의미(dé-sens; 데-상스)>를 부정하는 접두사(in-)가 첨가되었다는 차원에서, <무-탈의미>라고 번역할 수 있는 그 신어는, 이번에는 또 다른 말놀음을 숨기고 있다. 우선은 indé-가 <독립>을 의미하는 접두사이기 때문에, <앵데-상스(indé-sens)>를 <독립-의미>를 뜻하는 것으로 우리를 안내하고, 둘째는 indécence(추잡; 외설)로 우리를 안내한다. 그러나 후자의 의미가 그렇게 확정적인 것은 아니다. 그것은 애매모호함으로 가득 차 있다. 왜냐하면 <앵데-상스(indé-sens)>가 indécence(추잡; 외설)를 연상시키지만, 하이픈에 의한 분리에 의해 indé-cence, 즉 부정의 접두사(in-)에 의해 dé-cence하지 않은 것 — 즉 <단정하지 않음>이 아닌 것 — 을 의미하기 때문이다. 결국 indé-cence는 추잡(외설)하면서도 단정하지 않은 것이 아닌 것이다. 그와 함께 <앵데-상스(indé-sens)>는 의미를 벗어나지 않으면서 독립적으로 의미를 갖는 것이다. 그것이 무엇일까? 아니 그것은 무엇을 가리키고 있는 것일까? 남근의 기호형식을 가리키는 것이 아니라면 말이다. "왜냐하면 그것은 기호의미의 효과 전체를 가리키도록 운명 지어진 기호형식이기 때문이다. 그 기호형식은 그것의 현전으로써 기호의미들을 결정하는 것이다."[13] 말하자면 남근은 기호형식과 기호의미가 일치하는, 독립적인 유일한 최초의 기호이다. 그렇지만 모든 의미작용이 마지막에 남근을 가리키고 있는 것이 사실일지라도, 그것은 꿈과 담화의 마술 열쇠와 같은 것이 아니라, 기호형식

13 라캉, 『에크리』, Seuil, 1966, p.690.

과 기호의미를 분리시킴과 아울러 욕망하는 주체($)를 분열시키는 횡선과 같은 것이다. 또한 그것이 외설적이면서 품위가 없는 것이 아닌 까닭은, "남근이 로고스[언어]의 부분이 욕망의 도래와 결혼한다는 표시의 특권화된 기호형식이다. 말하자면, 그 기호형식은 <실제(réel)> 성교에서 잡을 수 있는 것 중 가장 돌출하는 것으로 선택[된다는 점에서 외설적이고]되고, 또한 그 용어의 문자적인(인쇄상의) 의미에서 가장 <상징적인(*symbolique*)> 것으로 선택[된다는 점에서 단정하지 않은 것이 아니다]된다. 왜냐하면 그것은 계사(繫辭)(논리학의)와 등가이고, 또한 우리는 그것의 부어오름에 의해서, 생식 속을 지나가는 생명의 흐름의 <이미지(*image*)>라고도 말할 수 있다."[14] 결국 남근의 기호형식은 외설적인 성적 관계를 나타내는 이미지이면서, 동시에 그것을 덮어 품위를 갖게 하는 외양으로서의 기호형식인 것이다.

2008년 12월 18일

---

14 *Ibid.*, p.692.

기호형식과 주체의 정신분석

2019년 6월 20일 초판 인쇄
2019년 6월 25일 초판 발행

지은이 | 임진수
발행인 | 유제구
발행처 | 파워북
www.powerbook.kr
주 소 | 경기도 고양시 일산동구 호수로 358-25 동문타워 2차 529호
전 화 | (02) 730-1412
팩 스 | (031) 908-1410
등 록 | 1997. 1. 31. 제2014-000067호

정 가 20,000원
ISBN 978-89-8160-397-7 (93100)

잘못된 책은 바꿔드립니다.